Professions immobilières



# La copropriété

Tout ce qu'il faut savoir sur les nouvelles règles applicables en 2021

Benjamin Naudin

AG dématérialisées (visio, vote), la copropriété en période COVID, le Air BNB en copropriété

# L'AUTEUR

**BENJAMIN NAUDIN**
Avocat au barreau de Marseille, enseigne le droit de la copropriété à l'ICH-CNAM PACA et intervient en tant que formateur dans le cadre de la formation continue des Avocats 'EDASE) et des professionnels de l'immobilier (UNIS, FNAIM...).

# DANS LA MÊME COLLECTION

- *La copropriété*, Benjamin Naudin, 2021.

- *La performance énergétique*, David Brutin, 2021.

- *Manager une agence immobilière*, Audrey Mula, 2020.

- *L'assurance construction*, Juliette Mel, 2020.

- *Expertise judiciaire en matière civile*, Christian Gentiletti, 2020.

- *L'expertise amiable ou privée en matière de bâtiments, de construction et de litiges immobiliers*, Christian Gentiletti, 2019.

- *Responsabilité des constructeurs*, Juliette Mel, 2019.

- *Tout le cours BTS Professions immobilières*, Patrice Battistini,Caroline Bouchereau, Céline Monnais, Anne-Cécile Naudin, Benjamin Naudin, Cindy Pasquet, Akila Trabucco, 2021.

- *Exercices corrigés du BTS Professions immobilières*, Patrice Battistini,Caroline Bouchereau, Céline Monnais, Anne-Cécile Naudin, Benjamin Naudin, Cindy Pasquet, Akila Trabucco, 2021.

- *Annales BTS - Professions immobilières*, Patrice Battistini,Caroline Bouchereau, Céline Monnais, Anne-Cécile Naudin, Benjamin Naudin, Cindy Pasquet, Akila Trabucco, 2021.

Suivez-nous sur www.gualino.fr

Contactez-nous gualino@lextenso.fr


1, Parvis de La Défense
92044 Paris La Défense Cedex
978-2-297-13053-0

# Présentation

Selon les statistiques établies par l'Agence nationale de l'habitat (ANAH), la France comptait, en 2020, 450 868 copropriétés[1], soit près d'un logement sur trois, tandis que 90 % de ces copropriétés regroupaient moins de 50 lots.

Bien qu'elle soit omniprésente, les principes qui régissent cette organisation collective de la propriété restent largement méconnus du grand public. Une défiance vis-à-vis de la copropriété s'est même progressivement installée dans l'inconscient du propriétaire français jusqu'à devenir un frein à l'achat immobilier.

Ceci découle, probablement, de l'ancienneté de son statut, fixé par la loi n° 65-557 du 10 juillet 1965 et son décret d'application n° 67-223 du 17 mars 1967. Ces deux textes, vieux de plus d'un demi-siècle, continuent néanmoins à déterminer les règles organisant l'ensemble des immeubles en copropriété.

Modifié à de nombreuses reprises, le statut de la copropriété devait être adapté aux outils et attentes modernes, et ce d'autant plus qu'étant en grande partie d'ordre public[2], il constitue un modèle particulièrement rigide.

La loi n° 2018-1021 du 23 novembre 2018 portant évolution du logement, de l'aménagement et du numérique, dite « loi ÉLAN », son ordonnance n° 2019-1101 du 30 octobre 2019 et l'ensemble des textes permettant leur application ont modernisé cette notion surannée qu'était la copropriété, jusqu'à en faire un modèle prenant en compte des impératifs de dématérialisation, de transition énergétique, d'amélioration du bâti et de la sécurité de ses occupants.

Cependant, administrer une copropriété nécessite de voir au-delà de ce simple statut. La copropriété, par sa transversalité, impose d'avoir une maîtrise de notions comptables, des droits du travail, de la construction, des assurances...

Le présent ouvrage a pour objectif de proposer une approche pragmatique du statut de la copropriété en examinant tour à tour les notions faisant son quotidien.

---

1 ANAH, « Panorama des copropriétés », Registre des copropriétés, Ministère de la Cohésion des territoires, 21 mars 2020.

2 L. 1965, art. 4.

# Sommaire

*Abréviations* ........ 15

## PARTIE 1 – LES CONTOURS DE LA COPROPRIÉTÉ

Chapitre 1 – Le champ d'application du statut de la copropriété ........ 21

Section 1 **Les immeubles obligatoirement soumis au statut de la copropriété** ........ 21

I – La notion d'immeuble bâti ........ 22

II – L'usage total ou partiel d'habitation ........ 23

III – La pluralité de propriétaires ........ 23

IV – Le lot de copropriété ........ 24

V – Début de l'application du statut de la copropriété à un immeuble ........ 26

VI – Fin de l'application du statut de la copropriété à un immeuble ........ 27

Section 2 **Les immeubles facultativement soumis au statut de la copropriété** ........ 27

I – Les ensembles immobiliers ........ 28

II – L'immeuble bâti à destination totale autre que d'habitation ........ 29

Section 3 **Les formes de propriété collective exclues du statut** ........ 29

I – Les immeubles en multipropriété ou jouissance à temps partagé ........ 30

II – Les immeubles divisés en volume ........ 33

III – Les lotissements ........ 34

IV – L'indivision et les immeubles sans parties communes ........ 39

Section 4 **Les unions de syndicats** ........ 41

I – Personnalité morale et composition de l'union de syndicats ........ 41

II – Patrimoine de l'union de syndicats ........ 41

III – Objet de l'union ........ 42

IV – Constitution de l'union : adhésion et retrait ........ 42

V – Organisation de l'union ........ 43

VI – Les organes de l'union ........ 44
VII – Sur la conversion d'une ASL en union de syndicats ........ 45
Chapitre 2 – Les composantes de la copropriété ........ 47
Section 1 Les parties privatives et communes de la copropriété ........ 47
I – Les parties privatives ........ 47
II – Les parties de l'immeuble mitoyennes entre deux lots ........ 49
III – Les parties communes générales et leurs accessoires ........ 49
IV – Les éléments d'équipement communs ........ 53
V – Les parties communes spéciales ........ 54
VI – Les parties communes à jouissance privative ........ 56
Section 2 Les documents de la copropriété ........ 58
I – Le règlement de copropriété ........ 58
II – L'état descriptif de division (EDD) ........ 72
III – Le carnet d'entretien de l'immeuble ........ 73
Section 3 Les droits et obligations des copropriétaires ........ 76
I – Droits et obligations des copropriétaires sur leurs parties privatives ........ 76
II – Droits et obligations des copropriétaires sur les parties communes ........ 79
III – Droits et obligations découlant de la qualité de copropriétaire ........ 80
Chapitre 3 – Les organes de la copropriété ........ 89
Section 1 Le syndicat des copropriétaires ........ 89
I – La forme classique du syndicat des copropriétaires ........ 89
II – Les différents avatars du syndicat ........ 91
III – L'objet du syndicat des copropriétaires ........ 94
IV – La représentation du syndicat ........ 96
V – La responsabilité du syndicat ........ 96
Section 2 Le conseil syndical ........ 99
I – Les missions du conseil syndical ........ 99
II – Les pouvoirs spécifiques attribués au président du conseil syndical ........ 102
III – Les règles de fonctionnement du conseil syndical ........ 103
IV – Les membres du conseil syndical ........ 103
V – La désignation des membres du conseil syndical ........ 104

VI – Le nombre de conseillers syndicaux ........ 105

VII – L'impossibilité de désigner les membres et le refus d'instituer un conseil syndical ........ 105

VIII – La responsabilité du conseil syndical et de ses membres ........ 106

**Section 3 Le syndic ........ 106**

I – Les différents types de syndics ........ 107

II – La désignation et la fin de mission du syndic ........ 110

III – Le mandat du syndic, sa mission et son contrat ........ 117

**Section 4 Le syndic, le conseil syndical et la Covid-19 ........ 129**

## PARTIE 2 – L'ASSEMBLÉE GÉNÉRALE DU SYNDICAT DES COPROPRIÉTAIRES

### Chapitre 1 – La convocation à l'assemblée générale ........ 135

**Section 1 L'initiative de la convocation ........ 135**

I – Le syndic : auteur institutionnel de la convocation ........ 135

II – Le président du conseil syndical : faire face au syndic défaillant ou empêché ........ 136

III – La convocation par tout copropriétaire ........ 137

IV – Conséquences d'une convocation émise par un auteur irrégulier ........ 138

**Section 2 Les formes de la convocation et la notification en copropriété ........ 139**

I – Les formes classiques de la convocation ........ 140

II – La dématérialisation de la convocation ........ 140

**Section 3 Les délais de la convocation ........ 142**

I – Les délais légaux ou conventionnels : 21 jours et plus ........ 142

II – Point de départ et computation des délais ........ 144

**Section 4 Les destinataires de la convocation ........ 146**

I – Les époux ........ 146

II – L'indivision ou l'usufruit ........ 146

III – Le titulaire d'un droit d'usage et d'habitation et autres démembrements ........ 147

IV – La vente du lot ........ 148

V – Les associés d'une SCI ou d'une société d'attribution ........ 148

VI – Les associations de locataires ........ 148

Section 5 **Le contenu de la convocation** .................................................... **149**
I – Le lieu, la date et l'horaire de l'assemblée .................................................... 149
II – Les documents devant impérativement être joints à la convocation ............... 150
III – Les documents à valeur informative .................................................... 152
IV – La consultation des pièces justificatives .................................................... 152
V – L'ordre du jour .................................................... 153
VI – Le formulaire de vote par correspondance .................................................... 156

Chapitre 2 – La tenue et la participation en assemblée générale ............... **157**

Section 1 **Le début de l'assemblée générale** .................................................... **157**
I – La feuille de présence .................................................... 157
II – Le bureau de l'assemblée .................................................... 159

Section 2 **La prise de décision en assemblée générale** .................................... **160**
I – Le vote en assemblée générale .................................................... 161
II – La représentation en assemblée générale .................................................... 162
III – le vote par correspondance et son formulaire .................................................... 164
IV – La participation par visioconférence ou audioconférence ................................ 165
V – Les majorités de vote .................................................... 166
VI – Le vote et la participation à l'assemblée en période Covid-19 ......................... 170

Section 3 **Le procès-verbal de l'assemblée générale** .......................................... **172**
I – L'établissement et le contenu du procès-verbal .................................................... 172
II – La notification et les suites du procès-verbal .................................................... 174

Section 4 **La contestation des décisions prises en assemblée générale** ........... **175**
I – La qualité et l'intérêt à agir .................................................... 176
II – La notion de décision pouvant être contestée .................................................... 178
III – Le délai pour agir et la conséquence de son expiration .................................... 178
IV – L'action, son contenu et l'abus de majorité .................................................... 179

## PARTIE 3 – LA VIE QUOTIDIENNE DE LA COPROPRIÉTÉ

Chapitre 1 – Les travaux en copropriété ........................................ 185

**Section 1 Les travaux privatifs sur les parties privatives** ........................ 185

I – La destination de l'immeuble ........................................ 186

II – Les droits des autres copropriétaires ........................................ 186

III – Les stipulations du règlement de copropriété ........................................ 186

IV – L'aspect extérieur de l'immeuble et les parties communes ........................ 187

**Section 2 Les travaux privatifs affectant les parties communes ou l'aspect extérieur de l'immeuble** ........................ 187

I – Principe et champ d'application de l'article 25, b ........................................ 187

II – Forme de la demande du copropriétaire ........................................ 188

III – Rejet abusif de l'assemblée et autorisation judiciaire ........................ 189

IV – Sort des travaux réalisés sans autorisation ........................................ 190

**Section 3 La réalisation dans les parties privatives de travaux d'intérêt collectif** ........................ 190

**Section 4 Les travaux collectifs réalisés dans les parties communes** ........................ 191

I – Les travaux d'entretien et de conservation de l'immeuble ........................ 192

II – Les travaux d'amélioration ........................................ 193

**Section 5 Les travaux urgents en copropriété** ........................................ 195

I – L'appréciation de l'urgence ........................................ 195

II – La procédure en cas de travaux urgents ........................................ 195

III – La responsabilité du syndic et les travaux urgents ........................ 196

**Section 6 Les travaux particuliers** ........................................ 197

I – La recharge des véhicules électriques en copropriété : le droit à la prise ......... 197

II – Les travaux d'accessibilité aux personnes handicapées ou à mobilité réduite ..... 200

III – Les travaux relatifs à l'installation d'antennes réceptrices de radiodiffusion et des réseaux ........................................ 202

Chapitre 2 – La gestion comptable de la copropriété ........................ 205

**Section 1 Principes et notions clés de la comptabilité en copropriété** ............ 206

I – Les flux financiers et budget prévisionnel ........................................ 206

II – Les charges et produits comptables ........................................ 207

III – Les charges, les provisions et les avances de trésorerie ..... 208
IV – L'exercice comptable ..... 209
V – Les registres comptables de la copropriété ..... 209
VI – Les comptes séparés du syndicat ..... 210
Section 2 **L'établissement du budget prévisionnel ..... 211**
I – Le budget des dépenses courantes ..... 211
II – Les dépenses hors budget prévisionnel ..... 212
Section 3 **Les opérations d'enregistrement des factures et des appels de fonds . 213**
I – La comptabilité en partie double et l'utilisation du plan comptable des copropriétés ..... 213
II – Règles spéciales d'utilisation des comptes ..... 217
Section 4 **Le calcul des appels de fonds ..... 219**
I – Charges générales ..... 219
II – Travaux ..... 220
III – Avance de trésorerie ..... 220
Section 5 **L'information comptable des copropriétaires ..... 221**
I – Les récapitulatifs individuels de charges de copropriété ..... 221
II – Les annexes comptables devant être joints à la convocation ..... 222
III – La consultation des comptes par les copropriétaires et leurs locataires ..... 223
Chapitre 3 – La gestion du personnel de la copropriété ..... **225**
Section 1 **La réglementation sur le personnel de la copropriété ..... 225**
I – Le Code du travail ..... 225
II – La CCNG ..... 226
III – Le contrat de travail ..... 226
Section 2 **L'organisation du travail des concierges, gardiens et employés d'immeuble ..... 227**
I – Les deux catégories de personnel ..... 227
II – La rémunération ..... 228
III – Le logement ..... 228
IV – Le temps de travail et les congés ..... 229

Section 3 **Le licenciement et la suppression du poste** .................... 229
I – La réglementation du licenciement .................... 229
II – Les différents motifs de licenciement .................... 230
III – Le calcul des indemnités de licenciement .................... 230
IV – Rôle du syndic dans le licenciement .................... 231
V – La suppression du poste de gardien .................... 232
Chapitre 4 – Le contentieux de la copropriété et le recouvrement de charges ... 235
Section 1 **L'action syndicale** .................... 235
Section 2 **La représentation du syndicat en justice** .................... 236
I – Compétence de principe du syndic .................... 236
II – L'habilitation à agir du syndic .................... 237
Section 3 **Les actions individuelles des copropriétaires** .................... 239
Section 4 **Compétence juridictionnelle** .................... 240
Section 5 **Le recouvrement de charges de copropriété** .................... 240
I – La phase amiable .................... 241
II – La préparation de la phase judiciaire .................... 242
III – L'action judiciaire .................... 244
IV – La condamnation du copropriétaire débiteur .................... 247
V – Les voies d'exécution et sûretés légales .................... 249
Chapitre 5 – La conservation des archives du syndicat .................... 257
Section 1 **Les archives du syndicat** .................... 257
Section 2 **La conservation des archives du syndicat** .................... 258
I – Une mission incombant au syndic .................... 258
II – Le délai de conservation des archives du syndicat .................... 258
Section 3 **La transmission et la communication des archives du syndicat** .................... 259
I – La communication aux copropriétaires .................... 259
II – La transmission des archives au nouveau syndic .................... 260
Chapitre 6 – La division de la copropriété .................... 263
Section 1 **Les critères matériels conditionnant la possibilité du retrait** .................... 263
Section 2 **Les conditions formelles nécessaires à la scission de copropriété** .... 264

## PARTIE 4 – LE SUIVI TECHNIQUE DE L'IMMEUBLE


Chapitre 1 – L'assurance de l'immeuble et du syndicat ........................... 269

Section 1 **Les assurances obligatoires pour le syndicat et les copropriétaires** ..... 269

I – L'assurance multirisque copropriété ........................... 269

II – L'assurance dommages-ouvrage ........................... 271

III – Les assurances obligatoires pour les copropriétaires ........................... 272

Section 2 **La coordination des assurances multirisques du syndicat et des copropriétaires** ........................... 273

I – Convention IRSI ........................... 273

II – Convention CIDE-COP ........................... 274

Section 3 **Le rôle du syndic** ........................... 274

I – La souscription du contrat d'assurance ........................... 274

II – Le paiement de la prime d'assurance ........................... 275

III – La gestion des sinistres ........................... 276

Chapitre 2 – La sécurité et l'amélioration de l'immeuble en copropriété ....... 279

Section 1 **Les diagnostics techniques** ........................... 279

I – Le diagnostic de performance énergétique (DPE) et l'audit énergétique ........... 279

II – Le dossier technique amiante (DTA) ........................... 280

III – Le constat de risque d'exposition au plomb (CREP) ........................... 281

IV – Le diagnostic termites ........................... 281

V – Le diagnostic technique global (DTG) ........................... 282

Section 2 **La sécurité incendie** ........................... 284

I – Les immeubles classiques ........................... 284

II – Les immeubles de grande hauteur (IGH/ITGH) et de moyenne hauteur (IMH) ..... 286

Section 3 **La sécurité des ascenseurs** ........................... 288

I – Dispositifs de sécurité ........................... 288

II – Contrôle technique et entretien ........................... 289

## PARTIE 5 – LES COPROPRIÉTÉS À GESTION PARTICULIÈRE


Chapitre 1 – Les copropriétés en difficulté ....................................293

Section 1 La prévention et les copropriétés en pré-difficulté ....................293

I – La prévention des difficultés physiques et financières ....................293

II – Les copropriétés en pré-difficulté et le mandataire ad hoc....................294

Section 2 Les copropriétés en difficulté et l'administrateur provisoire ............297

I – Hypothèses de la désignation ....................297

II – Modalités de la désignation de l'administrateur provisoire....................299

Section 3 Les mesures alternatives ou complémentaires ....................305

I – La création de syndicats secondaires et la division de la copropriété ....................305

II – Le plan de sauvegarde des copropriétés dégradées....................306

III – L'administration provisoire renforcée ....................307

Section 4 La carence du syndicat des copropriétaires ....................310

I – Déroulement de la procédure....................310

II – L'expropriation....................310

Chapitre 2 – Les petites copropriétés : des statuts particuliers ....................313

Section 1 Les petites copropriétés ....................313

Section 2 Les copropriétés composées de deux copropriétaires....................314

I – Les apports de l'ordonnance du 30 octobre 2019....................314

II – Les précisions apportées par le décret du 2 juillet 2020....................315

Chapitre 3 – Les résidences services et de tourisme en copropriété ..........317

Section 1 Les résidences soumises à la loi du 13 juillet 2006....................318

I – Principe de l'élargissement de l'objet du syndicat ....................318

II – Fonctionnement des résidences services soumises à la loi du 13 juillet 2006 .....318

Section 2 Les résidences soumises à la loi du 28 décembre 2015....................319

I – Les services individualisables et non individualisables....................319

II – Le conseil des résidents ....................321

Section 3 **Les résidences de tourisme** .... 322
I – La destination des résidences de tourisme en copropriété .... 323
II – Droit des copropriétaires sur leurs lots .... 323
III – Le sort des locaux à usage collectif .... 324

Chapitre 4 – Les copropriétés neuves .... 327

Section 1 **La notion de vente d'immeuble à construire et la VEFA** .... 327
I – Notions générales .... 327
II – La réception de l'ouvrage .... 328
III – La livraison des parties privatives et communes .... 328

Section 2 **Les garanties légales visant les désordres de construction** .... 329
I – La garantie de parfait achèvement .... 329
II – La garantie biennale de bon fonctionnement .... 330
III – La garantie décennale .... 330
IV – La garantie des vices et défauts de conformité apparents .... 331

Section 3 **Les assurances obligatoires** .... 332
I – L'assurance de responsabilité décennale .... 332
II – L'assurance dommages-ouvrage .... 333

Section 4 **Les premiers pas de la copropriété** .... 333
I – Le syndic provisoire .... 333
II – La première assemblée et les premiers appels de fonds .... 336

ANNEXES
1/ Contrat type de syndic .... 339
2/ Formulaire de bulletin de vote par correspondance .... 355

INDEX .... 357

# Abréviations

| | |
|---|---|
| AFNOR | Association française de normalisation |
| AFUL | Association foncière urbaine libre |
| AGE | Assemblée générale extraordinaire |
| ALUR | Loi n° 2014-366 du 24 mars 2014 pour l'accès au logement et un urbanisme rénové |
| ANAH | Agence nationale de l'habitat |
| ANC | Autorité des normes comptables |
| Ann. | Annexe |
| ASL | Association syndicale libre |
| AT | Avis technique |
| BAES | Bloc autonome d'éclairage de sécurité |
| CCAG | Cahier des clauses administratives générales |
| CCAP | Cahier des clauses administratives particulières |
| CCNG | Convention collective nationale des gardiens, concierges et employés d'immeuble |
| CCTG | Cahier des clauses techniques générales |
| CCTP | Cahier des clauses techniques particulières |
| CIDE-COP | Convention d'indemnisation des dégâts des eaux dans la copropriété |
| CIDRE | Convention d'indemnisation directe et de renonciation de recours en cas de dégâts des eaux |
| CNC | Commission nationale de concertation |
| CREP | Constat de risque d'exposition au plomb |
| CSAB | Conseil supérieur de l'administration de biens |
| D. 1967 | Décret n° 67-223 du 17 mars 1967 pris pour l'application de la loi n° 65-557 du 10 juillet 1965 fixant le statut de la copropriété des immeubles bâtis |
| DOE | Dossier des ouvrages exécutés |
| Dossier CSAB | *Dossier du CSAB* |

| | |
|---|---|
| DPE | Diagnostic de performance énergétique |
| DTA | Dossier technique amiante |
| DTE | Document technique d'exécution |
| DTG | Diagnostic technique global |
| EDD | État descriptif de division |
| EDDV | état descriptif de division en volumes |
| ÉLAN | Loi n° 2018-1021 du 23 novembre 2018 portant évolution du logement, de l'aménagement et du numérique |
| ENL | Loi n° 2006-872 du 13 juillet 2006 portant engagement national pour le logement |
| EPCI | Établissement public de coopération intercommunale |
| ERP | Établissement recevant du public |
| GHA | Immeuble à usage d'habitation |
| GHO | Immeuble à usage d'hôtel |
| GHR | Immeuble à usage d'enseignement |
| GHS | Immeuble à usage de dépôt d'archives |
| GHU | Immeuble à usage sanitaire |
| GHW | Immeuble à usage de bureaux |
| GHZ | Immeuble à usage mixte |
| GRECCO | Groupe de recherche sur la copropriété |
| HLM | Habitation à loyer modéré |
| IGH | Immeuble de grande hauteur |
| IMH | Immeuble de moyenne hauteur |
| IRSI | Convention inter-assureurs d'indemnisation et de recours des sinistres immeubles |
| ITGH | Immeuble de très grande hauteur |
| LOM | Loi n° 2019-1428 du 24 décembre 2019 d'orientation des mobilités |
| LRAR | Lettre recommandée avec accusé de réception |
| LRE | Lettre recommandée électronique |
| PPT | Plan pluriannuel de travaux |
| RE | Recommandé électronique |
| SCCV | Société civile de construction-vente |
| SCI | Société civile immobilière |
| SPF | Service de la publicité foncière |
| SRU | Loi n° 2000-2018 du 13 décembre 2000 relative à la solidarité et au renouvellement urbains |

| | |
|---|---|
| SSIAP | Service de sécurité incendie et d'assistance à personnes |
| TNT | Télévision numérique terrestre |
| TTC | Toutes taxes comprises |
| UV | Unité de valeur |
| VEFA | Vente en l'état futur d'achèvement |
| VMC | Ventilation mécanique contrôlée |

# 1

# LES CONTOURS DE LA PROPRIÉTÉ

1 - Le champ d'application du statut de la copropriété .............. 21
2 - Les composantes de la copropriété .................................. 47
3 - Les organes de la copropriété ........................................ 89

Chapitre I

# LE CHAMP D'APPLICATION DU STATUT DE LA COPROPRIÉTÉ

## Section I Les immeubles obligatoirement soumis au statut de la copropriété

Le statut de la copropriété est majoritairement d'ordre public. On ne peut ainsi, que dans de très rares cas, y déroger conventionnellement. Il est donc essentiel d'en arrêter précisément le champ d'application.

Logiquement, l'article 1er de la loi du 10 juillet 1965 détermine les immeubles qui lui sont soumis.

Originellement, cet article précisait que ce statut s'appliquait :

– aux immeubles et groupes d'immeubles bâtis dont la propriété est répartie, entre plusieurs personnes, par lots comportant obligatoirement une partie privative et une quote-part de parties communes ;

– à défaut d'organisation différente, aux ensembles immobiliers.

L'ordonnance du 30 octobre 2019 est venue ajouter une nouvelle condition à son application : *l'usage total ou partiel d'habitation*. Ce nouveau critère est entré en application le 1er juin 2020.

Ainsi, depuis cette date, pour qu'un immeuble soit soumis, *de plein droit et obligatoirement*, au statut de la copropriété, il doit être :

– *bâti* ;

– à usage total ou partiel d'*habitation* ;

– *divisé* en propriété entre plusieurs personnes ;

– divisé matériellement en *lots composés de parties privatives et de fractions de parties communes*.

Les immeubles non bâtis ou dont la propriété est répartie autrement que par lots ne peuvent être des copropriétés.

Ces quatre conditions sont nécessaires et suffisantes à l'assujettissement d'un immeuble au statut de la copropriété. Ainsi, *peu importe qu'un règlement de copropriété ait été publié*[1] ; si ces conditions sont réunies, le syndicat existe de plein droit[2].

1 Cass. 3e civ., 8 janv. 1970, n° 68-12875.
2 Cass. 3e civ., 11 janv. 1970, n° 10-24413.

# I. La notion d'immeuble bâti

La loi du 10 juillet 1965 et le statut de la copropriété s'appliquent, de prime abord, aux *immeubles*. Par conséquent, ils ne sauraient concerner des biens meubles[3], même si une certaine forme de la copropriété trouve à s'appliquer aux navires de plaisance[4].

Cet immeuble, ce groupe d'immeubles, pour être soumis audit statut doit, au surplus, être bâti. En d'autres termes, il doit servir d'assiette à des constructions.

Des terrains non bâtis, c'est-à-dire exempts de toute construction, en sont donc légitimement exclus. Notons que cette exclusion ne vaut que pour l'application obligatoire et de plein droit du statut de la copropriété, puisque l'alinéa 2 de l'article 1er permet son application *supplétive et volontaire* aux ensembles immobiliers pouvant comporter « des parcelles non bâties ».

L'immeuble en cours de construction n'est pas exclu du statut dans son application de plein droit. Ainsi, si le terrain en question est en cours de construction, notamment dans le cadre d'une opération de promotion immobilière, les règles de la copropriété peuvent trouver à pleinement s'appliquer dès que la construction envisagée est *achevée* et que le premier lot est *livré*[5] (c'est-à-dire dès que les premiers acheteurs ont officiellement pris possession de leur lot).

Pour leur grande majorité, les immeubles en copropriété ne sont composés que d'un bâtiment unique, pouvant avoir plusieurs étages et divisé en plusieurs lots ; on parle alors de « *copropriété verticale* ».

La *notion de groupe d'immeubles* bâtis renvoie, quant à elle, à une copropriété composée de plusieurs bâtiments, divisés en lots et ayant pour assiette une parcelle appartenant, en indivision, à l'ensemble des propriétaires.

Dévoyant cette notion de « groupe d'immeubles bâtis », la pratique notariale a créé dans les années 1970-1980 la notion de « *copropriété horizontale* ». Cette forme de copropriété s'appliquait aux parcelles sur lesquelles sont édifiées plusieurs maisons individuelles – le terrain, commun, étant alors divisé en zones de jouissances attribuées à chaque maison ou villa. Cette pratique se voulait un ersatz aux règles propres aux lotissements.

Cette forme de copropriété, tombée aujourd'hui en désuétude, demeure néanmoins source de contentieux. La promotion immobilière a, en effet, abusé de cette notion de copropriété horizontale par le biais d'une pratique aujourd'hui fermement condamnée : la division dite « Stemmer »[6]. Cette technique, visant à contourner la législation applicable en matière de lotissement, se basait sur l'établissement d'une copropriété horizontale, composée de parties privatives (les constructions) et de quotes-parts indivises du sol (constituées en parties communes). Le sol était, par conséquent, laissé en indivision et servait d'assiette à deux ou plusieurs bâtiments qui appartenaient à des propriétaires distincts.

L'intérêt évident d'une telle opération était de permettre l'obtention de droits à construire plus importants pour l'une des maisons, le promoteur ventilant librement le coefficient d'occupation des sols.

Malheureusement, cette technique a eu pour résultat de créer des copropriétés disparates dans lesquelles cohabitent des bâtiments n'ayant strictement aucun rapport entre eux, que ce soit physiquement comme en termes de destination, d'usage ou d'affectation. On y retrouve ainsi la maison

3 Ce statut de la copropriété ne peut donc, par exemple, s'appliquer aux emplacements d'amarrages de bateaux situés sur l'eau (CA Paris, pôle 4, 2e ch., 24 janv. 2018).

4 Cass. com., 19 déc. 2018, n° 17-20122.

5 L. 1965, art. 1-1, créé par L. n° 2018-1021, 23 nov. 2018 (loi *ÉLAN*).

6 Cass. 1re civ., 6 févr. 2013, n° 11-30516 ; CE, 26 sept. 1990, n° 86058.

individuelle originellement présente sur le terrain et plusieurs immeubles édifiés dans le cadre de l'opération de promotion immobilière.

Le statut de la copropriété devient alors un carcan pour le propriétaire de la maison individuelle. Si une scission de copropriété[7] peut permettre d'y mettre fin, encore faut-il qu'elle soit autorisée par la majorité absolue des voix du syndicat[8].

## II. L'usage total ou partiel d'habitation

Grande nouveauté issue de l'ordonnance du 30 octobre 2019, le statut de la copropriété ne s'applique désormais, *de plein droit*, qu'aux immeubles ou groupes d'immeubles bâtis *à usage total ou partiel d'habitation*.

Le statut de la copropriété est ainsi recentré autour de la notion d'habitation.

Il suffit alors qu'*un seul lot* soit affecté à l'habitation pour que le statut de la copropriété s'applique automatiquement à l'immeuble. Cette nouvelle condition d'application du statut a pour but évident de résoudre les difficultés nées de son inadéquation aux centres commerciaux et immeubles de bureaux divisés en lots.

Demeureront sans doute des questions d'application pratique. Qu'en est-il, par exemple, de l'immeuble de bureaux pour lequel un poste de gardien logé est prévu ? Le logement du gardien, s'il est un lot, fait-il appartenir cet immeuble à la catégorie des immeubles bâtis à usage partiel d'habitation ?

## III. La pluralité de propriétaires

Pour que cet immeuble ou ce groupe d'immeubles bâtis soit soumis, de plein droit, au statut de la copropriété, encore faut-il que *sa propriété soit partagée entre plusieurs personnes*. Ainsi, pour qu'il y ait copropriété, il faut et il suffit que la propriété de l'immeuble soit répartie, *a minima*, entre deux personnes différentes[9].

*A contrario*, si la répartition de l'immeuble n'est faite, entre plusieurs personnes, qu'*en jouissance*[10], le statut de la copropriété ne saurait lui être applicable[11].

Une copropriété peut donc être composée simplement de deux lots. Cependant, depuis l'ordonnance du 30 octobre 2019[12], ces petites copropriétés sont soumises à un statut particulier prévu aux articles 41-13 à 41-23 nouveaux de la loi du 10 juillet 1965.

Retenons que selon les chiffres du registre des immatriculations des copropriétés émis en 2020 :

- 4,5 % des copropriétés dépassent les 200 lots principaux (habitations, bureaux) ;
- 25,5 % se situent entre 50 et 199 lots ;
- 49 % comptent entre 11 et 49 lots ;
- 21 % comptent moins de 10 lots.

Les immeubles bâtis de taille moyenne dominent donc le parc des copropriétés en France.

7 L. 1965, art. 28.
8 L. 1965, art. 25.
9 Cass. 3e civ., 12 janv. 2011, n° 09-13822.
10 Tel est le cas des immeubles à jouissance partagée.
11 Atias C., *Dicopropriété*, 2005, Edilaix, p. 495.
12 Ord. n° 2019-1101, 30 oct. 2019.

En toute logique, si tous les lots d'une copropriété venaient à être détenus par une seule et même personne, le statut cesserait ainsi de s'appliquer de plein droit et l'immeuble ne serait plus soumis aux règles de la copropriété. Le syndicat ne survivrait alors que pour les besoins de sa liquidation[13].

# IV. Le lot de copropriété

## A. LA DIVISION EN LOTS

La loi du 10 juillet 1965 fait du lot l'*unité fondamentale de la copropriété*.

Si l'immeuble n'est pas divisé en lots, il n'y a pas de copropriété. Le statut de la copropriété ne s'applique donc pas à des immeubles divisés différemment. Tel est, par exemple, le cas :

– d'immeubles imbriqués ne comprenant pas de parties communes[14] ;

– d'immeubles divisés en deux dans le sens de la hauteur[15] ;

– d'immeubles soumis simplement à l'indivision[16] ;

– d'immeubles séparés ayant pour assiette des parcelles séparées et ne profitant d'aucun élément commun[17].

Cette notion de lot n'a cessé d'évoluer au fil de la jurisprudence et des nouveaux textes.

Très récemment, la loi *ÉLAN* du 23 novembre 2018 a livré une définition précise du lot de copropriété : « *le lot de copropriété comporte obligatoirement une partie privative et une quote-part de parties communes, lesquelles sont indissociables* ».

Ainsi, il ne suffit pas que l'immeuble soit divisé en lots pour qu'il soit soumis au statut de la copropriété, il est, au surplus, nécessaire que ce lot soit composé d'une partie privative et d'une quote-part des parties communes. Ces deux composantes étant indissociables, un lot de copropriété ne saurait être simplement composé de parties communes[18] ou, inversement, de parties privatives[19].

Cette division en lots, comportant des parties privatives et une quote-part de parties communes, suffit à imposer l'application du statut de la copropriété, et ce même en l'absence de règlement de copropriété[20].

Reprenant la jurisprudence, le nouvel article 6-3 de la loi du 10 juillet 1965, ajouté par la loi *ÉLAN*, nous rappelle que *la partie privative d'un lot ne saurait être constituée d'un droit de jouissance exclusive*.

Une difficulté est née d'une pratique notariale fréquente au cours des années 1990. Il est en effet fréquent de croiser des copropriétés dans lesquelles les places de parkings ou les jardins, parties non bâties de l'immeuble, ont été organisés sous forme de lots dont la partie privative est constituée d'un droit de jouissance exclusif sur la portion concernée du sol commun.

13 Cass. 3e civ., 28 janv. 2009, n° 06-19650 ; L. 1965, art. 46-1 ajouté par ord. n° 2019-1101, 30 oct. 2019.
14 Cass. 3e civ., 8 sept. 2010, n° 92-13228.
15 Cass. 3e civ., 22 sept. 2009, n° 08-19350.
16 CA Chambéry, 6 avr. 2017, n° 15/16698.
17 CA Aix-en-Provence, 1er févr. 1983.
18 Cass. 3e civ., 8 avr. 1970, n° 68-13253.
19 Cass. 3e civ., 27 mai 2010, n° 09-65338 ; Cass. 3e civ., 14 janv. 2016, n° 13-22292.
20 Cass. 3e civ., 2 déc. 2008, n° 07-18025.

La jurisprudence a fermement condamné cette pratique en soulignant qu'*un tel lot ne pouvait exister*[21]. Néanmoins, si de tels lots peuvent être annulés, cette annulation ne peut avoir pour effet de faire disparaître le droit de jouissance exclusive[22]. Le titulaire de ce droit n'a pas la qualité de copropriétaire, mais doit néanmoins s'acquitter des charges rendues nécessaires par l'exercice de son droit[23]. Cette difficulté devrait disparaître, puisque la loi *ÉLAN* a imposé que les règlements de copropriété soient harmonisés avec ses nouvelles dispositions d'ordre public, et ce, pour le moment, avant le 23 novembre 2021[24].

Plus pratiquement, les lots sont répertoriés dans un document intitulé « état descriptif de division » (EDD)[25], annexé au règlement de copropriété.

Cette notion de lot exprime toute la dualité que connaît la copropriété. En effet, doivent nécessairement y cohabiter la propriété privée (appartement, bureau, commerce...) et la propriété collectivement partagée des parties et équipements communs devant profiter à tous.

De cette dualité naissent toutes les difficultés d'application du statut de la copropriété. Il est en effet souvent difficile de parvenir à faire cohabiter des intérêts purement privés avec des besoins collectifs.

## B. LES LOTS TRANSITOIRES

La réalisation d'immeubles par tranches a imposé qu'une forme particulière de lots de copropriété soit consacrée. En effet, lorsque les premières tranches d'un programme immobilier se voient achevées et livrées, le promoteur immobilier doit pouvoir continuer à édifier son programme sans pour autant avoir besoin de solliciter des autorisations auprès du syndicat des copropriétaires.

La jurisprudence a ainsi créé la notion de *lot transitoire*. Ces lots ont pour particularité d'avoir pour partie privative un droit de construire précisément défini quant aux constructions qu'il autorise, à laquelle est attachée une quote-part des parties communes.

Pendant plusieurs décennies, les jugements et arrêts ont dessiné les contours de ce lot transitoire.

Ainsi, il a été retenu que la propriété d'un tel lot dispensait son titulaire de l'obligation d'obtenir une autorisation préalable de l'assemblée générale pour édifier les bâtiments et constructions objets de la partie privative de ce lot[26].

Cette création jurisprudentielle a été récemment codifiée par la loi *ÉLAN*, elle-même précisée par l'ordonnance du 30 octobre 2019.

Ce lot transitoire est désormais défini dès l'article 1er, I, alinéa 4 de la loi du 10 juillet 1965 comme « un lot formé d'une partie privative constituée d'un droit de construire précisément défini quant aux constructions qu'il permet de réaliser et d'une quote-part de parties communes ».

Ce même article rappelle que sa création et sa consistance *doivent être précisément stipulées dans le règlement de copropriété*.

Les règlements de copropriété, antérieurs à cette loi, comportant des lots transitoires différant de cette définition légale doivent être mis en conformité avec ces nouveaux textes avant le 23 novembre 2021.

21 Cass. 3e civ., 8 oct. 2008, n° 0716540.
22 Cass. 3e civ., 1er mars 2006, n° 04-18547.
23 Cass. 3e civ., 2 déc. 2009, n° 08-20310.
24 Suite à la crise liée à la Covid-19, le GRECCO a émis le souhait que cette date soit décalée au 31 décembre 2023.
25 Les règles déterminant l'EDD sont fixées par D. n° 55-1350, 14 oct. 1955, art. 71.
26 Cass. 3e civ., 8 juin 2011, n° 10-20276.

# V. Début de l'application du statut de la copropriété à un immeuble

Selon le nouvel article 1-1 de la loi du 10 juillet 1965[27] :

– *pour les immeubles déjà bâtis*, le statut de la copropriété s'applique *dès le premier transfert de propriété d'un lot* (vente, donation...) ;

– *pour les immeubles à construire – vente en l'état futur d'achèvement (VEFA)*... –, le « fonctionnement de la copropriété découlant de la personnalité morale du syndicat de copropriétaires » prend effet *dès la livraison du premier lot*, donc dès la prise de possession par le premier copropriétaire de son lot.

Si dans le cas des immeubles à construire, le fonctionnement de la copropriété semble découler de l'avènement de la personnalité morale du syndicat et non de l'application du statut de la copropriété dans son intégralité, c'est parce que certaines dispositions du statut de la copropriété, telles que celles concernant le *syndic provisoire*, trouvent à s'appliquer avant même la première livraison. La distinction était donc importante.

Dans le cas de groupes d'immeubles à construire, édifiés par tranche, les premiers lots du premier bâtiment sont généralement livrés avant l'achèvement de l'intégralité du programme immobilier. Le point de départ de l'application du statut de la copropriété à un tel immeuble a longtemps été discuté.

La Cour de cassation est venue arrêter le principe selon lequel le statut de la copropriété s'applique à l'ensemble du programme de construction dès qu'un premier immeuble comprenant au moins deux lots attribués à des personnes différentes est achevé[28].

Le règlement de copropriété de ce programme ne peut préciser qu'il n'entrera en vigueur qu'au fur et à mesure de l'achèvement des bâtiments[29].

Le promoteur, propriétaire des lots non bâtis, est *tenu au paiement des charges de copropriété et dispose donc d'un droit de vote aux assemblées générales*.

Une ordonnance du 7 mai 2019[30] est venue préciser que l'application du statut de la copropriété pouvait être différée *dans le cas très particulier de la vente de logements appartenant à un organisme d'habitations à loyer modéré* (HLM).

Ainsi, lors de la vente à une personne physique d'un tel logement, le transfert de la propriété de la quote-part de parties communes, et donc l'application du statut de la copropriété, peut être différé pour une durée maximale de 10 années à compter de la première vente intervenue dans l'immeuble.

L'organisme HLM reste alors propriétaire des parties communes durant cette période et doit, par conséquent, en assumer l'entretien. Ses anciens locataires peuvent alors s'accoutumer progressivement aux obligations de copropriétaires.

27 Créé par L. n° 2018-1021, 23 nov. 2018 (loi *ÉLAN*).
28 Cass. 3e civ., 12 janv. 2011, n° 09-13822.
29 Cass. 3e civ., 30 juin 1998, n° 96-20758.
30 Ord. n° 2019-4118, 7 mai 2019.

## VI. Fin de l'application du statut de la copropriété à un immeuble

Les causes de disparition de la copropriété, et par conséquent de la fin de l'application de son statut à l'immeuble, sont multiples. On dénombre notamment :

– la destruction pure et simple de l'immeuble, si le syndicat réuni en assemblée générale ne décide pas de le reconstruire ;

– l'expropriation pour cause d'utilité publique de la totalité des bâtiments[31] ;

– la vente de l'immeuble suivant la décision unanime des copropriétaires prise au cours d'une assemblée générale ;

– la constitution d'une société entre les copropriétaires décidée par un vote unanime des copropriétaires pris au cours d'une assemblée générale ;

– la réunion entre les mêmes mains de tous les lots d'une copropriété.

À ce sujet très précis, l'ordonnance du 30 octobre 2019, reprenant une jurisprudence établie[32], est venue ajouter à la loi du 10 juillet 1965 un nouvel article 46-1, qui dispose que :

« La réunion de tous les lots entre les mains d'un même propriétaire entraîne *de plein droit* la disparition de la copropriété et la dissolution du syndicat des copropriétaires qui ne survit que pour les besoins de sa liquidation, laquelle n'est pas soumise aux dispositions de la présente loi.

Le syndic procède aux opérations de liquidation. À défaut, un mandataire *ad hoc* peut être désigné judiciairement. »

Ainsi, le syndicat survit à la fin de l'application du statut de la copropriété pour les besoins de sa liquidation. Cette liquidation n'est pas soumise aux dispositions de ce statut, mais aux *principes issus du droit des sociétés*.

Certes, cet article ne traite que d'un cas particulier entraînant la disparition de la copropriété, mais il est certain que les autres hypothèses doivent être traitées par analogie.

Notons néanmoins que cet article 46-1 ne fait pas partie des textes ayant un caractère d'ordre public en application de l'article 43 de la loi du 10 juillet 1965. Il peut donc y être dérogé conventionnellement. Il est ainsi possible de prévoir, au sein du règlement de copropriété, des clauses particulières à la liquidation du syndicat.

# Section 2 Les immeubles facultativement soumis au statut de la copropriété

Initialement, l'article 1er, alinéa 2 de la loi du 10 juillet 1965 précisait qu'« À défaut de convention contraire créant une organisation différente, la présente loi est également applicable aux ensembles immobiliers qui, outre des terrains, des aménagements et des services communs, comportent des parcelles, bâties ou non, faisant l'objet de droits de propriété privatifs. »

Cette loi prévoyait donc une application supplétive de son statut aux ensembles immobiliers qui ne seraient pas pourvus d'une organisation différente conventionnellement arrêtée.

31 Cass. 3e civ., 6 juin 2019, n° 17-30923.
32 Cass. 3e civ., 4 juill. 2007, n° 06-11015.

Dans sa volonté de « spécialisation » du statut de la copropriété, l'ordonnance du 30 octobre 2019 a modifié cette disposition et a ainsi étendu l'application supplétive du statut aux *immeubles bâtis à usage autre que d'habitation*.

Désormais, pour que l'ensemble immobilier et l'immeuble bâti à destination totale autre que d'habitation soient soumis au statut de la copropriété, encore faut-il qu'aucune « organisation dotée de la personnalité morale » n'ait été conventionnellement prévue afin d'assurer la gestion de leurs éléments et services communs.

# I. Les ensembles immobiliers

« Objet immobilier non identifié », tel pourrait être le qualificatif définissant le mieux la notion d'ensemble immobilier.

Bien qu'utilisée à outrance dans les prétoires et les actes notariés, cette notion souffre d'un problème identitaire et n'est en aucun cas clairement définie et encadrée.

L'article 1er de la loi du 10 juillet 1965 tente d'en poser une définition en disposant qu'un ensemble immobilier comporte, « outre des terrains, des aménagements et des services communs, [...] des parcelles [...], bâti[e]s ou non, faisant l'objet de droits de propriété privatifs ».

D'évidence, l'ambiguïté de ces termes ne permet pas d'avoir une vision précise de la notion d'ensemble immobilier. Il est alors aisé de le confondre avec le « groupe d'immeubles bâtis », visé au premier alinéa de cet article. Pourtant la différence entre ces deux notions conditionne les modalités d'application du statut de la copropriété.

La doctrine est alors venue poser le critère permettant de définir un ensemble immobilier et ainsi de le distinguer du « groupe d'immeubles bâtis » : l'*hétérogénéité*.

Ainsi, le groupe d'immeubles bâtis soumis au statut de la copropriété est caractérisé par sa « structure foncière, soumise à une unicité de régime juridique, qui est nécessairement *homogène* puisque tous les propriétaires des lots possèdent des droits indivis sur l'assiette du sol, ce qui les rend copropriétaires du sol »[33].

Par « homogénéité », il faut ici entendre une unité dans le mode d'appropriation du sol, une communauté dans la propriété et dans l'esprit de vie courante : *le sol partie commune est en indivision entre tous les copropriétaires*.

À l'inverse, l'hétérogénéité de l'ensemble immobilier se caractérise par « le fait que la totalité des terrains d'assiette des constructions n'est pas placée sous un régime unique d'indivision forcée entre les bâtiments comme dans le cas d'un groupe d'immeubles bâtis ; ils font au contraire l'objet d'appropriations différentes, de droits privatifs distincts [...], l'ensemble des immeubles construits dans ces conditions bénéficie d'un certain nombre d'éléments d'équipement d'intérêt collectif »[34]. *Le sol assiette de l'ensemble immobilier est un « patchwork » de propriétés.*

En conséquence, dans un ensemble immobilier, certains immeubles ou parties d'immeuble font l'objet d'appropriation privative caractérisant une *hétérogénéité* du régime du sol, et les parties et éléments d'équipement communs ne font l'objet d'une propriété commune typique à la copropriété, que tout autant qu'il n'existe pas d'autre procédé.

33 Capoulade P., Giverdon C., « Propos sur les ensembles immobiliers », RDI 1997, p. 161. CA Aix-en-Provence, 16 avr. 1992 : RDI 1993, p. 115.

34 CA Aix-en-Provence, 16 avr. 1992 : RDI 1993, p. 115.

## II. L'immeuble bâti à destination totale autre que d'habitation

Comme vu précédemment, l'ordonnance du 30 octobre 2019 apporte une nuance majeure à l'article 1er de la loi du 10 juillet 1965, et donc aux modalités d'application du statut de la copropriété.

Désormais, ce statut s'applique obligatoirement « aux immeubles ou groupes d'immeubles bâtis » *à usage total ou partiel d'habitation*.

La loi et, partant, le statut deviennent ainsi d'application supplétive pour les immeubles ou groupes d'immeubles bâtis dont la destination totale est autre que l'habitation. Ces immeubles rejoignent alors les ensembles immobiliers et *peuvent, par le biais d'une organisation conventionnelle différente, déroger au statut de la copropriété*.

Une structure de gestion, dite « organisation dotée de la personnalité morale, suffisamment structurée pour assurer la gestion des éléments et services communs », est donc toujours exigée. Elle doit être pensée pour s'adapter, au mieux, aux contraintes liées aux activités pratiquées dans ces immeubles ou groupes d'immeubles.

Que faut-il entendre cependant par une telle organisation ?

De prime abord, le praticien immobilier a pour réflexe de penser aux associations syndicales libres (ASL) ou aux associations foncières urbaines libres (AFUL). Ces personnes morales sont, en effet, fréquemment employées, en tant que substituts de la copropriété, en matière d'administration et de gestion d'ensembles immobiliers.

Néanmoins, rien n'interdit que soit créée une personne morale *sui generis*, la seule condition exigée étant qu'elle soit suffisamment structurée. On peut ainsi imaginer que le statut de la copropriété soit appliqué à la carte par le biais d'une personne morale organisée pour ce faire.

Mais attention, pour pouvoir déroger au statut de la copropriété, les immeubles non voués à l'habitation *actuellement soumis au statut de la copropriété* doivent :

– déterminer contractuellement une organisation différente structurée dotée de la personnalité morale ;

– adopter cette nouvelle organisation et décider de ne plus soumettre leur immeuble au statut de la copropriété au cours d'une assemblée à l'*unanimité* des voix du syndicat des copropriétaires.

On peut aisément en conclure que cette modification du champ d'application du statut de la copropriété affecte essentiellement les immeubles de bureaux ou centres commerciaux édifiés depuis le 1er juin 2020, date d'entrée en vigueur de l'ordonnance du 30 octobre 2019.

# Section 3 Les formes de propriété collective exclues du statut

En droit français, la copropriété n'est, bien évidemment, pas le seul mode d'administration et de gestion de la propriété collective d'un bien immobilier.

Les institutions voisines les plus fréquentes sont :

– les immeubles en multipropriété ou jouissance à temps partagé ;

– les immeubles divisés en volume ;

– les lotissements ;

– l'indivision et les immeubles sans parties communes.

Bien que voisines, elles sont purement et simplement exclues du champ d'application du statut de la copropriété.

# I. Les immeubles en multipropriété ou jouissance à temps partagé

Cette organisation est directement inspirée du système anglo-saxon dénommé « *time-share* ».

Originellement, improprement qualifiée de « *multipropriété* », cette pratique est aujourd'hui définie comme une « *jouissance à temps partagé* » d'un immeuble et répond d'un statut qui lui est propre, composé notamment d'une loi du 6 janvier 1986[35] complétée par une autre loi du 8 juillet 1998[36].

Fréquente dans les zones balnéaires et de montagne, elle concerne généralement les immeubles de tourisme qui peuvent être, à l'instar d'une copropriété, divisés en lots. Mais elle peut également s'appliquer à de simples villas, maisons individuelles, bungalows, voire même certaines portions d'immeubles.

Sa différence fondamentale avec la copropriété tient au fait que ce n'est pas la propriété de l'immeuble qui est divisée, mais *simplement sa jouissance*[37], *et ce temporellement.*

Son organisation, simple, se fait par l'entremise d'une *société d'attribution* et ne peut porter que sur un *immeuble à usage, au moins partiel, d'habitation.*

Ainsi, pour un même appartement (lot ou fraction) situé dans un immeuble de station de ski, plusieurs personnes ayant acheté des parts de la société se succèdent au cours de l'année pour profiter de cet appartement et des parties et équipements collectifs de l'immeuble. L'appartement n'appartient à aucun d'entre eux, mais à la société. Le prix des parts sociales varie en fonction de la période y correspondant : une semaine en pleine saison étant évidemment plus élevée qu'une période hors saison de ski.

## A. LA SOCIÉTÉ D'ATTRIBUTION D'IMMEUBLES EN JOUISSANCE À TEMPS PARTAGÉ

Cette société devient propriétaire d'un bien immobilier. Ses membres, associés à qui sont vendues des parts, bénéficient alors d'un droit de séjour, attaché auxdites parts ou actions, pendant une période déterminée de l'année.

Elle a généralement une forme civile et a pour objet, au-delà de l'attribution en jouissance à ses associés de fractions (ou lots) de l'immeuble à usage d'habitation :

– la gestion de l'immeuble, des équipements collectifs et services mis à disposition des associés ;

– la commercialisation des contrats de souscription de parts ou actions conférant à leurs acquéreurs la qualité d'associé de la société.

*Les associés ne sont titulaires d'aucun droit réel.* Seule la société reste propriétaire des immeubles qu'elle a acquis ou fait construire.

---

35 L. n° 86-18, 6 janv. 1986 relative aux sociétés d'attribution d'immeubles en jouissance à temps partagé.

36 L. n° 98-566, 8 juill. 1998 relative à la protection des acquéreurs pour certains aspects des contrats portant sur l'acquisition d'un droit d'utilisation à temps partiel de biens immobiliers.

37 Statut de la multipropriété, L. n° 86-18, 6 janv. 1986.

## B. FONCTIONNEMENT DE LA SOCIÉTÉ D'ATTRIBUTION

Son administration, lorsqu'elle est constituée sous une forme civile, est assurée par un gérant, désigné par l'assemblée générale des associés ou membres, dont le mandat ne peut excéder *3 années renouvelables*. Il est assisté et contrôlé dans sa tâche par un *conseil de surveillance* dont les membres sont désignés par l'assemblée générale parmi ses membres.

Une fois par an, les associés de la société d'attribution doivent être réunis en assemblée générale. Cette assemblée peut également être réunie à la demande d'associés disposant, ensemble, du *cinquième des parts ou actions*.

Pour permettre un vote éclairé au cours de cette réunion, dans les 15 jours précédant la tenue de l'assemblée, tout associé peut obtenir communication des comptes sociaux de la société.

Par ailleurs, et pour assurer une parfaite transparence, tout associé peut solliciter du gérant la communication de la liste des noms et adresses des autres associés ainsi que la répartition des parts sociales et des droits de jouissance qui y sont attachés.

S'agissant du vote, chaque associé dispose d'un nombre de voix proportionnel au nombre de parts qu'il détient. Cependant, dans le cadre de décisions relatives aux charges entraînées par les éléments d'équipements et services collectifs, le nombre de voix des associés est alors proportionnel à la faculté contributive de chaque associé auxdites charges.

Cette organisation admet la représentation en assemblée. Ainsi, chaque associé dispose de la faculté de se faire représenter à l'assemblée par toute personne de son choix, même non associée. Les dirigeants de la société, leurs conjoints et leurs préposés ne peuvent recevoir un tel mandat.

Les décisions de l'assemblée générale sont normalement adoptées à la majorité des voix des associés présents ou représentés.

Notons que certaines décisions requièrent une majorité qualifiée :

– la majorité absolue des parts sociales est exigée pour la nomination et la révocation du gérant, et ce même en présence d'une clause statutaire contraire ;

– la majorité des deux tiers des voix de tous les associés est exigée notamment :

- pour la modification des statuts,
- pour l'établissement ou la modification du règlement de jouissance,
- pour les décisions relatives à des actes de disposition affectant des biens immobiliers,
- pour la dissolution anticipée de la société,
- pour la fixation des modalités de sa liquidation et pour sa prorogation... ;

– la majorité des deux tiers des voix des associés présents ou représentés est exigée pour toutes les décisions relatives à des opérations telles que :

- la transformation d'un ou de plusieurs éléments d'équipement existants,
- l'adjonction d'éléments nouveaux,
- l'aménagement ou la création de locaux à usage commun.

## C. OBLIGATION DES ASSOCIÉS

L'obligation essentielle des associées, contrepartie logique de leur droit de jouissance, est leur participation aux *charges* induites.

On retrouve trois catégories de charges :

– les *charges relatives au fonctionnement de la société, à la conservation, à l'entretien et à l'administration des parties communes de l'immeuble* qui sont réparties entre les associés en fonction du nombre de parts qu'ils détiennent dans le capital social de la société ;

– les *charges entraînées par les services collectifs, les éléments d'équipement et le fonctionnement de l'immeuble, non liées à l'occupation du logement*. Elles doivent être individualisées ; à défaut, la participation de chaque associée dépend de la situation et de la consistance du logement dont il a la jouissance, et de la durée et de l'époque de sa période d'occupation ;

– les *charges entraînées par les services collectifs, les éléments d'équipement et le fonctionnement de l'immeuble, liées à l'occupation effective du logement* (eau, électricité ou services hôteliers). Elles sont également réparties, à défaut d'individualisation, en fonction de la situation et de la consistance du logement dont il a la jouissance, et de la durée et de l'époque de sa période d'occupation.

Pour pouvoir exiger paiement de ces charges à ses associés, et ainsi rapporter la preuve des caractères certain, liquide et exigible de sa créance, la société d'attribution doit tenir à disposition les justificatifs des sommes réclamées et fournir aux associés un décompte fixant imputation selon les trois catégories sus-évoquées[38].

En cas de non-paiement des charges, l'assemblée générale peut priver l'un de ses associés de l'exercice de son droit de jouissance et faire procéder à la vente forcée de ses parts sociales[39].

## D. LE RETRAIT DES ASSOCIÉS DE LA SOCIÉTÉ D'ATTRIBUTION

Jusqu'à une loi du 22 juillet 2009[40], il était impossible aux associés de se retirer de la société si ce n'était en vendant leurs parts sociales[41].

Cependant, la jouissance à temps partagé d'immeubles ayant été le théâtre de difficultés et d'escroqueries notoires, le législateur a, par ladite loi, permis le retrait des associés dans deux autres circonstances :

– après une autorisation unanime en assemblée générale ;

– après décision de justice retenant de justes motifs :

- transmission par succession depuis moins de 2 années des parts sociales,
- fermeture ou inaccessibilité de l'immeuble concerné privant de jouissance les associés,
- impossibilité pour un associé, du fait de sa situation, de supporter les charges liées à son droit de jouissance[42]...

Ainsi, s'il existe certaines similarités de fonctionnement entre la jouissance à temps partagé et le statut de la copropriété, ces deux organisations collectives de la propriété n'en sont pas moins fondamentalement différentes et ne sauraient être confondues. La différence majeure tient à la propriété de l'immeuble. En copropriété, elle est divisée entre tous les copropriétaires, alors que dans le cadre de la jouissance à temps partagé, l'immeuble est la propriété de la société d'attribution.

38 Cass. 3e civ., 29 mai 2002, n° 00-20619.
39 CCH, art. L. 212-4.
40 L. n° 2009-888, 22 juill. 2009.
41 Cass. 3e civ., 29 mai 2002, n° 00-20619.
42 Cass. 1re civ., 27 févr. 1985, n° 83-14069.

# II. Les immeubles divisés en volume

## A. PRINCIPE DE LA DIVISION EN VOLUME

À son origine, cette division volumétrique avait pour but de pallier les carences de la loi du 10 juillet 1965 et ainsi de permettre l'organisation d'un immeuble dans lequel un espace de droit privé pouvait coexister avec un espace appartenant au domaine public d'une personne publique (État, collectivité...).

La pratique a désormais étendu son application à de nombreuses hypothèses n'impliquant pas nécessairement le domaine public. Les ensembles immobiliers les plus complexes sont ainsi régulièrement organisés en volumétrie.

Cette division en volume, ou volumétrie, est une technique juridique permettant une division de la propriété d'un immeuble en « fractions distinctes »[43] définies géométriquement par trois dimensions (largeur, profondeur, hauteur) et se superposant les unes aux autres au sein d'un même ensemble immobilier. Chaque fraction ou volume est totalement autonome par rapport aux autres. La division en volumes est donc une *division en pleine propriété*.

Le propriétaire du volume bénéficie dès lors d'un droit de propriété plein et entier sur le volume lui appartenant. Il en a ainsi *l'usus*, *l'abusus* et le *fructus* et peut, en conséquence, le louer, le céder, l'hypothéquer...

Cette technique particulière de division de la propriété permet d'isoler des éléments lorsqu'ils sont imbriqués et superposés dans un même ensemble immobilier et laisse coexister des volumes au-dessous comme au-dessus du niveau du sol.

Les rapports entre ces volumes sont organisés sous forme de servitudes.

La propriété de chaque volume étant attribuée exclusivement à son titulaire, il n'existe aucune indivision entre les propriétaires de volumes. Chaque volume n'est ainsi exclusivement constitué que d'une partie privative correspondant à une partie de l'immeuble.

*En conséquence, à l'inverse de la copropriété, la propriété n'y est pas divisée en lots.*

Dans la majeure partie des cas, les éléments et équipements communs à l'ensemble des volumes sont soumis à l'administration d'une ASL ou d'une AFUL.

Notons qu'un volume peut parfaitement accueillir en son sein un immeuble soumis au statut de la copropriété.

## B. ORGANISATION DE LA DIVISION EN VOLUME

Cette technique implique la réalisation par un géomètre expert d'un état descriptif de division en volumes (EDDV).

Cet EDDV, reçu par un notaire et publié aux services de la publicité foncière compétents, précise :

- l'assiette parcellaire des terrains auxquels il s'applique ;
- les volumes matériels ou immatériels, en tréfonds ou dans l'espace, matérialisés par des plans ayant pour référence des cotes altimétriques ;
- la destination et la composition desdits volumes ;
- les servitudes perpétuelles prévues pour permettre leur coexistence.

---

43 D. Sizaire, JCP 1988, éd. N., I, p. 323.

Cet EDDV est normalement complété par un cahier des charges qui comporte les règles de droit privé organisant le fonctionnement de l'immeuble ainsi que les rapports entre les volumes et leurs propriétaires.

À l'instar d'un règlement pour une copropriété, ce document contient l'ensemble des obligations permettant d'assurer la vie collective au sein de cet immeuble divisé en volumétrie. Y figurent généralement les obligations d'entretien, de sécurité et en matière de travaux, les prescriptions relatives à la préservation de l'harmonie architecturale et esthétique de l'immeuble, mais encore la répartition des charges éventuellement induites par les équipements collectifs à l'ensemble des volumes ou seulement certains d'entre eux.

# III. Les lotissements

## A. LA NOTION DE LOTISSEMENT

Selon le Code de l'urbanisme, un lotissement correspond « à la division en propriété ou jouissance d'une unité foncière ou de plusieurs unités foncières contiguës ayant pour objet de créer un ou plusieurs lots destinés à être bâtis »[44]. Il s'agit d'une opération foncière visant l'aménagement d'une parcelle.

Dans la pratique, le lotissement est composé de lots, issus de la division d'une parcelle, devant recevoir des constructions. Ces lots sont vendus généralement séparément par le lotisseur après que ce dernier ait réalisé la viabilisation du terrain, à savoir les voies d'accès, équipements, réseaux et espaces collectifs nécessaires à l'ensemble.

Il appartient ensuite aux acquéreurs de faire édifier les constructions sur ces parcelles.

Dans son organisation, le lotissement semble très proche de la copropriété dite « horizontale ». Pourtant, une différence fondamentale les sépare : dans le lotissement, les lots créés sont des parcelles cadastrales à part entière et indépendantes. Chaque propriétaire de lot est propriétaire du terrain servant d'assiette au lot. À l'inverse, en copropriété horizontale, le sol demeure une partie commune, chaque lot ayant simplement un droit de jouissance exclusif sur une portion de ce sol.

## B. LES DOCUMENTS RÉGISSANT LES LOTISSEMENTS

Tout lotissement est régi par un *cahier des charges* et un *règlement*.

Le *cahier des charges* comporte normalement des règles purement privées (rapports lotisseurs-colotis et rapports entre colotis), tandis que les règles d'urbanisme figurent dans le *règlement du lotissement*.

Cette dissociation est effective depuis la réforme portée par le décret n° 77-860 du 26 juillet 1977.

Avant cette date, ces documents étaient parfois groupés, mêlant des règles purement privées et des dispositions réglementaires. Il convient toutefois de souligner que le cahier de charges de lotissement demeure toujours un *contrat de droit privé*, quels que soient la date et le régime selon lequel il a été adopté. Ses clauses engagent les colotis entre eux pour toutes les stipulations qui y sont contenues et ces derniers peuvent en exiger le respect. Un coloti est, dès lors, fondé à invoquer la méconnaissance des stipulations d'un tel cahier des charges, et ce, quand bien même il ne subirait aucun préjudice du fait de la violation de ses dispositions, ou alors même qu'il méconnaîtrait lui-même ses stipulations[45].

---

44 C. urb., art. L. 442-1.

45 Cass. 3e civ., 12 févr. 2008, n° 06-20185.

Le cahier des charges de lotissement peut en outre avoir une valeur réglementaire qui résulte de son approbation par le préfet. Cependant, depuis le 1er janvier 1978 – date d'entrée en vigueur du décret précité –, le cahier des charges n'est plus approuvé par le préfet. *Autrement dit, seuls les cahiers des charges antérieurs à 1978 peuvent être dotés d'une telle valeur réglementaire.*

S'agissant de l'application de ces documents du lotissement, depuis la loi *ÉLAN* du 23 novembre 2018[46], l'article L. 442-9 du Code de l'urbanisme dispose que « Les règles d'urbanisme contenues dans les documents du lotissement, notamment le règlement, le cahier des charges s'il a été approuvé ou les clauses de nature réglementaire du cahier des charges s'il n'a pas été approuvé, deviennent caduques au terme de dix années à compter de la délivrance de l'autorisation de lotir si, à cette date, le lotissement est couvert par un plan local d'urbanisme ou un document d'urbanisme en tenant lieu. »

Il ressort de cette disposition que seules les règles d'urbanisme peuvent être frappées de caducité 10 années après la délivrance de l'autorisation de lotir. Les autres, de nature contractuelle – notamment celles contenues dans le cahier des charges du lotissement –, s'imposent aux colotis tout au long de la vie du lotissement.

La distinction entre ces deux types de règles est donc fondamentale.

L'article L. 442-9 précise que les règles d'urbanisme peuvent être contenues dans :

– le règlement de lotissement ;

– le cahier des charges approuvé, c'est-à-dire tout cahier des charges établi avant 1978 en application du décret n° 77-860 du 26 juillet 1977 ;

– les dispositions réglementaires contenues dans le cahier des charges non approuvé, ce qui est le cas des cahiers des charges établis après 1978.

*Concernant le règlement*, la troisième chambre civile de la Cour de cassation a indiqué que les dispositions contenues dans le règlement ne sont jamais de nature contractuelle[47].

*Concernant le cahier des charges*, la jurisprudence a apporté des précisions s'agissant des notions mêmes de dispositions de nature réglementaire et dispositions de nature contractuelle.

Précisément, la jurisprudence considère que les dispositions relatives à l'harmonie et à l'interdiction de nouvelles constructions sont de nature contractuelle et non réglementaire[48].

*Dans sa jurisprudence la plus récente*, la troisième chambre civile de la Cour de cassation est cependant venue remettre en question cette dichotomie entre clause de nature contractuelle et clause de nature réglementaire contenues dans un cahier des charges de lotissement.

En effet, la Cour de cassation affirme, de manière constante, que *toutes les dispositions du cahier des charges conservent leur force obligatoire, et ce, que les dispositions contenues dans ce cahier soient de nature contractuelle ou non*[49].

Un arrêt de la troisième chambre civile de la Cour de cassation rendu le 14 septembre 2017 poursuit dans ce sens en précisant que « *le cahier des charges d'un lotissement, quelle que soit sa date, approuvé ou non, constitue un document contractuel dont les clauses engagent les colotis entre eux pour toutes les stipulations qui y sont contenues* »[50].

Le cahier des charges paraît donc lier dans son intégralité les colotis, et ce en application du principe de la force obligatoire des conventions. Ces derniers doivent donc en connaître précisément le contenu, car il régit la vie collective du lotissement.

---

46 L. n° 2018-1021, 23 nov. 2018 (loi *ÉLAN*).

47 Cass. 3e civ., 15 déc. 1999, n° 97-20503 ; Cass. 3e civ., 6 mars 2008, n° 07-14787.

48 Cass. 3e civ., 21 janv. 2016, n° 15-10566.

49 Cass. 3e civ., 9 mars 2017, n° 16-13085.

50 Cass. 3e civ., 14 sept. 2017, n° 16-21329.

## C. L'ASSOCIATION SYNDICALE LIBRE

Dans la plupart des lotissements, la gestion, l'administration, voire la propriété des équipements collectifs sont confiées à une association syndicale libre (ASL).

Cette ASL est une personne morale de droit privé *qui permet aux propriétaires immobiliers de se grouper, sur une base purement contractuelle, pour mettre en place et gérer des ouvrages ou équipements collectifs*.

Elle est désormais régie par l'ordonnance n° 2004-632 du 1er juillet 2004 et son décret d'application n° 2006-504 du 3 mai 2006. Les ASL précédant cette réforme devaient avoir mis en conformité leurs statuts avant le *5 mai 2008*. À ce jour, bon nombre d'entre elles ne l'ont toujours pas fait. Cette harmonisation demeure cependant un impératif ; à défaut, même si elles conservent leur personnalité juridique, elles perdent en effet leur capacité à ester en justice[51].

L'objet de cette association est *l'entretien, l'amélioration et la mise en valeur des biens immobiliers qui lui sont confiés*. Son fonctionnement est plus souple que celui de la copropriété. Il est dicté par des statuts nécessairement enregistrés en préfecture.

Ces ASL de lotissement, largement méconnues des professionnels de l'immobilier, sont souvent gérées comme des copropriétés. Rappelons que, de jurisprudence constante, « *la loi du 10 juillet 1965 est étrangère au fonctionnement de l'association syndicale libre* »[52].

Précisons qu'une copropriété peut avoir été édifiée sur une parcelle de lotissement, et par conséquent faire de ses copropriétaires des membres d'une ASL.

### 1. L'adhésion à une ASL

Sa naissance est conditionnée par « un consentement unanime des propriétaires intéressés »[53].

Ce consentement doit être « *constaté par écrit* ».

De jurisprudence constante depuis 1972, récemment confirmée en 2015, « le consentement de tous les copropriétaires d'immeubles dépendant d'un lotissement dont le cahier des charges prévoyait la constitution d'une association syndicale résultait de leur engagement dans l'acte d'acquisition de respecter les clauses de ce document et [...] par conséquent, leur accord unanime n'était pas requis pour l'établissement des statuts réalisés postérieurement »[54].

Il suffit donc que les documents constitutifs d'un lotissement et les actes de ventes des lots mentionnent la constitution d'une ASL et l'adhésion des acquéreurs à ces documents (règlement, cahier des charges...) pour que l'association existe[55].

### 2. Les statuts d'une ASL

Selon l'ordonnance du 1er juillet 2004 et son décret du 3 mai 2006, une ASL doit disposer de statuts.

Les statuts de l'ASL définissent le nom de celle-ci, son objet, son siège et ses règles de fonctionnement, y compris les modalités de financement et le mode de recouvrement des cotisations ; est jointe la liste des immeubles compris dans le périmètre syndical[56].

---

51 Cass. 3e civ., 5 nov. 2014, nos 13-21014, 13-21329, 13-22192, 13-22383, 13-23624 et 13-25099.

52 Cass. 3e civ., 19 févr. 1980, n° 78-15650.

53 Ord. n° 2004-632, 1er juill. 2004, art. 7, al. 1er.

54 Cass. 3e civ., 28 nov. 1972, n° 71-11903 ; Cass. 3e civ., 18 févr. 2015, n° 1325122.

55 Cass. 3e civ., 28 avr. 1993, n° 9018182.

56 Ord. n° 2004-632, 1er juill. 2004, art. 7.

Le décret du 3 mai 2006[57] ajoute que les statuts doivent prévoir les modalités de représentation de l'association à l'égard des tiers, de distraction d'un de ses immeubles, de modification statutaire et de dissolution. Le plan parcellaire est nécessairement annexé aux statuts.

Si l'ordonnance du 1er juillet 2004 et son décret donnent des indications sur les rôles de leurs différents organes, aucun formalisme particulier n'est imposé et *seules les règles fixées par les statuts de chaque association syndicale libre doivent être respectées*.

Rappelons que, de jurisprudence constante, la méconnaissance des règles statutaires relatives notamment aux modalités de votes et à la tenue de l'assemblée entraîne l'annulation des décisions ainsi irrégulièrement adoptées[58].

## 3. L'objet d'une ASL

L'ordonnance du 1er juillet 2004 a regroupé en quatre rubriques les objets susceptibles d'être poursuivis par toute association syndicale de propriétaires.

Peuvent ainsi faire l'objet d'une association syndicale de propriétaires la construction, l'entretien ou la gestion d'ouvrages ou la réalisation de travaux ainsi que des actions d'intérêt commun, en vue :

– *de prévenir les risques naturels ou sanitaires, les pollutions et les nuisances* ;

– *de préserver, de restaurer ou d'exploiter des ressources naturelles* ;

– *d'aménager ou d'entretenir des cours d'eau, lacs ou plans d'eau, voies et réseaux divers* ;

– *de mettre en valeur des propriétés*.

Une ASL étant régie par ses statuts, ces derniers doivent préciser son objet en tenant compte de son assiette géographique et en la spécialisant à l'un des quatre objets génériques ci-dessus définis.

Comme toute personne morale de droit privé, le principe de spécialité fait qu'une ASL est tenue par son objet social et ne saurait en déborder.

*S'agissant plus précisément du respect des documents du lotissement, et plus particulièrement des dispositions de son cahier des charges*, pendant de longues années, la jurisprudence, très stricte, accordait un tel objet au cas par cas[59].

Il était ainsi retenu que des statuts syndicaux prévoyant l'acquisition, la gestion et l'entretien d'équipements communs excluaient la qualité pour agir en vue de faire respecter les documents contractuels régissant les relations entre une société venderesse et ses acquéreurs[60].

L'ordonnance du 1er juillet 2004 a réglé cette difficulté puisque les associations syndicales ont vu leur objet étendu à la gestion et l'entretien, donc à l'administration des biens des propriétaires associés.

Il est néanmoins essentiel de veiller à une grande clarté et une grande précision dans l'objet de l'ASL.

## 4. Les organes d'une ASL

### a. Le président de l'association

L'ordonnance du 1er juillet 2004 donne peu d'indications sur les attributions du président d'une ASL ; son rôle est pourtant fondamental en pratique.

57 D. n° 2006-504, 3 mai 2006, art. 3.
58 Cass. 1re civ., 27 juin 2000, n° 98-23193 ; Cass. 3e civ., 20 oct. 2009, n° 08-18693.
59 Cass. 3e civ., 4 janv. 1983 : Bull. civ. III, n° 2.
60 Cass. 3e civ., 28 janv. 1998 : JCP N 1999, p. 107.

Les articles 4 et 5 de l'ordonnance précisent ainsi qu'il doit :

– tenir à jour l'état nominatif des propriétaires des immeubles inclus dans le périmètre de l'association, ainsi que le plan parcellaire ;

– se charger des formalités de déclaration en préfecture et de publication au *Journal officiel* en cas de modification des statuts et lors de la dissolution de l'association.

Les statuts doivent lui confier les pouvoirs les plus larges.

Il peut, sans que cette énumération soit limitative, et pour autant que cela reste en lien avec l'objet de l'association :

– la représenter en justice et vis-à-vis des tiers ;

– assurer l'exécution des décisions prises en assemblée générale ;

– ouvrir tout compte en banque et rédiger tout courrier ;

– prendre des mesures conservatoires en cas d'urgence, etc.

Sauf à ce que les statuts en décident autrement, il n'y a aucun obstacle à ce que le président d'une ASL soit élu en dehors de ses membres et qu'il soit un professionnel rémunéré.

### b. Le syndicat de l'association

L'article 9 de l'ordonnance du 1er juillet 2004 précise que « L'association syndicale libre est administrée par un syndicat composé de membres élus parmi les propriétaires membres de l'association ou leurs représentants dans les conditions fixées par les statuts. Le syndicat règle, par ses délibérations, les affaires de l'association. »

Ses modalités de fonctionnement et organisationnelles sont fixées librement par les statuts. Il peut s'agir par exemple :

– de l'existence d'un bureau constituant le noyau dur du syndicat ;

– de l'élection d'un trésorier, d'un secrétaire, voire d'un vice-président en sus de celle d'un président ;

– de la nomination de suppléants, etc.

L'important est, à l'instar du président, que les statuts prévoient le plus précisément possible les fonctions de chacun, les modalités de sa nomination ou de sa révocation, le processus de prise de décision...

### c. L'assemblée générale

L'assemblée générale est souveraine et toute décision autre que d'administration quotidienne doit lui être soumise.

Les décisions prises par l'assemblée générale sont obligatoires au même titre que les stipulations des documents régissant l'association, sans toutefois qu'elles puissent excéder l'objet de cette dernière, restreindre de quelque façon que ce soit le droit de propriété de l'un de ses membres, ou remettre en cause un droit acquis[61].

Les règles à observer au cours de ces assemblées (et les conséquences d'éventuelles inobservations) sont organisées par les statuts.

Un membre de l'association peut évidemment se faire représenter par un tiers à l'assemblée générale. Sauf clause contraire des statuts, ce tiers ne doit pas être nécessairement membre lui-même de l'association[62].

61 CA Versailles, 1re ch., 1re sect., 25 juin 1992 : Gaz. Pal. 1993, 1, p. 22.
62 Cass. 3e civ., 7 juin 2005, n° 04-12694.

Notons que la nullité d'une délibération prise en assemblée générale résulte du seul fait que les règles statutaires relatives aux modalités de vote n'ont pas été respectées[63]. Enfin, les statuts peuvent imposer certaines règles de représentation aux immeubles en copropriété compris dans le périmètre d'une ASL.

# IV. L'indivision et les immeubles sans parties communes

La copropriété est considérée comme une forme d'organisation de l'indivision.

Néanmoins, la copropriété et l'indivision classique ne sauraient être assimilées : le statut de la copropriété ne s'applique pas aux immeubles soumis dans leur intégralité à une indivision entre plusieurs personnes. *Gardons, en effet, en mémoire qu'en copropriété, seules les parties communes sont soumises au régime de l'indivision.*

L'indivision classique est une situation par laquelle plusieurs personnes sont titulaires de droits de même nature sur un même bien.

Elle peut être le fruit d'un choix. Il en est ainsi lorsque des partenaires de pacs ou des concubins souhaitent acquérir un bien immobilier ensemble. Elle peut également être subie suite à un décès (indivision entre héritiers) ou un divorce (bien appartenant à la communauté se retrouvant en indivision). Elle est prévue par les articles 815 et suivants du Code civil.

## A. LA GESTION ET L'ADMINISTRATION DES BIENS INDIVIS

### 1. Les actes pouvant être engagés par un seul indivisaire

Les actes conservatoires, matériels ou juridiques devant éviter la perte du bien soumis à indivision peuvent être accomplis par un seul des indivisaires[64]. Ils peuvent être financés par des fonds indivis ou par un engagement à la dépense des autres coïndivisaires, si la dépense est raisonnable et proportionnée à la valeur des biens.

Tel est le cas, par exemple, de la souscription d'un contrat d'assurance ou de bail, d'une mise en demeure de payer adressée à un tiers...

### 2. Les actes pouvant être engagés par la majorité des deux tiers des indivisaires

L'article 815-3 du Code civil liste les actes pouvant et devant être engagés par le ou les indivisaires représentant une majorité supérieure ou égale aux deux tiers des droits indivis. Les autres coïndivisaires doivent être informés de l'accomplissement de ces actes à peine d'inopposabilité.

Il s'agit :

– d'effectuer les actes d'administration relatifs aux biens indivis ;

– de donner à l'un ou plusieurs des indivisaires ou à un tiers un mandat général d'administration ;

– de vendre les meubles indivis pour payer les dettes et charges de l'indivision ;

– de conclure et de renouveler les baux autres que ceux portant sur un immeuble à usage agricole, commercial, industriel ou artisanal...

---

63 Cass. 1re civ., 27 juin 2000, n° 98-23193.

64 C. civ., art. 815-2, al. 1er.

### 3. Les actes nécessitant un accord unanime des coïndivisaires

Les actes les plus graves imposent un consentement unanime des coïndivisaires.

Il s'agit :

– des actes de disposition autres que la vente de biens meubles indivis ;

– des actes dépassant l'exploitation normale des biens soumis à indivision, c'est-à-dire ne respectant pas sa destination ou compromettant sa substance.

### 4. La nécessaire intervention judiciaire

Il est certaines situations dans lesquelles l'accord du ou des autres indivisaires est complexe à obtenir. Afin d'éviter une situation de blocage, fâcheuse pour le sort du bien soumis à indivision, l'indivisaire qui souhaite réaliser un acte de disposition ou d'administration nécessaire peut solliciter une autorisation du judiciaire.

Il doit cependant être clairement établi que le refus inopportun du ou des indivisaires à cet acte *met en péril l'intérêt commun*[65].

La loi du 12 mai 2009[66] est ainsi venue assouplir le régime de l'indivision en permettant au juge d'autoriser un ou plusieurs des coïndivisaires titulaires d'au moins deux tiers des droits indivis à vendre le ou les biens bien soumis à indivision. L'infranchissable unanimité est alors contournée.

## B. DROITS ET OBLIGATIONS DES INDIVISAIRES

Chaque membre de l'indivision dispose d'un droit de jouissance sur les biens indivis, à la double condition qu'il respecte la *destination du bien* et les *droits de ses coïndivisaires*.

Si ce droit de jouissance ne peut être le fruit d'un accord entre les coïndivisaires, il appartient au juge d'en fixer les modalités à titre provisoire. Si l'un des coïndivisaires occupe personnellement et *exclusivement* un bien indivis immobilier, il doit verser à l'indivision une indemnité d'occupation.

Si, à l'inverse, l'un des indivisaires, par ses deniers personnels ou le fruit de son labeur, a participé à l'amélioration du bien indivis, l'indivision devient débitrice, à son égard, d'une indemnité correspondant à l'investissement fourni.

## C. LA SORTIE DE L'INDIVISION

L'article 815 du Code civil précise que « Nul ne peut être contraint à demeurer dans l'indivision et le partage peut toujours être provoqué, à moins qu'il n'y ait été sursis par jugement ou convention ».

L'indivision n'a donc pas vocation à demeurer une situation pérenne.

Un indivisaire peut sortir de l'indivision soit en vendant ses droits indivis, soit en sollicitant la vente du bien indivis dans sa totalité.

L'article 815-5-1 du Code civil précise en effet que la vente d'un bien indivis peut être autorisée par le juge à la demande d'un ou de plusieurs indivisaires titulaires d'au moins deux tiers des droits indivis. Le juge doit néanmoins vérifier si cette vente ne porte pas une atteinte excessive aux droits des autres coïndivisaires.

Le partage amiable demeure le moyen le plus aisé de sortir de l'indivision, mais il est nécessaire que l'ensemble des indivisaires soit d'accord pour un tel partage. En cas de désaccord tant sur le partage que sur ses modalités, le juge peut être saisi, par le ou les coïndivisaires souhaitant mettre un terme à l'indivision, d'une demande en partage.

---

65 C. civ., art. 815-2, al. 2.

66 L. n° 2009-526, 12 mai 2009.

# Section 4 Les unions de syndicats

Les unions de syndicats sont prévues aux articles 29 de la loi du 10 juillet 1965 et aux articles 63 à 63-4 du décret du 17 mars 1967. Elles ont été pensées comme des personnes morales, prévues par le statut de la copropriété, permettant l'administration et la gestion d'équipements ou parties d'immeubles collectifs à plusieurs copropriétés. Elles devaient ainsi permettre d'assurer la gestion d'équipements collectifs à un ensemble immobilier.

La subtilité de ces unions réside dans le fait que bien qu'elles soient prévues par le statut de la copropriété, elles n'y sont que très peu soumises et dépendent essentiellement de la convention leur donnant naissance : leurs statuts.

La création d'une union de syndicats de copropriétaires exige donc une convention comprenant au moins un syndicat existant ayant manifesté sa volonté d'adhésion à une telle organisation par une décision d'assemblée générale prise à la majorité de l'article 25 de la loi.

## I. Personnalité morale et composition de l'union de syndicats

L'article 29 de la loi confère aux unions de syndicats de copropriétaires la personnalité civile. Leur objet est d'assurer la création, la gestion et l'entretien d'éléments d'équipement communs ainsi que la gestion de services d'intérêt commun. Cette qualité a été notamment renforcée par la loi n° 2000-2018 du 13 décembre 2000 relative à la solidarité et au renouvellement urbains, dite « loi *SRU* ».

L'union peut recevoir l'adhésion :

– d'un ou de plusieurs syndicats de copropriétaires ;

– de sociétés immobilières ;

– de sociétés d'attribution régies par les articles L. 212-1 et suivants du Code de la construction et de l'habitation ;

– de tous autres propriétaires dont les immeubles sont contigus ou voisins de ceux de ses membres.

Il n'existe pas ici de périmètre impératif comme dans le cas des associations syndicales. Les adhésions sont facultatives, mais soumises à la condition de contiguïté ou de voisinage des parcelles bâties. *Le propriétaire unique d'un immeuble peut donc pleinement y adhérer.*

## II. Patrimoine de l'union de syndicats

L'article 63 du décret du 17 mars 1967 le prévoit : l'union de syndicats peut être propriétaire des biens nécessaires à son objet. Or, ce point constitue l'épicentre des difficultés relatives à ce type de groupement. En effet, il existe en doctrine une dichotomie bien réelle entre les auteurs sur la possibilité donnée à l'union de syndicats de se doter d'un patrimoine qui lui serait propre.

### A. CONCEPTION RESTRICTIVE DU PATRIMOINE DE L'UNION

De la combinaison de l'article 29 de la loi du 10 juillet 1965 et de l'article 63 du décret du 17 mars 1967, il résulte que l'union peut être propriétaire des biens nécessaires pour assurer « la création, la gestion et l'entretien d'éléments d'équipement communs ainsi que la gestion de services d'intérêt commun ».

La possibilité d'appropriation ne peut, cependant, s'étendre aux parties communes et éléments d'équipement communs aux copropriétés car ils sont, par définition, la propriété indivise des copropriétaires formant les syndicats membres de l'union. Ces éléments ne peuvent donc pas figurer dans le patrimoine de l'union, dont les membres, rappelons-le, sont les syndicats et non les copropriétaires.

Dans cette conception, le patrimoine de l'union se limite donc au matériel et aux fournitures nécessaires pour l'exécution des missions qui lui sont confiées.

### B. CONCEPTION EXTENSIVE DU PATRIMOINE DE L'UNION

Pour d'autres membres de la doctrine, dont M. Sizaire et M. Vigneron, l'union des syndicats peut être propriétaire des éléments d'équipement communs ainsi que des locaux qui les abritent. Outre les arguments présentés ci-dessus, cette solution présente des inconvénients significatifs en termes d'administration tenant notamment au retrait d'un des membres de l'union.

On conçoit, en effet, aisément les difficultés pouvant être provoquées par le retrait d'un syndicat membre d'une union qui serait propriétaire, par exemple, de la chaufferie d'un ensemble immobilier. Dès lors que la chaufferie et les installations annexes demeurent des éléments d'équipement communs, le syndicat reste assujetti à la jurisprudence traditionnelle imposant à un retrayant de continuer à payer les charges de chauffage. Si au contraire l'union se présente comme un fournisseur de chaleur, le retrait serait alors assimilable au non-renouvellement d'un contrat avec un fournisseur.

## III. Objet de l'union

L'objet de l'union est d'assurer *la création, la gestion et l'entretien d'éléments d'équipement communs ainsi que la gestion de services d'intérêt commun*.

Le texte semble respecter la corrélation habituelle entre les éléments d'équipement communs et les services qu'ils procurent. Il est pourtant certain que l'union de syndicats peut en outre *apporter son concours aux syndicats pour leur gestion interne*.

Il peut s'agir alors de la tenue de la comptabilité et d'autres prestations administratives.

L'union peut également avoir pour mission de gérer et d'entretenir les éléments d'équipement communs appartenant à chaque syndicat membre.

Le caractère collectif de l'institution impose, en outre, certaines prestations à l'union, et notamment la répartition des charges liées entre les membres de l'union, conformément aux dispositions de ses statuts. La répartition incombe à l'union, même si elle n'est pas chargée d'une mission générale d'assistance à la gestion des syndicats. Les opérations d'entretien peuvent être assurées soit en régie directe, soit par le recours à des entreprises qualifiées, ce dernier étant légalement ou pratiquement, obligatoire pour certains éléments d'équipement.

## IV. Constitution de l'union : adhésion et retrait

L'article 29 de la loi ne précise pas explicitement les modalités de constitution d'une union. Il se borne à fixer les règles d'adhésion à « *une union constituée ou à constituer* ».

La constitution d'une union de syndicats exige une convention entre deux syndicats existants, au moins, ou un syndicat et d'autres propriétaires.

*La condition d'existence résulte implicitement du texte* puisque l'adhésion d'un syndicat à une union à constituer exige une décision de l'assemblée générale prise à la majorité prévue à l'article 25 de la loi. La tenue de l'assemblée générale d'un syndicat n'est concevable qu'après sa naissance. *Un règlement de copropriété établi avant la construction d'un immeuble, ou la division de la propriété d'un immeuble existant, ne peut donc comporter une clause imposant l'adhésion à une union*[67].

Dans la pratique, la constitution d'une union impose des contacts informels entre les membres des syndicats susceptibles de bénéficier de ce mécanisme particulier et l'établissement des statuts de la future union. Les assemblées générales des syndicats concernés doivent être ensuite convoquées pour délibérer sur l'adhésion à l'union et l'approbation des statuts.

Le texte est muet sur la nécessité d'insérer la mention de cette adhésion dans les règlements de copropriété des syndicats ayant adhéré. Le retrait d'un syndicat ne peut être décidé qu'à la majorité prévue par l'article 26 de la loi du 10 juillet 1965 et *ne peut en aucun cas être interdit par les statuts de l'union*.

## V. Organisation de l'union

L'organisation de l'union est fixée par ses statuts. Ces statuts doivent être conformes aux articles 29 et 44 de la loi du 10 juillet 1965 et aux articles 63 et suivants du décret du 17 mars 1967.

*Néanmoins, le régime de l'union échappe au statut de la copropriété. Les statuts de ce groupement relèvent de la liberté contractuelle (sauf pour la faculté de retrait qui est, en principe, d'ordre public)*[68].

Ainsi, les délibérations de l'union, par exemple, ne sont pas soumises au formalisme gouvernant les assemblées générales de copropriétés[69]. Par ailleurs, bien qu'ayant un objet très proche d'une association syndicale libre, l'union de syndicats ne relève pas non plus de l'ordonnance n° 2004-632 du 1er juillet 2004.

Il en découle que les statuts de l'union, de rédaction libre, doivent comporter des dispositions relatives :

– à la constitution de l'union ; la désignation des syndicats fondateurs ; l'objet, la durée et le siège de l'union ;

– aux modalités d'adhésion de nouveaux membres ;

– aux assemblées générales : composition, convocation, tenue, attribution des voix, majorités requises, pouvoirs de l'assemblée, opposabilité des décisions ;

– au président de l'union : désignation, attributions (point très important) ;

– au conseil de l'union ;

– aux ressources de l'union ;

– à la répartition des dépenses ;

– au recouvrement des quotes-parts dues par les membres.

Il est recommandé de publier ces statuts pour les rendre opposables au tiers.

---

67 Cass. 3e civ., 3 mars 2010, n° 2010-001129.
68 Cass. 3e civ., 8 juill. 1992, n° 90-20389.
69 CA Paris, 19e ch. A, 30 juin 1998, n° 96/04517.

# VI. Les organes de l'union

## A. L'ASSEMBLÉE GÉNÉRALE

L'assemblée générale de l'union est constituée par *les syndics des syndicats, par le représentant légal de chaque société et par les propriétaires qui ont adhéré à l'union. Les syndics participent à cette assemblée générale en qualité de mandataires du ou des syndicats qu'ils représentent.*

Il semble opportun de prévoir la présence, sans participation aux votes, des membres du conseil syndical à l'assemblée, puisque le conseil syndical peut présenter ses avis et doit rendre compte de ses propres travaux à l'assemblée.

Cette disposition présente l'inconvénient de permettre la tenue d'une assemblée à laquelle une seule personne peut se présenter. Tel est ainsi le cas lorsque l'union ne comporte que des syndicats administrés par le même syndic qui exerce également les fonctions de président.

## B. PRÉSIDENCE DE L'UNION

L'article 29 de la loi du 10 juillet 1965 n'apporte aucune précision sur la qualité du président de l'union. Ce détail a son importance, puisque le président n'est autre que le *représentant légal de l'union*.

L'article 29 indique seulement que « l'exécution des décisions de l'union est confiée à un président de l'union désigné par l'assemblée générale de l'union ».

Les dispositions du statut de la copropriété relatives au président étant modestes, *il faut veiller à les compléter par des dispositions statutaires*. En effet, le président ne se borne pas à exécuter les décisions de l'assemblée, il assure également l'administration de l'union et sa gestion courante.

À ces titres divers :

– il prépare le budget de l'union et le programme des travaux à réaliser ;

– il passe les contrats et marchés ;

– il gère la trésorerie de l'union et poursuit le recouvrement de ses créances ;

– il représente l'union, tant en justice que vis-à-vis des tiers ;

– il prend seul les mesures conservatoires nécessaires à la sauvegarde des intérêts de l'union.

## C. CONSEIL DE L'UNION

Il est institué un conseil de l'union chargé d'assister le président et de contrôler sa gestion. Ce conseil est composé d'un représentant désigné par chaque membre de l'union. *Le conseil de l'union donne son avis au président ou à l'assemblée générale de l'union sur toutes les questions la concernant pour lesquelles il est consulté ou dont il se saisit lui-même.*

Il peut prendre connaissance et copie, à sa demande, de toutes pièces ou tous documents, correspondances ou registres se rapportant à la gestion du président et, d'une manière générale, à l'administration de l'union, au bureau du président ou au lieu arrêté en accord avec lui. Il peut déléguer cette mission à un ou plusieurs de ses membres.

Le mandat des membres du conseil de l'union *ne peut excéder 3 ans renouvelables*. Il ne donne pas lieu à rémunération.

Lorsqu'un syndicat de copropriétaires est membre d'une union de syndicats, son représentant au conseil de l'union est désigné parmi :

– les copropriétaires ;

– les associés, dans le cas prévu par le premier alinéa de l'article 23 de la loi du 10 juillet 1965 ;

– les accédants ou les acquéreurs à terme mentionnés à l'article 41 de la loi n° 84-595 du 12 juillet 1984 définissant la location-accession à la propriété immobilière ;

– leurs conjoints ou leurs représentants légaux.

*Il est désigné à la majorité de l'article 24 de la loi du 10 juillet 1965.*

Lorsqu'une personne morale est désignée en qualité de représentant d'un membre du conseil de l'union, elle y est représentée par son représentant légal ou statutaire, ou, à défaut, par un fondé de pouvoir spécialement habilité à cet effet.

Des membres suppléants peuvent être désignés dans les mêmes conditions que les membres titulaires du conseil de l'union. En cas de cessation définitive des fonctions du membre titulaire, son suppléant siège au conseil de l'union jusqu'à la date d'expiration du mandat du membre titulaire qu'il remplace.

Le conseil de l'union n'est plus régulièrement constitué si plus d'un quart des sièges devient vacant pour quelque cause que ce soit. Il est impératif de désigner des membres suppléants pour éviter toute impossibilité de fonctionnement du conseil de l'union.

*Légalement, le conseil de l'union ne peut prendre aucune décision. Il ne peut également pas recevoir de délégation des assemblées générales.*

## VII. Sur la conversion d'une ASL en union de syndicats

Lorsque l'administration et la gestion d'éléments et équipements collectifs à plusieurs copropriétés ont été confiées à une ASL, l'article 44 de la loi du 10 juillet 1965 dispose que « Les associations syndicales existantes sont autorisées à se transformer en unions de syndicats coopératifs définies à l'article 29 ci-dessus sans que cette opération entraîne création d'une nouvelle personne morale. »

Cet article a pour objectif de faciliter la transformation d'une ASL en union de syndicats, les unions étant manifestement d'une création et d'un maniement plus libre et plus souple que les associations syndicales.

S'agissant de son *modus operandi*, la jurisprudence a retenu que la délibération prise à cette fin par chaque assemblée générale de copropriété intéressée devait réunir une majorité des voix représentant les deux tiers des voix de la copropriété représentant la majorité des copropriétaires, *conformément à l'article 26 de la loi du 10 juillet 1965*[70].

70 CA Aix-en-Provence, 4e ch. civ. A, 30 mars 1999 : D. 1999, somm. p. 320.

Chapitre 2

# LES COMPOSANTES DE LA COPROPRIÉTÉ

Une copropriété est divisée en lots composés de parties privatives et d'une fraction des parties communes. Toute la dualité du statut de la copropriété est résumée dans les composantes de ce lot et tient dans cette nécessaire cohabitation entre la propriété privée et la propriété partagée.

Les articles 2 et 3 de la loi du 10 juillet 1965 déterminent la nature de ces parties privatives et communes. En pratique, ces articles n'étant pas d'ordre public, le règlement de copropriété, propre à chaque immeuble, a la charge d'en déterminer les parties communes et privatives. La répartition qu'il opère entre les différentes parties de l'immeuble est en principe intangible, mais peut subir en cours de vie de l'immeuble quelques modifications (vente de parties communes, cession d'un droit de jouissance exclusif...). Ce règlement de copropriété, document essentiel à la copropriété, est en réalité une application particulière à l'immeuble concerné des règles de la copropriété prévues par le statut.

Les copropriétaires sont alors tenus de respecter tant les règles issues de ce statut que celles contenues dans le règlement de leur copropriété. Ce document encadre alors leurs droits et obligations tant sur leurs parties privatives que sur les parties communes.

## Section I Les parties privatives et communes de la copropriété

### I. Les parties privatives

L'article 2 de la loi du 10 juillet 1965 précise que « sont privatives les parties des bâtiments et des terrains *réservées à l'usage exclusif* d'un copropriétaire déterminé. Les parties privatives sont la *propriété exclusive de chaque copropriétaire.* »

Ainsi, pour être privatives, des parties d'un immeuble en copropriété doivent :

– être réservées à l'usage exclusif du copropriétaire ;

– être sa propriété exclusive.

Cet article, supplétif de volonté, ne dresse pas précisément de liste des parties privatives, il se contente d'en donner une définition sommaire, laissant ainsi toute latitude aux rédacteurs des règlements de copropriété pour déterminer les parties privatives propres à chaque immeuble.

Cette rédaction doit donc être claire et précise afin d'éviter toute difficulté.

Généralement, sont qualifiées de parties privatives par les règlements de copropriété :

– l'intérieur des appartements, locaux, commerces ou emplacements tels que définis dans les lots ;

– les fenêtres, portes, volets, persiennes, stores, balustrades, garde-corps ;
– les équipements sanitaires et de chauffages propres à chaque local ;
– les peintures, tapisseries, décors des locaux ;
– les revêtements de sol (carrelages, parquets…) ;
– les cloisons intérieures non porteuses ;
– les devantures des locaux commerciaux[1].

Cette liste n'est pas exhaustive. Il est *impératif de systématiquement consulter le règlement de copropriété pour connaître avec exactitude les parties privatives de chaque immeuble*. En effet, ces stipulations doivent être strictement respectées et s'imposent même au juge[2].

Mais en l'absence de mentions particulières dans le règlement de copropriété et en application du critère de l'exclusivité de l'usage mis en exergue par l'article 2, la jurisprudence a été amenée à qualifier de parties privatives :
– les combles auxquels seul un copropriétaire peut avoir accès[3] ;
– un vide sanitaire affecté à l'usage exclusif[4] ;
– un grenier qui n'est accessible que par l'appartement[5] ;
– les fenêtres d'un appartement[6].

Certaines parties de l'immeuble demeurent cependant sources d'un important contentieux.

Dans le cas particulier des *balcons en copropriété*, la jurisprudence, afin d'établir le caractère privatif de balcons, soulignait que « dans le silence du règlement de copropriété, on peut les classer dans les parties privatives au motif que les copropriétaires en ont l'usage exclusif »[7].

Cette solution n'était pas satisfaisante dans la mesure où le *balcon*, dans sa structure, fait nécessairement partie intégrante du gros œuvre, réputé, selon l'article 3 de la loi du 10 juillet 1965, partie commune de l'immeuble.

Une jurisprudence d'espèce de la cour d'appel de Chambéry en date du 6 septembre 2016[8] a apporté un nouvel éclairage.

En l'espèce, assez classiquement, le règlement de la copropriété en question prévoyait en ses stipulations qu'étaient parties communes « les gros murs de façades, des pignons et des mitoyennetés, l'ossature en maçonnerie, les ornements de façades non compris les garde-corps, les balustrades, les balcons, les balconnets et les terrasses ». Un autre article de ce même règlement intégrait dans les parties privatives lesdits balcons.

Le débat semblait clos et le coût des travaux touchant aux balcons privatifs.

Néanmoins, la cour d'appel de Chambéry a fait œuvre d'une certaine originalité dans sa décision, en retenant qu'« *un balcon se définit techniquement comme une dalle en saillie sur façade, une dalle étant quant à elle, un ouvrage porteur horizontal [...] et formant un plancher* ». « *Dès lors, ces balcons font partie intégrante de l'ossature de l'immeuble puisque ces dalles ne sont que le prolongement des planchers des appartements et qu'elles sont indissociablement liées au gros œuvre par leur ferraillage.* »

1 Cass. 3e civ., 26 avr. 1979, n° 78-10419.
2 Cass. 3e civ., 30 mai 1973 : AJPI 1973, p. 1163.
3 Cass. 3e civ., 22 mars 2000 : RDI 2000, p. 234.
4 Cass. 3e civ., 10 juill. 2012, n° 11-18229.
5 CA Paris, 23e ch. B, 28 mai 1993.
6 CA Paris, 23e ch. B, 6 nov. 1985.
7 CA Aix-en-Provence, 9 oct. 1978 : Bull. Aix-en-Provence 4/1978, n° 173.
8 CA Chambéry, 6 sept. 2016, n° 14/02808.

Ainsi, cette cour conclut que « *si l'espace occupé par un copropriétaire à l'intérieur du balcon est privatif et si son aménagement et ses garde-corps peuvent être des parties privatives, il ne peut en être de même concernant la structure du balcon en béton armé, qui fait partie intégrante de celle de l'immeuble tout entier* ».

S'opère désormais une dichotomie entre l'espace situé à l'intérieur du balcon, qui peut être privatif, et le gros œuvre de ce même balcon, qui, faisant partie de l'armature de l'immeuble, est nécessairement une partie commune.

## II. Les parties de l'immeuble mitoyennes entre deux lots

L'article 7 de la loi du 10 juillet 1965 leur réserve un sort particulier au sein de la copropriété : « Les cloisons ou murs, séparant des parties privatives et non compris dans le gros-œuvre, sont présumés mitoyens entre les locaux qu'ils séparent. »

Il s'agit d'une présomption opérant sur les cloisons ou murs ne faisant pas partie du gros œuvre. Ainsi, dès que l'un de ces éléments devient porteur, il devient *partie commune selon la présomption de l'article 3 de la loi*.

Il découle de cet article que dans le silence du règlement, ce sont les copropriétaires des lots voisins, séparés par ladite cloison, qui doivent veiller à sa conservation et s'abstenir d'y porter atteinte. *Les principes de la mitoyenneté prévus par le Code civil*[9] *semblent dès lors applicables*.

Cependant, à l'instar des articles 2 et 3 de la loi, cet article est supplétif de volonté ; le règlement de copropriété peut donc contenir une stipulation contraire et faire ainsi de ces cloisons mitoyennes des parties communes ou privatives.

## III. Les parties communes générales et leurs accessoires

### A. DÉFINITION DES PARTIES COMMUNES GÉNÉRALES

L'article 3 de la loi du 10 juillet 1965 dispose que « sont communes les parties des bâtiments et des terrains affectées à l'usage ou à l'utilité de tous les copropriétaires ou de plusieurs d'entre eux ».

L'article 4 de cette même loi précise que ces parties communes font l'objet d'une *propriété indivise entre tous les copropriétaires ou seulement certains d'entre eux*.

Ainsi, pour ces deux articles, il existe en copropriété des parties communes qui sont utilisées par tous les copropriétaires. Ces dernières sont alors qualifiées par la pratique de « parties communes générales ». D'autres parties communes ne peuvent avoir d'utilité que pour certains copropriétaires seulement, elles sont alors qualifiées de « *parties communes spéciales* ».

Il appartient au règlement de copropriété de préciser la liste des parties communes à chaque immeuble.

9 C. civ., art. 653 à 673.

Néanmoins, dans le silence de ce règlement ou son éventuelle contradiction avec d'autres actes notariés, cet article énumère des parties *réputées* communes, à savoir :

– le sol, les cours, les parcs et jardins, les voies d'accès ;

– le gros œuvre des bâtiments, les éléments d'équipement commun, y compris les parties de canalisations y afférentes qui traversent des locaux privatifs ;

– les coffres, gaines et têtes de cheminées ;

– les locaux des services communs ;

– les passages et corridors ;

– tout élément incorporé dans les parties communes.

Cette liste, non limitative, n'a vocation qu'à suppléer un vide du règlement de copropriété.

Rappelons que l'auteur du règlement de copropriété dispose d'une liberté totale au moment de la mise en copropriété pour dresser la liste des parties communes et privatives de l'immeuble[10].

Il est ainsi possible de croiser des copropriétés dans lesquelles le sol ou la toiture ont été qualifiés de parties privatives et, à l'inverse, les fenêtres et portes de parties communes.

## 1. Le sol, les cours, les parcs et jardins et les voies d'accès

Le sol, en tant qu'assiette de la copropriété, est par essence l'élément utile à tous les copropriétaires et *constitue d'évidence une partie commune*.

Cette qualification emporte celle du sous-sol en application de l'article 553 du Code civil. Deviennent par conséquent parties communes, à défaut de stipulations particulières du règlement, les canalisations dites « horizontales » d'eau, d'électricité, de téléphone[11]...

Les cours et jardins des bâtiments, sauf précisions contraires des documents de la copropriété, suivent la même logique en tant qu'infrastructures utiles à tous et permettant le passage des copropriétaires[12].

La jouissance privative et particulière de ces cours comme des jardins de la copropriété peut néanmoins être affectée à un lot en particulier, sans pour autant lui conférer le caractère de partie privative[13].

## 2. Le gros œuvre et la toiture

Le gros œuvre, c'est-à-dire la structure de l'immeuble, ses éléments constituant tant son aspect extérieur que sa solidité, est logiquement réputé partie commune par l'article 3 de la loi. Cela comprend normalement les murs de façade et les murs de refend (murs annexes à la façade assurant la solidité de la construction). Il est difficile d'imaginer qu'un règlement de copropriété puisse en stipuler autrement, mais rien, dans l'absolu, ne s'y oppose.

La *toiture* participe, elle aussi, à la conservation de l'immeuble puisqu'elle protège l'immeuble et ses copropriétaires.

Sa nature de partie commune par présomption s'impose donc. Mais encore une fois, et notamment s'agissant des toits-terrasses, le règlement peut en stipuler autrement.

10 CA Paris, 7 juill. 1995 : GIE Uni Europe c/ SDC 6 place Saint-Germain-des-Prés.

11 CA Aix-en-Provence, 12 janv. 1982 : Rev. loyers 1982, p. 519.

12 Cass. 3e civ., 7 déc. 1994, n° 92-17184.

13 L. 1965, art. 6-3.

### 3. Les escaliers

Assez curieusement, les escaliers n'ont pas été cités parmi les parties réputées communes par l'article 3 de la loi du 10 juillet 1965. Pourtant, il est difficile d'imaginer que l'escalier ne participe pas, en tant que colonne vertébrale de l'immeuble, à sa solidité et ne saurait être considéré comme une partie de l'immeuble utile et nécessaire à la copropriété[14].

Cependant, une nécessaire dichotomie doit être opérée entre la *structure de l'escalier*, qui fait *partie du gros œuvre de l'immeuble* et ses *composantes annexes* (rampe, éclairage, habillage des marches et contremarches) qui, elles, doivent prendre la qualification d'éléments d'équipement communs.

Cette distinction n'a en réalité d'intérêt que pour la répartition des charges découlant dudit escalier. Les critères de répartition varient effectivement entre le gros œuvre et les éléments d'équipement[15].

### 4. Les canalisations

S'agissant du cas particulier des *canalisations en copropriété*, un règlement de copropriété peut comporter des dispositions particulières à leur propos. *Aussi inopportunes qu'elles puissent paraître, elles doivent être strictement respectées*.

Il en est ainsi d'un règlement faisant des canalisations encastrées même dans le sol des parties privatives[16].

Dans le silence ou l'imprécision du règlement de copropriété, et en application des critères posés par l'article 3 de la loi du 10 juillet 1965, une canalisation est réputée commune *si elle dessert plusieurs lots ou si elle est afférente à un élément d'équipement commun*[17].

## B. CRITÈRE DE DISTINCTION AVEC LES PARTIES PRIVATIVES : L'USAGE EXCLUSIF

Comme nous l'avons vu, les dispositions des articles 2 et 3 de la loi du 10 juillet 1965 sur le caractère privatif ou commun des parties de l'immeuble sont perçues comme étant supplétives de volonté.

En effet, l'article 43 de cette même loi répute non écrite toute clause contraire aux dispositions des articles 6 à 37, 41-1 à 42 et 46 sans faire référence à ces deux articles.

Les indications mentionnées dans les premiers articles de cette loi n'ont donc pas de caractère obligatoire ou d'ordre public et constituent une simple présomption ne s'appliquant que « dans le silence ou la contradiction des titres ». En effet, en présence de clauses claires du règlement, leur application stricte doit être respectée, et ce, *quel que soit leur contenu*[18].

Mais *en l'absence de mention particulière ou en présence de clauses ambiguës dans un règlement de copropriété*, déterminer la qualification d'une partie de l'immeuble implique de respecter le processus suivant :

– il faut, en premier lieu, vérifier si la partie en question figure parmi la liste fixée par l'article 3 de la loi du 10 juillet 1965 réputant en partie commune un certain nombre d'éléments tels que le sol, les cours, les parcs et jardins, les voies d'accès, etc. ;

---

14 CA Paris, 13 mai 1980 : D. 1981, IR, p. 97.
15 L. 1965, art. 10.
16 Cass. 3e civ., 23 avr. 1986 : Rev. loyers 1986, p. 252.
17 Cass. 3e civ., 21 mars 2000, n° 98-16178.
18 Cass. 3e civ., 24 juin 1964.

– si tel est bien le cas, cette partie de l'immeuble a *automatiquement* la qualification de partie commune, et ce en vertu de la présomption légale[19] ;

– dans le cas contraire, l'application du critère de l'*exclusivité d'usage*, prescrit par l'article 2 précité, permet d'établir s'il est fait un usage individuel ou au contraire collectif de cette partie et ainsi de déterminer s'il s'agit d'une partie commune ou privative. La jurisprudence impose l'usage de ce critère de distinction[20].

Notons que cette notion d'usage exclusif interdit assez logiquement un usage concurrent par tout autre copropriétaire. Pour qualifier de partie commune une partie de l'immeuble, il faut et il suffit que cet usage concurrent soit simplement possible ; il n'est donc pas nécessaire qu'il soit effectivement exercé[21].

## C. PROPRIÉTÉ ET RÉPARTITION DES PARTIES COMMUNES GÉNÉRALES

Ces parties communes générales sont l'objet d'une propriété indivise entre l'ensemble des copropriétaires[22]. Cette propriété est généralement répartie en 1 000$^e$, mais ce dénominateur peut être tout autre (10 000$^e$, 100 000$^e$...).

La quote-part, la fraction, des parties communes tant générales que spéciales[23] afférente à chaque lot est « proportionnelle à la valeur relative de chaque partie privative par rapport à l'ensemble des valeurs desdites parties », en prenant pour référence *la consistance, la superficie et la situation de chaque lot sans égard à leur utilisation*.

Ainsi, les tantièmes, c'est-à-dire la fraction de propriété des parties communes attachées à chaque lot, sont en principe déterminés en tenant compte de la nature physique des lots, de leurs qualités, de leur taille et de leur situation dans l'immeuble.

Un lot correspondant à un appartement de grande taille situé au dernier étage de l'immeuble et disposant d'une vue se voit ainsi assez logiquement attacher plus de tantièmes de parties communes qu'un studio situé au rez-de-chaussée.

Cette évaluation doit se faire au moment de l'établissement de la copropriété. Ainsi, lorsqu'un individu achète un lot en copropriété, son titre de propriété doit porter les mentions suivantes :

« Lot n° ... : Un appartement de 5 pièces composé d'un salon, ..., situé au 4$^e$ étage gauche de l'immeuble et .../1 000$^e$ des parties communes générales de l'immeuble. »

Il est à relever que tant l'article 5 de la loi que la jurisprudence qui lui est attachée proscrivent de prendre en considération dans cette estimation l'« *utilisation des lots* ». Cette position se justifie simplement par le fait que l'usage d'un lot peut varier au cours de la vie de la copropriété, alors que les tantièmes de copropriété doivent être fixés lors de l'établissement de ladite copropriété.

L'article 5 de la loi du 10 juillet 1965 n'étant pas d'ordre public, il est totalement possible de répartir la propriété des parties communes selon une autre méthode de calcul[24], mais la méthode doit être choisie avec précaution, car cette répartition des choses communes est l'essence même de la copropriété. Par exemple, la quote-part des parties communes attachée au lot correspond ainsi au nombre de voix dont dispose le propriétaire de ce lot à l'assemblée générale.

19 Cass. 3$^e$ civ., 23 févr. 1968, n° 65-11926.

20 Cass. 3$^e$ civ., 14 févr. 1990, n° 88-17781 : Bull. civ. III, n° 49 – Cass. 3$^e$ civ., 27 févr. 1991, n° 89-18150.

21 Cass. 3$^e$ civ., 19 déc. 1978, n° 77-12598.

22 L. 1965, art. 4.

23 L. 1965, art. 5 modifié par ord. n° 2019-1101, 30 oct. 2019.

24 CA Versailles, 28 mai 1985 : Rev. loyers 1986, p. 36.

Cette répartition de la propriété des parties communes est en principe intangible. Elle ne peut ainsi être modifiée que par une *décision unanime de tous les copropriétaires prise en assemblée générale*[25]. Elle ne peut être modifiée judiciairement[26].

Cependant, certains événements de la vie d'une copropriété obligent à procéder à une modification de cette répartition des tantièmes de copropriété. Tel est le cas, par exemple, de :

– la création de nouveaux locaux privatifs ;

– la surélévation de l'immeuble aboutissant à de nouveaux lots ;

– la subdivision d'un lot...

## D. LES ACCESSOIRES AUX PARTIES COMMUNES

Dans sa suite, l'article 3 de la loi du 10 juillet 1965 précise que sont réputés droits accessoires aux parties communes :

– le droit de surélever un bâtiment affecté à l'usage commun ou comportant plusieurs locaux qui constituent des parties privatives différentes, ou d'en affouiller le sol ;

– le droit d'édifier des bâtiments nouveaux dans des cours, parcs ou jardins constituant des parties communes ;

– le droit d'affouiller ces mêmes cours, parcs ou jardins ;

– le droit de mitoyenneté afférent aux parties communes ;

– le droit d'affichage sur les parties communes ;

– le droit de construire afférent aux parties communes.

Les articles 37 et 37-1 de la loi du 10 juillet 1965 précisent que ces droits peuvent, *à l'exception du droit de construire sur une partie commune, d'affouiller et de surélever*, être réservés par le règlement de copropriété ou une autre convention et ainsi être *cédés par la copropriété à un copropriétaire ou un tiers*.

Par exemple, le promoteur à l'origine de la construction peut ainsi se réserver, dans le règlement de copropriété, un droit d'affichage sur les parties communes.

L'exercice de ce droit est particulier et strictement encadré :

– il ne peut porter sur les droits de construire, d'affouiller et de surélever, qui nécessitent donc en tout état de cause l'accord du syndicat donné en assemblée ;

– la convention devient caduque si ce droit n'a pas été exercé *dans les 10 ans de ladite convention*[27] ;

– avant la fin de ce délai, le syndicat dispose d'un droit de veto et peut ainsi, à la majorité de l'article 25 de la loi, décider de s'opposer à l'exercice du droit ; il doit donc indemniser son titulaire.

# IV. Les éléments d'équipement communs

Les éléments d'équipement commun se définissent comme « les éléments autres que les installations immobilières composant la structure d'un bâtiment et qui apportent du fait de leur aménagement ou de leur destination particulière des utilités ou des avantages dans les conditions d'usage des différents lots »[28].

25 CA Paris, 23e ch. B, 3 oct. 1997 : Loyers et copr. avr. 1998, n° 112.
26 Cass. 3e civ., 6 mars 1991 : Loyers et copr. juin 1992, n° 225.
27 CA Paris, 27 janv. 2005, RG n° 04/06085.
28 Vigneron G., « Charges Communes », *JCl. Copropriété*, fasc. n° 70.

Il faut donc entendre par « équipements communs » tous les éléments de confort et de commodité annexes non strictement indispensables pour que le bâtiment remplisse sa fonction principale : fournir le clos et le couvert.

Sont régulièrement qualifiés par les règlements de copropriété d'éléments d'équipement communs : les ascenseurs, les interphones[29], les gaines de vide-ordures, les antennes collectives de télévision[30], les stations d'épuration[31], les panneaux solaires, les chaufferies, les portes et portails automatiques de la copropriété, un transformateur électrique...

Gardons en mémoire que c'est le règlement de copropriété qui est amené à déterminer la qualification d'un élément d'équipement. Ainsi, d'une copropriété à l'autre, une même catégorie d'équipement peut tour à tour recevoir des qualifications différentes.

L'article 3 de la loi du 10 juillet 1965 répute parties communes les « éléments incorporés dans les parties communes ». Ainsi, à l'instar des autres parties communes générales, leur propriété est répartie entre tous les copropriétaires, ou certains d'entre eux, au prorata des tantièmes attachés à leurs lots.

La *création* ou la *transformation d'éléments équipement communs* sont prévues à l'article 30 de la loi du 10 juillet 1965 et peuvent être décidées après un vote de l'assemblée générale statuant à la majorité absolue[32].

À l'inverse, la *suppression d'un élément d'équipement collectif* peut s'analyser en une atteinte aux modalités de jouissance qu'ont les copropriétaires sur leurs parties privatives et à la destination de l'immeuble ; elle ne peut donc être décidée qu'à l'unanimité[33].

La jurisprudence a cependant modéré cette exigence. Elle considère, en effet, que la suppression d'un élément d'équipement vétuste, inutilisé, dangereux, hors d'usage et dont le remplacement aurait un coût disproportionné peut être décidée par l'assemblée générale à la double majorité qualifiée de l'article 26 de la loi du 10 juillet 1965[34].

## V. Les parties communes spéciales

Dans un souci de fluidité de la gestion et de l'administration des immeubles en copropriété composés de plusieurs bâtiments, il est possible de procéder en leur sein à une distinction entre les parties communes générales composées d'une infrastructure utile à tous (terrain assiette, voie d'accès...) et des parties communes particulières à chaque bâtiment, ne présentant d'intérêt qu'à l'égard des copropriétaires du bâtiment considéré (gros œuvre de chaque immeuble, installations propres du bâtiment)[35].

D'une manière plus générale, il est possible au sein des copropriétés d'envisager des parties et équipements communs utiles à tous et, inversement, des parties et équipements communs simplement utiles à certains copropriétaires. Tel peut être le cas, par exemple, dans des immeubles plus anciens de corridors propres à certains lots, de toilettes situées sur un palier desservant plusieurs appartements, etc.

---

29 CA Aix-en-Provence, 22 avr. 1969, SDC Résidence Méditerranée : Gaz. Pal. 1969, p. 257.

30 Cass. 3e civ., 10 mai 1994, n° 92-12460.

31 CA Paris, 14 nov. 1984 : RDI 1985, p. 14.

32 L. 1965, art. 25 et 25-1.

33 TGI Lyon, 13 mai 1975 : JCP N 1976, II, 18398.

34 Cass. 3e civ., 31 janv. 1996 : Loyers et copr. 1996, n° 228 – Cass. 3e civ., 22 sept. 2009, n° 08-19411.

35 Cass. 3e civ., 6 nov. 1969, n° 67-13817.

Cette double répartition des parties communes est effectuée par le règlement de copropriété, ce qui a pour conséquence l'attribution à chaque lot de copropriété d'une quote-part des parties communes générales et d'une quote-part des parties communes particulières à chaque bâtiment[36].

Cette situation se traduit généralement dans l'état descriptif de division par la coexistence de tantièmes de copropriété dits « généraux » et de tantièmes de copropriété propres à chaque bâtiment.

Les quotes-parts de parties communes spéciales sont calculées comme celles afférentes aux parties communes générales, c'est-à-dire en fonction de la consistance, de la superficie et de la situation des lots, sans égard à leur utilisation[37]. Cette méthode n'est qu'indicative et peut ainsi être délaissée au profit d'une autre préférée par les rédacteurs du règlement de copropriété.

Ainsi, lorsqu'un individu achète un lot dans une copropriété comprenant des parties communes générales et spéciales, son titre de propriété doit porter les mentions suivantes :

« Lot n° ... : Un appartement de 5 pièces composé d'un salon, ..., situé au 4e étage gauche du bâtiment A et :

– .../1 000e des parties communes générales de l'immeuble ;

– .../1 000e des parties communes spéciales au bâtiment A. »

Cette affectation spécifique a pour conséquence logique que *les parties communes spéciales sont la propriété indivise des seuls copropriétaires de l'immeuble les comprenant*[38].

Il en découle que l'institution de telles parties communes spéciales affectées de tantièmes particuliers crée une « propriété indivise entre les copropriétaires concernés excluant tout droit de propriété des autres copropriétaires sur cette partie commune, et ce même en l'absence de syndicat secondaire »[39]. Par conséquent, *les décisions concernant ces parties communes spéciales ne peuvent être prises que par les copropriétaires ayant des droits sur elles.*

Cette prise de décision intervient en principe au cours d'assemblées générales spéciales[40] ou par spécialisation d'une question au cours d'une assemblée générale « ordinaire »[41].

S'agissant de la répartition des charges de copropriété, *il est indubitable que l'existence de parties communes spéciales induit une spécialisation de cette répartition.*

Ainsi, en application de l'article 10, alinéa 2 de la loi du 10 juillet 1965, la répartition des charges relatives à la conservation, à l'entretien et à l'administration des parties communes se fait sur la base des valeurs relatives des parties communes comprises dans chaque lot telles que ces valeurs résultent des dispositions de l'article 5 de cette même loi.

Selon ces dispositions, les valeurs relatives sont fonction de la consistance, de la superficie et de la situation des lots, dont la prise en considération peut justifier l'affectation d'une double quote-part de parties communes : l'une afférente aux parties communes générales, l'autre concernant les parties communes spéciales, ce qui est le cas en l'espèce.

*Cette double répartition des parties communes, débouchant sur la spécialisation des charges, est donc la conséquence normale de la création de parties communes particulières.*

Ce principe a été réaffirmé par deux décisions de la Cour de cassation, qui soulignent que *l'existence de parties communes spéciales dans le règlement de copropriété implique nécessairement une répartition des charges tenant compte de cette spécialité*[42].

36 Cass. 3e civ., 21 févr. 1978, n° 76-14288.
37 L. 1965, art. 5.
38 CA Paris, 20 mars 1971, Chevalier c/ Société La Gérance de la Madeleine ; Cass. 3e civ., 11 oct. 1995, n° 94-11308.
39 Cass. 3e civ., 19 nov. 2014, n° 13-18925.
40 TGI Paris, 12 mars 1984 : D. 1984, p. 381 (L. 1965, art. 6-2).
41 CA Versailles, 4e ch., 23 sept 2002 : Administrer févr. 2003, p. 54 (L. 1965, art. 6-2).
42 Cass. 3e civ., 8 juin 2011.

Ainsi, les charges découlant des parties communes spéciales ne sont supportées que par les copropriétaires propriétaires desdites parties communes spéciales. Inversement, si une indemnité est due du fait de la destruction d'une partie commune spéciale, sa répartition est effectuée entre les seuls copropriétaires ayant des droits sur ces parties communes spéciales[43].

*La notion de partie commune spéciale étant à l'origine d'un important contentieux*, la loi *ÉLAN* du 23 novembre 2018, complétée par son ordonnance du 30 octobre 2019, a posé une définition légale des parties communes dites « spéciales ». Cette définition reprend la définition établie au fil du temps par la jurisprudence.

Le nouvel article 6-2 de la loi du 10 juillet 1965, applicable depuis le 1er juin 2020, dispose ainsi :

« Les parties communes spéciales sont celles affectées à l'usage ou à l'utilité de plusieurs copropriétaires. Elles sont la propriété indivise de ces derniers.

La création de parties communes spéciales est indissociable de l'établissement de charges spéciales à chacune d'entre elles.

Les décisions afférentes aux seules parties communes spéciales peuvent être prises soit au cours d'une assemblée spéciale, soit au cours de l'assemblée générale de tous les copropriétaires. Seuls prennent part au vote les copropriétaires à l'usage ou à l'utilité desquels sont affectées ces parties communes. »

L'article 6-4 de cette même loi précise que l'existence de ces parties communes spéciales doit être expressément mentionnée dans le règlement de copropriété et impose aux syndicats des copropriétaires de mettre en conformité leurs règlements de copropriété avec ces nouvelles dispositions dans les 3 années, *soit avant le 24 novembre 2021*.

## VI. Les parties communes à jouissance privative

Certaines parties communes peuvent être affectées en jouissance privative à un lot de copropriété en particulier.

Tel est souvent le cas, par exemple, des toits-terrasses, balcons, jardins et cours bordant les lots situés en rez-de-chaussée. Le copropriétaire, propriétaire de ce lot, a alors seul la jouissance de ce jardin, qui demeure pourtant partie commune.

Il s'agit alors, dans la plupart des cas, d'un droit réel et perpétuel[44]. Ce droit s'entend ainsi comme une composante individuelle du lot de copropriété ; il ne peut donc être cédé indépendamment de celui-ci[45], sauf peut-être à un autre copropriétaire et *après accord du syndicat des copropriétaires*[46].

Ce droit peut même être acquis par prescription acquisitive[47], mais ne peut en aucun cas, comme nous l'avons vu auparavant, constituer la partie privative d'un lot.

Cependant, même réservée à la jouissance privative d'un copropriétaire, une partie commune ne peut faire l'objet d'aucune appropriation. La qualification de partie commune n'est donc pas affectée par l'attribution de la jouissance privative à l'un des copropriétaires.

La Cour de cassation maintient ainsi fermement la distinction entre parties privatives et parties communes à jouissance privative.

---

43 Cass. 3e civ., 6 mai 2014, n° 12-23810.
44 Cass. 3e civ., 4 mars 1992, n° 90-13145.
45 CA Aix-en-Provence, 4 mars 1975, SDC Cap Croisette c/ Pilottin : JCP G 1975, II, n° 18059.
46 Cass. 3e civ., 17 déc. 2013, n° 12-23670.
47 Cass. 3e civ., 24 oct. 2007, n° 06-17932.

Les parties communes à usage jouissance privative demeurent communes. Le principe est certain. *S'il n'y a plus d'indivision quant à leur usage, leur propriété est indivise et les pouvoirs du syndicat sont donc intacts*[48].

La qualification de partie commune à jouissance privative restreint la liberté individuelle, en interdisant des changements d'usage ou des aménagements préjudiciables à la collectivité.

Ainsi, le copropriétaire bénéficiant d'un tel droit ne peut :

– construire sur la partie commune sans l'autorisation du syndicat[49] ;

– changer l'affectation des parties communes et ainsi, par exemple, transformer un jardin en pièce à vivre[50]...

Le syndicat des copropriétaires peut exiger du copropriétaire qu'il l'informe sur l'entretien des parties communes dont il a la jouissance exclusive[51].

Cette qualification emporte également des obligations pour le syndicat des copropriétaires. Il doit ainsi supporter :

– les charges relatives à l'entretien de la partie commune affectée d'un usage exclusif, mais le règlement de copropriété peut en stipuler autrement[52] ;

– l'indemnisation découlant des dommages ayant pour origine lesdites parties communes à usage exclusif[53].

Ainsi, en réservant la jouissance exclusive d'un bien indivis à l'un des copropriétaires, il est possible de déterminer les possibilités d'affectation qui lui sont laissées, avec plus de précision qui si une pleine propriété lui avait été attribuée.

Ce droit doit être prévu par le règlement de copropriété dès son établissement. Cependant, le syndicat des copropriétaires réuni en assemblée générale peut, à la double majorité de l'article 26 de la loi, attribuer à un copropriétaire la jouissance privative d'une partie commune, dont l'usage commun n'est pas nécessaire à la conservation de la destination de l'immeuble.

Il est cependant possible – et la distinction revêt ici toute son importance – de ne conférer à un copropriétaire qu'*un simple « droit de jouissance exclusif » à caractère temporaire*, qui s'éteint alors au décès du bénéficiaire[54], ou de stipuler expressément que *ce droit a un caractère strictement personnel et révocable*[55].

Le titre constitutif de ce droit de jouissance a donc une importance capitale, car sa nature peut varier en fonction de la rédaction de ce document.

À l'instar des parties communes spéciales, cette notion était source d'un important contentieux. La loi *ÉLAN* du 23 novembre 2018 et l'ordonnance du 30 octobre 2019 qui la complète sont donc venues fixer une définition légale de ces parties communes à jouissance privative[56].

L'article 6-3 de la loi du 10 juillet 1965 porte désormais la définition suivante :

« Les parties communes à jouissance privative sont les parties communes affectées à l'usage ou à l'utilité exclusifs d'un lot. Elles appartiennent indivisément à tous les copropriétaires.

---

48 Cass. 3e civ., 14 janv. 1975, n° 73-13157 ; Cass. 3e civ., 13 nov. 2003, n° 02-12311.
49 Cass. 3e civ., 18 mars 1980, n° 78-15688 ; Cass. 3e civ., 20 mars 2002, n° 00-17751.
50 Cass. 3e civ., 29 janv. 1997, n° 95-14316.
51 CA Versailles, 4e ch., 29 nov. 2004, Bedel c/ SDC 27 bd Anatole France : Administrer 2005, p. 375.
52 Cass. 3e civ., 16 nov. 1976, n° 75-12151.
53 Cass. 3e civ., 19 juill. 1995, n° 93-21044.
54 Cass. 3e civ., 13 nov. 2003 : Administrer mars 2004, p. 39.
55 Cass. 3e civ., 3 oct. 1991, n° 89-21712.
56 L. 1965, art. 6-3.

Le droit de jouissance privative est nécessairement accessoire au lot de copropriété auquel il est attaché. Il ne peut en aucun cas constituer la partie privative d'un lot. Le règlement de copropriété précise, le cas échéant, les charges que le titulaire de ce droit de jouissance privative supporte. »

Les règlements de copropriété doivent être mis en conformité avec cette nouvelle définition légale avant le *24 novembre 2021*.

## Section 2 Les documents de la copropriété

La copropriété a une essence contractuelle. Elle relève ainsi du consensualisme, d'une volonté partagée et acceptée de vivre ensemble. Les documents l'organisant, reflets de ce consensualisme, doivent donc être rédigés avec le plus grand soin.

La loi du 10 juillet 1965 rend obligatoires la rédaction et la tenue de documents propres à la copropriété. Ces documents, parmi lesquels figurent notamment le règlement de copropriété et l'état descriptif de division, sont en réalité une application particulière des règles contenues dans la loi du 10 juillet 1965 à l'immeuble auquel ils se rapportent.

Leur parfaite connaissance, tant par les copropriétaires que par leur syndic, est donc essentielle, car si chaque copropriété est unique, ces documents le sont aussi.

## I. Le règlement de copropriété

Le règlement de copropriété est le socle de la copropriété. Il constitue le contrat de départ auquel souscrivent obligatoirement les copropriétaires dès leur achat d'un lot dans la copropriété.

La nature contractuelle de ce règlement et les règles organisant la vie collective qu'il contient permettent d'administrer la copropriété. Il définit notamment les droits et obligations de chacun des copropriétaires sur les différentes parties de l'immeuble.

Son contenu déjà élaboré vient d'être précisé, une nouvelle fois, par l'ordonnance du 30 octobre 2019.

### A. LA NATURE DU RÈGLEMENT DE COPROPRIÉTÉ

L'article 8 de la loi du 10 juillet 1965 rend ainsi *obligatoire* « l'établissement d'un règlement conventionnel de copropriété ».

Ce document est donc obligatoire tant dans son établissement que dans son contenu, qui se doit de respecter l'ordre du public des dispositions contenues dans le statut de la copropriété tel qu'il est prévu par la loi du 10 juillet 1965 et son décret du 17 mars 1967.

Le juge peut ainsi réputer non écrites des clauses d'un règlement contraires aux dispositions d'ordre public de la loi[57] et que la mise en conformité des règlements anciens avec les textes les plus récents a été prévue par la loi *SRU*[58] et par la loi *ÉLAN*.

Néanmoins, *l'absence de règlement dans une copropriété ne fait pas obstacle à l'application du statut de la copropriété*[59]. Les dispositions d'ordre public de la loi du 10 juillet 1965[60] et de son décret du 17 mars 1967 s'appliquent alors tant que cette copropriété n'est pas pourvue d'un règlement.

57 L. 1965, art. 43.
58 L. n° 2000-1208, 13 déc. 2000 relative à la solidarité et au renouvellement urbains.
59 Cass. 3e civ., 3 oct. 1969 : Inf. rap. copr. 1970, p. 77.
60 L. 1965, art. 43.

Sa nature juridique a longtemps été débattue. Même si l'article 8 sus-évoqué semble clairement lui octroyer un caractère contractuel, la doctrine s'est longtemps opposée entre deux tendances :

– l'une lui conférant le caractère de contrat *sui generis*, c'est-à-dire de contrat obéissant à ses propres règles, qui sont parfois dérogatoires au droit classique des contrats ;

– l'autre estimant qu'il avait un caractère institutionnel ou statutaire.

La jurisprudence a, quant à elle, retenu très tôt que le règlement de copropriété avait un caractère contractuel[61]. Il s'en déduit aisément que les stipulations d'un règlement de copropriété ont force de loi entre les copropriétaires[62]. Ils ne peuvent dès lors y déroger par de simples accords intervenus en marge de la copropriété et de son assemblée[63].

Ce caractère contractuel fait que le règlement de copropriété *s'impose à tous les copropriétaires* et que tous *peuvent s'en prévaloir*[64].

Il constitue ainsi la charte fondatrice du vouloir-vivre ensemble en copropriété à laquelle adhèrent les copropriétaires par le simple fait de leur achat immobilier.

## B. L'ÉTABLISSEMENT DU RÈGLEMENT DE COPROPRIÉTÉ

Ce règlement de copropriété peut être établi à quatre occasions :

– *lors de la mise en copropriété d'un immeuble existant*, le règlement est adopté après accord unanime de tous les propriétaires ;

– *lors de la construction d'un immeuble*, le promoteur établit, avant la mise en copropriété, le règlement. Les acquéreurs de lots y adhèrent lors de la signature des actes de vente[65]. Il s'en déduit que la clause du règlement prévoyant que ses autres stipulations s'appliquent au fur et à mesure de l'achèvement du bâtiment est contraire à l'ordre public de la loi du 10 juillet 1965[66] ;

– *en cas d'absence de règlement dans une copropriété*, l'assemblée générale peut adopter un tel document[67]. Cette situation se rencontre dans les copropriétés plus anciennes dépourvues de règlement de copropriété. L'assemblée générale du syndicat des copropriétaires peut alors décider, à la majorité de l'article 26 de la loi (deux tiers des voix du syndicat représentant la majorité des copropriétaires), d'établir le règlement de copropriété. Cette démarche constitue toutefois une atteinte pure et simple au caractère consensualiste du règlement de copropriété, puisque son contenu ne requiert plus l'adhésion de tous les copropriétaires et peut être imposé par une majorité renforcée à des copropriétaires opposants ou défaillants. Depuis l'ordonnance du 30 octobre 2019, cette majorité n'a même plus à être renforcée puisque le nouvel article 26-1 permet, lorsqu'une question, initialement soumise à l'article 26, n'a pas atteint cette majorité mais qu'elle a tout de même recueilli le tiers de voix du syndicat représentant la majorité au moins la moitié des copropriétaires ayant participé à l'assemblée, de revoter immédiatement à la majorité absolue des voix du syndicat.

Ainsi, grâce à cette nouvelle passerelle de l'article 26-1 de la loi du 10 juillet 1965, il est désormais envisageable que la majorité absolue des voix du syndicat impose un règlement de copropriété aux autres copropriétaires ;

– *en cas de désaccord dans les situations précédentes*, le règlement peut être fixé par une décision de justice constatant la division de l'immeuble. Il s'agit alors, en cas d'absence d'accord des copropriétaires, d'une homologation par décision judiciaire d'un règlement dressé par un expert judiciaire spécialement mandaté à cet effet[68].

61 Cass. 3e civ., 17 mars 1976, n° 76-10626.
62 C. civ., art. 1103.
63 Cass. 3e civ., 4 janv. 1990, n° 88-13136.
64 Cass. 3e civ., 18 janv. 197, n° 70-11350.
65 D. 1967, art. 4.
66 Cass. 3e civ., 30 juin 1998, n° 96-20758.
67 Aux conditions de majorité de L. 1965, art. 26.
68 Cass. 3e civ., 13 sept. 2005, n° 04-15768.

S'agissant de sa forme, l'article 13 de la loi du 10 juillet 1965 précise que pour que ce règlement et les modifications qui lui sont apportées puissent être rendus opposables aux ayants cause à titre particulier des copropriétaires[69] (donataires, acquéreurs...), *ils doivent être publiés auprès des services de la publicité foncière*. Sa forme est donc nécessairement *authentique*.

Néanmoins, l'article 4, alinéa 3 du décret du 17 mars 1967 prévoit une dérogation à la rectitude de l'article 13 sus-cité, puisqu'il précise que le règlement de copropriété (ainsi que l'état descriptif de division et les actes qui l'ont modifié) s'impose à l'acquéreur et au titulaire du droit s'il est expressément constaté aux actes qu'il en « a eu préalablement connaissance et qu'il a adhéré aux obligations qui en résultent ».

Par ailleurs, retenons que le règlement de copropriété et ses modificatifs sont pleinement opposables *aux copropriétaires ou leurs ayants cause à titre universel* (héritiers...), qu'ils aient été ou non publiés[70]. En effet, ces copropriétaires ayant été conviés à participer à l'élaboration et au vote de ce règlement ou de son modificatif, *il est donc normal qu'ils soient opposables à toutes personnes ayant eu la qualité de copropriétaire à la date de l'assemblée*[71] en question.

La question de l'opposabilité du règlement de copropriété au locataire demeure une question sujette à débat. Néanmoins, se basant sur l'idée que le locataire ne peut « disposer de droits plus étendus que ceux dont jouit lui-même son bailleur », la jurisprudence reconnaît que le règlement de copropriété lui est opposable de plein droit, c'est-à-dire sans formalité particulière[72]. Il faut tout de même que ce règlement soit entré en vigueur avant la conclusion du bail[73]. Il est fortement recommandé, afin d'éviter toute difficulté, de porter officiellement ce règlement de copropriété à la connaissance du locataire lors de la conclusion d'un bail.

Dans cette logique, la loi n° 89-462 du 6 juillet 1989 relative aux baux d'habitation impose de communiquer au locataire « les extraits du règlement de copropriété concernant la destination de l'immeuble, la jouissance et l'usage des parties privatives et communes et précisant la quote-part afférente aux lots loués dans chacune des catégories de charges ».

## C. LE CONTENU DU RÈGLEMENT DE COPROPRIÉTÉ

L'article 8 de la loi du 10 juillet 1965, notamment, fixe le contenu obligatoire du règlement de copropriété. Il doit ainsi :

– déterminer la destination des parties tant privatives que communes ;

– fixer les conditions de leur jouissance ;

– fixer, sous réserve des dispositions de la loi du 10 juillet 1965, les règles relatives à l'administration des parties communes ;

– déterminer les règles fixant le fonctionnement des organes de la copropriété.

L'objet primordial du règlement de copropriété est donc de *qualifier les différentes parties de l'immeuble et d'en déterminer l'usage et l'administration*.

Cette liste n'est pas limitative et le règlement fixe de nombreux autres points et règles applicables à la copropriété. Ces dispositions ont alors un caractère facultatif.

Selon ce même article, le règlement de copropriété doit éventuellement comporter, en annexe, un *état descriptif de division*.

---

69 Personnes n'ayant acquis de leur auteur que certains droits déterminés ou déterminables.

70 CA Versailles, 4e ch., 7 mars 2016, n° 14-8655.

71 Cass. 3e civ., 22 nov. 2000 : Juris-Data, n° 00-007073.

72 Cass. 3e civ., 14 avr. 2010, n° 09-13315.

73 CA Paris, pôle 4, 2e ch., 17 oct. 2012, n° 10/21218.

Enfin l'article 1er du décret du 17 mars 1967 précise que ce règlement peut comporter, en annexe, un état de répartition des charges :

– afférentes à l'administration, à la conservation et à l'entretien de l'immeuble ;

– relatives au fonctionnement et à l'entretien de chacun des éléments d'équipements communs ;

– entraînées par la mise en œuvre des services collectifs.

## 1. La destination de l'immeuble, affectation des parties privatives et communes

### a. La destination de l'immeuble

Le règlement de copropriété permet de déterminer, tout d'abord, la *destination de l'immeuble*.

Citée une quinzaine de fois dans le statut de la copropriété, la notion de destination de l'immeuble a toujours été source de complexité. Pour en trouver une ébauche de définition, il faut chercher, non dans le statut, mais dans l'exposé des motifs de la loi du 10 juillet 1965.

La destination y est définie comme « l'ensemble des conditions en vue desquelles un copropriétaire a acquis son lot, compte tenu de divers éléments, notamment de l'ensemble des clauses des documents contractuels, des caractéristiques physiques et de la situation de l'immeuble, ainsi que de la situation sociale des occupants.

Il s'agit donc des caractéristiques physiques, juridiques, contractuelles et sociales de l'immeuble justifiant l'intérêt qu'ont eu les copropriétaires lors de leur achat.

La destination de l'immeuble joue le rôle de garde-fou au sein de la copropriété[74] en ce qu'elle limite les velléités des copropriétaires dans leurs comportements individuels[75], du syndicat dans sa prise de décision et du règlement de copropriété à régenter la vie des copropriétaires.

Notons qu'elle n'est pas figée et peut évoluer[76], puisque tant les changements physiques de l'immeuble que ses conditions d'occupation et l'évolution de son environnement direct influent sur sa définition.

Cette notion évolutive a pour objectif de garantir la liberté de chacun des copropriétaires et la protection des intérêts de tous.

Ainsi, dans une copropriété de taille restreinte et de grand standing (emplacement privilégié, équipements et services de luxe), les stipulations du règlement peuvent légitimement interdire les activités commerciales, la location ou la division de lots. La destination de l'immeuble justifie alors ces clauses.

La *destination de l'immeuble* se compose notamment des mentions et stipulations du règlement de copropriété et des autres documents de la copropriété, mais comprend également tout ce qui définit l'immeuble dans un sens large.

Afin de déterminer cette destination de l'immeuble, après avoir pris connaissance du règlement de copropriété, il est essentiel de tenir compte de la qualité de l'architecture de l'immeuble, de ses matériaux de construction, de la qualité des espaces communs et des parties privatives, des services et équipements collectifs (espaces verts, piscine, tennis...) et de son cadre de vie (quartier populaire ou résidentiel...).

74 L. 1965, art. 9, 25 b, 26 et 30.

75 L. 1965, art. 9.

76 CA Paris, 19e ch. B, 27 mai 1992 : RDI 1992, p. 366.

### b. L'affectation des parties privatives et communes

Parallèlement à l'ébauche de la destination de l'immeuble, le règlement de copropriété pose l'*affectation des parties privatives et communes*.

La notion d'affectation est employée trois fois dans le statut de la copropriété. Elle tend à définir l'*usage contractuellement fixé par le règlement de copropriété des parties de l'immeuble* – en d'autres termes, l'usage « qui doit en être fait ». Cette affectation est une des composantes de la destination de l'immeuble[77].

Le rôle essentiel du règlement de copropriété est ainsi de déterminer l'âme de l'immeuble et de désigner, d'affecter à un usage, chacune de ses parties. Une fois cet inventaire réalisé, il peut alors encadrer la jouissance qu'ont les copropriétaires de ces différentes parties de l'immeuble[78].

## 2. Les conditions d'usage et de jouissance des parties privatives

Le règlement de copropriété fixe donc l'affectation et les modalités d'usage des parties privatives en déterminant la nature de chaque lot (habitation, commerciale, professionnelle, mixte...).

Le règlement peut ainsi prévoir des stipulations précisant que l'immeuble est :

– à destination exclusive d'habitation ;

– à destination principale d'habitation, avec possibilité d'usage professionnel ;

– à destination mixte d'habitation et commerciale ;

– à destination exclusivement tertiaire.

### a. Immeuble à destination exclusive d'habitation (clause d'habitation bourgeoise stricte)

Tout autre mode d'occupation des lots ou activités (professions libérales, commerciales...) autre que l'habitation sont alors proscrits dans l'immeuble[79].

Une telle restriction à la liberté de disposer des parties privatives impose que le règlement soit extrêmement précis.

### b. Immeuble à destination principale d'habitation avec possibilité d'usage professionnel (clause d'habitation bourgeoise ordinaire)

Le caractère « bourgeois » de l'occupation interdit strictement toute activité commerciale ou industrielle[80]. La notion d'occupation bourgeoise simple ou ordinaire n'est cependant pas incompatible avec l'exercice d'activités libérales[81].

Ainsi, si l'activité professionnelle ou libérale est conforme à la destination, dans son sens large, de l'immeuble, et qu'elle ne perturbe pas la jouissance paisible qu'ont les copropriétaires de leurs lots, la jurisprudence considère que cette activité présente autant d'inconvénients qu'une habitation dite « bourgeoise » et qu'elle ne diminue pas le standing de l'immeuble[82].

Notons néanmoins que si le règlement affecte spécialement certains locaux, et précise ainsi, par exemple, que les activités libérales sont autorisées au premier étage, il n'est *pas possible de déroger* à cette stipulation[83].

77 Kischinewsky-Broquisse E., « Destination de l'immeuble et affectation des parties privatives », RDI 1995, p. 421.

78 L. 1965, art. 9.

79 CA Douai, 13 févr. 1995 : Rev. loyers 1995, p. 350 – CA Paris, 3 févr. 2005, n° 04/13066.

80 CA Paris, ch. 23, sect. B, 8 nov. 2007, n° 07/02532.

81 CA Paris, ch. 23, sect. B, 4 juill. 2002, n° 2002/10574.

82 Cass. 3e civ., 21 févr. 1995, n° 93-12828.

83 CA Versailles, ch. 4, 8 sept. 2014, n° 13/06464.

### c. Immeuble à destination mixte d'habitation et commerciale

Si cette stipulation offre davantage de flexibilité, la jurisprudence invite néanmoins à un contrôle rigoureux et casuel de la conformité de l'activité à la destination de l'immeuble. L'appréciation de cette conformité se fait nécessairement au cas par cas et en tenant compte du standing de l'immeuble.

La jurisprudence peut ainsi interdire dans un immeuble de grand luxe l'installation d'une activité de gymnase[84] ou de *laser game*[85].

En tout état de cause, il est nécessaire de respecter la destination par étage[86]. Ainsi, si les commerces sont cantonnés par le règlement de copropriété en rez-de-chaussée de l'immeuble, il n'est pas possible d'en installer dans les étages.

### d. Immeuble à destination exclusivement tertiaire (activités commerciales et/ou artisanales, industrielles, professions libérales)

Au-delà de ces stipulations fixant les modes d'occupation de l'immeuble, le règlement peut également prévoir certaines restrictions à ces modalités d'usage et de disposition, mais uniquement lorsqu'elles sont justifiées par la *destination de l'immeuble*.

Une atteinte à la libre disposition qu'ont les copropriétaires de leurs lots qui ne serait pas justifiée par cette destination de l'immeuble rendrait la *clause du règlement illicite*. Le juge pourrait alors la « *réputer non écrite* », c'est-à-dire la considérer comme inexistante.

Le règlement peut par exemple contenir des clauses :

– dictant que les appartements et locaux ne peuvent être occupés que par des personnes de bonnes vies et mœurs[87] ;

– interdisant ou réglementant la location des lots[88] ;

– interdisant ou réglementant la division ou la réunion de lots[89] ;

– réglementant la vente des lots[90] ;

– affectant certains des lots à des commerces ou activités déterminées[91] ;

– restreignant la concurrence[92] ;

– préservant l'harmonie esthétique de l'immeuble[93] ;

– préservant la tranquillité de l'immeuble[94]...

Ces clauses du règlement de copropriété doivent être respectées, mais ne sont licites que tout autant qu'elles sont *justifiées et conformes à la destination de l'immeuble*.

84 CA Aix-en-Provence, 25 févr. 1999 : D. 1999, somm p. 313.

85 Cass. 3e civ., 23 mai 2006, n° 05-14482.

86 CA Paris, 1re ch., 18 sept. 1996 : Loyers et copr. déc. 1996.

87 Sur l'interdiction d'un sex-shop dans les commerces de pied d'immeuble, CA Paris, 13 oct. 1982 : D. 1983, p. 336.

88 Sur l'interdiction de la location des chambres de services dans un immeuble de grand standing, CA Paris, pôle 4, 2e ch., 15 mai 2013, n° 2013-008963.

89 Sur l'interdiction de la division de lots afin de limiter le nombre d'habitants pour préserver le standing de l'immeuble, Cass. 3e civ., 9 mars 1982 : Administrer oct. 1982, p. 28.

90 Sur l'interdiction de la vente séparée de chambres de service pour ne pas multiplier le nombre d'occupants, Cass. 3e civ., 4 juin 1998, n° 96-16452.

91 Sur l'affectation à un commerce de luxe d'un local commercial dans un immeuble de haut standing, Cass. 3e civ., 13 nov. 2013, n° 12-24446.

92 Uniquement admises dans les centres commerciaux en copropriété, Cass. 3e civ., 14 déc. 1976 : D. 1977, p. 122.

93 CA Paris, 14e ch. B, 1er sept. 2005 : AJDI 2005, p. 844.

94 Cass. 3e civ., 23 mai 2006, n° 05-14482.

Ainsi, lorsqu'une de ces clauses précise qu'un lot peut être utilisé tant pour de l'habitation que pour l'exercice de professions libérales ou de commerces, le copropriétaire peut librement changer l'affectation de ce lot en fonction de ses besoins ou de ceux de son locataire. Les seules limites à cette liberté sont la destination de l'immeuble et les droits des autres copropriétaires. *La nouvelle activité ne peut être génératrice de troubles de voisinage*.

À l'inverse, si une clause interdit la division de lot mais qu'il est démontré que cette division ne porte pas atteinte à la destination de l'immeuble ou aux droits des autres copropriétaires, cette clause doit être considérée comme illicite.

Il est à noter que face à une telle clause, le syndic se doit d'exécuter le règlement, même si cette clause est manifestement illicite, tant que l'assemblée générale[95] ou le juge ne l'ont pas retranchée du règlement, c'est-à-dire tant qu'ils ne l'ont pas réputée non écrite.

## 3. Les conditions d'usage des parties communes

Le règlement de copropriété doit contenir des clauses fixant les modalités et règles d'usage des parties communes. Il organise ainsi la vie collective au sein des copropriétés en préservant les droits concurrents des copropriétaires sur les parties communes.

Dès lors, il est fréquent de trouver dans un règlement de copropriété d'un immeuble à usage d'habitation des clauses :

– réglementant l'usage des ascenseurs de service ;

– précisant les horaires de livraison ;

– réglementant la réalisation de travaux dans les parties privatives afin d'éviter les nuisances[96] ;

– réglementant le stationnement dans une cour commune[97] ;

– interdisant le stockage d'encombrants dans les parties communes ;

– interdisant l'étendage de linge aux fenêtres et balcons[98] ;

– organisant et limitant l'installation de plaques ou de publicités en façade[99].

Ces clauses restreignant les droits des copropriétaires sur les parties communes ne sont également licites que si elles sont *justifiées par la destination de l'immeuble ou les droits concurrents des autres copropriétaires*. Par exemple, une clause interdisant la concurrence au sein d'un immeuble accueillant des commerces est ainsi illicite, contraire à la destination de l'immeuble, sauf s'il est démontré qu'elle a pour but de préserver des intérêts collectifs[100]. Tel est le cas, par exemple, de clauses interdisant la présence, dans un même centre commercial éloigné du centre-ville, de plusieurs commerces de même genre. La destination de l'immeuble permet le développement d'activités diversifiées nécessaires à la vie quotidienne des habitants[101].

Une clause interdisant la pose de plaques professionnelles dans un immeuble pourtant à destination mixte et comportant ainsi des locaux professionnels et commerciaux[102] doit être réputée non écrite.

Il arrive parfois que les copropriétaires estiment que leur règlement n'organise pas assez précisément la vie collective au sein de leur copropriété. Il leur est alors possible d'adopter, en assemblée générale, un *règlement intérieur* venant compléter le règlement de copropriété.

---

95 Cass. 3e civ., 10 sept. 2020, n° 19-17045.
96 CA Aix-en-Provence, 4e ch. B, 14 oct. 2004.
97 Cass. 3e civ., 22 juin 1983, n° 82-12815.
98 Cass. 3e civ., 27 nov. 1973, n° 71-14218.
99 Cass. 3e civ., 18 juin 1975, n° 74-10584.
100 Cass. 3e civ., 11 mars 1971, n° 69-13401.
101 Cass. 3e civ., 14 déc. 1976 : JCP 1977, II, 18687.
102 Cass. 3e civ., 16 mars 1988, n° 86-15098.

Ce document, dont la publication peut être souhaitable en termes d'opposabilité, précise et complète les stipulations du règlement de copropriété concernant l'administration des parties communes.

Pour garantir la pleine efficacité de ce règlement intérieur, comme plus généralement celle du règlement de copropriété, une clause pénale peut être ajoutée au règlement de copropriété.

## 4. Les règles générales relatives à l'administration de la copropriété

Le règlement de copropriété doit prévoir les modalités d'organisation de la vie collective de la copropriété. Il doit ainsi prévoir, ou tout du moins rappeler, les règles de fonctionnement des assemblées générales du syndicat des copropriétaires, de la représentation du syndicat par son syndic, d'organisation de son conseil syndical...

La plupart des règlements se contentent, en la matière, de rappeler les dispositions d'ordre public de la loi du 10 juillet 1965, mais il se peut que le règlement apporte certaines précisions dérogeant à l'ordre public.

Le règlement de copropriété peut ainsi prévoir un délai allant *au-delà* des 21 jours requis par la loi en matière de convocation à l'assemblée générale. Attention, ce délai ne peut jamais être raccourci.

## 5. L'état de répartition des charges de copropriété

### a. Les différents types de charges de copropriété et leur répartition

L'article 10 de la loi du 10 juillet 1965 précise qu'il existe en copropriété deux types de charges :

– les charges relatives à la conservation, l'entretien et l'administration de l'immeuble ;

– les charges afférentes aux services et équipements collectifs et communs qui correspondent aux frais d'entretien et de fonctionnement de ces services et équipements.

Ce même article fait obligation à tout règlement de copropriété d'indiquer « les éléments pris en considération et la méthode de calcul permettant de fixer les quotes-parts de parties communes et la répartition des charges »[103]. Généralement, les règlements de copropriété contiennent un état de la répartition des charges devant fixer la quote-part afférente à chaque lot pour chacune des catégories de charges.

Les *charges relatives à la conservation, l'entretien et la conservation de l'immeuble* sont réparties relativement à la valeur des parties privatives du lot évaluée en application des articles 10, alinéa 2 et 5 de la loi du 10 juillet 1965 en quotes-parts correspondant généralement aux tantièmes de copropriété. Sont donc prises en compte la surface utile, la consistance et la situation de chaque lot.

On parle alors de « *tantièmes de charges* ».

Parmi ces charges, on trouve notamment :

– les frais d'entretien et de réfection du gros œuvre (gros murs, toitures, escaliers, façades...)[104] ;

– les frais d'éclairage des parties communes[105] ;

– les frais d'entretien des espaces verts[106] ;

– les frais d'entretien de l'immeuble (nettoyage des couloirs[107], nettoyage des parties communes) ;

– les primes d'assurance de l'immeuble[108] ;

---

103 L. 1965, art. 10, al. 3 modifié par ord. n° 2019-1101, 30 oct. 2019.

104 Cass. 3e civ., 12 janv. 1982 : Gaz. Pal. 1983, 1, p. 227.

105 Cass. 3e civ., 14 mai 1970 : D. 1971, p. 95.

106 CA Paris, 30 janv. 1979 : D. 1980, IRC, p. 150.

107 Cass. 3e civ., 1er avr. 1987, n° 85-13519.

108 Cass. 3e civ., 14 mars 2019, n° 18-50026.

– les dépenses de consommation d'eau et d'électricité communes[109] ;

– les honoraires du syndic[110].

Les *charges relatives aux services et équipements collectifs* sont obligatoirement réparties en fonction de l'utilité objective que ces services et équipements représentent pour chaque lot. Issue d'une jurisprudence constante, cette notion d'utilité objective a été ajoutée à l'article 10 de la loi par l'ordonnance du 30 octobre 2019.

Comme nous l'avons vu, les éléments d'équipement communs sont « des éléments autres que les installations immobilières composant la structure d'un bâtiment et qui apportent du fait de leur aménagement ou de leur destination particulière des utilités ou des avantages dans les conditions d'usage des différents lots »[111].

Sont ainsi réparties en fonction de l'utilité objective qu'ils procurent aux lots : les charges liées à l'ascenseur, la ventilation mécanique contrôlée (VMC), le chauffage central, les appareils d'éclairage des parties communes, les antennes collectives...

Cette double répartition des charges en copropriété doit tenir compte de l'éventuelle existence de parties communes spéciales. En effet, le nouvel article 6-2 de la loi du 10 juillet 1965 précise que « la création de parties communes spéciales est *indissociable de l'établissement de charges spéciales à chacune d'entre elles* ».

Ainsi, lorsque la copropriété comprend des parties communes spéciales (plusieurs bâtiments, par exemple), le règlement doit également comprendre une répartition spéciale des charges, c'est-à-dire tenant compte de l'existence de ces parties communes spéciales[112]. La réciproque n'est pas pour autant acquise, la Cour de cassation proscrivant, à l'exception des simples charges d'entretien, l'existence d'une répartition spéciale des charges en l'absence de parties communes spéciales[113].

Il en découle que dans une copropriété comprenant plusieurs bâtiments, parties communes spéciales, seuls les copropriétaires d'un bâtiment doivent assumer les charges générales de ce bâtiment.

Cohabitent ainsi au sein de cette copropriété :

– des charges communes générales à la copropriété dans son ensemble ;

– des charges communes générales propres à chaque bâtiment, et à chaque partie commune spéciale ;

– des charges correspondant aux équipements généraux de la copropriété ;

– des charges correspondant aux équipements spéciaux à chaque bâtiment.

Le règlement de copropriété comprend donc un état de répartition de ces différentes charges dans la copropriété qui précise la quote-part qui incombe à chaque lot dans chacune des catégories de charges ou, à défaut, qui indique les bases selon lesquelles cette répartition est faite – ce que la pratique appelle « *clés de répartition des charges* ».

### b. Les clauses du règlement sur la répartition des charges

L'article 10 de la loi du 10 juillet 1965 est d'ordre public, le règlement ne peut donc contenir de clauses contraires ; à défaut, celles-ci sont réputées non écrites. Cependant, tant que ces stipulations n'ont pas été réputées non écrites par l'assemblée ou le tribunal, *le syndic doit en faire application*[114].

---

109 Cass. 3e civ., 21 nov. 2000.

110 Cass. 3e civ., 1er avr. 1987, n° 85-16025.

111 Vigneron G., « Les charges de copropriété », *JCl. Copropriété*, fasc. 70, n° 59.

112 L. 1965, art. 6-2.

113 Cass. 3e civ., 19 nov. 2015, n° 14-25510.

114 Cass. 3e civ., 24 oct. 1990, n° 88-16728.

Certains règlements de copropriété comportent une clause dénommée « clause d'aggravation des charges », dont l'objectif est de faire supporter aux copropriétaires à l'origine d'une aggravation des charges ses conséquences financières. Ces clauses sont parfaitement licites[115].

Néanmoins, la présence d'une telle clause au règlement, ou son rajout par une assemblée générale après un vote unanime[116], ne permet pas au syndic d'imputer directement au copropriétaire fautif les conséquences de ses actes. Il appartient au juge, statuant en application des règles de la responsabilité civile, d'appliquer ladite clause et ainsi d'apprécier la faute commise et la réparation du préjudice induit[117].

## c. La modification de la répartition des charges

L'article 11 de la loi du 10 juillet 1965 dispose :

« Sous réserve des dispositions de l'article 12 ci-dessous, *la répartition des charges ne peut être modifiée qu'à l'unanimité des copropriétaires. Toutefois, lorsque des travaux ou des actes d'acquisition ou de disposition sont décidés par l'assemblée générale statuant à la majorité exigée par la loi, la modification de la répartition des charges ainsi rendue nécessaire peut être décidée par l'assemblée générale statuant à la même majorité*.

[...] À défaut de décision de l'assemblée générale modifiant les bases de répartition des charges dans les cas prévus aux alinéas précédents, tout copropriétaire pourra saisir le tribunal judiciaire de la situation de l'immeuble à l'effet de faire procéder à la nouvelle répartition rendue nécessaire. »

La répartition des charges en copropriété ne peut donc être modifiée, en principe, que *par un vote unanime du syndicat*.

Cependant, certaines exceptions sont prévues par les textes :

- les modifications rendues nécessaires par des travaux ;
- les modifications rendues nécessaires par les actes de disposition ;
- éventuellement la division ou la réunion de lots ;
- le changement d'usage d'un lot[118].

Par ailleurs, l'intervention judiciaire demeure possible dans deux cas : l'action en révision de la répartition des charges et l'action visant sa nullité.

**• L'action en révision de la répartition des charges**

L'article 12 de la loi du 10 juillet 1965 permet à tout copropriétaire, lésé par une répartition des charges *erronée* (part supérieure ou inférieure d'un quart à ce que son lot ou un autre lot aurait dû assumer en application stricte de l'article 10), de saisir, *dans les 5 années de la publication du règlement*, le tribunal judiciaire compétent aux fins de fixation d'une répartition judiciaire des charges. Cette action est également offerte *au premier acquéreur à titre onéreux d'un lot dans les 2 années de la vente*. La demande en justice n'a pas à être publiée au fichier immobilier[119]. Passés ces délais, il n'est plus possible de saisir le juge en application de cet article[120].

**• L'action en nullité de la répartition des charges**

Parallèlement, et en application de l'article 43 de la loi du 10 juillet 1965, la jurisprudence a prévu une action autonome sanctionnant une répartition des charges contraire à l'ordre public.

115 Cass. 3e civ., 2 juin 1981, n° 80-11635.
116 CA Paris, 10 nov. 2005, n° 05/01247.
117 Cass. 3e civ., 27 mars 2013, n° 12-13012.
118 L. 1965, art. 25, e.
119 Cass. 3e civ., 21 nov. 2000 : Juris-Data, n° 2000-007067.
120 CA Paris, pôle 4, 2e ch., 12 sept. 2018, n° 15-15932.

Ainsi, si le règlement de copropriété contient une répartition contraire aux dispositions de l'article 10 de cette même loi, tout copropriétaire s'estimant lésé peut agir, *sans délai imposé*[121], en nullité de la répartition des charges et ainsi demander la *fixation judiciaire d'une nouvelle grille*. Cette action vise les répartitions des charges dont les bases de calcul sont contraires à celles, d'ordre public, fixées par l'article 10[122] (par exemple des charges d'équipement déterminées sans référence aucune au critère de l'utilité objective).

En tout état de cause, qu'elle soit déterminée par l'assemblée générale ou le tribunal, une nouvelle répartition des charges *n'a d'effet que pour le futur*[123].

## D. LA MODIFICATION DU RÈGLEMENT DE COPROPRIÉTÉ

L'assemblée générale peut modifier le règlement de copropriété. Cette compétence lui est octroyée par l'article 14, alinéa 3 de la loi du 10 juillet 1965, selon lequel le syndicat des copropriétaires « établit, s'il y a lieu et *modifie le règlement de copropriété* ».

Seule l'assemblée générale[124] – et le juge, dans de très rares occasions[125] – peut modifier le règlement de copropriété.

Il convient alors de distinguer :

– les modifications tenant à la jouissance, l'usage et l'administration des parties communes ;

– les modifications portant atteinte aux droits des copropriétaires ou à la destination de l'immeuble ;

– les mises en conformité et adaptations du règlement de copropriété aux textes nouveaux.

### 1. Les modifications tenant à la jouissance, l'usage et l'administration des parties communes

L'article 26 de la loi du 10 juillet 1965 dispose que « Sont prises à la majorité des membres du syndicat représentant au moins les deux tiers des voix les décisions concernant : [...]

b) *La modification, ou éventuellement l'établissement, du règlement de copropriété dans la mesure où il concerne la jouissance, l'usage et l'administration des parties communes [...]* ».

L'assemblée générale du syndicat des copropriétaires peut donc, *sous réserve de ne porter atteinte ni à la destination de l'immeuble, ni à l'affectation des parties privatives et à leurs modalités de jouissance*, modifier les clauses du règlement relatives à la jouissance, l'usage et l'administration des parties communes.

Il lui est légitimement interdit, par ces modifications, de porter atteinte aux droits de copropriétaires sur leurs parties privatives[126].

Par conséquent, l'assemblée générale peut, en application de cet article et en obtenant cette majorité qualifiée :

– ajouter au règlement une clause pénale[127] ;

– organiser les conditions d'utilisation des parties communes, services collectifs et éléments d'équipement communs ;

121 Cass. 3e civ., 28 janv. 2016, n° 14-26921.
122 CA Paris, 23e ch. B, 20 déc. 2007 : AJDI 2008, p. 218.
123 Cass. 3e civ., 10 sept. 2013, n° 12-14569.
124 Cass. 3e civ., 8 juin 2011, n° 10-18220.
125 L. 1965, art. 11, 12 et 43.
126 Cass. 3e civ., 13 nov. 1975, n° 74-11703.
127 Cass. 3e civ., 21 déc. 1987, n° 86-15721.

– modifier les clauses relatives à la publicité en façade de l'immeuble[128] ;

– rectifier une erreur du règlement de copropriété portant sur la détermination des parties privatives et communes[129]...

Attention, pour répondre de la majorité qualifiée de l'article 26, il faut que les décisions de l'assemblée portent sur de *réelles modifications*, et non sur de simples interprétations ou précisions de clauses existantes qui, elles, sont adoptées à la majorité de l'article 24 de la loi du 10 juillet 1965.

## 2. Les modifications nécessitant un vote unanime du syndicat

*A contrario*, si la modification du règlement envisagée en assemblée générale porte atteinte à la destination de l'immeuble ou à l'affectation et aux modalités de jouissance des parties privatives, *une décision unanime est logiquement nécessaire à son adoption*.

Ainsi, un vote unanime du syndicat est en principe nécessaire pour :

– la modification de la répartition des charges (sauf les hypothèses prévues par l'article 11 de la loi du 10 juillet 1965) ;

– la modification des tantièmes de copropriété ;

– la suppression d'un élément d'équipement commun[130] (exception faite de la suppression d'un élément d'équipement devenu obsolète[131], inutile ou dont le remplacement était trop coûteux[132], qui peut être adoptée aux conditions de majorité de l'article 26) ;

– la suppression d'un service collectif (cette suppression peut être votée à la majorité de l'article 26 si des services de substitution, procurant les mêmes avantages, ont été mis en place[133]) ;

– la création d'un parking à l'origine de nuisances et troubles de voisinage[134]...

L'unanimité agit ici comme un rempart protégeant les droits qu'ont les copropriétaires sur leur propriété face à une décision intrusive du syndicat des copropriétaires.

## 3. La mise en conformité et l'adaptation du règlement de copropriété

La nécessité de mettre en conformité les anciens règlements avec de nouvelles dispositions est rapidement devenue une évidence face à l'inflation du nombre de textes en copropriété.

La loi *SRU* du 13 décembre 2000 avait ajouté à la loi du 10 juillet 1965 un article 49 qui permettait à l'assemblée générale d'adopter, à la majorité de l'article 24 de cette même loi, les adaptations du règlement de copropriété rendues nécessaires par les modifications de textes légaux publiées depuis son établissement.

La loi n° 2014-366 du 24 mars 2014 pour l'accès au logement et un urbanisme rénové, dite « loi *ALUR* », a abrogé cet article et en a ajouté le contenu directement à l'article 24 de la loi du 10 juillet 1965.

Cette mise en conformité du règlement de copropriété avec les textes législatifs ou réglementaires les plus récents n'est en réalité qu'un toilettage du règlement visant à supprimer les clauses périmées ou rendues illicites pour la jurisprudence.

128 Cass. 3e civ., 16 mars 1988, n° 86-15098.
129 Cass. 3e civ., 15 déc. 2016, n° 15-22342.
130 Cass. 3e civ., 4 déc. 1968, n° 67-11628.
131 Cass. 3e civ., 22 sept. 2009, n° 08-19411.
132 TGI Paris, 23 juin 1975 : D. 1986, IRC, p. 65.
133 CA Versailles, 5 avr. 2000 : JCP N 2011.
134 CA Paris, 19 janv. 1979 : D. 1980, IR, p. 151.

À aucun moment, le syndicat des copropriétaires ne peut profiter de cet exercice pour y introduire :
– des dispositions législatives ou réglementaires antérieures à son établissement ;
– des modifications à la répartition des charges[135] ;
– des modifications aux tantièmes de copropriété...

La loi *ÉLAN* du 23 novembre 2018 a, dans ses dispositions d'application immédiate, ajouté certains articles (art. 6-2 et s.) au statut de la copropriété, imposant, de fait, une mise en conformité des règlements de copropriété. Rappelons que, par ces nouveaux articles 6-2 et 6-3 qu'elle ajoute à la loi du 10 juillet 1965, la loi *ÉLAN* donne une définition légale des parties communes spéciales et parties communes à jouissance privative.

Par son article 209 portant création de l'article 6-4 de la loi du 10 juillet 1965, la loi *ÉLAN* soumet l'existence de ces parties communes spéciales et parties communes à jouissance privative à leur *mention expresse dans le règlement de copropriété.*

L'article 209, II de la loi *ÉLAN* s'intéresse à la mise en conformité des règlements de copropriété ainsi :

« II. – Les syndicats des copropriétaires disposent d'un délai de trois ans à compter de la promulgation de la présente loi pour mettre, le cas échéant, leur règlement de copropriété en conformité avec les dispositions de l'article 6-4 de la loi n° 65-557 du 10 juillet 1965 fixant le statut de la copropriété des immeubles bâtis.

À cette fin, le syndic inscrit à l'ordre du jour de chaque assemblée générale des copropriétaires la question de la mise en conformité du règlement de copropriété. La décision de mise en conformité du règlement de copropriété est prise à la majorité des voix exprimées des copropriétaires présents ou représentés. »

En application de cet article, la loi *ÉLAN* impose donc aux syndicats des copropriétaires une mise en conformité de leur règlement de copropriété *dans un délai de 3 ans à compter de son entrée en vigueur*.

Le vote de la mise en conformité doit donc intervenir *avant le 24 novembre 2021*. L'assemblée générale doit effectivement avoir approuvé le modificatif du règlement de copropriété avant cette date. En revanche, ce texte ne semble pas imposer la publication du modificatif avant ladite date. La crise sanitaire consécutive à l'épidémie de Covid-19 devrait avoir un impact sur ce calendrier, le Groupe de recherche sur la copropriété (GRECCO) ayant appelé de ses vœux que cette date de vote de mise en conformité soir décalée *au 31 décembre 2023*[136]. Reprenant les vœux du GRECCO, le projet de Loi 4D, présenté en Conseil des ministres le 12 mai 2021, prévoit en son article 24, d'accorder trois années supplémentaires pour opérer la mise en conformité des règlements de copropriété. Ainsi après l'adoption prochaine de ce texte, cette mise en conformité, là où elle s'impose, devrait intervenir d'ici le 22 novembre 2024 au plus tard.

## E. L'EXÉCUTION DU RÈGLEMENT DE COPROPRIÉTÉ

L'article 18 de la loi du 10 juillet 1965 fait du syndic l'*agent d'exécution du règlement de copropriété*. Il entre dans sa mission d'en faire respecter le contenu tant par les copropriétaires, pour qui il a une valeur de contrat, que par les locataires, sur une base délictuelle[137].

Cette mission a une importance telle qu'il engage, par exemple, sa responsabilité s'il n'a pas pris d'initiative pour mettre un terme à des violations répétées par un copropriétaire des clauses du règlement telles que l'encombrement des parties communes, des atteintes à la tranquillité, à la sécurité ou à la salubrité de l'immeuble[138].

135 CA Paris, pôle 4, ch. 2, 11 déc. 2013.
136 GRECCO, préconisation n° 10, 20 oct. 2020.
137 C. civ., art. 1240 et s.
138 Cass. 3e civ., 8 mars 1995 : Bull. civ. III, n° 75.

La sanction de la méconnaissance par un copropriétaire des obligations contenues dans le règlement de copropriété relève donc de sa *responsabilité contractuelle*. Le copropriétaire peut encourir une condamnation à des dommages et intérêts. Si cette violation s'apparente à des travaux réalisés en violation du règlement, une remise en état des lieux peut être ordonnée sans que le syndicat ait à démontrer un quelconque préjudice[139]. Ainsi, le juge peut ordonner la cessation d'une activité de restauration contraire au règlement[140] ou encore ordonner que les parties communes soient dégagées des encombrants installés par un copropriétaire[141].

Pour assurer sa bonne exécution, le règlement peut contenir des *clauses pénales*. Ces clauses prévoient des sanctions s'appliquant à titre préventif à l'encontre de contrevenants au règlement de copropriété et ont donc pour objectif de sanctionner forfaitairement les copropriétaires violant les stipulations du règlement de copropriété. La jurisprudence en admet la validité, en précisant néanmoins que l'*obligation sanctionnée doit être déterminée précisément*. Elles ne sont néanmoins opposables qu'aux copropriétaires ou leurs locataires, mais *demeurent étrangères aux tiers à la copropriété*[142]. On peut citer l'exemple des clauses prévoyant des pénalités en cas de stationnement abusif[143] ou des amendes en cas d'encombrement des parties communes[144]...

Mais attention, ces clauses pénales sont strictement encadrées par la jurisprudence, qui exige qu'elles *ne sanctionnent pas un droit appartenant légitimement aux copropriétaires*. Ainsi, sont considérées comme illicites les clauses imposant une indemnité forfaitaire en cas de déménagement[145].

## F. LES CLAUSES CONTRAIRES À L'ORDRE PUBLIC ET LES RÈGLEMENTS ANTÉRIEURS À LA LOI DU 10 JUILLET 1965

Il arrive parfois que d'anciens règlements de copropriété soient en contradiction avec les dispositions d'ordre public contenues dans le statut de la copropriété. Ils ont généralement été rédigés sous l'égide de la loi de 28 juin 1938 portant, à l'époque, statut de la copropriété. Cette loi, *non impérative*, laissait une large liberté d'appréciation aux rédacteurs de ces règlements.

En application de l'article 43 de la loi du 10 juillet 1965, toute clause contraire à l'ordre public du statut de la copropriété, contenue dans un règlement de copropriété antérieure, serait, en cas de litige, réputée non écrite. Les prescriptions de la loi du 10 juillet 1965 s'imposeraient alors aux lieu et place de ce document.

Cet article 43 précise à ce sujet que « Toutes clauses contraires aux dispositions des articles 1er, 1-1, 4, 6 à 37, 41-1 à 42-1 et 46 et celles du décret prises pour leur application sont réputées non écrites. Lorsque le juge, en application de l'alinéa premier du présent article, répute non écrite une clause relative à la répartition des charges, il procède à leur nouvelle répartition. Cette nouvelle répartition prend effet au premier jour de l'exercice comptable suivant la date à laquelle la décision est devenue définitive. »

Ainsi, le juge saisi d'une clause contraire aux dispositions d'ordre public du statut de la copropriété doit la réputer non écrite, c'est-à-dire la déclarer non-avenue par le seul effet de la loi[146]. Il ne peut cependant pas se saisir d'office d'une telle difficulté[147]. L'action visant à faire juger l'inexistence de

139 Cass. 3e civ., 1er mars 2011, n° 10-15337.
140 Cass. 3e civ., 13 nov. 2013, n° 12-24446.
141 Cass. 1re civ., 12 oct. 1965.
142 Cass. 3e civ., 30 oct. 1973, n° 72-12890.
143 Cass. 3e civ., 17 janv. 1980.
144 CA Paris, 23e ch. B, 6 mai 2004.
145 TGI Chambéry, 6 déc. 1967 : Inf. rap. copr. 1968, p. 10.
146 Cass. 3e civ., 1er avr. 1987 : JCP N 1988, II, 21028.
147 Cass. 3e civ., 27 févr. 2001 : Administrer mai 2001, p. 57.

telles clauses n'est soumise à aucun délai[148], elle est donc *imprescriptible*. La demande en justice visant un tel objet n'est pas soumise à publication auprès des services de la publicité foncière[149].

Soulignons, néanmoins que le rôle du syndic en présence d'une telle clause est délicat. En effet, en tant qu'agent d'exécution du règlement de copropriété, *il doit l'appliquer tant que le caractère illicite de la clause litigieuse n'a pas été reconnu*[150].

Son devoir de conseil lui impose toutefois d'alerter le syndicat de l'illicéité de ladite clause et de l'inviter à la retirer du règlement par un vote en assemblée, puisque cet organe dispose du pouvoir de reconnaître le caractère non écrit d'une clause illicite[151].

## II. L'état descriptif de division (EDD)

Prévu par l'article 7 du décret du 4 janvier 1955, ce document permet d'identifier les lots d'une copropriété concernant la publicité foncière. L'élaboration d'un état descriptif de division (EDD) est une obligation pour tout immeuble soumis au statut de la copropriété. L'article 2 du décret du 17 mars 1967 précise, en effet, que le règlement de copropriété « comporte un état descriptif de division ».

Par prudence, et pour éviter toute confusion entre ces deux documents de nature différente, l'article 3 de ce même décret recommande de rédiger l'EDD de manière à le distinguer strictement des clauses du règlement de copropriété.

Il se présente généralement sous la forme d'un tableau situé en préliminaire ou en annexe du règlement et précise, au-delà des références de l'immeuble, pour chaque lot :

– son numéro ;

– sa situation physique (bâtiment, escalier...) ;

– son affectation (logement, commerce, cave, stationnement...) ;

– sa quote-part de parties communes (fraction de la propriété indivise des parties communes devant être attachée à ce lot appelée « tantièmes de copropriété »).

Par exemple : « Lot n° ... correspondant à un appartement situé au 3e étage du bâtiment A composé d'un séjour, une chambre, une cuisine et une salle de bains et les .../1 000e de la propriété des parties communes de l'immeuble. »

Les lots font ainsi l'objet d'une *numérotation continue dans une série unique à partir de l'unité*. Si l'immeuble est composé de plusieurs bâtiments, les lots peuvent faire l'objet d'une numérotation continue dans des séries successives affectées à chacun d'eux[152].

Comme nous l'avons vu, pour affecter à chaque lot ses tantièmes de parties communes, les rédacteurs de l'état descriptif de division tiennent compte en général de la « consistance, de la superficie et de la situation des lots sans égard à leur utilisation »[153].

En d'autres termes, lors de l'établissement de la copropriété, le géomètre et le notaire chargés de la rédaction du règlement de copropriété et de l'EDD répartissent, généralement en 1 000e[154], la propriété des parties communes entre les différents lots en tenant compte de la taille du bien, de son exposition, de sa valeur...

148 Cass. 3e civ., 28 janv. 2016, n° 14-26921.
149 Cass. 3e civ., 15 mars 2011, n° 10-101727.
150 Cass. 3e civ., 3 juill. 1996 : RDI 1996, p. 611.
151 Cass. 3e civ., 10 sept. 2020, n° 19-17045.
152 D. n° 55-1350, 14 oct. 1955, art. 71-4 D.
153 L. 1965, art. 5.
154 Il est fréquent de croiser des répartitions en 10 000e, voire 100 000e.

Cet EDD a donc pour objectif de permettre :

– une identification de l'immeuble en précisant sa nature, sa situation, sa contenance et ses références cadastrales ;

– une identification de chaque lot et de la ou des quotes-parts des parties communes qui lui sont attribuées.

La *nature juridique* de ce document a longtemps été sujette à discussion.

Ainsi, de longue date, la jurisprudence considère que l'EDD n'a pas de valeur contractuelle. S'il venait à contenir des contradictions avec le règlement de copropriété, c'est ce dernier qui devrait alors primer[155].

Récemment, la Cour de cassation est venue préciser sa position. Ainsi, s'il est évident que, par son positionnement dans le règlement ou son contenu, les rédacteurs du règlement ont souhaité conférer un caractère contractuel à l'EDD, ses clauses peuvent dès lors contraindre les copropriétaires[156].

En pratique, ce document peut être inclus ou non dans le règlement. Ces deux documents doivent pourtant être distingués : si l'EDD traduit la division des lots, c'est le règlement qui organise la vie collective au sein de la copropriété.

Il n'empêche que, confronté à des clauses équivoques, le juge a souvent recours à une lecture combinée de ces deux documents pour avoir une vision éclairée d'un règlement obscur[157].

# III. Le carnet d'entretien de l'immeuble

Depuis le décret du 30 mai 2001[158], tous les immeubles en copropriété doivent être dotés d'un carnet d'entretien. Ce document au contenu technique est établi et tenu à jour par le syndic et précise, notamment, les travaux d'entretien et de maintenance réalisés au sein de l'immeuble.

Il est le journal de bord de la copropriété. *Son établissement et sa mise à jour sont donc essentiels*.

## A. L'OBLIGATION LÉGALE DE CRÉATION ET DE TENUE DU CARNET D'ENTRETIEN DE L'IMMEUBLE

L'article 18 de la loi du 10 juillet 1965, modifié par la loi *SRU* du 13 décembre 2000, dispose que le syndic doit établir et tenir à jour à la disposition des copropriétaires un carnet d'entretien de l'immeuble. Cette tâche fait partie de la mission du syndic et entre dans le cadre de son forfait. Elle ne peut donc faire l'objet d'une rémunération spécifique[159] et demeure ainsi prévue dans la liste non limitative des prestations contenues dans le contrat de syndic.

Ce carnet d'entretien permet à la copropriété de détenir un état à jour des travaux effectués dans l'immeuble et des contrats de maintenance en vigueur.

Il fournit une information technique claire et transparente sur les éventuels travaux à venir et les coûts à prévoir. Il permet donc d'assurer une parfaite information des copropriétaires actuels et futurs acquéreurs de lots.

155 Cass. 3e civ., 13 nov. 2013, n° 12-20733.
156 Cass. 3e civ., 6 juill. 2017, n° 16-16849.
157 Cass. 3e civ., 14 mars 2019, n° 17-23285.
158 D. n° 2001-477, 30 mai 2001.
159 Rép. min. n° 72799, 11 févr. 2002 : JOAN 8 avr. 2002, p. 1922.

Pris en application de la loi *SRU*[160], le décret sus-cité précise le contenu du carnet d'entretien. Doivent obligatoirement y figurer les informations suivantes :

– l'adresse de l'immeuble ;

– l'identité du syndic en exercice ;

– les références des contrats d'assurance souscrits par le syndicat, avec mention de leur date d'échéance ;

– l'année de réalisation des travaux importants et l'identité des entreprises prestataires ;

– la référence des contrats d'assurance dommages-ouvrage en cours ;

– les références des contrats d'entretien et de maintenance des équipements communs, avec mention de leur date d'échéance ;

– la liste détaillée des travaux prévus pour assurer la conservation de l'immeuble, avec mention de l'échéancier envisageable ;

– l'échéancier du programme de travaux voté en assemblée générale.

Depuis le décret du 28 décembre 2016 [161]pris en application de la loi *ALUR* du 24 mars 2014, le carnet d'entretien doit également mentionner les travaux nécessaires à la conservation de l'immeuble prévus par le diagnostic technique global (DTG).

En outre, l'assemblée générale des copropriétaires peut décider, à la majorité simple de l'article 24 de la loi du 10 juillet 1965, d'ajouter au carnet d'entretien de l'immeuble toutes les informations qu'elle juge utiles. Il peut ainsi s'agir d'informations se rapportant à la construction de l'immeuble – cahier des clauses administratives particulières (CCAP), cahier des clauses techniques générales travaux (CCTG travaux), avis techniques (AT), cahiers des clauses techniques particulières (CCTP)... – ou aux différentes études techniques réalisées sur l'immeuble.

En cas de pluralité de bâtiments dans une même copropriété, le syndic n'a l'obligation de créer et tenir à jour qu'un seul carnet d'entretien qui comprend autant de « chapitres » que de bâtiments[162]. Dans les vastes copropriétés comptant des syndicats secondaires, un carnet d'entretien doit être créé par syndicat secondaire et un pour le syndicat principal[163].

## B. LA CONSULTATION DU CARNET D'ENTRETIEN DE L'IMMEUBLE

### 1. Consultation du carnet d'entretien par l'acquéreur potentiel

L'article 45-1 de la loi du 10 juillet 1965 prévoyait que tout candidat acquéreur d'un lot de copropriété, ou de fractions d'un tel lot, pouvait consulter le carnet d'entretien de l'immeuble. Le syndic devait alors mettre à sa disposition une copie de ce document technique à jour[164]. Le but de cette disposition était de permettre aux futurs propriétaires d'un lot de copropriété d'être parfaitement informés de l'état de l'immeuble, des travaux à venir et des charges en découlant.

Assez curieusement, cet article a été abrogé par la loi *ALUR* du 24 mars 2014.

Néanmoins, il faut souligner que cette loi, loin d'affaiblir la protection des acquéreurs de lots en copropriété, prévoit de nouveaux outils à leur intention.

Ainsi, l'article 8-2 de la loi du 10 juillet 1965 créé par cette loi a imposé au syndic d'établir et de maintenir à jour une *fiche synthétique de l'immeuble*. Ce document regroupe les données essentielles de l'immeuble et doit être mis à la disposition des copropriétaires. Ces derniers peuvent alors

160 L. n° 2000-1208, 13 déc. 2000 (loi *SRU*).

161 D. n° 2016-1965, 28 déc. 2016.

162 D. n° 2001-477, 30 mai 2001, art. 2, al. 2.

163 D. n° 2001-477, 30 mai 2001, art. 3, al. 2.

164 L. 1965, art. 45-1.

en communiquer une version à jour à leurs futurs acquéreurs. Une copie de cette fiche synthétique doit, à ce propos, *impérativement être annexée à la promesse de vente ou à l'acte de vente*.

Par ailleurs, depuis cette même loi *ALUR*, le carnet d'entretien de l'immeuble fait partie des pièces obligatoirement annexées à la promesse de vente d'un lot de copropriété à usage d'habitation[165], et ce *au plus tard à la date de signature de la promesse*.

La communication à l'acquéreur d'un carnet d'entretien incomplet ou erroné permet au copropriétaire ou à son acquéreur d'engager la responsabilité du syndic.

### 2. Consultation par les copropriétaires et le syndic

Tout copropriétaire peut consulter le carnet d'entretien sur simple demande adressée au syndic.

L'établissement d'une copie au copropriétaire peut faire l'objet d'une facturation.

En cas de changement de syndic, il appartient logiquement au syndic sortant de communiquer au nouvel organe de gestion le carnet d'entretien de l'immeuble.

## C. LA FORME DU CARNET D'ENTRETIEN

Traditionnellement, le carnet d'entretien est établi sur format papier. Néanmoins, depuis le décret du 23 mai 2019[166], le carnet d'entretien fait partie des documents, accessibles à l'ensemble des copropriétaires, devant figurer sur l'espace sécurisé en ligne de la copropriété. L'avènement de la dématérialisation a donc conduit le syndic à l'établir et à le conserver sous un format numérique.

Parallèlement au carnet d'entretien de l'immeuble en copropriété, l'article 11 de la loi du 17 août 2015[167] a créé le « *carnet numérique de suivi et d'entretien du logement* ». Celui-ci doit renseigner le copropriétaire sur les travaux entrepris dans la copropriété. Il donne l'ensemble des informations ayant trait à l'utilisation, l'entretien et l'amélioration du logement et des parties communes d'une copropriété. Cette loi était dans l'attente d'un décret qui n'est jamais paru. La loi *ÉLAN* du 23 novembre 2018 a modifié ce dispositif et l'a rendu ainsi obligatoire pour tout logement, qu'il s'agisse d'une résidence principale ou secondaire, meublée ou vide, qu'il appartienne ou non à une copropriété.

Cependant, en sont exclus :

– les sociétés d'économie mixte ;

– les organismes HLM ;

– les organismes bénéficiant de l'agrément relatif à la maîtrise d'ouvrage prévus par l'article L. 365-2 du Code de la construction et de l'habitation.

Le calendrier de son exigibilité est le suivant :

– à partir du *1er janvier 2020* pour les *logements neufs* ;

– à partir du *1er janvier 2025* pour les *logements existants*.

L'objectif de ce nouveau document obligatoire est de collecter *toutes les informations nécessaires à l'entretien et aux potentielles rénovations du logement*, et ainsi de permettre de lutter à terme contre les passoires thermiques.

Ce carnet numérique du logement doit intégrer *trois types d'informations* dépendant de la nature du logement :

– les *dossiers diagnostics techniques : diagnostic technique global (DTG), dossier technique amiante (DTA), diagnostic de performance énergétique (DPE)...* ;

165 CCH, art. L. 721-2.

166 D. n° 2019-502, 23 mai 2019.

167 L. n° 2015-992, 17 août 2015 relative à la transition énergétique pour la croissance verte.

– les informations spécifiques relatives à la vente d'un immeuble en copropriété (règlement de copropriété, fiche synthétique, procès-verbaux d'assemblées, montant des charges courantes, état des impayés, carnet d'entretien de l'immeuble, DTG...) ;

– les *informations utiles à la bonne utilisation, l'entretien et l'amélioration des performances énergétiques. Un décret doit en précise les contours.*

### D. LE CARNET D'ENTRETIEN ET LA RESPONSABILITÉ DU SYNDIC

L'établissement et la tenue à jour du carnet d'entretien de l'immeuble sont une obligation légale à la charge du syndic de copropriété. S'il ne remplit pas cette tâche, qui est pourtant prévue par son contrat, sa responsabilité civile professionnelle peut être engagée. Ainsi, l'acquéreur auquel a été communiqué *un carnet d'entretien de l'immeuble incomplet ou erroné dans le cadre de la vente peut engager la responsabilité délictuelle du syndic.*

Si le carnet d'entretien n'est pas correctement tenu à jour, le syndicat des copropriétaires peut engager la responsabilité contractuelle de son syndic. Le non-respect de cette obligation par le syndic pourrait être un juste motif permettant à l'assemblée générale de statuer sur sa révocation.

# Section 3 Les droits et obligations des copropriétaires

Être propriétaire d'un lot en copropriété n'est pas une situation simple à assimiler. La qualité de copropriétaire, si elle permet d'être bénéficiaire de nombreux droits, contraint néanmoins son titulaire à de nombreuses obligations souvent ignorées du grand public.

Les contentieux sont innombrables en la matière.

Être copropriétaire, c'est être membre d'une collectivité partageant la propriété et la jouissance de parties communes tout en étant plein propriétaire de propres parties privatives. La liberté ne peut qu'y être strictement encadrée.

## I. Droits et obligations des copropriétaires sur leurs parties privatives

### A. LES DROITS

Les droits des copropriétaires sur leurs parties privatives sont comparables à ceux d'un propriétaire ordinaire. Ils sont donc par principe pleins et consacrés par plusieurs articles du statut de la copropriété.

Son article 2, alinéa 2 dispose ainsi que « les parties privatives sont la *propriété exclusive* de chaque copropriétaire ». Ce caractère d'exclusivité permet de distinguer les parties privatives des parties communes.

L'article 9 précise, quant à lui, que « chaque copropriétaire dispose des parties privatives comprises dans son lot ; *il use et jouit librement des parties privatives* [...] sous la réserve de ne porter *atteinte ni aux droits des autres copropriétaires ni à la destination de l'immeuble* ».

Ainsi, si le copropriétaire dispose de droits pleins et entiers sur ses parties privatives, cette liberté n'est pas totale puisqu'elle est sévèrement encadrée par la destination de l'immeuble et les droits des autres copropriétaires.

En principe, ni le règlement de copropriété[168] ni une décision d'assemblée générale[169] ne peuvent restreindre ou modifier les droits d'un copropriétaire sur ses parties privatives. Par exemple, le syndicat représenté par son syndic ne peut ainsi :

– sauf autorisation judiciaire, pénétrer dans l'appartement d'un copropriétaire[170] ;

– décider de supprimer des boîtes aux lettres[171] ;

– imposer à un copropriétaire des travaux d'aménagement de ses parties privatives[172] ;

– déplacer un emplacement de parking affecté à la jouissance exclusive d'un lot[173].

Cette liberté d'usage et de jouissance de ses parties privatives permet au copropriétaire, *sous réserve des stipulations du règlement et de la destination de l'immeuble*, de les utiliser à sa guise. Il peut ainsi les occuper pour l'habitation ou y exercer sa profession. Il peut également les louer, les donner en administration à un professionnel... Le copropriétaire peut également y réaliser tous les travaux qu'il juge nécessaires, sous réserve de ne pas porter atteinte à la destination de l'immeuble ou à sa solidité[174].

Il peut ainsi :

– aménager ou transformer les installations de ses parties privatives, par exemple en installant des placards, en posant des équipements de chauffage électrique... ;

– repeindre son appartement à sa guise ;

– modifier la distribution intérieure de son appartement ;

– louer, diviser ou réunir ses lots sous réserve du contenu du règlement de copropriété et de la destination de l'immeuble...[175] ;

– changer l'affectation de ses parties privatives[176].

## B. LES LIMITES AUX DROITS DES COPROPRIÉTAIRES SUR LEURS PARTIES PRIVATIVES

Il résulte de l'article 9 de la loi du 10 juillet 1965 que cette liberté qu'ont les copropriétaires sur leurs parties privatives est limitée par *les droits des autres copropriétaires, les prescriptions du règlement de copropriété et la destination de l'immeuble*.

L'« *obligation de respecter la destination de l'immeuble* » se définit comme le respect scrupuleux d'un ensemble d'actes, de caractères et de données matérielles définissant l'immeuble en copropriété. L'usage qu'a le copropriétaire de ses parties privatives ne doit donc pas porter atteinte à son architecture, son standing...

L'« *obligation de ne pas porter atteinte aux droits des autres copropriétaires* » se rattache à l'obligation générale de ne pas nuire, de ne pas causer d'actes dommageables[177].

Cet usage ne doit également pas être à l'origine de *troubles anormaux de voisinages*.

168 L. 1965, art. 8, al. 2.
169 L. 1965, art. 26.
170 CA Paris, 23e ch. A, 8 déc. 1986.
171 TGI Lyon, 13 mai 1975 : JCP N 1976, II, 18398.
172 CA Versailles, 1er juin 1987 : Gaz. Pal. 1988, 1, somm p102.
173 CA Montpellier, 1re ch. D, 19 nov. 2008, n° 2008-006584.
174 Cass. 3e civ., 20 mai 1998, n° 96-16235.
175 Cass. 3e civ., 24 févr. 2009, n° 08-18133.
176 Cass. 3e civ., 10 déc. 1986, n° 85-11374.
177 C. civ., art. 1240 et s.

Rappelons que l'article 544 du Code civil consacre que « La propriété est le droit de jouir et disposer des choses de la manière la plus absolue, *pourvu qu'on n'en fasse pas un usage prohibé par les lois ou par les règlements.* »

À ce titre, la Cour de cassation rappelle régulièrement que « nul ne doit créer à autrui de trouble anormal de voisinage »[178].

La Cour de cassation a récemment consacré le *droit du syndicat à agir à l'encontre d'un copropriétaire sur le fondement d'un trouble anormal du voisinage*[179].

Combinant la théorie des troubles anormaux de voisinage aux prescriptions de l'article 9 de la loi du 10 juillet 1965, les tribunaux ont souvent reconnu l'existence d'un trouble anormal de voisinage pour condamner certains copropriétaires, et ce, quels que soient l'affectation et l'usage de leurs parties privatives.

Il a ainsi été jugé que « dans l'usage de leurs lots, les copropriétaires (ou leurs locataires) doivent impérativement s'abstenir de tout acte générateur de trouble de voisinage »[180]. « Une activité, même autorisée et conforme à la destination de l'immeuble telle que prévue dans le règlement, ne doit pas être source de nuisances ou de troubles anormaux de voisinage »[181].

Les copropriétaires ne peuvent ainsi :

– émettre des bruits violents et réguliers empêchant toute vie normale dans l'appartement voisin[182] ;

– laisser émaner des odeurs de friture et de cuisine ou de fumée de grillade, et ce même si ce lot est à vocation de restaurant[183] ;

– exercer des activités dangereuses, incommodantes ou insalubres créant des inconvénients de jouissance pour les autres copropriétaires[184] ;

– exploiter un débit de boissons nocturne à l'origine de nuisances importantes[185].

Ainsi, et comme aiment à le rappeler la plupart des règlements de copropriété, les copropriétaires doivent s'abstenir dans leurs parties privatives d'exercer toutes les activités dangereuses, insalubres et à l'origine de perturbations par leurs bruits ou leurs trépidations[186].

Si les copropriétaires sont à l'origine de tels troubles, ils peuvent être condamnés, outre au paiement de dommages et intérêts indemnisant le préjudice subi, à la réalisation, sous astreinte, de mesures permettant de mettre fin aux troubles constatés[187]. Il peut être demandé au juge jusqu'à l'interdiction de l'activité litigieuse[188]. Le juge des référés, statuant sur des troubles manifestement illicites[189], peut être compétent.

---

178 Cass. 2e civ., 19 nov. 1986, n° 84-16319 ; Cass. 2e civ., 2 avr. 2009, n° 08-15619.
179 Cass. 3e civ., 11 mai 2017, n° 16-14339.
180 Cass. 3e civ., 24 oct. 1990, n° 88-19383.
181 Cass. 3e civ., 19 oct. 2011, n° 10-15303.
182 CA Paris, 8e ch. A, 11 févr. 1992 : Administrer 1992, n° 234.
183 Cass. 3e civ., 14 janv. 1987, n° 85-15475.
184 Cass. 3e civ., 26 oct. 1976, n° 75-13829.
185 Cass. 3e civ., 29 févr. 2012, n° 10-28618.
186 Cass. 3e civ., 26 oct. 1976, n° 75-13829.
187 Cass. 3e civ., 5 oct. 2017, n° 16-21087.
188 Cass. 3e civ., 17 mai 1995 : Loyers et copr. août-sept. 1995, n° 384.
189 CPC, art. 835.

# II. Droits et obligations des copropriétaires sur les parties communes

Nous le savons, les parties communes sont l'objet d'une propriété indivise entre tous les copropriétaires[190]. Les parties communes spéciales sont l'objet d'une propriété indivise entre certains d'entre eux seulement. Comme nous l'avons vu, chaque copropriétaire voit, attachée au lot dont il est propriétaire, une fraction des parties communes générales et spéciales, s'il y a lieu. Ces fractions lui confèrent un droit d'usage et de jouissance desdites parties communes.

De ce fait, l'article 9 de la loi du 10 juillet 1965 dispose que chaque copropriétaire *use et jouit librement des parties communes*, sous la condition incontournable de *ne porter atteinte ni aux droits des autres copropriétaires, ni à la destination de l'immeuble*.

Le *libre exercice de ce droit de jouissance* est donc soumis à des règles restrictives limitant la liberté des copropriétaires et assurant l'équilibre et l'égalité au sein de la copropriété. Le syndicat ne peut, par ses décisions, décider d'entraver ce libre exercice[191].

Si tous les copropriétaires peuvent user des parties communes, conformément à leur destination (affectation), c'est à *la condition de respecter les droits concurrents et égaux des autres copropriétaires*. Il s'agit d'une évidente expression du principe d'égalité de traitement entre copropriétaires, essence de la copropriété. Un copropriétaire ne peut ainsi s'approprier abusivement des parties communes, et ce même temporairement ou partiellement.

Il lui est ainsi interdit, par exemple, de :

– stationner de façon abusive dans une cour commune[192] ;

– empêcher l'usage concurrent des autres copropriétaires en encombrant un couloir partie commune[193] ;

– occuper irrégulièrement une terrasse partie commune[194] ;

– laisser des animaux en liberté dans les parties communes[195] ;

– installer dans ses parties privatives un système de vidéosurveillance filmant les parties communes[196].

Les copropriétaires doivent, en outre, dans l'usage qu'ils font des parties communes, *respecter la destination de l'immeuble*. Ils ne peuvent ainsi pour des besoins personnels pervertir la nature des espaces communs. Il leur est interdit, par exemple, de s'approprier un hall commun pour les besoins de leur profession[197].

L'usage abusif de parties communes peut entraîner la condamnation du copropriétaire à cesser cette occupation, au besoin sous astreinte, outre des dommages et intérêts. Si cet usage abusif des parties communes consiste en des travaux irrégulièrement réalisés, la remise en état des lieux et la destruction des ouvrages en découlant peuvent être sollicitées[198].

190 L. 1965, art. 4.
191 Cass. 3e civ., 31 janv. 1984, n° 82-15698.
192 Cass. 3e civ., 5 avr. 1968, n° 67-11507.
193 Cass. 3e civ., 17 juin 1997 : RDI 1997, p. 479.
194 CA Paris, 23e ch. B, 20 mars 1992 : Administrer oct. 1992, p. 88.
195 CA Paris, pôle 4, 2e ch., 22 mars 2012, n° 09/15811.
196 Cass. 3e civ., 3 mai 2011, n° 10-16967.
197 CA Paris, 25 avr. 1980.
198 Cass. 3e civ., 21 sept. 2010, n° 09-14024.

L'*empiètement*, et donc l'*appropriation de parties communes*, doit faire l'objet, judiciairement, d'une demande spécifique. Cette précision a toute son importance, car en fonction de la formulation de la demande, les prescriptions applicables sont différentes. Ainsi, une demande en restitution de la partie commune indûment appropriée est une action réelle. Elle est donc soumise à une *prescription trentenaire*[199]. À l'inverse, une action tendant au rétablissement de la destination des lieux et à la destruction des constructions édifiées irrégulièrement est une action personnelle née de l'application du statut. Elle répond donc de l'article 42 de la loi du 10 juillet 1965 et est soumise, depuis la loi *ÉLAN*, à une *prescription quinquennale*. La plus grande prudence s'impose donc face à des constructions empiétant sur des parties communes.

Par ailleurs, à l'occasion de la réalisation de travaux dans ses privatifs, un copropriétaire peut être amené à affecter les parties communes. La réalisation de tels travaux est strictement encadrée par le statut de la copropriété. En effet, l'article 25, b de la loi du 10 juillet 1965 permet que soit donnée, à la majorité des voix de tous les copropriétaires, une autorisation à certains copropriétaires d'effectuer à leurs frais des travaux affectant des *parties communes de l'immeuble ou son aspect extérieur, à la condition qu'ils soient conformes à sa destination*.

## III. Droits et obligations découlant de la qualité de copropriétaire

La qualité de copropriétaire confère certains droits, mais emporte principalement des obligations assurant le bon fonctionnement de la copropriété.

La toute première obligation qu'a un copropriétaire est de *respecter les stipulations du règlement de copropriété*. Comme nous l'avons déjà vu, ce document a un caractère contractuel et lie donc les copropriétaires entre eux. *Les copropriétaires sont ainsi tenus entre eux de l'exécuter spontanément et de bonne foi*. Aux termes de l'article 15 de la loi du 10 juillet 1965, tant le syndicat que les copropriétaires ont qualité pour agir en cas de violation par des copropriétaires du règlement de copropriété[200].

Par ailleurs, pour garantir à l'immeuble un fonctionnement pérenne, les copropriétaires sont *tenus personnellement d'acquitter leurs parts des dépenses collectives du syndicat*[201]. Ils sont donc débiteurs à l'égard du syndicat de leurs quotes-parts de charges de copropriété. Ne pas honorer une telle obligation peut conduire à une condamnation du copropriétaire débiteur pouvant aller jusqu'à la saisie immobilière de son lot.

Les copropriétaires (occupants ou non) ont également, depuis la loi *ALUR*[202], l'obligation de détenir une *assurance contre les risques de responsabilité civile* dont ils doivent répondre.

Ils peuvent en outre constituer sur leurs lots des droits réels (hypothèque, usufruit, usage et habitation...) grevant leur lot.

### A. LA VENTE DU LOT DE COPROPRIÉTÉ

En application de l'article 9 de la loi du 10 juillet 1965, la qualité de copropriétaire, c'est-à-dire de propriétaire d'un lot, permet à son titulaire de *disposer de son bien*.

---

199 Cass. 3e civ., 17 mai 1995, n° 93-14872.
200 Cass. 3e civ., 7 nov. 1973 : JCP 1974, II, 17644.
201 L. 1965, art. 10.
202 L. n° 2014-366, 24 mars 2014.

Un copropriétaire est ainsi *libre de céder son lot*. Les clauses d'inaliénabilité[203], ou imposant des restrictions à la vente d'un lot, contenues dans un règlement de copropriété doivent être considérées comme illicites, et donc réputées non écrites.

Cependant, la jurisprudence, érigeant la destination de l'immeuble en valeur cardinale de la copropriété, a admis la validité de clauses, qui dans des immeubles d'un particulier standing, interdisent la vente des lots accessoires[204] (chambres de bonnes, caves…) ou la limitent aux seuls autres copropriétaires[205].

À l'inverse, une clause du règlement de copropriété ne peut, à aucun titre, imposer la vente de son lot à un copropriétaire, en cas, par exemple, d'infraction commise au règlement de copropriété. « Nul ne peut », en effet, « être contraint de céder sa propriété si ce n'est pour cause d'utilité publique »[206].

## B. LOCATION D'UN LOT DE COPROPRIÉTÉ

### 1. La location classique

Concernant la location d'un lot en son sens générique, les copropriétaires qui, aux termes de l'article 9 de la loi du 10 juillet 1965, peuvent consentir sur leurs lots des actes de disposition peuvent, *a fortiori*, les donner en location.

Toute clause du règlement de copropriété qui aurait pour résultat d'apporter des restrictions à ce droit *doit, en principe, être réputée non écrite*. Tel est, par exemple, le cas de la clause subordonnant la conclusion du bail à l'autorisation du conseil syndical[207].

Néanmoins, en application de l'article 9 sus-cité et de l'alinéa 2 de l'article 8 de cette même loi, la destination de l'immeuble peut justifier des clauses restrictives du règlement de copropriété.

Il n'existe pas en la matière de solution de principe ; la licéité ou l'illicéité d'une clause est fonction, dans chaque cas, de l'atteinte portée par la location incriminée à la destination de l'immeuble et aux conditions de jouissance des parties privatives des autres copropriétaires.

Les jurisprudences en la matière sont donc légion et diffèrent, par essence, d'une copropriété à l'autre.

Ont ainsi été jugées illicites, des clauses :

– interdisant la location de garages à d'autres que les occupants de l'immeuble[208] ;

– interdisant la location meublée sauf par appartements entiers[209].

Cependant, et *a contrario*, plusieurs autres jurisprudences ont jugé licites de telles clauses, car elles étaient justifiées par le « *standing de l'immeuble* »[210].

Le « standing de l'immeuble » déterminant sa destination permet alors de porter atteinte au sacro-saint principe de libre disposition des copropriétaires sur leurs lots. Il a ainsi été jugé qu'une clause d'un règlement *dans un immeuble de grand standing* pouvait interdire la location de chambres de service à des personnes étrangères à la copropriété[211].

203 Cass. 3e civ., 6 mars 1973, n° 71-14404.
204 Cass. 3e civ., 10 mars 1981, n° 79-12950.
205 CA Paris, 23e ch. B, 7 mars 2002, n° 2001/14445.
206 C. civ., art. 545.
207 CA Lyon, 22 janv. 1969 : AJPI 1969, p. 418.
208 Cass. 3e civ., 9 juin 2010, n° 09-14206.
209 CA Paris, 23e ch. B, 18 mai 2000, n° 2000-118268.
210 CA Paris, 23e ch. B, 14 févr. 2002 : Dossier CSAB n° 102.
211 CA Paris, 14 nov. 1997, n° 1997-023438 ; Cass. 3e civ., 28 févr. 2006, n° 05-11409.

## 2. La location meublée saisonnière de courte durée

La location meublée saisonnière s'entend des locations de courte durée conclues essentiellement dans un but de loisirs. Elles peuvent être conclues directement de particulier à particulier ou par l'intermédiaire d'un professionnel ou d'une plateforme. Contrairement aux baux d'habitation classiques, soumis à la loi du 6 juillet 1989[212], la location saisonnière n'est régie que par le Code civil[213].

Deux situations peuvent se présenter :

– la location meublée saisonnière d'une résidence principale ;

– la location meublée saisonnière d'une résidence secondaire.

### a. La location meublée saisonnière d'une résidence principale

Selon l'article 2 de la loi du 6 juillet 1989, la résidence principale peut se définir comme le logement occupé au moins 8 mois par an, sauf pour des raisons professionnelles, de santé ou en cas de force majeure, soit par le locataire ou la personne avec laquelle il vit, soit par une personne à charge.

La location de cette résidence principale à des touristes, et ce par le biais d'une plateforme Internet, est totalement possible, sans formalités imposées au bailleur, dès lors que *cette location n'excède pas 120 jours*[214].

*Si la location dépasse ce seuil, le bailleur a pour obligation d'obtenir une autorisation de changement d'usage et l'activité peut être considérée comme commerciale.*

Depuis la loi n° 2016-1321 du 7 octobre 2016, toutes les communes, quelle que soit leur taille, peuvent instituer une procédure de déclaration préalable, avec un service d'enregistrement en ligne pour toutes les locations meublées de courte durée, y compris celles portant sur la résidence principale[215]. Cette déclaration permet d'obtenir un numéro d'enregistrement qui doit figurer sur toutes les annonces de location du logement, y compris celles publiées en ligne.

### b. La location meublée saisonnière d'une résidence secondaire

Une résidence secondaire se définit donc comme une résidence occupée moins de 8 mois par an. Depuis la loi *ALUR* du 24 mars 2014, « le fait de louer un local meublé destiné à l'habitation [et résidence secondaire] de manière répétée pour de courtes durées à une clientèle de passage qui n'y élit pas domicile *constitue un changement d'usage* ».

Dans certaines villes, cette activité nécessite l'obtention préalable d'une autorisation de la mairie pour louer une résidence secondaire[216], à savoir les villes :

– de plus de 200 000 habitants ;

– de la petite couronne parisienne (départements des Hauts-de-Seine, de Seine-Saint-Denis et du Val-de-Marne) ;

– de plus de 50 000 habitants comportant des zones dites « tendues » (c'est-à-dire présentant un déséquilibre entre l'offre et la demande).

*Une fois l'autorisation obtenue, cette résidence secondaire n'est plus considérée comme un logement d'habitation, mais comme un local commercial.*

La Cour de justice de l'Union européenne, dans une décision du 22 septembre 2020, n'oppose pas d'argument à la mise en place d'une réglementation nationale sur les locations répétées de courte

212 L. n° 89-462, 6 juill. 1989.
213 C. civ., art. 1713 et s.
214 CCH, art. L. 631-7-1, al. 5.
215 C. tourisme, art. L. 324-1-1, II.
216 CCH, art. L. 631-7-1, al. 5.

durée, dans un contexte de pénurie. La réglementation française sus-évoquée a donc été validée par la Cour.

### c. Sur les locations saisonnières de courte durée en copropriété

Comme nous l'avons vu, l'article 9 de la loi du 10 juillet 1965 permet à tout copropriétaire de louer son lot sous réserve « *de ne porter atteinte ni aux droits des autres copropriétaires ni à la destination de l'immeuble* ».

En application de cet article et de l'alinéa 2 de l'article 8 de cette même loi, la destination de l'immeuble peut justifier des clauses restrictives du règlement de copropriété. La pratique de la location meublée saisonnière au sein d'une copropriété nécessite donc d'aborder successivement deux points fondamentaux :

– le règlement de copropriété et sa définition de la destination de l'immeuble ;

– le trouble anormal de voisinage et l'atteinte à cette destination.

### d. Sur les clauses du règlement de copropriété et la destination de l'immeuble

Le règlement de copropriété peut prévoir plusieurs types de stipulations s'agissant d'une telle activité. Si le règlement demeure muet, il est essentiel d'examiner si l'activité est conforme à la destination de l'immeuble et aux droits des autres copropriétaires.

- **1re hypothèse : une stipulation du règlement est relative à ce type de location**

Le règlement de copropriété peut prévoir dans ses stipulations l'interdiction expresse de l'exercice de l'activité de locations meublées de courte durée, ou tout du moins la restreindre.

Rappelons une nouvelle fois que ce même règlement de copropriété ne peut imposer aucune restriction aux droits des copropriétaires en dehors de celles qui seraient *justifiées par la destination de l'immeuble*.

La Cour de cassation a ainsi rappelé, dans un arrêt du 8 juin 2011, que « devait être réputée non écrite la clause du règlement de copropriété soumettant la possibilité de louer son lot en meublé à l'autorisation de l'assemblée générale dès lors que l'exercice de professions libérales était permis expressément dans l'immeuble »[217]. Elle a ainsi reconnu que ces deux activités entraînaient des nuisances identiques et qu'en conséquence une telle restriction à la location meublée n'était pas justifiée par la destination de l'immeuble.

Partant, une clause interdisant purement et simplement les locations meublées sans qu'elle puisse être justifiée par le respect de la destination de l'immeuble serait illicite. Il a ainsi été jugé qu'une clause qui, dans un immeuble de grand standing, interdisait la location de chambres de service à des personnes étrangères à la copropriété était licite[218].

Le règlement de copropriété peut prévoir, en outre, une « *clause d'habitation bourgeoise exclusive* ». Cette clause réserve l'usage de l'immeuble entièrement à l'habitation, rendant ainsi toute activité professionnelle incompatible avec la destination de l'immeuble. *La location meublée saisonnière, si elle y est exercée plus de 120 jours par an pour une résidence principale ou de manière récurrente pour une résidence secondaire, y semble proscrite.*

Plus fréquemment, le règlement peut prévoir une « *clause d'habitation bourgeoise dite "ordinaire"* », selon laquelle, en principe, seules les activités libérales et l'habitation sont autorisées au sein de l'immeuble.

Enfin, cette clause d'habitation « *peut être à usage mixte* », permettant l'activité commerciale sous réserve de respecter l'affectation des lots.

217 Cass. 3e civ., 8 juin 2011, n° 10-15891.
218 CA Paris, pôle 4, 2e ch., 15 mai 2013, n° 2013-008963.

Dans ces deux hypothèses, la jurisprudence semblait avoir tout d'abord admis l'activité de location de meublés touristiques. Cependant, dans des décisions récentes, cette même jurisprudence a évolué.

Ainsi, dans sa *décision du 11 septembre 2013*, la cour d'appel de Paris[219] a retenu la nature commerciale de la location saisonnière. En l'espèce, le règlement de copropriété prévoyait une clause d'occupation bourgeoise. La cour devait considérer que cette restriction n'interdisait pas de louer l'appartement en dehors de toute activité de loueur professionnel. Cependant, pour cette juridiction, la location saisonnière, *du fait de sa courte durée et de son exercice à titre commercial, est un mode de location incompatible avec la clause d'occupation bourgeoise*. Soulignons tout de même que, dans cette espèce très précise, l'activité de location saisonnière était exercée quasi professionnellement.

Dans une décision très récente, la Cour de cassation est venue, à son tour, se prononcer sur ce sujet très précis. *Dans son arrêt du 8 mars 2018*[220]*, elle a ainsi retenu que les locations de meublés touristiques ne correspondaient pas à la destination d'un immeuble à usage mixte professionnel/habitation*. Dans cette espèce, la Cour était saisie de la question de savoir si les clauses d'un règlement de copropriété relatives à la destination de l'immeuble pouvaient faire obstacle au droit d'un copropriétaire sur ses parties privatives, et plus particulièrement sur sa capacité à les transformer librement en meublés de tourisme. Selon la Cour de cassation, « [...] attendu qu'ayant retenu qu'il résultait des stipulations du règlement de copropriété que *l'immeuble était principalement à usage d'habitation, avec possibilité d'usage mixte professionnel-habitation et à l'exclusion de toute activité commerciale*, ce qui privilégiait son *caractère résidentiel qui était confirmé, dans sa durée et sa stabilité, par l'obligation pour le copropriétaire d'aviser le syndic de l'existence d'un bail et constaté que [les bailleurs] avaient installé dans les lieux des occupants*, pour de très brèves périodes, ou même de longs séjours, dans des "hôtels studios meublés" avec prestations de services, la cour d'appel, qui en a souverainement déduit que ces rotations des périodes de location ne correspondaient pas à la destination de l'immeuble, a, par ces seuls motifs, légalement justifié sa décision ».

Enfin et très récemment, la Cour de cassation est venue confirmer sa position en rappelant qu'il pouvait *être interdit dans un immeuble à usage exclusif d'habitation, dans lequel l'activité professionnelle était admise à titre accessoire, de poursuivre une activité commerciale de location de ses lots à la journée ou à la semaine*[221].

Ces décisions confortent l'évolution de la jurisprudence tendant vers une appréciation stricte de la conformité de ces locations avec les clauses du règlement de copropriété et la destination de l'immeuble.

**• 2^de^ hypothèse : le règlement de copropriété est muet**

Si le règlement n'interdit pas expressément cette activité, le propriétaire qui exerce ou entend exercer l'activité de location meublée de courte durée est tenu de respecter la tranquillité de l'immeuble, les droits des autres copropriétaires et la destination de l'immeuble.

Cette activité, si elle était dans de telles circonstances nuisible aux autres copropriétaires, serait génératrice d'un trouble anormal de voisinage.

Il est cependant important de souligner que le syndicat ne peut mener une telle action que s'il rapporte la preuve que l'ensemble des copropriétaires est affecté par ce trouble, ce qui en matière de location meublée de courte durée peut s'avérer difficile. Le copropriétaire peut également agir seul dès lors que son seul lot est affecté par ledit trouble[222].

---

219 CA Paris, pôle 4, 2e ch., 11 sept. 2013, n° 11/12572.

220 Cass. 3e civ., 8 mars 2018, n° 14-15864.

221 Cass. 3e civ., 27 févr. 2020, n° 18-14305.

222 CA Paris, 15 juin 2016, n° 15/18917.

## C. LE CHANGEMENT D'AFFECTATION DES PARTIES PRIVATIVES D'UN LOT

Le changement d'affectation d'un lot en copropriété procède de la même logique. Conformément aux dispositions de l'article 9 de la loi du 10 juillet 1965, les copropriétaires disposent, usent et jouissent librement des parties privatives comprises dans leurs lots. Si chaque copropriétaire peut donc en principe librement changer l'affectation de ses parties privatives, cette liberté n'est, une nouvelle fois, pas totale, puisqu'elle est sévèrement encadrée par la destination de l'immeuble et les droits des autres copropriétaires[223].

Initialement, la jurisprudence considérait que l'affectation prévue par le règlement avait une valeur contractuelle. Seul un vote unanime du syndicat des copropriétaires pouvait donc permettre de la modifier[224]. Puis un revirement de jurisprudence est intervenu : désormais, l'affectation du lot n'est qu'indicative ; tout copropriétaire est donc libre de la changer[225], *sans avoir besoin de solliciter une autorisation en assemblée générale*[226].

Néanmoins, pour se dispenser d'une telle autorisation et après s'être assuré de l'obtention des autorisations administratives éventuellement requises[227], le copropriétaire doit s'assurer de préalablement connaître :

- l'affectation originelle du lot ;
- le contenu du règlement de copropriété relatif au changement d'affectation ;
- la conformité du changement d'affectation avec la destination de l'immeuble ;
- sa conformité avec les droits des autres copropriétaires.

### 1. L'affectation originelle du lot

Selon l'article 8 de la loi du 10 juillet 1965, le règlement de copropriété « détermine la destination des parties tant privatives que communes ».

Dans cette opération de qualification, ce document contractuel se réfère classiquement aux catégories légales (habitation, commerce, activité professionnelle ou industrielle...).

Si ses termes ne sont pas suffisamment clairs et qu'un litige naît, l'interprétation judiciaire s'impose. *Le juge se base alors sur le contenu du règlement, sur celui de l'état descriptif de division et, si nécessaire, sur la configuration des lieux.*

Gardons en mémoire que seul le règlement caractérise et détermine l'affectation. L'état descriptif de division, traditionnellement dépourvu de valeur contractuelle, se borne quant à lui à identifier les lots pour les besoins de publicité foncière. Il précise donc la nature de chaque lot, la consistance exacte de ses parties privatives et les tantièmes de copropriété qui lui sont affectés.

L'absence de valeur contractuelle de cet état descriptif ne permet normalement pas au copropriétaire de prétendre à son contenu, néanmoins, le juge peut s'y référer si le règlement ne détermine pas clairement l'affectation[228].

Si le contenu de ces documents n'apporte pas d'informations suffisantes, le juge peut fonder sa décision sur la *configuration des lieux*, c'est-à-dire la consistance matérielle et le lieu de situation de l'immeuble.

---

223 CA Paris, 18 mai 2011, n° 09/2219.
224 Cass. 3e civ., 16 oct. 1979, n° 78-13100.
225 Cass. 3e civ., 10 déc. 1986, n° 85-11374.
226 CA Paris, 18 mai 2011, n° 09/22193.
227 Changement de destination : C. urb., art. R. 151-27 ; ou changement d'usage : CCH, art. L. 631-7.
228 Cass. 3e civ., 2 mai 2012, n° 11-12256.

## 2. Les clauses du règlement relatives au changement d'affectation

Le règlement de copropriété peut contenir des clauses traitant expressément des changements d'affectation. Le règlement peut ainsi prohiber une telle démarche. Une ancienne jurisprudence reconnaissait la validité de ces clauses et imposait un vote unanime pour permettre un changement d'affectation[229]. La jurisprudence a ensuite réputé non écrites ces clauses.

Le règlement peut également prévoir des clauses spécifiques conditionnant les changements d'affectation. Ces clauses sont licites[230]. Elles doivent donc être respectées.

Cependant, même si le règlement autorise un changement d'affectation, la nouvelle activité envisagée ne doit pas être génératrice de troubles anormaux de voisinage. À défaut, elle peut être interdite par le syndicat[231]. Notons, néanmoins, que la plupart des règlements sont silencieux sur cette question.

## 3. Le changement d'affectation et la destination de l'immeuble

De jurisprudence constante, si l'utilisation projetée dans le cadre de la nouvelle affectation est contraire à la destination de l'immeuble, elle *doit être autorisée à l'unanimité*[232].

Une étude précise de la destination de l'immeuble est donc nécessaire.

## 4. Le changement d'affectation et les droits des autres copropriétaires

L'activité objet du changement d'affectation ne doit, enfin, pas être génératrice de troubles de voisinage[233] ou contraire aux clauses particulières du règlement.

Ainsi, lorsque le règlement de copropriété n'exclut pas expressément un commerce ou une activité déterminée, mais se contente de prohiber l'exercice d'une profession ou d'un métier bruyant, insalubre ou dégageant de mauvaises odeurs, l'exploitation d'un restaurant dans un immeuble à usage mixte, si elle n'est *pas a priori interdite, ne doit pas être génératrice de troubles*.

La seule existence de troubles suffit alors à interdire l'activité objet du bail[234].

Deux exceptions sont cependant envisageables :

– les aménagements permettant de mettre un terme aux nuisances et désordres[235] ;

– l'activité qui ne crée pas plus de nuisances que la précédente exercée dans les locaux[236] (théorie de l'équivalence des nuisances).

Le contrôle de la conformité de la nouvelle affectation à la destination de l'immeuble et aux droits des autres copropriétaires nécessite donc une étude précise, chaque copropriété étant unique.

Si toutes ces conditions sont respectées, le changement d'affectation *ne nécessite pas d'autorisation donnée en assemblée*.

Néanmoins, si un doute subsiste, il peut être préférable de la consulter, et ce pour éviter de fâcheuses conséquences pouvant aller jusqu'à la condamnation du copropriétaire au rétablissement des lieux à leur affectation d'origine.

---

229 Cass. 3e civ., 3 janv. 1979 : D. 1979, p. 444.
230 CA Paris, 15 mars 2012, n° 10/12301 – CA Versailles, 4e ch., 25 avr. 2000 : Dossier CSAB n° 89/01.
231 Cass. 3e civ., 29 févr. 2012, n° 10/26618.
232 Cass. 3e civ., 28 avr. 1993 : RDI 1993 p412.
233 Cass. 3e civ., 5 oct. 1994 : AJPI 1995, p. 493.
234 Cass. 3e civ., 13 nov. 2013, n° 12-26121.
235 Cass. 3e civ., 15 janv. 1997, n° 95-10113.
236 Cass. 3e civ., 20 nov. 1996 : Loyers et copr. févr. 1997.

Ce rétablissement peut être judiciairement ordonné pendant un délai de 5 ans[237] à compter de la date de l'infraction commise[238].

## D. LA SUBDIVISION OU LA RÉUNION DE LOTS DE COPROPRIÉTÉ

Dans la même logique, en application des articles 9 et 25 de la loi du 10 juillet 1965, un copropriétaire est libre d'effectuer dans son lot des *travaux* dès lors que ceux-ci ne portent pas atteinte à la destination de l'immeuble ou aux droits des autres copropriétaires[239].

Ainsi, la *réunion* ou la *subdivision de lots* peut intervenir librement, sans autorisation préalable de l'assemblée générale[240] dès lors que :

– le copropriétaire respecte les dispositions particulières du règlement de copropriété concernant, notamment, la division ou la réunion de lots ;

– les travaux rendus inhérents à une telle démarche n'affectent pas les parties communes ou l'aspect extérieur de l'immeuble ;

– en l'absence de clauses particulières, et classiquement, les *travaux* et la *réunion ou subdivision de lots* ne portent pas atteinte à la destination de l'immeuble ou aux droits des autres *copropriétaires*.

Dans une telle situation, il convient donc, dans un premier temps, de vérifier si le règlement de copropriété qui régit l'immeuble en question contient une clause interdisant ou autorisant expressément la *réunion de lots*.

En effet, si le règlement autorise expressément la division de lots, un copropriétaire ne peut obtenir l'annulation d'une délibération de l'assemblée générale sans établir que la division porte atteinte à la destination de l'immeuble ou aux droits des copropriétaires[241]. À l'inverse, la jurisprudence reconnaît qu'un règlement peut restreindre la faculté de diviser des lots si cette restriction est justifiée par la destination de l'immeuble (volonté de limiter le nombre des occupants pour maintenir son standing)[242].

Sont ainsi déclarées illicites et donc réputées non écrites :

– la clause d'un règlement de copropriété interdisant la division de l'eau s'il apparaît que cette division ne porte pas atteint à la destination de l'immeuble considéré[243] ;

– la clause interdisant la division des lots dans un immeuble de standing moyen lorsqu'il apparaît que l'augmentation du nombre de lots n'apporterait aucun bouleversement dans l'équilibre du fonctionnement de la copropriété[244].

*Pour apprécier la validité d'une clause prohibant la division de lots dans une copropriété, il convient de déterminer les conséquences qu'impliquerait la division de lots si elle était laissée à la discrétion de chacun*. C'est seulement « dans la mesure où le fractionnement entraînerait manifestement des conséquences défavorables à l'égard du cadre de vie des copropriétaires, sur le maintien duquel ils sont en droit de compter, en raison d'un accroissement inopiné des occupants, que la clause se trouve certainement justifiée puisqu'elle a bien pour finalité la sauvegarde de la destination de l'immeuble ».

237 L. 1965, art. 42, al. 1er modifié par L. n° 2018-1021, 2 nov. 2018, art. 213.
238 CA Paris, 28 janv. 1999, n° 1996/08703.
239 Cass. 3e civ., 24 févr. 2009, n° 08-11852.
240 Cass. 3e civ., 8 juill. 1980 : Gaz. Pal. 1980, 2, somm. p. 544 – CA Paris, 23e ch. B, 5 oct. 2006, n° 2006-312526.
241 Cass. 3e civ., 6 déc. 1989, n° 88-11357.
242 Cass. 3e civ., 9 mars 1982 : Administrer oct. 1982.
243 CA Paris, pôle 4, 2e ch., 3 sept. 2014, n° 1221386.
244 CA Paris, 23e ch. A, 4 mars 1998 : Defrénois 1998, p. 819.

Plus généralement, que le règlement l'autorise expressément ou qu'il soit muet à ce sujet, une telle réunion ou subdivision de lot, à l'instar des autres actes menés par un copropriétaire sur son lot, ne doit pas porter atteinte à la destination de l'immeuble ou aux droits des copropriétaires.

En tout état de cause, si cette subdivision/réunion de lots s'accompagne de *travaux affectant les parties communes ou l'aspect extérieur de l'immeuble conformes à sa destination*, ils doivent être *autorisés par l'assemblée* à la majorité de l'article 25, b de la loi du 10 juillet 1965.

Enfin, de telles modifications physiques s'accompagnent nécessairement de modifications du règlement de copropriété et de l'état descriptif de division. Ainsi, l'article 11, alinéa 2 de la loi du 10 juillet 1965 précise qu'en cas d'aliénation séparée d'une ou plusieurs fractions d'un lot (issues notamment d'une subdivision), la répartition des charges entre ces fractions, lorsqu'elle n'est pas fixée par le règlement de copropriété, est soumise à l'approbation de l'assemblée générale statuant à la majorité de l'article 24.

Ce vote est essentiel car, à défaut, le syndicat ne peut exiger des nouveaux copropriétaires leur participation aux charges à l'issue de la division du lot[245], et il serait légitime à exiger la totalité des charges dues au copropriétaire initial[246]. En cas de refus abusif de l'assemblée, le tribunal judiciaire peut être saisi par le ou les copropriétaires lésés et se substituer à elle en fixant judiciairement cette modification[247].

Soulignons que l'article 11 sus-cité n'a vocation à s'appliquer qu'en cas de subdivision, la modification de la répartition des charges consécutives à une réunion de lots nécessitant un vote unanime du syndicat[248].

---

245 CA Paris, pôle 4, 2ᵉ ch., 7 mai 2014, n° 11-20182.

246 Cass. 3ᵉ civ., 6 oct. 1999, n° 98-10924.

247 Cass. 3ᵉ civ., 28 janv. 2016, n° 14-26921.

248 CA Versailles, 30 mars 2015 : Rev. loyers 2015, p. 260.

Chapitre 3

# LES ORGANES DE LA COPROPRIÉTÉ

La vie de la copropriété est organisée et rythmée par trois organes principaux :

– le *syndicat des copropriétaires*, qui incarne et personnifie la copropriété. Cet organe prend ses décisions, qui s'imposent à tous les copropriétaires, lors de son *assemblée générale* ;

– le *syndic, organe exécutif et représentant de la copropriété, qui assure l'exécution de ces décisions et le respect des stipulations du règlement de copropriété*. Il peut être un professionnel de la gestion immobilière comme un non-professionnel qualifié improprement par la pratique de « syndic bénévole » ;

– le *conseil syndical*, sous le contrôle et la surveillance duquel ce syndic exerce sa mission tout en bénéficiant de son assistance. Cet organe, composé des copropriétaires, assure ainsi la liaison entre les membres du syndicat et leur syndic. Le conseil syndical a vu ses pouvoirs considérablement renforcés par l'ordonnance du 30 octobre 2019 et le décret du 2 juillet 2020.

## Section I Le syndicat des copropriétaires

## I. La forme classique du syndicat des copropriétaires

### A. LE SYNDICAT DES COPROPRIÉTAIRES : UNE PERSONNE MORALE PARTICULIÈRE

L'article 14 de la loi du 10 juillet 1965 pose une définition du syndicat des copropriétaires : « La collectivité des copropriétaires est constituée en un syndicat qui a la personnalité civile. »

Le syndicat des copropriétaires est ainsi un organe obligatoire et particulier à la copropriété, regroupant, *sans exception, l'ensemble des copropriétaires*. Il est doté de la personnalité morale et prend naissance, *sans formalité particulière*, dès que deux lots de copropriété appartiennent à des personnes différentes[1].

Dans les immeubles à construire, le fonctionnement de la copropriété, découlant de la personnalité morale du syndicat de copropriétaires, *prend effet lors de la livraison du premier lot*[2].

1 L. 1965, art. 14.
2 L. 1965, art. 1-1.

En tant que personne juridique à part entière, il dispose de droits et d'obligations :

– il a ainsi la possibilité de *posséder un patrimoine*, qui se résume souvent aux charges versées par les copropriétaires en paiement de leurs charges communes. Contrairement aux idées reçues, le syndicat des copropriétaires n'est pas propriétaire des parties communes. Celles-ci sont la propriété indivise des copropriétaires ou de certains d'entre eux[3] ;

– *depuis 1er janvier 2021*, tous les syndicats des copropriétaires disposent d'un *compte bancaire séparé*[4], c'est-à-dire un compte bancaire ouvert spécifiquement à leur nom, qui relate précisément les mouvements financiers les affectant et sur lequel circule le patrimoine du syndicat. Cette obligation avait été créée par la loi *ALUR*, et pesait sur les épaules du syndic, puisque le défaut d'ouverture d'un compte bancaire séparé dans les 3 mois de sa désignation entraînait la nullité de plein droit de son contrat[5]. Néanmoins, cette obligation ne concernait pas l'ensemble des syndicats, dans la mesure où ceux d'entre eux composées de moins de 16 lots principaux pouvaient décider, par assemblée, de ne pas instituer un tel compte. L'ordonnance du 30 octobre 2019 a généralisé à toutes les copropriétés cette obligation ;

– *le syndicat des copropriétaires peut être un employeur*. Tel est le cas de la copropriété ayant un concierge ou un gardien. Le syndic n'est pas l'employé du syndicat mais son mandataire ;

– en application de la jurisprudence la plus récente, le *syndicat des copropriétaires*, et ce même si son syndic est un professionnel, doit être considéré comme un *non-professionnel*[6]. Il peut à ce titre bénéficier des dispositions des lois *Chatel*[7] et *Hamon*[8] protégeant les consommateurs et les non-professionnels. Il peut ainsi résilier les contrats à reconduction tacite dans les conditions prévues par ces lois, mais, n'étant pas un consommateur, *les créances prises à son encontre (factures) se prescrivent par 5 années*.

## B. L'IMMATRICULATION DU SYNDICAT DES COPROPRIÉTAIRES

La loi *ALUR*[9] et ses textes d'applications[10] ont institué une obligation d'immatriculation des syndicats des copropriétaires.

Cette obligation d'immatriculation concerne tous les immeubles, *totalement ou partiellement destinés à l'habitation*, quel que soit leur nombre de lots de copropriété ou leur mode de gestion (syndic professionnel ou non, syndicat coopératif...). Elle s'effectue au sein d'un registre national des copropriétés tenu par l'ANAH. Ce registre a pour objectif de permettre une meilleure connaissance de l'état des copropriétés sur le territoire national et ainsi de prévenir les difficultés au sein des copropriétés. *Les informations que ce registre détient doivent être actualisées tous les ans ou à l'occasion d'événements particuliers jalonnant la vie de la copropriété*.

### 1. Les modalités de l'immatriculation

Le syndic (ou le notaire s'il est saisi d'une copropriété qui n'est pas immatriculée), en sa qualité d'administrateur, doit communiquer les informations essentielles permettant l'immatriculation et la mise à jour du registre[11].

3 L. 1965, art. 4.
4 Ord. n° 2019-1101, 30 oct. 2019.
5 L. 1965, art. 18.
6 Cass. 1re civ., 25 nov. 2015, n° 14-21873.
7 L. n° 2005-67, 28 janv. 2005 (loi *Chatel*).
8 L. n° 2014-344, 17 mars 2014 relative à la consommation (loi *Hamon*).
9 L. n° 2014-366, 24 mars 2014.
10 D. n° 2016-1167, 26 août 2016 relatif au registre national d'immatriculation des syndicats de copropriétaires ; A., 10 oct. 2016 ; L. n° 2017-86, 27 janv. 2017 relative à l'égalité et à la citoyenneté.
11 CCH, art. R. 711-9.

*Les informations essentielles devant figurer sur le registre sont* :

– *l'identité du syndicat* : nom, adresse et date de création, nombre et nature des lots, identité du syndic et, le cas échéant, identité du mandataire *ad hoc* ou de l'administrateur judiciaire, ou encore existence d'un arrêté de péril ou d'une injonction du maire ;

– *les données financières communiquées après chaque exercice comptable* : budget prévisionnel, compte et annexes, provisions pour travaux, dettes du syndicat à l'égard des fournisseurs et impayés... ;

– *les données sur le bâti* : nombre de bâtiments avec leur étiquette énergétique si elle est disponible, nombre d'ascenseurs, période de construction, nature du chauffage de l'immeuble...

### 2. Calendrier et sanction du défaut d'immatriculation

L'immatriculation des copropriétés a été ainsi organisée :

– avant le 31 décembre 2016 pour les copropriétés de plus de 200 lots principaux ;

– avant le 31 décembre 2017 pour les copropriétés de plus de 50 lots principaux ;

– avant le 31 décembre 2018 pour toutes les autres copropriétés.

Ainsi, *depuis le 1er janvier 2019*, tous les syndicats des copropriétaires d'immeubles à destination totale ou partielle d'habitation doivent être immatriculés et leurs fichiers contenus dans le registre national doivent être mis à jour.

En l'absence d'immatriculation d'une copropriété, l'ANAH, un copropriétaire ou toute personne intéressée peut mettre en demeure le syndic d'avoir à remédier à cette situation. Passé le délai d'un mois suivant cette mise en demeure, si le *syndic* n'a pas fait le nécessaire, l'ANAH peut lui appliquer une astreinte de 20 € par lot de copropriété et par semaine de retard. *Cette sanction vise exclusivement le syndic*.

Cette absence d'immatriculation ou d'actualisation des données déclarées peut avoir de lourdes conséquences, puisqu'elle peut empêcher le syndicat de copropriétaires de bénéficier de certaines subventions[12].

La loi *ÉLAN*[13] est venue préciser que cette immatriculation *était sans effet sur l'application du statut de la copropriété et la naissance du syndicat*.

Malgré cette obligation, de nombreuses copropriétés, généralement dépourvues de syndic et de petite taille, n'ont pas encore été immatriculées.

## II. Les différents avatars du syndicat

Au-delà de sa forme classique, deux autres formes de syndicats des copropriétaires sont prévues par le statut de la copropriété :

– le syndicat secondaire ;

– le syndicat coopératif.

12 ANAH, éco-prêt à taux zéro.

13 L. n° 2018-1021, 23 nov. 2018, art. 207 ayant ajouté L. 1965, art. 1-1.

## A. LE SYNDICAT SECONDAIRE

### 1. Conditions d'existence du syndicat secondaire : du critère physique au critère fonctionnel

Afin de faciliter l'administration des grandes copropriétés composées de plusieurs bâtiments, la loi du 10 juillet 1965 a prévu plusieurs outils permettant de les subdiviser. Parmi ceux-ci, l'article 27 de cette loi permet la création de syndicats secondaires. Cet article, dans sa version originale, disposait ainsi :

« Lorsque l'immeuble comporte plusieurs bâtiments, les copropriétaires dont les lots composent l'un ou plusieurs de ces bâtiments peuvent, réunis en assemblée spéciale, décider, aux conditions de majorité prévues à l'article 25, la constitution entre eux d'un syndicat, dit secondaire.

Ce syndicat a pour objet d'assurer la gestion, l'entretien et l'amélioration interne de ce ou ces bâtiments, sous réserve des droits résultants pour les autres copropriétaires des dispositions du règlement de copropriété. Cet objet peut être étendu avec l'accord de l'assemblée générale de l'ensemble des copropriétaires statuant à la majorité prévue à l'article 24.

Le syndicat secondaire est doté de la personnalité civile. Il fonctionne dans les conditions prévues par la présente loi. Il est représenté au conseil syndical du syndicat principal, s'il en existe un. »

Ainsi, lorsque l'immeuble comportait plusieurs bâtiments, *physiquement indépendants*, les copropriétaires dont les lots composaient l'un ou plusieurs de ces bâtiments pouvaient, réunis en assemblée *spéciale*, décider, aux conditions de majorité prévues à l'article 25, la constitution entre eux d'un syndicat secondaire.

Cet article posait comme condition essentielle à la création d'un syndicat secondaire la *stricte indépendance physique des bâtiments*. Ainsi, deux immeubles partageant un même gros œuvre, un sous-sol et dont les rez-de-chaussée étaient occupés par un même local commercial ne pouvaient pas constituer de syndicats secondaires[14].

Cette indépendance physique excluait ainsi de la possibilité de création de syndicats secondaires les cages d'escalier d'un même bâtiment[15], ou des bâtiments imbriqués dans leur gros œuvre[16].

*Cette notion de stricte indépendance physique a été remise en cause par l'ordonnance du 30 octobre 2019*, qui a modifié la lettre de l'article 27 en introduisant la notion d'« *entités homogènes susceptibles d'une gestion autonome* ».

*Ainsi, et depuis le 1er juin 2020, lorsqu'un immeuble comporte plusieurs bâtiments ou plusieurs entités homogènes susceptibles d'une gestion autonome, la création de syndicats secondaires est possible.*

Le concept d'entité structurelle liée à l'indépendance physique des bâtiments semble donc abandonné au profit d'une approche liée au fonctionnement et à la gestion de l'entité souhaitant devenir indépendante.

Il va donc être désormais possible d'envisager au sein de copropriétés complexes, d'un seul tenant physique, de créer des syndicats secondaires regroupant des locaux ou lots, présentant une communauté d'intérêts et donc susceptibles d'une gestion autonome. Tel peut être le cas, par exemple, de regroupement de locaux commerciaux situés au rez-de-chaussée d'un immeuble ou de sous-sols de parkings.

Il ne fait aucun doute que la jurisprudence devra dessiner les contours de cette nouvelle notion.

---

14 Cass. 3e civ., 23 janv. 1973 : Gaz. Pal. 1973, 1, p. 334.
15 CA Paris, 23e ch. B, 25 mai 1990 : Administrer août 1990, p. 61.
16 CA Paris, 28 juin 1989 : D. 1989, IR, p. 238.

## 2. Création d'un syndicat secondaire

Ces syndicats secondaires peuvent être créés au cours de la vie de la copropriété par décision d'une assemblée générale spéciale des copropriétaires du bâtiment ou de l'entité homogène à l'origine de cette démarche. *Cette réunion est une exigence de la loi, faute de quoi il est impossible de constituer un syndicat secondaire*[17]. Cette décision est prise à la majorité absolue des copropriétaires concernés[18] et peut, depuis le 1er juin 2020[19], bénéficier d'un second vote immédiat[20].

La jurisprudence admet, cependant, que des syndicats secondaires aient pu être initialement prévus *dans le règlement de copropriété*[21] sans pour autant qu'une assemblée générale spéciale ait été nécessaire à leur constitution.

La loi n'impose aucune autre condition à la création d'un syndicat secondaire.

## 3. Fonctionnement d'un syndicat secondaire

De tels syndicats secondaires étant dotés de la personnalité civile, leur existence a d'importantes conséquences sur l'organisation de la copropriété.

En effet, aux termes de l'article 27 de la loi du 10 juillet 1965, « Le syndicat secondaire est doté de la personnalité civile. *Il fonctionne dans les conditions prévues par la présente loi*. Il est représenté au conseil syndical du syndicat principal s'il en existe un. »

Il découle de cet article et de la jurisprudence s'y rapportant que l'objet du syndicat secondaire est *limité à la gestion, l'entretien et l'amélioration des bâtiments pour lesquels il a été constitué*. Il ne peut ainsi voter sur une question qui n'entre pas dans son objet initial[22] et, à l'inverse, la décision du syndicat principal prise dans un domaine qui est du ressort du syndicat secondaire est nulle[23].

Les décisions du syndicat secondaire sont obligatoirement prises en assemblées particulières de ce syndicat, *et non dans et au cours de l'assemblée du syndicat principal*[24].

D'une manière plus générale, le syndicat secondaire fonctionnant dans les mêmes conditions qu'un syndicat classique et ayant la personnalité morale, il est soumis à toutes les obligations légales relatives à l'organisation collective. Il doit donc être pourvu de tous les organes d'un syndicat (syndic, conseil syndical...) et doit prendre ses décisions au cours d'assemblées générales qui lui sont propres.

# B. LE SYNDICAT COOPÉRATIF

Le syndicat des copropriétaires peut également revêtir la forme coopérative[25]. L'*objectif* de cette forme particulière de syndicat est d'éviter le recours au syndic professionnel en faisant participer activement les copropriétaires qui administrent eux-mêmes la copropriété.

Cette forme coopérative peut être prévue dans le règlement de copropriété ou faire l'objet d'une décision de l'assemblée générale.

17 Cass. 3e civ., 8 juin 2006, n° 05-11190.
18 L. 1965, art. 25.
19 Ord. n° 2019-1101, 30 oct. 2019.
20 L. 1965, art. 25-1.
21 CA Paris, 23e ch., 11 févr. 1994.
22 Cass. 3e civ., 28 janv. 1998 : Loyers et copr. mai 1998, n° 144.
23 CA Paris, 25 sept. 1980 : Journ. not. 1981, art. 56177, p. 810.
24 CA Paris, 25 sept. 1980 : D. 1981, IR, p. 397 – CA Paris, 1er mars 1984 : D. 1984, IR, p. 411 – CA Paris, 1re ch. G, 6 mai 1998 : D. 1999, somm. p. 75.
25 L. 1965, art. 14-2 et 17-1 ; D. 1967, art. 40 à 42.

Le *fonctionnement* de ce type de syndicat diffère de celui des syndicats classiques. En effet, le conseil syndical en est un organe strictement obligatoire.

*Le syndic, qui ne peut être un professionnel, n'est pas élu par l'assemblée générale, mais par les membres du conseil syndical parmi l'un d'entre eux.*

Ce syndic, qui n'est pas rémunéré, exerce en outre, de plein droit, les *fonctions du président du conseil syndical et représente le syndicat en justice*. Nous sommes donc en face d'une copropriété autogouvernée, avec à sa tête un conseil syndical et un syndic non professionnel aux pouvoirs renforcés.

Il est à noter que la loi *ÉLAN* est venue apporter quelques simplifications s'agissant des petits syndicats des copropriétaires voulant opter pour la forme coopérative. Elle est, en effet, venue organiser un nouveau statut pour les petites copropriétés de moins de 5 lots à usage de logements, de bureaux ou de commerce *ou* les copropriétés dont le budget prévisionnel sur trois exercices consécutifs ne dépasse pas 15 000 €[26]. Les copropriétés visées sont donc nombreuses.

Les petites copropriétés répondant à ces prérequis :

– ne sont pas obligées de constituer un conseil syndical[27] ;

– elles peuvent recourir aux modalités du syndicat coopératif[28] ;

– elles ne sont pas tenues à une comptabilité en partie double ; leurs engagements peuvent être constatés en fin d'exercice[29] ;

– les copropriétaires peuvent prendre, à l'unanimité, des décisions hors assemblée par le biais de consultations écrites ou de réunions.

La volonté est donc de simplifier l'administration et la gestion de ces petites copropriétés. Mais cette volonté de simplification ne doit pas sacrifier la sécurité procurée par l'ordre public du statut de la copropriété. Pour cette raison, l'organisation de ces consultations écrites a été strictement encadrée.

# III. L'objet du syndicat des copropriétaires

L'article 14 de la loi du 10 juillet 1965 fixe les objets essentiels du syndicat. Depuis 1965, le syndicat des copropriétaires a deux objets :

– *l'administration des parties communes* ;

– *la conservation de l'immeuble*.

Le syndicat doit donc maintenir à l'immeuble ses caractères initiaux, son niveau de confort et garantir son entretien. Il doit par conséquent entretenir et réparer les équipements et parties communes et défendre l'intégrité matérielle et juridique de l'immeuble.

Cette vision du syndicat paraissait désuète et, en tout état de cause, n'était plus en prise avec les impératifs propres à notre temps, tant il est vrai que la transition énergétique et l'évolution des modes et matériaux de construction ont rendu nécessaire la modernisation de l'immeuble en copropriété et, partant, de son syndicat.

Dans sa volonté de modernisation du statut de la copropriété, l'ordonnance du 30 octobre 2019, prise en application de la loi *ÉLAN*, a prévu qu'à compter du 1er juin 2020, tous les syndicats des copropriétaires auraient un nouvel objet : *l'amélioration de l'immeuble*.

26 L. 1965, art. 41-8 à 41-12.
27 L. 1965, art. 41-9.
28 L. 1965, art. 41-11 nouveau.
29 L. 1965, art. 41-10 nouveau.

Ainsi, le syndicat des copropriétaires doit désormais conserver et améliorer l'immeuble et administrer les parties communes.

Pour atteindre de tels objectifs, il est amené à :

– voter un budget prévisionnel ;

– faire réaliser des travaux, notamment d'amélioration de l'immeuble[30] ;

– donner l'autorisation à des copropriétaires d'effectuer des travaux affectant les parties communes ;

– souscrire un emprunt afin de faire réaliser les travaux nécessaires ;

– aliéner, acheter ou céder des droits réels sur les parties communes, sauf si ces parties communes sont essentielles pour la copropriété...[31] ;

– surélever ou céder le droit de surélévation de l'immeuble[32] ;

– entreprendre des actions judiciaires contre les personnes dégradant l'immeuble[33] ;

– s'assurer du respect du règlement de copropriété.

Le syndicat prend ses décisions au cours d'assemblées générales réunissant l'ensemble des copropriétaires et dont la tenue est, a minima, annuelle. Cependant, le syndicat voit ses pouvoirs limités. *Il ne peut, à quelques majorités que ce soit, imposer à un copropriétaire une modification à la destination de ses parties privatives ou aux modalités de leur jouissance telles qu'elles résultent du règlement de copropriété. Il ne peut pas non plus, sauf à l'unanimité des voix de ses membres, prendre de décision contraire à la destination de l'immeuble.*

Le syndicat ne peut donc :

– imposer la transformation de parties privatives en parties communes ;

– autoriser des travaux qui troublent durablement la jouissance d'un lot (perte de vue ou d'utilisation)[34] ;

– modifier la répartition des tantièmes de copropriété ou de charges, sauf à l'unanimité des copropriétaires[35].

À l'instar de toute personne morale, le syndicat des copropriétaires ne peut agir que dans le cadre de son triple objet défini par l'article 14 de la loi du 10 juillet 1965.

Il ne peut ainsi pas décider, par exemple, d'organiser la fête annuelle des voisins et en imposer le coût aux copropriétaires[36]. À chaque fois qu'il entend prendre une décision étrangère à son objet, le syndicat doit obtenir un accord unanime des copropriétaires donné au cours d'une assemblée générale[37].

---

30 L. 1965, art. 30.
31 L. 1965, art. 26.
32 L. 1965, art. 36.
33 CA Paris, 23e ch. B, 15 nov. 2001 : Constr.-Urb. 2002, comm. 64 : action d'expulsion contre des squatters sur le fondement de la gestion d'affaires.
34 Cass. 3e civ., 17 déc. 2013, n° 12-20676.
35 CA Paris, 23e ch. A, 1er avr. 1998 : Dossier CSAB, n° 70.
36 TGI Nanterre, 26 mai 2016, n° 14-12381.
37 CA Versailles, 1re ch., 11 mars 1993 : Administrer déc. 1993, p. 52.

# IV. La représentation du syndicat

Le syndicat des copropriétaires est normalement représenté par son syndic en exercice[38].

Dans certaines hypothèses très particulières, et après désignation judiciaire, il peut être représenté par un administrateur provisoire[39], un syndic judiciaire[40], un mandataire ad hoc[41] ou un administrateur ad hoc[42]. Chacune de ces hypothèses vise une situation particulière de la vie du syndicat telle que la carence du syndic, la copropriété en difficulté, la défaillance du syndic ou son empêchement...

Hormis ces quelques hypothèses, c'est le *syndic en exercice*, en tant que représentant du syndicat, qui signe les contrats et marchés de travaux, engage le syndicat. Néanmoins, pour que le syndicat réponde des engagements pris par le syndic, encore faut-il que ce dernier ait agi ès qualités et non en son nom personnel[43]. Les fournisseurs doivent ainsi être vigilants sur l'intitulé des factures correspondant à des missions ou prestations de services réalisées pour un syndicat des copropriétaires. Si le syndic outrepasse son mandat et engage le syndicat au-delà de ce à quoi il a été autorisé, *le syndicat peut engager sa responsabilité*[44].

À l'inverse, un copropriétaire ne peut, sauf délégation spéciale faite au conseil syndical[45], engager le syndicat. Ce dernier peut solliciter la nullité d'un tel engagement[46].

# V. La responsabilité du syndicat

Comme toute personne morale, le syndicat des copropriétaires doit répondre de ses actes, mais encore de ceux de ses préposés ou employés.

S'il répond des responsabilités classiques prévues par le Code civil et le Code pénal, le législateur a cru bon de lui aménager une responsabilité particulière dite « de plein droit » pour préserver l'indemnisation des victimes de dommages ayant leur source dans les parties communes.

Depuis sa modification par la loi *ÉLAN*, l'article 42 de la loi du 10 juillet 1965 renvoie à l'article 2224 du Code civil concernant les délais de prescriptions et leur point de départ en matière de copropriété. Il en découle que la responsabilité du syndicat peut être recherchée pendant un *délai de 5 années, commençant à courir « le jour où la cause des dommages est connue de façon certaine par la victime (tiers ou copropriétaire) »*[47].

Attention, ce délai court dès la survenance des faits dont la victime à parfaite connaissance, peu importe que les désordres se poursuivent dans le temps[48].

38 L. 1965, art. 18, I, al. 5.
39 D. 1967, art. 47 ; L. 1965, art. 29-1.
40 D. 1967, art. 46.
41 L. 1965, art. 46-1.
42 D. 1967, art. 49.
43 Cass. 3e civ., 27 avr. 2017, n° 15-24248.
44 Cass. 3e civ., 11 mai 2010, n° 09-14340.
45 L. 1965, art. 25, a.
46 Cass. 3e civ., 26 janv. 2017, n° 15-26814.
47 Cass. 3e civ., 29 nov. 2015, n° 14-17784.
48 CA Versailles, 8 mars 2010, n° 2010-004655.

## A. LA RESPONSABILITÉ DE PLEIN DROIT DU SYNDICAT

Dans sa version antérieure à l'ordonnance du 30 octobre 2019, l'article 14 de la loi du 10 juillet 1965 prévoyait, dans son 4e alinéa, que le syndicat était responsable « des dommages causés aux copropriétaires ou aux tiers par le vice de construction ou le défaut d'entretien des parties communes ».

La référence au défaut d'entretien et au vice de construction, source d'une importante jurisprudence, a été supprimée par l'ordonnance, qui retient désormais que *le syndicat est responsable des dommages causés aux copropriétaires ou aux tiers ayant leur origine dans les parties communes*.

En application de cet article, la responsabilité du syndicat des copropriétaires est dite « de plein droit », elle est présumée. La victime n'a donc pas à prouver une faute de sa part, *la simple implication d'une partie commune dans la survenance du dommage suffit à engager la responsabilité du syndicat*.

Ainsi, le syndicat est responsable de plein droit :
– du bruit excessif émanant d'équipements collectifs[49] ;
– de la chute d'un copropriétaire dans le sous-sol de l'immeuble du fait du manque de luminosité[50] ;
– de la chute d'un locataire pour un défaut d'entretien des parties communes due à la présence d'une flaque d'huile dans les escaliers communs[51] ;
– d'une chute pour mauvaise fixation d'une barre[52] ;
– d'une chute du fait de la présence de nettoyant glissant sur le sol partie commune [53];
– du défaut d'entretien d'étanchéité d'un toit-terrasse[54] ;
– de l'effondrement d'une poutre partie commune[55] ;
– du défaut de déneigement de la toiture[56] ;
– de l'infestation des parties communes par des souris[57] ;
– du défaut d'isolation phonique[58] ;
– des nuisances sonores par machine ascenseur ne répondant plus aux normes[59] ;
– d'un retard pris dans la réalisation de travaux nécessaires à la conservation de l'immeuble[60].

L'action menée sur cette base doit être introduite contre le syndicat et conduit à l'indemnisation du préjudice subi et, si cela est nécessaire, à la réalisation sous astreinte de mesures devant mettre un terme aux dommages, comme la réalisation de travaux devenus nécessaires. La condamnation est supportée par l'ensemble des copropriétaires formant le syndicat. Comme le souligne l'article 42 de la loi, cette éventuelle condamnation *ne prive pas le syndicat de toute action récursoire*. Il peut ainsi, à son tour, engager la responsabilité du véritable responsable du dommage, par exemple

49 Cass. 3e civ., 3 juill. 1984, n° 83-12126.
50 CA Paris, 30 avr. 2003, n° 2002/02028.
51 CA Paris, 21 nov. 2001, RG n° 2000/07416.
52 CA Paris, 23e ch. B, 27 juin 1995.
53 CA Paris, 17e ch., 28 janv. 2008.
54 CA Paris, 23e ch. B, 20 oct. 1999.
55 Cass. 3e civ., 28 janv. 2009, n° 07-20997.
56 Cass. 3e civ., 12 juill. 2018, n° 17-16967.
57 Cass. 3e civ., 29 janv. 2002, n° 99-17042.
58 CA Paris, 19e ch. A, 17 déc. 2003.
59 CA Paris, 23e ch. B, 18 mai 1999, n° 023198, Syndicats des copropriétaires 120-122 quai Louis-Blériot.
60 Cass. 3e civ., 30 mars 1989 : Administrer mai 1990, p. 48.

en se retournant contre l'entreprise responsable de travaux sur les parties communes à l'origine du dommage[61]. Le syndicat peut également se retourner contre son syndic, si son inaction ou une faute dans l'exercice de son mandat est à l'origine du dommage[62].

Cette responsabilité étant de plein droit, *l'exonération du syndicat est délicate*. L'implication d'une partie commune étant la condition sine qua non d'une telle action, le syndicat doit démontrer – outre l'existence classique d'une faute de la victime ou d'un tiers, ou encore celle de la force majeure – que *le dommage allégué n'a pas pour origine les parties communes de l'immeuble*.

Ainsi, la responsabilité du syndicat des copropriétaires ne peut être retenue si le dommage a pour origine :

– des parties privatives ;

– des parties communes spéciales, seuls les copropriétaires disposant de droits à leur égard en étant responsables[63] ;

– des éléments et propriétés extérieurs à la copropriété (parcelle voisine, domaine public...).

Le syndicat demeure néanmoins responsable des dommages ayant pour origine des parties communes dont la jouissance a été privativement affectée à un lot. Il lui appartient de démontrer que le dommage est imputable à un défaut d'entretien par le copropriétaire, propriétaire de ce lot, s'il entend se soustraire à sa responsabilité, ou tout du moins la partager.

## B. LA RESPONSABILITÉ CIVILE ET PÉNALE DU SYNDICAT

L'existence de cette responsabilité spéciale n'empêche pas la victime d'avoir recours à l'application des responsabilités de droit commun, civil comme pénal.

Le syndicat peut donc également être civilement responsable sur des fondements plus classiques :
– responsabilité délictuelle[64] ;

– responsabilité quasi-délictuelle[65] ;

– responsabilité du fait des choses[66] ;

– responsabilité du fait des préposés doit il doit répondre (gardien ou concierge...)[67].

La victime, qu'elle soit tierce ou copropriétaire, doit alors remplir les conditions de la mise en œuvre de ces responsabilités et ainsi démontrer, par exemple, que le syndicat a la garde de l'objet à l'origine du sinistre.

La simplification apportée à l'article 14 de la loi du 10 juillet 1965 par l'ordonnance du 30 octobre 2019, et ainsi la suppression des notions de défaut d'entretien ou de vice de construction, devrait tendre à diminuer le recours à ces responsabilités dites « classiques ». Leur intérêt demeure néanmoins pour les litiges non directement liés aux parties communes, tels que les dommages découlant des actes du syndic dont doit répondre le syndicat, les violations du règlement de copropriété ou les fautes de ses préposés.

Enfin, lorsqu'une infraction pénale est commise pour le compte du syndicat par ses organes ou représentants, il peut voir sa *responsabilité pénale engagée*[68].

---

61 CA Paris, 23 nov. 1981 : Gaz. Pal. 1982. Cass. 3e civ., 10 janv. 2012, n° 10-26207.
62 Cass. 3e civ., 10 janv. 2012, n° 10-26207.
63 Cass. 3e civ., 7 juill. 2015, n° 14-12666.
64 C. civ., art. 1240.
65 C. civ., art. 1241.
66 C. civ., art. 1242.
67 C. civ., art. 1242.
68 C. pén., art. L. 121-2.

# Section 2 Le conseil syndical

La loi du 28 juin 1938 n'avait pas prévu la création d'un conseil syndical. C'est la pratique qui a progressivement donné naissance à cet organe constitué autour du syndic et accomplissant à son égard, tour à tour, une tâche de conseil et de surveillance. La création de cet échelon supplémentaire entre le syndic et l'assemblée générale a permis de fluidifier l'administration et la gestion de copropriétés dont la taille et l'importance ne cessaient de croître.

L'article 21 de la loi du 10 juillet 1965 en a consacré l'existence en instaurant sa création de plein droit. Ainsi, ni le syndic ni l'assemblée générale n'ont à se prononcer sur l'existence du conseil syndical, organe devenu indispensable et obligatoire à la gestion de la copropriété.

Cet article dispose que le conseil syndical assiste et contrôle le syndic dans sa gestion de la copropriété. Récemment, l'ordonnance du 30 octobre 2019 et le décret du 2 juillet 2020 sont venus renforcer ses pouvoirs et son importance.

Néanmoins, les règles relatives à sa composition et à son fonctionnement demeurent essentiellement contractuelles et ne sont pas toujours faciles à interpréter.

## I. Les missions du conseil syndical

### A. L'ASSISTANCE

Le conseil syndical a tout d'abord une *mission d'assistance* au syndic. L'article 21 de la loi du 10 juillet 1965 reconnaît son rôle consultatif : « En outre, il donne son avis au syndic ou à l'assemblée générale sur toutes questions concernant le syndicat, pour lesquelles il est consulté ou dont il se saisit lui-même. »

Ce *rôle consultatif* devient obligatoire dans certains domaines, par exemple dans le cadre des marchés et contrats, où l'avis du conseil syndical doit être joint à la convocation à l'assemblée afin de parfaire l'information des copropriétaires[69]. En effet, depuis la loi *SRU* du 13 décembre 2000, l'assemblée générale, statuant à la majorité absolue de l'article 25 de la loi du 10 juillet 1965, détermine le montant à partir duquel un marché ou un contrat doit obligatoirement faire l'objet d'une consultation du conseil syndical.

On peut également citer, à ce titre, l'avis du conseil syndical en cas de travaux urgents et de péril technique imminent[70], ou encore sa consultation obligatoire en cas de désignation d'un administrateur provisoire[71].

La consultation du conseil syndical par le syndic apparaît essentielle afin d'obtenir son soutien sur des points de nature à soulever des difficultés ou créer des désaccords. À l'inverse, le conseil syndical peut aviser le syndic des éventuels problèmes qui se posent en lui donnant dans le même temps son avis, pouvoir qu'il détient de l'article 21 de la loi du 10 juillet 1965. La communication entre conseil syndical et syndic constitue un atout non négligeable pour une gestion raisonnable des copropriétés.

Depuis la loi *ALUR* du 24 mars 2014 modifiée par l'ordonnance du 30 octobre 2019, *il appartient au conseil syndical de procéder à une mise en concurrence des candidats syndics* afin d'informer l'assemblée générale devant statuer sur la désignation d'un syndic professionnel. Pour ce faire, le

69 D. 1967, art. 11.
70 D. 1967, art. 37.
71 D. 1967, art. 62-1.

conseil syndical obtient plusieurs contrats répondant au modèle imposé par le décret du 2 juillet 2020, ainsi que de la fiche informative qui doit lui être jointe, et procède à leur comparaison. Le conseil syndical rend alors un avis qui accompagne les projets de contrat de syndic joints à la convocation. Notons que l'ordonnance du 30 octobre 2019 ne fait pas de cette mise en concurrence une formalité substantielle à l'élection d'un syndic. *Ainsi, son absence n'est pas sanctionnée par la nullité de la délibération qui en découle, et donc de l'élection du syndic.*

*Le conseil syndical intervient également dans la préparation de l'assemblée générale.* Outre son pouvoir reconnu de convoquer lui-même l'assemblée[72], il donne son avis concernant la fixation de la date et du lieu de réunion sur des propositions de résolutions, d'ordre du jour et de budget prévisionnel. En effet, le décret n° 2010-391 du 20 avril 2010 a introduit un alinéa 5 à l'article 26 du décret du 17 mars 1967, aux termes duquel *l'ordre du jour de l'assemblée générale doit être établi « en concertation avec le conseil syndical »*. Postérieurement, la loi *ALUR* du 24 mars 2014 est venue imposer une telle concertation pour l'établissement du budget prévisionnel. Malheureusement, aucune sanction n'a été prévue en cas de violation de ces nouvelles obligations.

L'activité du conseil syndical a été renforcée par son obligation de rendre compte à l'assemblée générale, chaque année, de l'exécution de sa mission[73].

Malgré tous ces pouvoirs, le conseil syndical ne peut pas se substituer au syndic ou à l'assemblée générale s'agissant de la gestion de l'immeuble[74].

## B. LE CONTRÔLE

Les conseillers syndicaux ont également une *mission de contrôle* et disposent ainsi de pouvoirs d'investigation leur permettant de contrôler la gestion du syndic.

Le conseil syndical contrôle la comptabilité du syndicat et la concordance entre les décisions votées et la réalité de leur exécution. La pierre angulaire de sa mission de contrôle est le contrôle de la comptabilité. Le conseil vérifie notamment la répartition des dépenses, l'élaboration et l'exécution du budget prévisionnel ainsi que les conditions dans lesquelles sont passés les marchés et contrats.

Afin de garantir une complète objectivité, *la loi a interdit au syndic de faire partie du conseil syndical*. Toutefois, le syndic a le droit d'assister aux réunions du conseil syndical[75].

Pour parfaire sa mission, le conseil syndical dispose de plusieurs moyens de contrôle. Il peut ainsi prendre connaissance et obtenir copies de toutes pièces, tous documents ou toutes correspondances se rapportant à la gestion du syndicat et, de manière générale, à l'administration de la copropriété[76].

Voulant assurer l'effectivité de ce pouvoir de consultation, la loi *ÉLAN* prévoyait en son article 203 que le syndic qui ne communiquait pas dans le délai d'un mois les pièces sollicitées par le conseil syndical encourait une nouvelle sanction : le paiement de pénalités par jour de retard. Le montant minimal des pénalités dues a été fixé à 15 € par un décret du 23 mai 2019.

L'ordonnance du 30 octobre 2019 est venue confirmer cette démarche en prévoyant une pénalité journalière unique commune avec le défaut de communication de la fiche synthétique sans référence à un quelconque minimum.

72 D. 1967, art. 8.
73 D. 1967, art. 22.
74 Cass. 3e civ., 22 mars 1990, n° 89-11659.
75 Cass. 3e civ., 2 mars 2011, n° 09-72455.
76 L. 1965, art. 21 ; D. 1967, art. 26.

Ainsi, si le syndic n'obtempère pas et ne déduit pas de sa rémunération les pénalités dues, le président du conseil syndical peut saisir le président du tribunal judiciaire par une procédure accélérée au fond. Le décret du 7 octobre 2020[77] vient abroger le décret du 23 mai 2019 et fixe cette pénalité journalière au montant de 15 €, que le défaut de communication concerne la fiche synthétique ou les pièces demandées par le conseil syndical.

## C. LA DÉLÉGATION DE POUVOIRS : LE RENFORCEMENT DES POUVOIRS DU CONSEIL SYNDICAL PAR L'ORDONNANCE DU 30 OCTOBRE 2019

L'article 25, a de la loi du 10 juillet 1965 prévoyait que le conseil syndical, comme le syndic, pouvait recevoir délégation de l'assemblée générale de prendre une des décisions relevant de l'article 24 de cette même loi. Cette délégation ne pouvait être que ponctuelle, précise et strictement encadrée. La jurisprudence retenait, en effet, que l'assemblée générale ne pouvait se voir privée de ses pouvoirs à l'occasion d'une telle délégation[78].

Voulant moderniser le statut de la copropriété et ainsi faciliter le processus décisionnel en son sein, l'ordonnance du 30 octobre 2019 est venue renforcer les pouvoirs du conseil syndical en élargissant notablement ce mécanisme de délégation et *en lui permettant de prendre seul tout ou partie des décisions relevant de la majorité de l'article 24 de la loi*.

Elle ajoute, pour ce faire, cinq articles 21-1 à 21-5 à la loi du 10 juillet 1965.

Ces cinq articles prévoient la possibilité pour le syndicat des copropriétaires de déléguer, à la majorité de l'article 25, à un conseil syndical composé d'au *minimum trois membres* le pouvoir de prendre tout ou partie des *décisions relevant de l'article 24 de la loi*, selon certaines modalités :

– cette délégation *ne peut pas porter sur l'approbation des comptes, le vote du budget prévisionnel ou l'harmonisation du règlement de copropriété avec les nouveaux textes* ;

– une *limite budgétaire doit être prévue* pour la mise en œuvre de cette délégation de pouvoirs ;

– cette délégation de pouvoirs est prévue pour une *durée maximum de 2 années renouvelable* si le syndicat est satisfait ;

– les décisions du conseil sont prises à la majorité de ses membres, avec voix prépondérante du président en cas de partage.

Afin de permettre un contrôle par l'ensemble des copropriétaires, l'ordonnance prévoit que le conseil syndical doit désormais rendre compte de sa mission au cours de l'assemblée générale annuelle. Enfin, les fautes et erreurs étant possibles, il est précisé que le syndicat des copropriétaires doit souscrire pour chacun des membres du conseil une *assurance responsabilité civile*.

Les *modalités d'application* de ce nouveau pouvoir confié au conseil syndical ont été fixées par le décret du 2 juillet 2020[79]. Ce décret ajoute au décret du 17 mars 1967 des articles 21-1 et 26-1 qui précisent que :

– les décisions prises par le conseil syndical, lorsqu'il bénéficie d'une telle délégation de pouvoirs, sont *consignées dans un procès-verbal, signé par deux de ses membres* ;

– le procès-verbal mentionne le *nom des membres du conseil syndical ayant participé à la délibération* et le *sens de leur vote* ;

– ce procès-verbal est *transmis au syndic* qui l'inscrit au *registre des procès-verbaux des assemblées générales* ;

– un montant spécifique est alloué au conseil syndical *au sein du budget prévisionnel* voté chaque année pour l'exercice de sa délégation de pouvoirs ;

77 D. n° 2022-1219, 7 oct. 2020.
78 CA Paris, 23e ch. B, 2 juin 1988 : RDI 1988, p. 502.
79 D. n° 2020-834, 2 juill. 2020.

– lorsque la délégation de pouvoirs porte sur des dépenses pour travaux non comprises dans le budget prévisionnel, l'assemblée générale précise le *montant maximum alloué pour chacune d'elles*. Les sommes afférentes à ces dépenses sont appelées *selon les modalités décidées en assemblée générale*[80].

S'agissant enfin des modalités comptables de cette délégation de pouvoirs, leurs principes sont déterminés par le décret du 7 octobre 2020[81]. Le décret du 14 mars 2005 propre à la comptabilité des syndicats des copropriétaires est ainsi modifié, et précise désormais que « Le montant alloué au conseil syndical pour mettre en œuvre sa délégation de pouvoirs en application de l'article 21-2 de la loi du 10 juillet 1965 susvisée est inclus dans le budget prévisionnel, sauf lorsqu'il porte sur des dépenses non comprises dans ce budget. »

Assez logiquement, les annexes comptables prévues par ce même décret sont modifiées. Les annexes I et II du décret n° 2005-240 du 14 mars 2005 susvisé sont complétées comme suit :

– un *compte 106* « Provisions pour travaux au titre de la délégation de pouvoirs accordée au conseil syndical » est ajouté à l'annexe 1 ;

– un *compte 65* « Montant alloué au conseil syndical pour l'exercice de sa délégation de pouvoirs (préciser la nature de chaque opération concernée) » est ajouté à l'annexe 2 ;

– un *compte 674* « Charges au titre de la délégation de pouvoirs accordée au conseil syndical en application de l'article 21-1 de la loi susvisée » est ajouté à la rubrique « Charges pour travaux et autres opérations exceptionnelles » ;

– un *compte 706* « Provisions au titre de la délégation de pouvoirs accordée au conseil syndical » est ajouté à la rubrique « Produits pour travaux et autres opérations exceptionnelles ».

## II. Les pouvoirs spécifiques attribués au président du conseil syndical

Au sein du conseil syndical, son président dispose d'attributions qui lui sont propres.

Il se voit ainsi confier les pouvoirs suivants :

– en cas d'*empêchement du syndic* (maladie, faillite, retrait de la garantie financière), il peut, depuis la loi *ALUR* du 24 mars 2014[82], *convoquer une assemblée générale devant désigner un nouveau syndic*[83] ;

– il est le destinataire exclusif des communications devant être adressées au conseil syndical[84] ;

– il peut représenter son syndicat secondaire à l'assemblée générale du syndicat principal ;

– il exerce, aux frais avancés du syndicat des copropriétaires, les procédures judiciaires prévues à l'article 18-2 (défaut de transmission de pièces ou de fonds par l'ancien syndic) et à l'article 29-1 A (désignation d'un mandataire ad hoc pour une copropriété en pré-difficulté) de la loi du 10 juillet 1965.

L'ordonnance du 30 octobre 2019 est venue renforcer les pouvoirs du président du conseil syndical, et ce afin de garantir l'efficacité des nouveaux pouvoirs qu'elle octroyait au conseil syndical. Il se voit ainsi octroyer deux nouveaux moyens d'action : *l'un relatif au défaut de communication de pièces par le syndic, l'autre relatif à la carence ou l'inaction de ce même syndic*. Dès lors, si

80 L. 1965, art. 14-2, I, al. 2.
81 D. n° 2020-1229, 7 oct. 2020.
82 L. n° 2014-366, 24 mars 2014.
83 L. 1965, art. 18.
84 L. 1965, art. 26.

le syndic n'obtempère pas et ne communique pas dans le délai d'un mois les pièces sollicitées et, partant, ne déduit pas de sa rémunération les pénalités dues, *le président du conseil syndical peut saisir le président du tribunal judiciaire par une procédure accélérée au fond.*

Plus généralement, *en cas de carence ou d'inaction du syndic*[85], le président du conseil syndical, sur délégation expresse de l'assemblée générale, peut exercer contre le syndic une action en réparation du préjudice subi par le syndicat des copropriétaires. Il partage l'initiative de cette action avec un ou plusieurs copropriétaires représentant au moins un quart des voix de tous les copropriétaires.

Le décret du 2 juillet 2020 apporte des précisions sur cette dernière procédure devant sanctionner l'inaction ou la carence du syndic. L'action en justice doit être portée devant le président du tribunal judiciaire statuant selon la procédure accélérée au fond. Les frais de procédures engagés par le président sont répartis comme des charges générales, alors que si cette action est menée par un ou des copropriétaires, ils doivent en faire l'avance. Si l'action est reconnue comme fondée, son coût peut être réparti en charges générales. Lorsqu'une condamnation est prononcée, les dommages et intérêts sont alloués au syndicat. Enfin, s'il accueille la demande, le président du tribunal judiciaire doit désigner un mandataire ad hoc représentant les intérêts du syndicat.

## III. Les règles de fonctionnement du conseil syndical

La seule règle fixée par le statut de la copropriété en la matière, hormis le cas spécifique sus-évoqué de la délégation de pouvoirs, est contenue dans l'article 21 de la loi du 10 juillet 1965, qui précise que « le conseil syndical élit son président parmi ses membres ».

L'article 22 du décret du 17 mars 1967 vient nous éclairer sur les intentions des rédacteurs du statut de la copropriété : « À moins que le règlement de copropriété n'ait fixé les règles relatives à l'organisation et au fonctionnement du conseil syndical, ces règles sont fixées ou modifiées par l'assemblée générale à la majorité de l'article 24 de la loi du 10 juillet 1965 ».

Le statut de la copropriété laisse donc une place importante à la liberté contractuelle sur les modalités de fonctionnement du conseil syndical. Ces règles concernent notamment la fixation des réunions du conseil, les modalités relatives au scrutin, l'exécution des délégations, la transmission de rapports...

Il est recommandé, si le règlement de copropriété reste muet sur ces règles de fonctionnement, d'adopter, en assemblée générale et aux conditions de majorité de l'article 24 de la loi, une charte fixant les modalités de réunions, de prise de décision et les majorités applicables au sein du conseil syndical.

## IV. Les membres du conseil syndical

Les membres du conseil syndical peuvent être choisis parmi les copropriétaires ou les personnes assimilées. Il peut s'agir :

– de copropriétaires, d'accédants ou d'acquéreurs à terme ;

– de titulaires d'un droit réel par démembrement (usufruitier et nu-propriétaire mais pas le titulaire d'un simple droit d'usage et d'habitation) ;

85 L. 1965, art. 15, al. 3 ; D. 1967, art. 49-1.

– de propriétaires d'un lot en indivision ;

– de conjoints et représentants légaux de personnes éligibles ;

– de partenaires de pacs ;

– d'ascendants et/ou descendants des copropriétaires (depuis le 1er juin 2020, en application de l'ordonnance du 30 octobre 2019).

Certaines personnes ne peuvent toutefois pas prétendre au statut de conseiller syndical. Sont ainsi inéligibles :

– le syndic, ses préposés, leurs conjoints, leurs partenaires liés à eux par un pacs, leurs ascendants et descendants, leurs parents en ligne collatérale jusqu'au deuxième degré, même s'ils sont copropriétaires (depuis le 1er juin 2020, en application de l'ordonnance du 30 octobre 2019) ;

– les usagers commodataires (personnes à qui le bien est gratuitement prêté) d'un bien immobilier ;

– les créanciers hypothécaires.

Ces interdictions ne s'appliquent pas aux syndics non professionnels et aux syndicats coopératifs.

Notons qu'une réponse ministérielle en date du 6 avril 1998 est venue préciser que le gardien de l'immeuble ne pouvait siéger au conseil syndical[86].

## V. La désignation des membres du conseil syndical

Dès lors que l'on dispose de la qualité requise par les textes, la faculté de se présenter à l'élection des membres du conseil syndical est une prérogative juridique que *ni l'assemblée générale ni le règlement de copropriété ne peuvent limiter ou interdire*. Ainsi, une clause du règlement de copropriété précisant que seuls les copropriétaires à jour de leurs charges pouvaient être élus est illicite[87].

Ensuite, la nomination des membres nécessite une candidature[88] et un vote distinct par candidat. Cependant, dans la pratique, le conseil syndical est souvent désigné en « bloc » à l'unanimité des copropriétaires présents et représentés.

La jurisprudence valide cette pratique, à condition qu'aucun copropriétaire ne s'y oppose et qu'il y ait autant de candidats que de sièges à pourvoir[89]. L'avènement du vote par correspondance a mis un terme à cette tolérance, le formulaire de bulletin de vote impliquant un vote sur chaque candidature.

Les conseillers syndicaux sont élus à la *majorité des voix de tous les copropriétaires*[90]. Cependant, lorsque le candidat a recueilli au moins le tiers des voix de tous les copropriétaires composant le syndicat, la même assemblée décide à la majorité prévue à l'article 24 en procédant immédiatement à un second vote[91].

86 Rép. min. n° 9423 : JOAN 6 avr. 1998, p. 1980.
87 Cass. 3e civ., 18 déc. 2002 : Bull. civ. III, n° 268.
88 Cass. 3e civ., 16 mars 2011, n° 10-10553.
89 CA Paris, 7 mai 2003.
90 L. 1965, art. 25.
91 L. 1965, art. 25-1.

Les modalités de leur révocation sont identiques. Par contre, une démission volontaire d'un membre doit être adressée au président du conseil syndical ou au syndic[92]. Les membres suppléants sont désignés dans les mêmes conditions que les membres titulaires[93].

La durée du mandat est fixée par le règlement de copropriété, mais elle *ne peut excéder 3 ans*[94].

## VI. Le nombre de conseillers syndicaux

Exception faite du cas particulier de la délégation de pouvoirs, qui nécessite, pour qu'un tel transfert de compétence puisse être opéré, que le conseil syndical soit composé d'au moins trois membres, *aucun texte ne prévoit le nombre de personnes supposées composer le conseil syndical. Il revient donc au règlement de copropriété, ou à défaut à l'assemblée générale, d'en décider*.

À ce titre, devant le silence des textes, la jurisprudence admet la nomination d'un seul membre exerçant la fonction de président[95].

Lorsque le règlement de copropriété précise le nombre de membres composant le conseil syndical, ce nombre, déterminé la plupart du temps en fonction de la taille de la copropriété, doit être respecté par l'assemblée générale sous peine de nullité de la résolution, notamment en cas de surnombre[96].

La nomination de suppléants permet de pallier la vacance définitive de certains membres.

En effet, l'article 25 du décret dispose que *le conseil syndical n'est plus régulièrement constitué si plus d'un quart des sièges devient vacant pour quelque cause que ce soit*.

## VII. L'impossibilité de désigner les membres et le refus d'instituer un conseil syndical

Il arrive que lors d'une assemblée générale, le syndicat des copropriétaires soit dans l'incapacité de désigner des membres du conseil syndical. Cette situation peut résulter de l'absence de candidats ou de l'incapacité de ceux-ci à obtenir la majorité nécessaire.

La première solution envisageable est de convoquer à nouveau une assemblée générale pour remédier au problème.

Néanmoins, l'article 21, alinéa 12 de la loi du 10 juillet 1965 précise que dans de telles circonstances, le syndic doit notifier, dans le délai d'un mois, le procès-verbal de l'assemblée générale en faisant explicitement mention de cette difficulté.

Cette notification permet aux intéressés de saisir la justice afin de pallier cette carence. Ainsi, et en application de l'article 48 du décret du 17 mars 1967, le président du tribunal judiciaire compétent peut être saisi sur requête du syndic ou d'un ou plusieurs copropriétaires afin de désigner par ordonnance les membres du conseil syndical[97] – ce que l'on nomme la « *désignation judiciaire* ».

L'ordonnance fixe la durée de leurs fonctions, qui cessent à compter de l'acceptation de leur mandat par les membres du conseil syndical désignés par l'assemblée générale suivante.

92 CA Versailles, 4e ch., 6 avr. 1999 : Dossier CSAB n° 125, oct. 1999.
93 D. 1967, art. 25.
94 D. 1967, art. 22.
95 CA Paris, 19e ch. B, 20 déc. 1996.
96 Cass. 3e civ., 21 juin 2006 : AJDI 2007, p. 209.
97 D. 1967, art. 48.

Cette désignation judiciaire peut également être sollicitée en cours de mandat dans une hypothèse de vacance des sièges.

Si le conseil syndical est en principe obligatoire, l'obligation d'instituer un conseil syndical *ne vaut en réalité que pour les syndicats coopératifs*[98]. En effet, l'article 21 de la loi du 10 juillet 1965 prévoit que l'assemblée générale peut décider par une délibération spécifique de ne pas constituer de conseil syndical. Une telle décision doit être prise à la double majorité qualifiée prévue à l'article 26 de cette loi. Elle n'est cependant pas définitive et l'assemblée peut décider ultérieurement d'instituer cet organe par une simple délibération prise à la majorité absolue des voix du syndicat[99].

## VIII. La responsabilité du conseil syndical et de ses membres

Le conseil syndical est un organe dépourvu de la personnalité juridique, il ne peut donc être considéré comme une entité assumant une quelconque responsabilité. À l'inverse, ses membres peuvent voir leur responsabilité engagée en tant que mandataires du syndicat. Cette responsabilité vient d'être confirmée par l'ordonnance du 30 octobre 2019.

Ainsi, si les conseillers syndicaux commettent des fautes dans l'exercice de leur mission, leur responsabilité peut être recherchée sur un fondement contractuel à l'égard du syndicat et délictuel à l'égard des copropriétaires.

Le mandat les liant au syndicat étant gratuit, cette responsabilité est examinée avec plus de clémence par les tribunaux. Ainsi, seules les fautes d'une particulière gravité peuvent être sanctionnées[100]. Tel est le cas, par exemple, de l'absence systématique de contrôle des comptes de la copropriété liée à une collusion frauduleuse avec le syndic.

À l'inverse, les membres du conseil syndical peuvent engager des poursuites à l'encontre de copropriétaires tenant à leur égard des propos diffamatoires et calomnieux [101] Un tel comportement est pénalement condamnable.

En tout état de cause, la souscription d'une assurance responsabilité des membres du conseil syndical est fortement recommandée[102] et devient obligatoire si, en application des articles 21-1 et suivants de la loi, le conseil syndical reçoit délégation de prendre tout ou partie des décisions relevant de la majorité des voix exprimées des copropriétaires présents, représentés ou votant par correspondance.

# Section 3 Le syndic

Le syndic est l'organe exécutif du syndicat des copropriétaires, il en est également le mandataire ainsi que le représentant légal. Sa présence au sein d'une copropriété est logiquement *obligatoire*[103]. Une clause du règlement de copropriété précisant le contraire serait illicite et devrait être réputée non écrite[104].

98 L. 1965, art. 21.
99 L. 1965, art. 25 ; Cass. 3e civ., 31 janv. 1996, n° 94-11324.
100 Cass. 3e civ., 29 nov. 2018, n° 17-27766.
101 L., 29 juill. 1881 : « Atteinte à l'honneur et à la réputation ».
102 Rép. min. n° 19764 : JO Sénat 9 mars 2000, p. 8888.
103 L. 1965, art. 18 et 43.
104 L. 1965, art. 43.

Puisqu'il occupe un rôle fondamental au sein de la copropriété, le contrat qui le lie au syndicat, très encadré, est teinté d'un très fort *intuitu personae* l'empêchant, par exemple, de se faire substituer dans l'exécution de sa mission.

Son statut et sa mission sont régis par la loi du 10 juillet 1965, le décret du 17 mars 1967, mais également par la loi *Hoguet* du 2 février 1970 et son décret d'application du 20 juillet 1972. Sa relation avec le syndicat est donc essentiellement basée sur le *droit du mandat* et les *articles 1984 et suivants du Code civil*.

Cependant, soulignons d'ores et déjà que si le syndic est le mandataire particulier du syndicat, il n'est pas contractuellement lié aux copropriétaires individuellement. Ces derniers ont trop souvent le réflexe, par méconnaissance, de l'assimiler à un de leurs préposés[105].

# I. Les différents types de syndics

La désignation d'un syndic est obligatoire quelle que soit la taille ou la destination de la copropriété. Il appartient à l'assemblée générale de le désigner ; si cette dernière ne peut y parvenir, le président du tribunal judiciaire compétent peut être amené à désigner un administrateur provisoire de la copropriété[106], voire un syndic judiciaire[107].

L'article 28 du décret du 17 mars 1967 précise que les fonctions de syndic peuvent être assumées par toute personne physique ou morale. La liberté de choix de l'assemblée semble donc totale.

Certaines exceptions subsistent néanmoins. Ainsi :

– le syndicat coopératif dans lequel le syndic doit obligatoirement être choisi parmi les membres du conseil syndical[108] ;

– certaines stipulations du règlement de copropriété, *si elles sont justifiées par la destination de l'immeuble*, peuvent interdire cette fonction à certaines catégories de personnes. Il en est ainsi des règlements interdisant aux personnes extérieures à la copropriété d'y exercer les fonctions de syndic. La plupart du temps, ces clauses sont considérées comme illicites ;

– l'article L. 443-15 du Code de la construction et de l'habitation précise que dans les anciens immeubles HLM mis en copropriété, les fonctions de syndic sont exercées par la société d'HLM venderesse, et ce tant qu'elle reste propriétaire de certains lots. Cette société peut néanmoins renoncer à cette fonction[109].

Usuellement, les fonctions de syndic sont assumées par des professionnels de la gestion immobilière, et parfois par des copropriétaires appelés « syndics non professionnels ou bénévoles ».

Qu'il soit professionnel ou non, le syndic est lié au syndicat qu'il représente par un contrat dont le formalisme a été imposé par un décret du 26 mars 2015, récemment modifié par un décret du 2 juillet 2020.

En tout état de cause, la Cour de cassation est venue récemment rappeler qu'il ne peut y avoir qu'un seul syndic par syndicat des copropriétaires[110].

105 CA Paris, 24 avr. 1984 : D. 1984, IR, p. 364.
106 L. 1965, art. 47.
107 L. 1965, art. 46.
108 L. 1965, art. 17.
109 L. 1965, art. 28.
110 Cass. 3e civ., 22 sept. 2016, n° 15-13896.

## A. LE SYNDIC PROFESSIONNEL

Le syndic professionnel en tant que professionnel de la gestion immobilière doit se soumettre à la réglementation issue de la loi du 2 janvier 1970, dite « loi *Hoguet* »[111], et de son décret d'application du 20 juillet 1972[112]. *La loi ÉLAN a consacré le métier de syndic professionnel en protégeant ce titre et cette dénomination*[113].

Ce syndic professionnel doit ainsi être titulaire d'une carte professionnelle, mais aussi justifier d'une garantie financière et d'une assurance responsabilité civile professionnelle.

### 1. Carte professionnelle

Le syndic professionnel doit tout d'abord *être titulaire d'une carte professionnelle revêtue de la mention « S » (pour syndic)* ou en être dispensé officiellement, à l'instar des administrateurs judiciaires, des organismes HLM, des avocats, huissiers ou notaires (tant que cette activité demeure pour eux une activité secondaire et annexe à leur activité principale). Cette mention « S » figurant sur la carte de syndic est issue de la loi *ALUR* du 24 mars 2014 ; auparavant, seule figurait la mention de « Gestion ».

Cette carte était auparavant délivrée par la préfecture et avait une durée de validité de 10 années. Désormais, et depuis la loi *ALUR*, elle est délivrée par le président de la chambre de commerce et d'industrie (CCI) compétente[114] et a une durée de 3 années.

Pour obtenir ou renouveler une telle carte, au-delà des conditions financières évoquées ci-dessous, le candidat doit *justifier de l'accomplissement de ses obligations en matière de formation continue*[115] (14 h/an ou 42 h/3 ans).

Le défaut de possession de cette carte est passible de sanctions pénales (6 mois d'emprisonnement et 7 500 € d'amende) et de nullité des mandats confiés[116].

Le retrait ou le non-renouvellement de cette carte met un terme, de plein droit, aux contrats liant le « syndic » avec les syndicats qu'il représente[117].

Dans la même logique, les actes passés au nom d'un syndicat par un syndic non titulaire de la carte professionnelle sont susceptibles d'être annulés[118].

### 2. Garantie financière

Le syndic professionnel doit également *justifier d'une garantie financière, fournie par une assurance spécialement agréée ou un établissement de crédit*, supérieure aux pointes de trésorerie d'un montant minimum de 110 000 € et qui ne saurait être inférieure, en tout état de cause, au montant maximal de l'intégralité des sommes détenues par le syndic lors de la précédente période de garantie[119].

Si cette garantie venait à cesser, l'organisme garant devrait avertir par lettre recommandée avec accusé de réception (LRAR) le président du conseil syndical, ou à défaut ses membres, et faire afficher dans l'immeuble une affiche informative[120].

111 L. n° 70-9, 2 janv. 1970.
112 D. n° 72-678, 20 juill. 1972.
113 L. n° 2018-1021, 23 nov. 2018, art. 156.
114 Réforme apportée par L. n° 2014-366, 24 mars 2014 (loi *ALUR*).
115 D. n° 2016-173, 18 févr. 2016.
116 Cass. 3e civ., 4 janv. 1996, n° 93-19238.
117 Cass. 3e civ., 2 juill. 2008, n° 06-17202.
118 Cass. 3e civ., 4 janv. 1996 , n° 93-19238.
119 D. n° 72-678, 20 juill. 1972, art. 29.
120 D. n° 72-678, 20 juill. 1972, art. 44 à 45.

### 3. Assurance responsabilité civile professionnelle

Le syndic professionnel doit enfin *justifier d'une assurance responsabilité civile professionnelle* couvrant donc les conséquences pécuniaires de son activité, notamment les dommages et désordres affectant les immeubles soumis à son administration et conséquences directes d'une faute, erreur, omission ou négligence de sa part ou de ses employés.

Les documents et les courriers émanant d'un syndic professionnel doivent impérativement mentionner le numéro et le lieu de délivrance de sa carte professionnelle et l'identité de sa garantie financière. Ces informations doivent, par ailleurs, être ostensiblement affichées dans ses locaux[121].

## B. LE SYNDIC NON PROFESSIONNEL DIT « BÉNÉVOLE »

La fonction de syndic d'une copropriété, quelle que soit sa taille ou sa destination, peut être exercée par un syndic non professionnel dénommé « bénévole » par la pratique. Cette dénomination est néanmoins inadéquate, car rien n'empêche que ledit copropriétaire/syndic puisse recevoir une indemnisation afin de couvrir ses frais et compenser le temps consacré à l'administration de l'immeuble[122].

L'ordonnance du 30 octobre 2019 a modifié la rédaction de l'article 17-2 de la loi du 10 juillet 1965 relatif au syndic non professionnel. Cet article précise désormais que « *seul un copropriétaire d'un ou plusieurs lots* dans la copropriété qu'il est amené à gérer peut être syndic non professionnel ». Ainsi, pour assumer une telle fonction, encore faut-il être copropriétaire, nu-propriétaire ou propriétaire indivis d'un lot. La nature de ce lot importe peu ; le propriétaire d'un simple parking ou d'une cave peut par conséquent devenir syndic non professionnel d'un immeuble.

La nouvelle rédaction de l'article 17-2 de la loi a ajouté une précision pouvant être, à notre sens, source de difficultés. Ainsi, depuis le 4 juillet 2020, si le syndic non professionnel d'un immeuble perd la qualité de copropriétaire, à la suite d'une vente par exemple, son mandat devient caduc à l'expiration d'un délai de 3 mois suivant l'événement à l'origine de cette perte. Le copropriétaire/syndic non professionnel, vendeur de lot, reste donc syndic de l'immeuble durant les 3 mois suivant cette vente. Il lui faut, en conséquence, convoquer dans ce délai une assemblée générale dont l'ordre du jour sera la désignation d'un nouveau syndic.

Le risque évident, dans les petites copropriétés dotées d'un tel syndic, est de souffrir d'une absence d'administration pendant ces 3 mois et d'être en carence de syndic au sortir de cette période. Il appartient donc aux notaires chargés de telles ventes de rappeler les dispositions de l'article 17-2 aux syndics vendeurs de lots.

## C. LES CRITÈRES DE CHOIX

Il n'existe aucune différence d'attribution entre le syndic professionnel et le syndic bénévole : ils ont les mêmes pouvoirs et les mêmes responsabilités. Seuls les tribunaux, du fait du caractère bénévole de la mission d'un syndic non professionnel, se révèlent plus cléments dans l'appréciation des fautes qu'il aurait pu commettre dans l'exécution de son mandat.

Un syndic professionnel présente l'avantage de disposer de connaissances techniques, juridiques, comptables et administratives assurant la bonne administration d'une copropriété – connaissances qu'il doit obligatoirement mettre à jour dans le cadre de ses obligations de formation continue. Au surplus, sa responsabilité est assurée et les fonds qu'il détient garantis ; il peut donc répondre des fautes commises pendant sa gestion.

121 D. n° 72-678, 20 juill. 1972, art. 92 et 93.
122 CA Aix-en-Provence, 24 avr. 1979 : Administrer 1998, n° 304, p. 60.

Néanmoins, la société de consommation qui est la nôtre tend à créer une véritable lutte des prix entre les syndics professionnels qui, pour abaisser leurs tarifs, sont contraints d'augmenter la taille de leurs portefeuilles et disposent, par conséquent, de moins de temps pour administrer leurs copropriétés.

Précisons qu'au sein de la profession de syndic professionnel, il est possible de rencontrer à la fois des syndics affiliés à de grands groupes et des syndics « de quartier ». Or, si le syndic affilié dispose d'outils et de moyens surclassant son homologue indépendant, ce dernier assure en revanche une relation durable et personnalisée.

Le syndic non professionnel a pour lui son faible coût puisque dans 99 % des cas, il exerce sa fonction à titre gratuit. Sa qualité de copropriétaire lui confère une proximité, une disponibilité et un investissement bien plus élevés que ceux d'un syndic professionnel.

Cependant, il ne dispose souvent pas des compétences techniques et de la garantie financière adéquate. Par ailleurs, sa grande proximité peut être source de conflits, certains copropriétaires pouvant imaginer une hypothétique partialité. Enfin, l'évolution constante des textes en copropriété rend la tâche d'un « non-sachant » chronophage et stressante. D'expérience, le recours à un syndic bénévole prend fin lorsque naît au sein de la copropriété une difficulté tenant aux rapports humains des copropriétaires.

Le choix entre un syndic professionnel affilié, un indépendant et un syndic bénévole doit donc prendre en compte un ensemble de facteurs, notamment la taille de l'immeuble, son état et sa destination.

# II. La désignation et la fin de mission du syndic

## A. LA MISE EN CONCURRENCE DES SYNDICS

Serpent de mer de la copropriété, la mise en concurrence du syndic a fait couler beaucoup d'encre, les syndics ne voulant pas, à juste titre, être la seule profession à devoir procéder à sa propre mise en concurrence.

Après de nombreux débats, la loi *ALUR*, modifiée par la loi *Macron* du 6 août 2015[123], avait imposé la mise en concurrence de plusieurs projets de contrat de syndic préalablement à la désignation de ce mandataire.

Aux termes de ce texte, c'était au *conseil syndical* qu'il appartenait d'opérer cette mise en concurrence, tous les 3 ans, préalablement à la tenue de l'assemblée devant désigner le syndic. Il pouvait rendre à ce propos un avis écrit sur tout projet de contrat de syndic.

Il existait alors deux dispenses à cette obligation :

– l'absence de conseil syndical ;

– la dérogation à une telle mise en concurrence votée à l'assemblée générale qui précède celle appelée à se prononcer sur la désignation d'un syndic.

L'ordonnance du 30 octobre 2019 a remanié cette obligation de mise en concurrence du syndic par le conseil syndical. Désormais, celle-ci intervient *avant chaque désignation ou échéance du contrat de syndic*. Il est donc mis fin à son caractère triennal. La dispense de mise en concurrence pouvant être votée à l'assemblée générale précédant l'élection est supprimée. Le conseil syndical peut se faire dispenser d'une telle mise en concurrence, mais cette initiative lui appartient seul, et non au syndic. Un copropriétaire peut toujours soumettre la candidature d'un syndic par le biais d'un ordre du jour complémentaire.

123 L. n° 2015-990, 6 août 2015.

Enfin, le débat sur la sanction de la violation d'une telle mise en concurrence est désormais tranché. *L'absence de mise en concurrence du contrat de syndic n'est pas sanctionnée par la nullité de la désignation du syndic.*

## B. LA DÉSIGNATION DU SYNDIC

La désignation du syndic peut intervenir lors de l'édification ou de la mise en copropriété d'un immeuble, puis plus classiquement au cours de la vie dudit immeuble.

### 1. Désignation du premier syndic de l'immeuble

Comme nous l'avons vu, la loi *ÉLAN* du 23 novembre 2018 a précisé que, dans les immeubles à construire, le fonctionnement de la copropriété découlant de la personnalité morale du syndicat prend effet lors de la livraison du premier lot, c'est-à-dire lors de la prise de possession contradictoire de ses parties privatives par le premier copropriétaire de l'immeuble. Le premier syndic de la copropriété, alors appelé « *syndic provisoire* », est désigné par le règlement de copropriété ou « tout autre accord des parties » avant la réunion de la première assemblée.

Voulant mettre un terme aux pratiques discutables issues de la promotion immobilière, la loi *ALUR* a modifié, à ce sujet, la loi du 10 juillet 1965, et plus particulièrement son article 17. Ainsi, *la désignation du syndic provisoire en qualité de syndic de la copropriété doit être soumise, après mise en concurrence, à l'approbation de la première assemblée générale réunie*. À défaut, la mission du syndic provisoire, désigné par le règlement ou par accord des parties, cesse automatiquement et de plein droit[124].

Seule l'assemblée générale a le pouvoir de ratifier sa mission ou de lui substituer un autre syndic[125].

Si la première assemblée générale ne désigne aucun syndic, y compris de syndic provisoire, il y a lieu, en application de l'article 46 du décret du 17 mars 1967, à la désignation d'un syndic judiciaire par le président du tribunal judiciaire compétent.

### 2. Désignation du syndic par l'assemblée générale

Le syndic, quelle que soit sa nature, est en principe désigné par l'assemblée générale. Ce formalisme strict étant d'ordre public, un accord intervenu hors assemblée est ainsi sans effet[126].

Les projets de contrats de syndic objets du vote doivent être joints à la convocation à cette assemblée[127]. Ces projets doivent préciser les dates calendaires de leurs prises d'effet et d'échéance ainsi que la rémunération du syndic.

Cette désignation a lieu à la majorité des voix de tous les copropriétaires[128].

En application de l'article 25-1 de la loi du 10 juillet 1965, si sa candidature n'a pas obtenu la majorité nécessaire mais recueilli au moins le tiers des voix de la copropriété, la même assemblée procède *automatiquement et immédiatement* à un second vote à la majorité des voix exprimées des copropriétaires présents ou représentés ou ayant voté par correspondance[129].

Depuis le 1er juin 2020, la seconde passerelle prévue par l'article 25-1 ayant été abrogée par l'ordonnance du 30 octobre 2019, si sa candidature n'a pas au moins obtenu le tiers des voix de la copropriété, le syndic *ne peut pas reconvoquer*, dans les 3 mois, une assemblée. S'il est toujours en mandat, il peut convoquer une nouvelle assemblée, en répondant au formalisme et au délai

124 Cass. 3e civ., 7 mai 2018, n° 17-15000.
125 Cass. 3e civ., 27 mars 2013, n° 12-13328.
126 Cass. 3e civ., 27 avr. 1994, n° 92-12332.
127 D. 1967, art. 11.
128 L. 1965, art. 25.
129 L. 1965, art. 24.

d'ordre public, qui statue sur ces candidatures à la majorité des articles 25 et 25-1. Si son mandat a pris fin, la désignation d'un syndic judiciaire telle que prévue à l'article 46 du décret du 17 mars 1967 s'impose.

Attention, si plusieurs candidats syndics sont à l'ordre du jour de l'assemblée générale, il convient :

– dans un premier temps, de voter sur la candidature de chacun d'entre eux à la majorité de l'article 25 ;

– dans un second temps, si certains d'entre eux ont obtenu le tiers des voix, de voter à la majorité de l'article 24[130].

Ce mode opératoire doit être respecté *à peine de nullité de la désignation du syndic.*

En application de l'ordonnance du 30 octobre 2019, les contrats de syndic conclus après le 4 juillet 2020 ne peuvent prendre en effet qu'*a minima un jour franc* après la tenue de l'assemblée générale les ayant désignés.

## 3. L'intervention judiciaire dans le processus de désignation du syndic

Confrontée à un syndicat dépourvu de syndic, l'intervention judiciaire peut être rendue nécessaire dans deux hypothèses :

– le mandat du précédent syndic est arrivé à son terme ou a été invalidé, la copropriété se trouvant ainsi dépourvue de syndic ;

– l'assemblée générale a été spécialement réunie dans l'objectif de désigner un syndic, mais n'est pas parvenue à se prononcer.

La distinction entre ces deux voies est essentielle, car elles ne sauraient être confondues à peine d'irrégularité desdites procédures.

### a. Le défaut de désignation par l'assemblée

L'article 17 de la loi du 10 juillet 1965, d'ordre public, prévoit expressément qu'« À défaut de nomination du syndic par l'assemblée générale des copropriétaires convoquée à cet effet, le syndic est désigné par le président du tribunal judiciaire saisi à la requête d'un ou plusieurs copropriétaires, du maire de la commune ou du président de l'établissement public de coopération intercommunale compétent en matière d'habitat du lieu de situation de l'immeuble. »

Cet article doit être relié à l'article 46 du décret du 17 mars 1967 qui pose les modalités pratiques d'une telle désignation.

Ces deux articles ont été prévus pour pallier une situation particulière durant laquelle l'assemblée, bien que convoquée et réunie à cet effet, n'a pas réussi à désigner de syndic. Un tel événement entraîne nécessairement un blocage dans le fonctionnement de la copropriété.

Aux termes de l'article 46 sus-évoqué, dès lors que l'assemblée générale convoquée à cet effet n'a pu parvenir à nommer un syndic, il y a lieu à désignation d'un syndic judiciaire.

Cette désignation se fait à la requête d'un ou de plusieurs copropriétaires ; le président du tribunal judiciaire du lieu de situation de l'immeuble désigne le syndic par ordonnance[131].

La compétence du président du tribunal est exclusive ; le tribunal lui-même ne peut nommer un syndic judiciaire[132].

L'ordonnance portant désignation du syndic judiciaire doit être notifiée dans le mois de son prononcé, par ce syndic, à tous les copropriétaires qui peuvent en référer au président du tribunal judiciaire dans les 15 jours de cette notification[133].

130 Cass. 3e civ., 5 nov. 2014, n° 13-26768.
131 CA Paris, 20 oct. 1982 : D. 1983, IR, p. 458.
132 TGI Paris, 11 juill. 1974 : AJPI 1974, p. 1000.
133 D. 1967, art. 59.

Conformément à l'article 46 du décret, le syndic judiciaire a pour mission, d'une *durée fixée par l'ordonnance, mais qui ne saurait aller au-delà de 3 années*, d'administrer la copropriété dans les conditions prévues par les articles 18, 18-1 et 18-2 susvisés de la loi du 10 juillet 1965 et par le décret du 17 mars 1967. Il doit notamment convoquer l'assemblée générale en vue de la désignation d'un syndic 2 mois avant la fin de ses fonctions. Sa mission cesse de plein droit à compter de l'acceptation de son mandat par le syndic désigné par l'assemblée générale.

Les frais de procédure exposés pour obtenir la désignation d'un syndic judiciaire constituent une charge commune générale à répartir entre tous les copropriétaires sur les bases de l'article 10, alinéa 2 de la loi.

### b. La carence de syndic

Poursuivant dans la lecture de l'article 17, il apparaît que ce dernier précise que « Dans tous les autres cas où le syndicat est dépourvu de syndic, l'assemblée générale des copropriétaires peut être convoquée par tout copropriétaire, aux fins de nommer un syndic. À défaut d'une telle convocation, le président du tribunal judiciaire, statuant par ordonnance sur requête à la demande de tout intéressé, désigne un administrateur provisoire de la copropriété qui est notamment chargé de convoquer l'assemblée des copropriétaires en vue de la désignation d'un syndic. »

Ainsi, en cas de carence de syndic, c'est dire lorsque le *syndicat est dépourvu de syndic pour toutes autres raisons que l'absence de désignation par une assemblée*, la première démarche à envisager est la convocation par tout copropriétaire d'une assemblée générale dont l'unique ordre du jour sera la désignation d'un syndic. Ce 4e alinéa a été ajouté à cet article par la loi Macron du 6 août 2015[134].

À défaut d'une telle convocation, la procédure prévue à l'article 47 du décret du 17 mars 1967 devient applicable. Cet article dispose :

« Dans tous les cas, autres que celui prévu par le précédent article, où le syndicat est dépourvu de syndic, *le président du tribunal judiciaire, statuant par ordonnance sur requête, à la demande de tout intéressé, désigne un administrateur provisoire de la copropriété qui est notamment chargé, dans les délais fixés par l'ordonnance, de se faire remettre les fonds et l'ensemble des documents et archives du syndicat et de convoquer l'assemblée en vue de la désignation d'un syndic dans les conditions prévues à l'article 9*.

Les fonctions de cet administrateur provisoire cessent de plein droit à compter de l'acceptation de son mandat par le syndic désigné par l'assemblée générale. »

Ainsi, lorsqu'une copropriété est dépourvue de syndic au sens de l'article 47 du décret, la désignation d'un administrateur provisoire, par voie de requête, est indispensable pour la représenter. Une assignation délivrée à l'encontre de tous les copropriétaires ne serait pas valable[135].

Cette requête peut être déposée à l'initiative de « tout intéressé » ; il peut s'agir ainsi des copropriétaires comme des tiers à la copropriété tels que ses créanciers. L'ancien syndic dont le mandat est échu ou qui a démissionné peut déposer une telle demande[136].

L'ordonnance rendue, exécutoire sur minute[137], désigne un administrateur provisoire, fixe la durée de sa mission et son contenu. La mission qui lui est confiée peut être variable et dépend essentiellement du contenu de la requête et des pièces qui y sont annexées. Néanmoins, cette mission se limite généralement à :

– recueillir l'ensemble des documents, pièces et éléments bancaires de la copropriété ;

134 L. n° 2015-990, 6 août 2015.
135 Cass. 3e civ., 18 juin 1997.
136 Cass. 3e civ., 21 mars 2000, n° 98-17583.
137 CPC, art. 495.

– procéder à l'appel des fonds nécessaires aux fins de règlement des factures essentielles au bon fonctionnement dudit syndicat ;

– prendre toutes les mesures urgentes et nécessaires ;

– réunir les copropriétaires en assemblée générale aux fins de désignation d'un syndic.

Cette mission peut donc être étendue en fonction des besoins de la copropriété.

L'administrateur désigné dispose des mêmes pouvoirs et obligations qu'un syndic de copropriété[138]. À l'instar du coût lié à un syndic judiciaire, sa charge devrait être répartie entre tous les copropriétaires au prorata de leurs tantièmes de charges générales.

## C. DURÉE ET FIN DU MANDAT DU SYNDIC

### 1. La durée

Le mandat du syndic ne peut excéder 3 années[139]. Il est cependant renouvelable après vote en assemblée générale. Plusieurs exceptions accompagnent ce principe :

– le syndic ayant participé lui-même à la construction, son conjoint/partenaire pacsé ou ses parents et alliés (jusqu'au 3e degré), commettants ou préposés, ne peuvent recevoir mandat que pour une durée d'un an, pendant un délai de 10 ans ;

– lors de la mise en vente par un organisme HLM d'appartements, celui-ci, tant qu'il reste propriétaire de certains logements, assume les fonctions de syndic, sans limite de temps, sauf s'il y renonce expressément[140].

Depuis le décret du 20 avril 2010[141], les dates calendaires d'effet du mandat du syndic doivent obligatoirement être précisées sur son contrat et il est recommandé de les reprendre dans la résolution l'ayant désigné.

### 2. La fin du mandat du syndic

Plusieurs événements peuvent marquer la fin du mandat du syndic. Il peut ainsi avoir atteint la fin de son mandat comme s'être, par exemple, fait révoquer ou avoir démissionné. D'autres événements plus funestes, tels que son décès ou encore sa maladie ont une influence sur son mandat.

#### a. L'arrivée à terme du mandat

L'ordonnance du 30 octobre 2019 a modifié l'article 18 de la loi du 10 juillet 1965, qui insiste désormais clairement sur le *caractère de contrat à durée déterminée* et la *non-reconduction tacite du contrat de syndic*.

*La mission du syndic prend donc automatiquement fin à l'issue de son mandat*. S'il n'est pas renouvelé dans ses fonctions ou si aucun autre syndic n'est désigné par l'assemblée générale, la copropriété se trouve dépourvue de syndic. Attention, *le syndic ne peut se maintenir en fonction après la fin de son mandat* : la notion de syndic de fait est proscrite en droit de la copropriété[142]. Il n'a donc plus qualité pour agir au nom et pour le compte du syndicat[143] ; il ne peut pas plus convoquer une assemblée générale ou payer un fournisseur[144].

---

138 Cass. 3e civ., 3 avr. 2002, n° 00-20238.
139 D. 1967, art. 28.
140 CCH, art. L. 443-15.
141 D. n° 2010-391, 20 avr. 2010.
142 Cass. 3e civ., 14 oct. 1987.
143 CA Paris, 2e ch. B, 29 août 1994 : RDI 1994, p. 497.
144 Cass. 3e civ., 26 mars 1997, n° 95-15925.

Il suffit cependant que la convocation à l'assemblée ait été émise durant son mandat pour que l'assemblée puisse se tenir régulièrement[145].

Comme nous l'avons vu, et en application de l'article 17 de la loi du 10 juillet 1965 et de l'article 47 du décret du 17 mars 1967, tout copropriétaire peut, en cas de carence de syndic, convoquer une assemblée ayant pour objet la désignation d'un syndic. À défaut, tout intéressé peut saisir par requête le président du tribunal judiciaire afin de faire désigner un administrateur provisoire dont la mission sera de convoquer une telle assemblée[146].

### b. La révocation, la démission et le non-renouvellement du contrat de syndic

Pour les contrats de syndic adoptés depuis le 4 juillet 2020, l'article 18 de la loi du 10 juillet 1965, modifié par l'ordonnance du 30 octobre 2019, distingue désormais entre le *non-renouvellement* et la *résiliation anticipée* du contrat du syndic en place.

Les nouvelles modalités prévues par ce texte sont reprises, *in extenso*, dans le modèle type de contrat de syndic prévu par le décret du 2 juillet 2020[147].

Ce nouveau texte précise que le *non-renouvellement du contrat* arrivant à son terme n'ouvre pas droit à indemnité pour le syndicat des copropriétaires :

– si la désignation d'un nouveau syndic (avec contrat) et la fin anticipée du contrat de syndic sont mises à l'ordre du jour d'une assemblée devant se tenir dans les *3 mois précédant la fin du contrat du syndic en place* ;

– si le syndic n'entend pas représenter sa candidature ; il doit avertir le conseil syndical de son intention *3 mois* avant la tenue de l'assemblée à venir pour lui permettre une mise en concurrence.

L'assemblée désigne alors son nouveau syndic et fixe clairement les dates de fin du contrat en cours et de prise d'effet du nouveau contrat. Ces deux dates ne peuvent intervenir au plus tôt *un jour franc après la tenue de l'assemblée*.

La *résiliation unilatérale anticipée du contrat de syndic*, c'est-à-dire sa *révocation par le syndicat ou la démission du syndic*, suppose, comme le soutenait la jurisprudence, une *inexécution grave de l'autre partie*.

Certaines formalités doivent être respectées :

– si la résiliation émane du syndic, ce dernier doit en informer le conseil syndical ou, à défaut de conseil syndical, l'ensemble des copropriétaires par courrier avec accusé de réception (AR) ou lettre recommandée électronique (LRE) (notification) en précisant les motifs reprochés au syndicat. Une assemblée peut alors être convoquée dans les *2 mois suivant cette notification. La résiliation prend effet un jour franc après la tenue de l'assemblée*. Le syndic démissionnaire a donc l'obligation de convoquer une assemblée pour pourvoir à son remplacement ;

– si la résiliation émane du conseil syndical, il doit notifier au syndic une demande d'inscription d'un ordre du jour complémentaire à l'assemblée générale à venir portant sur la résiliation du contrat et précisant les inexécutions reprochées et parallèlement l'élection d'un successeur.

*Cette résiliation prend effet un jour franc après la tenue de l'assemblée.*

L'ordonnance du 30 octobre 2019 met donc un terme à la pratique, issue de textes, permettant au syndic d'abandonner l'assemblée générale en cas de non-réélection.

*Gardons néanmoins en mémoire que pour les contrats de syndic conclus avant le 4 juillet 2020, les textes antérieurs demeurent applicables.*

---

145 CA Paris, 23e ch. B, 6 sept. 2002 : Loyers et copr. 2002, comm. n° 41.

146 D. 1967, art. 47.

147 D. n° 2020-834, 2 juill. 2020.

Ainsi, en application de l'article 17 de la loi du 10 juillet 1965 en vigueur jusqu'à cette date, l'élection d'un nouveau syndic et l'acceptation par ce dernier de son nouveau contrat *révoquent automatiquement le mandat du syndic en place*.

Enfin, si la copropriété se trouve en difficulté, c'est-à-dire dans l'incapacité de pourvoir à la conservation de l'immeuble ou à l'équilibre financier du syndicat, le syndic doit par requête faire désigner un administrateur provisoire dont la mission est de redresser la copropriété.

*L'ordonnance désignant cet administrateur met automatiquement fin au mandat du syndic en fonction.*

### c. Le décès et l'empêchement du syndic

Le contrat de syndic est un contrat conclu *intuitu personae*, c'est-à-dire conclu essentiellement en raison des qualités personnelles du syndic.

Assez logiquement, et en application de l'article 2003 du Code civil, le *décès* du syndic met automatiquement fin au mandat le liant au syndicat des copropriétaires. Cette règle ne s'applique bien évidemment que lorsque le détenteur de la carte de syndic est une personne physique. Si à l'inverse le syndic est une personne morale (société commerciale...), le décès d'un de ses membres, y compris de son représentant, n'est pas de nature à mettre un terme aux contrats signés ; seule sa *dissolution* ou sa *liquidation judiciaire* peut en effet avoir de telles conséquences. Il en est de même en cas de *fusion-absorption* d'une société de syndic. L'entité absorbante ne peut alors revendiquer le transfert des contrats signés par la société absorbée à son profit[148].

Lorsque le syndic est *empêché*, c'est-à-dire lorsqu'un événement, indépendant de sa volonté, l'empêche d'exercer sa mission (maladie, perte de la carte ou de la garantie financière), le président du conseil syndical peut convoquer une assemblée générale dont l'objet sera l'élection d'un nouveau syndic[149].

À défaut d'une telle convocation et en application de l'article 49 du décret du 17 mars 1967, tout intéressé peut, après une mise en demeure restée infructueuse pendant un délai de 8 jours[150], assigner le syndic[151] en exercice par-devant le président du tribunal judiciaire compétent statuant en référé afin d'obtenir la désignation d'un administrateur *ad hoc* de la copropriété. Cette mise en demeure n'est pas nécessaire face à une urgence.

L'ordonnance rendue peut aller – ce qui est nécessaire en cas d'empêchement – jusqu'à conférer à cet administrateur tous les pouvoirs d'un syndic ; le syndic en place voit alors son mandat prendre fin[152].

En tout état de cause, quelle que soit la raison de la fin de son mandat, *en application de l'article 18-2 de la loi du 10 juillet 1965*, l'ancien syndic est tenu de remettre les pièces et archives du syndicat à son nouveau mandataire dans certains délais.

Cette obligation spontanée doit faire l'objet de l'établissement d'un bordereau détaillé récapitulant les pièces transmises, dont copie est remise au conseil syndical[153].

Selon le calendrier de cette transmission, fixé par l'ordonnance du 30 octobre 2019, l'ancien syndic doit :

– *remettre dans le délai de 15 jours* à compter de la cessation de ses fonctions la situation de la trésorerie, les références des comptes bancaires du syndicat et les coordonnées de la banque ;

148 Cass. 3e civ., 10 nov. 1998, n° 97-12369.
149 L. 1965, art. 18.
150 Sauf urgence à faire réaliser des travaux nécessaires à la sauvegarde de l'immeuble.
151 Et non le syndicat, CA Versailles, 18 juill. 1982 : D. 1983, IR, p. 459.
152 CA Paris, 13 oct. 1970 : Rev. loyers 1971, p. 465.
153 D. 1967, art. 33-1.

– *remettre dans le délai d'un mois* l'ensemble des documents et archives ainsi que l'ensemble des documents dématérialisés *sur un support numérique téléchargeable* ;

– *remettre dans le délai de 2 mois* l'état des comptes copropriétaires ainsi que celui des comptes du syndicat après apurement et clôture.

Si l'ancien syndic ne remplit pas cette obligation, et après mise en demeure restée infructueuse pendant 8 jours, le nouveau syndic/représentant de la copropriété ou le président du conseil syndical peuvent saisir le président du tribunal judiciaire statuant en référé afin que ce dernier ordonne sous astreinte la remise des pièces et archives du syndicat, outre une provision à valoir sur d'éventuels dommages et intérêts.

Le syndic sortant ne peut exercer un droit de rétention sur ces pièces pour tenter d'obtenir paiement de sommes dont il se considère comme créancier[154]. Cette obligation ne peut donner lieu à une rémunération spécifique supplémentaire[155].

# III. Le mandat du syndic, sa mission et son contrat

Les articles 18 de la loi du 10 juillet 1965 et les articles 28 à 39-1 du décret du 17 mars 1965 fixent les missions générales du syndic. Ces textes sont néanmoins complétés par de nombreuses autres dispositions du statut de la copropriété. La mission du syndic évolue en effet au gré des nouvelles obligations imposées aux syndicats des copropriétaires.

Les missions du syndic sont reprises dans son contrat, qui, depuis le 1er juillet 2015, répond d'un modèle réglementaire[156]. Ce contrat type et exclusif a été récemment modifié par le décret du 2 juillet 2020[157] afin de tenir compte des nouvelles dispositions apportées au statut de la copropriété par la loi *ÉLAN* et son ordonnance du 30 octobre 2019.

## A. LE CONTRAT DE SYNDIC

Le contrat de syndic est un mandat répondant aux règles des articles 1984 et suivants du Code civil.

Ce contrat est synallagmatique, il prévoit donc des engagements réciproques pour ses cocontractants : le syndic administre la copropriété, en contrepartie de quoi le syndicat des copropriétaires le rémunère. Si le syndic est le mandataire du syndicat des copropriétaires, il n'est en aucun cas le mandataire de chacun des copropriétaires, et n'est donc pas contractuellement lié à eux[158].

Ce contrat doit nécessairement être écrit, déterminer la ou les missions confiées, les modalités de réédition des comptes et la rémunération du syndic. Il doit nécessairement être approuvé par une décision expresse de l'assemblée générale.

Voulant clarifier pour les copropriétaires le marché de syndics, et ainsi permettre une saine concurrence, la loi *ALUR* du 24 mars 2014 a imposé un contrat type pour l'ensemble des syndics.

La volonté du législateur était de fixer un contrat forfaitaire déterminant la rémunération du syndic pour une mission fixe. Parallèlement, des rémunérations spécifiques pouvaient être prévues pour une liste précise et limitative de prestations particulières. Ce modèle type a fait l'objet d'un décret

154 CA Paris, 23e ch., 23 juin 1999 : Dossier CSAB, n° 138.
155 CA Paris, pôle 1, 2e ch., 18 nov. 2009 : AJDI 2010, p. 233.
156 D. n° 2015-342, 26 mars 2015.
157 D. n° 2020-834, 2 juill. 2020.
158 Cass. 3e civ., 22 nov. 1994, n° 93-10469.

intervenu le 26 mars 2015. Ainsi, depuis le 1er juillet 2015, tout nouveau contrat de syndic, même si ce dernier est reconduit dans ses fonctions, doit être rédigé selon un modèle réglementaire, en caractères dont la hauteur ne peut être inférieure à celle du corps[159].

Ce modèle réglementaire a été remanié, afin d'être en mis en conformité avec les nouvelles dispositions issues de la loi *ÉLAN* et de l'ordonnance du 30 octobre 2019.

*Le décret du 2 juillet 2020*[160] *a donc prévu un nouveau contrat type de syndic applicable depuis le 4 juillet 2020*. Ce contrat type s'impose au syndic professionnel. Le syndic « bénévole » n'y est pas obligatoirement soumis et peut ainsi décider de proposer à l'assemblée un tel contrat[161]. Les syndicats de copropriétaires qui sont exclusivement composés de personnes morales, ainsi que les immeubles à destination totale autre que de l'habitation peuvent décider, à la majorité de l'article 25, d'y déroger sous certaines conditions.

Ce contrat type, prévu pour améliorer la gestion des copropriétés, ne peut être modifié et doit clairement préciser :

– la durée du mandat, sa date de prise d'effet et d'échéance ;

– les conditions de la rémunération du syndic professionnel ; cette rémunération est forfaitaire pour les prestations courantes, une rémunération complémentaire est possible pour les prestations particulières ;

– les missions et les conditions d'exécution de sa mission.

Interrogé au cours de l'année 2016 sur une annulation du décret du 26 mars 2015 posant le contrat type de syndic, le Conseil d'État a annulé deux de ses mentions[162] :

– ont ainsi été supprimés du point 9 les termes « et non au syndicat des copropriétaires qui ne peut être tenu d'aucune somme à ce titre » de la phrase « Le coût des prestations suivantes est imputable au seul copropriétaire concerné et non au syndicat des copropriétaires qui ne peut être tenu d'aucune somme à ce titre » ;

– le Conseil d'État a aussi décidé que les frais liés à la délivrance du certificat prévu à l'article 20, II de la loi de 1965, en cas de vente d'un lot, ne pouvaient être imputés au seul copropriétaire concerné.

Le contrat type de syndic subdivise la mission du syndic en deux catégories génériques : la *gestion courante* et la *gestion spécifique de la copropriété*.

La gestion courante regroupe les missions régaliennes du syndic (administration et conservation de l'immeuble, exécution du règlement de copropriété et des décisions d'assemblées, tenue administrative et comptable de l'immeuble...).

Le nouveau contrat de syndic *dresse une liste limitative des prestations entrant dans cette gestion* :
– l'organisation et la tenue de l'assemblée générale annuelle de la copropriété ;
– la gestion des opérations financières et la comptabilité générale de la copropriété ;
– l'administration et la gestion de la copropriété ;
– la souscription des polices d'assurance et les déclarations des sinistres ;
– la gestion du personnel d'immeuble ;
– la création d'un compte bancaire séparé propre à chaque copropriété ;
– la reprographie, l'archivage et la mise en ligne des documents relatifs à la copropriété.

159 D. 1967, art. 24, al. 4.
160 D. n° 2020-20834, 2 juill. 2020.
161 L. 1965, art. 18-1 A nouveau.
162 CE, 5 oct. 2016, nos 390465 et 390491.

L'ensemble de ces prestations fait l'objet d'honoraires annuels forfaitisés mentionnés dans le contrat du syndic. Ce forfait inclut en outre des frais annexes comme la reproduction de documents (frais de copie) et les coûts découlant des nouvelles obligations créées par la loi *ALUR*, telles que l'ouverture et la tenue du compte bancaire séparé, la gestion du fonds travaux...

La gestion *spécifique* regroupe l'ensemble des prestations relatives à l'administration de la copropriété et non incluses dans le forfait annuel, telles que l'organisation et la tenue d'assemblées générales supplémentaires, le suivi des sinistres, les études techniques, les contentieux...

Enfin, le contrat de syndic prévoit des *prestations imputables aux seuls copropriétaires concernés*. Il s'agit notamment de l'établissement de l'état daté, de la délivrance de documents, des frais découlant du recouvrement des provisions impayées. Il convient de garder à l'esprit que le Conseil d'État, dans sa décision du 5 octobre 2016, a partiellement amendé le contrat de syndic sur ces points précis[163].

L'ordonnance du 30 octobre 2019 vient modifier l'approche du contrat de syndic. Le contrat « type » excluant strictement toute autre prestation cède la place à un contrat de base pouvant être accompagné d'autres missions faisant l'objet de conventions particulières.

Désormais, il est ainsi précisé que le forfait ne concerne que les prestations que le syndic fournit au titre de sa mission de gestion courante. Il peut par ailleurs conclure avec le syndicat des copropriétaires des conventions portant sur des prestations de services autres que celles relevant de sa mission de gestion courante et qui ne figurent pas dans son contrat. Ces contrats doivent être approuvés en assemblée à la majorité de l'article 24.

*Le syndic peut donc désormais fournir au syndicat d'autres prestations et services que ceux limitativement énumérés par le contrat de syndic, mais ils doivent faire l'objet de conventions séparées, approuvées en assemblée.*

Première conséquence de ce changement, la *mise en concurrence* connaît ses premières règles précises. En effet, la nouvelle rédaction de l'article 18-1 A précise que les syndics doivent adresser au conseil syndical « des projets de contrats » conformes au contrat type désormais défini par le décret du 26 mars 2015, modifié par le décret du 2 juillet 2020, et une *fiche d'information sur le prix et les prestations proposées en parallèle dont la forme est fixée par arrêté*.

*La violation des dispositions relatives au contrat de syndic* est sanctionnée par une amende administrative prononcée par les agents de la direction générale de la Concurrence, de la Consommation et de la Répression des fraudes (DGCCRF), dont le montant ne peut excéder 3 000 € pour une personne physique et 15 000 € pour une personne morale.

Notons enfin que la *mention de la rémunération du syndic pour suivi des travaux*, proscrite du contrat par la loi *ALUR*, y fait sa réapparition dans un but de transparence. *Il n'est donc plus nécessaire de la voter à l'occasion de chaque campagne de travaux.*

## B. LE CONTENU DU CONTRAT ET LA MISSION DU SYNDIC

Les missions du syndic sont fixées par la loi du 10 juillet 1965, plus particulièrement son article 18, ainsi que par le contrat par lequel il est lié à la copropriété.

Selon cet article, le syndic exerce essentiellement des missions :

- d'administration et de gestion de la copropriété ;
- de comptabilité ;
- de représentation de la copropriété ;
- de conservation des documents et archives.

163 Clause 9 : Frais et honoraires imputables aux seuls copropriétaires.

Pour remplir ces missions, il lui incombe notamment :

– d'assurer le respect du règlement de copropriété et des décisions prises par l'assemblée générale du syndicat des copropriétaires ;

– d'assurer la gestion courante, technique et comptable de la copropriété ;

– de représenter en justice le syndicat ;

– d'établir et de tenir à jour la fiche synthétique de l'immeuble ;

– d'immatriculer la copropriété ;

– de veiller au recouvrement des charges.

Le syndic, s'il ne respecte pas ses obligations ou le mandat qui le lie à la copropriété, peut voir sa responsabilité engagée. Sauf accord exprès donné par l'assemblée générale à la majorité de l'article 25, il ne peut se faire substituer dans l'exécution de ses missions. Il ne peut ainsi déléguer à une société de recouvrement le soin de poursuivre les copropriétaires débiteurs.

## 1. Le respect du règlement de copropriété et des décisions d'assemblées

*En tant qu'organe exécutif de la copropriété, le syndic est chargé de veiller au respect du règlement de copropriété et des décisions de l'assemblée générale.* Il doit donc rappeler à l'ordre les copropriétaires, ou occupants de l'immeuble, récalcitrants.

Il doit ainsi entreprendre toutes les mesures amiables permettant de mettre un terme aux violations par un locataire du règlement[164]. Mais en tant que mandataire, il ne peut les poursuivre de son propre chef, sauf exceptions[165] limitativement énumérées, telles que les actions en justice relevant des pouvoirs du juge des référés ou les mesures conservatoires.

S'il ne veille pas au respect du règlement de copropriété, il engage sa responsabilité[166]. Il ne peut pas se faire juge du contenu du règlement ou des décisions d'assemblée[167], il est donc tenu de les appliquer jusqu'à ce qu'elles soient judiciairement annulées ou supprimées par l'assemblée elle-même.

Rappelons à cette occasion qu'une assemblée peut tout à fait revenir sur l'une de ses précédentes décisions, à la triple condition :

– qu'elle n'ait pas été exécutée ;

– que la nouvelle décision ne soit pas contraire à l'intérêt collectif[168] ;

– qu'elle ne revienne pas sur un droit acquis par un ou plusieurs copropriétaires[169].

## 2. La gestion physique et courante de la copropriété

Le syndic a en charge l'ensemble des actes de gestion de la copropriété. Il doit conserver, garder et entretenir l'immeuble. Il doit ainsi *honorer les factures courantes* telles que celles relatives à l'eau, l'électricité ou le gaz... Il doit cependant veiller à ce que ces dernières ne soient pas anormalement élevées, car des dépenses au montant peu courant pour la copropriété doivent être spécialement autorisées en assemblée.

Il doit *tenir à jour la liste des copropriétaires*, avec indication de leurs lots et, s'il s'agit d'une personne morale, avec la précision de sa forme, sa dénomination, son siège social ainsi que l'organe qui la représente légalement ou statutairement[170].

---

164 CA Paris, 10 mai 1985 : D. 1985, ITR, p. 424.
165 D. 1967, art. 55.
166 Cass. 3e civ., 25 mars 1997 : RDI 1997, p. 287.
167 Cass. 1re civ., 9 juill. 1963 : AJPI 1964, II, 395.
168 CA Paris, 23e ch. B, 17 déc. 1997 : Loyers et copr. juin 1998.
169 Cass. 3e civ., 7 juill. 2010, n° 09-15737.
170 D. 1967, art. 32, al. 1er.

Il doit également veiller à la conservation des archives du syndicat.

Par ailleurs, en tant qu'agent d'exécution des décisions adoptées en assemblée générale, il lui revient de *faire exécuter les travaux votés*.

Il passe donc, au nom et pour le compte du syndicat des copropriétaires, les marchés et contrats et veille à la bonne réalisation des travaux. Si des difficultés nécessitant un nouveau devis ou un nouveau prestataire surviennent, il doit saisir l'assemblée générale de cette question.

*Le syndic n'est pas un maître d'œuvre*, son suivi du chantier se limite donc au suivi comptable et administratif. Néanmoins, ses attributions issues de l'article 18 lui imposent de souscrire une assurance dommages-ouvrage si elle est nécessaire et de faire établir, au besoin, un plan de coordination en matière de sécurité et de protection de la santé[171]. À défaut, sa responsabilité pourrait être engagée, sauf refus de l'assemblée dûment voté [172]

Les travaux d'entretien courant et de réparation, votés à la majorité simple[173], peuvent être commandés par ses soins dès le lendemain de l'assemblée. Par contre, il ne peut, sauf urgence et sous certaines conditions, commander et faire exécuter des travaux de son propre chef.

*Le syndic souscrit les contrats de fournitures et les contrats d'assurance* prévus par le règlement de copropriété ou rendus obligatoires par la loi. Cette souscription est précédée de la consultation de l'assemblée générale après éventuelle mise en concurrence de plusieurs contrats. S'il ne remplit pas cette obligation, il engage une nouvelle fois sa responsabilité[174].

S'agissant plus précisément des contrats d'assurance, et plus particulièrement de l'assurance multirisque et responsabilité civile du syndicat, ces garanties sont obligatoires et ont été renforcées par la loi *ALUR* du 24 mars 2014.

Quelle position le syndic doit-il adopter lorsqu'il est confronté au refus de l'assemblée de souscrire une telle assurance obligatoire ? Le Code des assurances a prévu que le syndic pouvait souscrire cette assurance librement, et ainsi passer outre la décision de l'assemblée[175].

L'ensemble de ces éléments est repris dans le *carnet d'entretien de l'immeuble* que le syndic doit tenir à jour[176].

Le syndic est, normalement, à l'origine de la *convocation des assemblées générales* et y participe afin de prodiguer ses conseils pour permettre un vote éclairé des copropriétaires.

Il doit procéder à l'*immatriculation* du syndicat des copropriétaires et à la mise à jour du registre des copropriétés[177].

Il doit, en outre, veiller à la *parfaite information des occupants de l'immeuble*. Ainsi, dans un délai de 3 mois à compter de la tenue de l'assemblée générale, le syndic doit les informer :

– des décisions relatives à la maintenance et à l'entretien de l'immeuble, aux travaux de toute nature et aux actes techniques concourant à la préparation de ces travaux, tels que les diagnostics, les audits et les études techniques ;

– des décisions relatives à la présence du personnel ou des prestataires.

Cette information est réalisée par le biais d'un document affiché pendant un mois à l'emplacement prévu à cet effet dans les parties communes s'il en existe un ou, à défaut, déposé dans chacune

171 C. trav., art. L. 235-4.
172 T. corr. Marseille, 13 déc. 1999 : JCP N 1999, p. 1548.
173 L. 1965, art. 24 ; D. 1967, art. 45.
174 Cass. 3e civ., 8 juin 1982 : Defrénois 1983, n° 384.
175 C. assur., art. L. 112-1.
176 L. 1965, art. 18, al. 4.
177 CCH, art. L. 711-1 à L. 711-6.

des boîtes aux lettres ou remis selon les modalités habituellement utilisées dans la copropriété pour la remise des courriers[178].

Poursuivant dans cette optique d'information, l'ordonnance du 30 octobre 2019 a imposé au syndic un affichage dans les parties communes de la date de la prochaine assemblée générale et des modalités d'inscription d'un ordre du jour complémentaire.

Dans le cadre de sa mission de conservation et de garde de l'immeuble, l'article 18 confère au syndic le pouvoir de faire procéder de sa propre initiative, *en cas d'urgence*, aux travaux nécessaires à la sauvegarde de l'immeuble. L'urgence s'apprécie *in concreto* en fonction des conséquences qu'aurait l'absence de réponse rapide et adéquate.

Ce pouvoir d'initiative n'est pas absolu, il lui permet seulement, après accord du conseil syndical, d'adresser aux copropriétaires un appel de fonds correspondant au tiers du montant du devis estimatif des travaux. Cette somme lui permet d'ouvrir le chantier. Un vote en assemblée est essentiel à la poursuite des travaux[179].

Dans l'exercice de ces missions de gestion courante, c'est-à-dire d'administration, de conservation et de garde de l'immeuble, *le syndic est tenu envers le syndicat d'un devoir de conseil*. Il doit ainsi attirer l'attention de l'assemblée et des copropriétaires sur :

– l'imminence de la fin d'une garantie de construction (décennale, biennale...)[180] ;

– les nouvelles obligations légales en matière de travaux[181] ;

– le montant élevé d'un contrat risquant de les mettre en difficultés financières[182].

## 3. La gestion comptable

Les règles comptables spécifiques s'imposant à tous les syndicats de copropriétaires sont encadrées par le décret et l'arrêté du 14 mars 2005. Depuis le 1er janvier 2007[183], les comptes du syndicat de copropriété doivent être tenus conformément à ces règles. Le syndic a donc l'obligation de les respecter.

Une dérogation est prévue au profit des petites copropriétés, en raison du nombre de leurs lots et du montant de leur budget prévisionnel. Leurs obligations comptables sont alors allégées.

Dans cette gestion comptable, le syndic a pour obligation :

– de respecter ces règles, et donc la *nomenclature des comptes* ;

– de tenir une *comptabilité d'engagement*. Les charges et produits sont enregistrés dès leur engagement juridique par le syndic, indépendamment de leur règlement ;

– d'établir le *budget prévisionnel*, en concertation avec le conseil syndical[184], et de le faire voter ensuite par l'assemblée générale. L'absence de concertation n'affecte pas d'irrégularité le vote de ce budget ;

– de tenir les *comptes du syndicat des copropriétaires* et les *décomptes individuels* de charges de chaque copropriétaire ;

– d'*ouvrir un compte (bancaire ou postal) séparé*, sauf dérogation prévue pour les copropriétés d'au maximum quinze lots à usage de logements, de bureaux ou de commerces ;

– de convoquer annuellement une assemblée générale pour statuer sur le bilan comptable et les actions menées pendant l'année ;

---

178 D. n° 2015-1681, 15 déc. 2015.

179 D. 1967, art. 37.

180 CA Paris, 23e ch., 16 oct. 1992 : D. 1994.

181 CA Versailles, 31 mai 2010, n° 2010-017428.

182 CA Paris, 23e ch., 16 oct. 1992 : D. 1994, p. 207.

183 L. n° 2006-872, 13 juill. 2006 portant engagement national pour le logement (loi *ENL*).

184 Apport de la L. n° 2014-366, 24 mars 2014 (loi *ALUR*).

– de tenir le *livre journal* (document dans lequel sont enregistrées chronologiquement les opérations ayant une incidence financière sur le fonctionnement du syndicat) et le *grand livre des comptes* (regroupant l'ensemble des comptes utilisés par le syndicat, opération par opération) ;

– de *conserver les documents comptables* de chaque syndicat.

Précisons que faisant suite à l'ordonnance du 30 octobre 2019, son décret d'application du 7 octobre 2020 est venu ajouter des lignes au plan comptable de la copropriété. Ces nouvelles mentions sont essentiellement relatives à la nouvelle délégation accordée au conseil syndical prévue par les articles 21-1 et suivants de la loi du 10 juillet 1965.

Les comptes de la copropriété établis par le syndic sont présentés annuellement à l'assemblée générale pour approbation. Cette approbation est nécessaire afin de rendre exigible de chaque copropriétaire sa part dans les charges communes présentées, avec pour précision que l'approbation par un copropriétaire de comptes généraux de la copropriété ne vaut pas approbation de ses comptes individuels[185]. Cette approbation des comptes permet néanmoins au syndic de voir ratifiées les actions correspondant aux comptes approuvés. Des travaux engagés par le syndic sans accord du syndicat se voient ainsi approuvés par le syndicat lors de l'approbation des comptes comprenant expressément leur facture[186].

## 4. La représentation du syndicat des copropriétaires et le recouvrement des charges impayées

Aux termes des articles 15, 16 et 18 de la loi du 10 juillet 1965 et l'article 55 du décret du 17 mars 1967, le syndic est le représentant légal du syndicat de copropriétaires. Il représente ainsi le syndicat dans l'ensemble des actes civils, juridiques et judiciaires. Il a en effet pour charge de publier l'EDD, le règlement de copropriété ou ses modificatifs ainsi que tous les actes de disposition (vente ou achat de parties communes…), mais également de passer commande de prestations ou fournitures pour le syndicat. Les actes qu'il passe, au nom et pour le compte du syndicat, engagent ce dernier[187].

Cette représentation comporte néanmoins certaines limites. Ainsi, dans le cadre d'un immeuble réalisé dans un programme de promotion immobilière de type vente en l'état futur d'achèvement (VEFA), le syndic, sauf autorisation expresse de l'assemblée générale, ne peut prendre livraison des parties communes[188].

*Les engagements pris par le syndic, excédant ses pouvoirs ou après la fin de son mandat, sont en principe nuls envers le syndicat des copropriétaires.*

Le syndicat peut néanmoins ratifier l'initiative du syndic en assemblée générale[189].

S'il ne ratifie pas, le syndic se voit alors responsable de tous les préjudices découlant de ce dépassement de pouvoir et les actes en question peuvent être annulés.

Néanmoins, le cocontractant de bonne foi peut, sur la base de la théorie du mandat apparent, exiger l'exécution du contrat signé par ce syndic.

*Le syndic représente notamment le syndicat en justice* mais, en application de l'article 55 du décret du 17 mars 1955, il doit se faire préalablement habiliter par une assemblée générale pour agir en justice, exceptions faites :

– de la mise en œuvre des voies d'exécution forcée (sauf saisie-vente d'un lot) ;

– des mesures conservatoires et demandes relevant des pouvoirs du juge des référés ;

185 Cass. 3e civ., 6 juill. 1994 : Loyers et copr. 1994, n° 359.
186 CA Paris, 19e ch., 19 févr. 1998 : Dossier CSAB n° 70, déc. 1998.
187 Cass. 3e civ., 10 févr. 1988, n° 86-1746.
188 Cass. 3e civ., 27 mars 2013, n° 12-13328.
189 Cass. 3e civ., 6 févr. 1973, n° 71-13268.

– des défenses aux actions contre le syndicat ;

– des actions en recouvrement de créance.

Le syndic procède donc au recouvrement des créances de charges de copropriété auprès de chaque copropriétaire.

Le défaut d'autorisation du syndic d'agir en justice au nom du syndicat des copropriétaires constitue une irrégularité de fond, qui a pour conséquence, en application de l'article 117 du Code de procédure civile, la nullité de l'assignation et l'irrecevabilité de l'action.

Le décret du 27 juin 2019[190] innove de façon majeure, puisque désormais « *seuls les copropriétaires auront la possibilité de se prévaloir de l'exception de nullité de l'absence d'habilitation du syndic à agir en justice* ».

## 5. Fiche synthétique

La loi *ALUR* impose au syndic d'établir une « fiche synthétique de la copropriété »[191]. Ce nouveau document obligatoire de la copropriété regroupe « les données financières et techniques essentielles relatives à la copropriété et à son bâti » pour tout immeuble en copropriété, à l'exclusion de ceux « à destination totale autre que d'habitation ». Cette fiche est devenue obligatoire pour toutes les copropriétés depuis le 31 décembre 2018. Sa non-réalisation était, antérieurement à l'ordonnance du 30 octobre 2019, un motif de révocation de plein droit du contrat de syndic. Le syndic conserve néanmoins l'obligation de procéder à la mise à jour de la fiche dans les 2 mois de la notification de procès-verbal de l'assemblée générale approuvant les comptes.

Concernant sa communication, le syndic, sous peine de devoir une pénalité, devait mettre la fiche à disposition de tout copropriétaire qui en faisait la demande, et ce sous 15 jours. Le contrat de syndic prévoyait alors une « pénalité financière forfaitaire automatique » à l'encontre du syndic, chaque fois qu'une fiche n'était pas mise à disposition d'un copropriétaire, dans les délais.

Dans une volonté d'uniformisation avec la sanction nouvellement créée, applicable au syndic à défaut de communication de documents au conseil syndical[192], l'ordonnance du 30 octobre 2019 a :

– supprimé la sanction de révocation du contrat du syndic en cas de non-réalisation de la fiche ;

– renvoyé à un décret pour la fixation de la pénalité en cas de non-communication de la fiche, les pénalités contractuellement fixées, trop faibles, étant manifestement inefficaces. Ce décret est intervenu le 7 octobre 2020[193] et a fixé le montant minimum de cette pénalité à 15 €/jour de retard ;

– précisé que les pénalités sont déduites de la rémunération du syndic ;

– rallongé le délai de communication à un mois.

## 6. L'extranet et les archives de la copropriété

Le syndic professionnel, sauf décision contraire de l'assemblée générale prise à la majorité de l'article 25, est tenu de proposer un accès en ligne sécurisé aux documents dématérialisés relatifs à la gestion de l'immeuble ou des lots gérés.

Le contenu de cet extranet créé par la loi *ALUR* vient d'être précisé par un décret du 23 mai 2019.

190 D. n° 2019-650, 27 juin 2019.

191 L. 1965, art. 8-2 ; D. n° 2016-1822, 21 déc. 2016.

192 L. 1965, art. 21 modifié par L. n° 2018-1021, 23 nov. 2018 (loi *ÉLAN*), art. 203 ; D. n° 2019-503, 23 mai 2019.

193 D. n° 2020-1019, 7 oct. 2020.

Aux termes de ce décret, il est précisé que *depuis le 1er juillet 2020*, les syndics doivent mettre à disposition des copropriétaires un accès en ligne sécurisé comprenant une liste minimale de documents dont certains ne peuvent être accessibles qu'aux propriétaires pris individuellement ou aux membres du conseil syndical[194]. *Cette liste peut être complétée par le syndic ou le syndicat.*

### a. Documents accessibles à l'ensemble des copropriétaires

Ces documents sont :

– le règlement de copropriété, l'EDD ainsi que les actes les modifiant, s'ils ont été publiés ;

– la dernière fiche synthétique de la copropriété ;

– le carnet d'entretien de l'immeuble ;

– les diagnostics techniques relatifs aux parties communes de l'immeuble en cours de validité ;

– les contrats d'assurance de l'immeuble conclus par le syndic au nom du syndicat des copropriétaires en cours de validité ;

– l'ensemble des contrats et marchés en cours signés par le syndic au nom du syndicat de copropriétaires, à l'exclusion des contrats de travail des préposés du syndicat ;

– les contrats d'entretien et de maintenance des équipements communs en cours ;

– les procès-verbaux des trois dernières assemblées générales « *annuelles ayant été appelées à connaître des comptes* »[195] et, le cas échéant, les devis de travaux approuvés lors de ces assemblées ;

– le contrat de syndic en cours.

### b. Documents accessibles au conseil syndical

Ces documents sont :

– les balances générales des comptes du syndicat des copropriétaires, ainsi que le relevé général des charges et produits de l'exercice échu ;

– le cas échéant, les relevés périodiques des comptes bancaires séparés ouverts au nom du syndicat des copropriétaires ;

– les assignations en justice délivrées au nom du syndicat des copropriétaires relatives aux procédures judiciaires en cours et les décisions de justice dont les délais de recours n'ont pas expiré ;

– la liste de tous les copropriétaires établie par le syndic ;

– la carte professionnelle du syndic, son attestation d'assurance responsabilité civile professionnelle ainsi que son attestation de garantie financière en cours de validité.

### c. Documents accessibles aux copropriétaires pris individuellement

Ces documents sont :

– son compte individuel arrêté après approbation des comptes du syndicat par l'assemblée générale annuelle ;

– le montant des charges courantes du budget prévisionnel et des charges hors budget prévisionnel des deux derniers exercices comptables clos, qu'il a payées ;

– lorsque le syndicat des copropriétaires dispose d'un fonds de travaux, le montant de la part de ce fonds rattachée à son ou à ses lots arrêté après approbation des comptes du syndicat par l'assemblée générale annuelle ;

– les avis d'appel de fonds qui lui ont été adressés sur les 3 dernières années, à compter du 1er juillet 2020.

194 D. n° 2019-502, 23 mai 2019, art. 4, II.

195 Modification apportée par D. n° 2020-1229, 7 oct. 2020.

*Le syndic a en outre l'obligation de détenir et de conserver les archives du syndicat*, c'est-à-dire le règlement de copropriété, l'état descriptif de division et l'ensemble des documents relatifs à la copropriété. La loi ne précise pas si cette obligation est limitée dans le temps[196]. Le syndic peut être autorisé par son contrat à externaliser cette mission.

Si tel était le cas et que l'assemblée l'y autorisait après un vote à la majorité de l'article 25 de la loi du 10 juillet 1965, la rémunération forfaitaire du syndic serait réduite d'une somme convenue entre les parties ou correspondant à la valeur de la prestation facturée au syndicat par la société d'archivage. Si l'externalisation de cet archivage devait cesser, il pourrait réintégrer le coût de cette prestation à son forfait de gestion courante[197].

## C. LA RESPONSABILITÉ DU SYNDIC

Le syndic dans l'exercice de ses missions est responsable de ses négligences ou de ses fautes tant vis-à-vis du syndicat que des copropriétaires. En tant que professionnel de la gestion d'immeuble, il est également tenu à un devoir de conseil.

### 1. La responsabilité civile du syndic envers la copropriété

La responsabilité du syndic, qu'il soit professionnel ou non, repose sur les principes du mandat[198]. Il est donc lié avec le syndicat par un contrat particulier.

Il doit répondre des fautes et négligences commises pendant sa gestion. Néanmoins, et en application de l'article 1992, alinéa 2 du Code civil, la responsabilité d'un syndic non professionnel exerçant à titre bénévole est examinée avec moins de rigueur que celle d'un syndic professionnel[199].

Pour engager sa responsabilité, le syndicat des copropriétaires, qui est son mandant, doit démontrer l'existence :

– d'une faute liée à son mandat ;

– d'un préjudice ;

– d'un lien de causalité entre ces deux éléments.

Les exemples sont légion et la jurisprudence retient régulièrement les *manquements du syndic dans l'exécution de ses missions* :

– tardiveté dans la recherche de fuites[200] ;

– retard et négligence dans la réparation du système de fermeture du garage[201] ;

– mise en cause tardive des entrepreneurs du fait de malfaçons[202] ;

– engagement tardif d'une procédure par rapport à la garantie biennale[203] ;

– non-respect du délai de convocation d'une assemblée[204] ;

– refus d'inscrire à l'ordre du jour un ordre du jour complémentaire comprenant la candidature d'un concurrent[205] ;

196 D. 1967, art. 33.
197 CE, 5 oct. 2016, n° 390465, inédit au recueil *Lebon*.
198 C. civ., art. 1992.
199 CA Paris, 19e ch. B, 19 sept. 2002 : Loyers et copr. 2003, comm. n° 53.
200 Cass. 3e civ., 12 juin 1991, n° 89-18748.
201 CA Paris, 6 juill. 2006, RG n° 05/20936.
202 Cass. 3e civ., 26 févr. 1997 : RDI 1997, p. 287.
203 Cass. 3e civ., 23 avr. 2013, n° 12-15551.
204 CA Paris, 6 mars 1992, RG 91/4292.
205 Cass. 3e civ., 12 juin 2002, n° 0020610.

– défaut d'assurance du syndicat[206] ;

– défaut de déclaration en cas de sinistre[207] ;

– imputation de charges selon une répartition différente de celle prévue au règlement [208];

– négligences graves dans l'entretien des parties communes[209] ;

– non-transfert du contrat d'abonnement eau au nom du syndicat (dans le cadre d'une VEFA)[210]...

La responsabilité du syndic peut également être engagée lorsqu'il outrepasse ses fonctions et ainsi *excède les pouvoirs qui lui sont confiés dans le cadre de sa mission* ; tel est le cas du syndic qui :

– entreprend des travaux sans autorisation de l'assemblée[211] ;

– passe une convention avec un avocat sans accord de l'assemblée[212] ;

– exécute des travaux différents de ceux votés[213] ;

– donne, aux lieu et place de l'assemblée, une autorisation aux copropriétaires[214]...

Lorsqu'il est un professionnel de la gestion immobilière, *le syndic est tenu d'un devoir de conseil et de vigilance à l'égard du syndicat* mettant notamment à sa charge une obligation d'information sur les dangers inhérents à certaines situations. Tel est le cas lorsque le syndic :

– ne vérifie pas que les entrepreneurs sont assurés[215] ;

– n'informe pas le syndicat des risques pathologiques de l'immeuble dont il est informé [216]

Néanmoins, il convient de souligner que le syndic ne peut être tenu pour responsable de l'impécuniosité du syndicat et qu'il ne peut voir sa responsabilité engagée du fait d'une décision de l'assemblée générale, celle-ci étant souveraine.

Par ailleurs, le syndic qui a tenté, durant le délai de convocation d'une assemblée devant statuer sur ce point, de trouver une solution amiable à un litige naissant ne peut être qualifié de négligent[217].

Il existe certaines circonstances dans lesquelles le syndicat ne peut plus engager la responsabilité de son syndic.

Rappelons tout d'abord que la responsabilité du syndic à l'égard du syndicat des copropriétaires est soumise à une *prescription de droit commun de 5 ans* en application des dispositions de l'article 2224 du Code civil et court à compter du jour où le syndicat aurait dû avoir connaissance ou pu avoir connaissance des faits reprochés[218].

Par ailleurs, plusieurs décisions d'assemblée empêchent le syndicat de mettre en cause la responsabilité du syndic. Il en est ainsi lorsque :

– *l'assemblée ratifie ses initiatives expressément*. Cette ratification expresse a posteriori empêche le syndicat de chercher ultérieurement querelle à son syndic pour les actes objets de la ratification ;

---

206 Cass. 3e civ., 20 juill. 1994, n° 92-17291.
207 CA Paris, pôle 4, 21 janv. 2010, n° 2010-008250.
208 Cass. 3e civ., 21 juin 2000, n° 98-18488.
209 Cass. 3e civ., 24 mars 2015, n° 13-24791.
210 Cass. 1re civ., 9 juin 2017, n° 16-15338.
211 Cass. 3e civ., 30 nov. 1971 : AJPI 1972, p. 816.
212 Cass. 3e civ., 12 juin 2002, n° 01-00865.
213 CA Dijon, 7 déc. 2010.
214 CA Paris, 4 juill. 1979 : Administrer 1981, p. 110.
215 Cass. 3e civ., 11 mars 2014, n° 13-10875.
216 CA Paris, pôle 4, ch. 2, 9 mars 2011, n° 2011-12763.
217 Cass. civ., 9 janv. 1972 : JCP 1973, 17, p. 358.
218 L. n° 2008-501, 17 juin 2008.

– lorsque *l'assemblée lui donne « quitus »*. Cette démarche est une ratification de la gestion du syndic pendant un exercice déterminé. En confiant un tel quitus, le syndicat renonce à critiquer l'exécution du mandat de son syndic durant la période en question[219].

Ce quitus ne produit un tel effet que s'il est dépourvu de réserves[220]. Par ailleurs, soulignons qu'il ne porte que sur les *actes effectivement portés à la connaissance du syndicat des copropriétaires*. Ainsi, le quitus ne peut ratifier des actes ignorés par le syndicat[221]. Pour que le quitus porte un effet plein et entier, il faut que le syndic ait apporté au syndicat une information complète et loyale[222].

## 2. La responsabilité civile du syndic envers les copropriétaires et les tiers

Les copropriétaires comme les tiers n'ont pas de lien contractuel avec le syndic. Ils ne sont pas parties au contrat de mandat le liant au syndicat. Ils ne peuvent donc chercher sa responsabilité sur ce fondement.

Le syndic engage ainsi sa responsabilité envers un tiers ou un copropriétaire sur le fondement délictuel[223] ou quasi délictuel. Il est alors nécessaire que ce tiers ou ce copropriétaire démontre avoir subi un préjudice personnel découlant directement des fautes commises par le syndic.

Tel est le cas, vis-à-vis d'un copropriétaire, lorsque le syndic :

– ne fait pas respecter le règlement de copropriété et provoque ainsi un dommage au copropriétaire[224] ;

– ne fait pas réaliser des travaux urgents nécessaires, ce qui provoque des infiltrations dans les parties privatives d'un lot[225] ;

– réclame des charges non dues à des copropriétaires [226];

– ne souscrit pas une assurance dommages-ouvrage pourtant obligatoire[227]...

*S'agissant des tiers*, les exemples sont également nombreux. Le syndic engage sa responsabilité, sur le plan délictuel, à leur égard lorsqu'il :

– communique des renseignements erronés au futur acquéreur d'un lot[228] ;

– commande des travaux à un entrepreneur sans s'être préalablement assuré d'avoir en sa possession les fonds nécessaires[229], sachant que la situation du syndicat était obérée ;

– n'a pas pris les mesures utiles pour prévenir les accidents au sein de la copropriété[230].

## 3. La responsabilité pénale du syndic

Au-delà de sa responsabilité civile, le syndic peut, à l'occasion de l'exercice de sa mission, engager sa responsabilité pénale.

219 Cass. 3e civ., 27 mars 2012, n° 11-1113.
220 CA Paris, 23e ch., 21 déc. 1988 : Loyers et copr. 1989.
221 Cass. 3e civ., 23 juin 1999 : Juris-Data, n° 1999-002686.
222 CA Caen, 9 nov. 2010, n° 2010-029358.
223 C. civ., art. 1240 et s.
224 Cass. 3e civ., 21 déc. 1988 : Loyers et copr. 1989, comm. 96.
225 CA Colmar, 2e ch., 6 mai 2004.
226 Cass. 3e civ., 12 avr. 2018, n° 17-15057.
227 Cass. 3e civ., 25 janv. 1994 : Administrer juin 1994.
228 Cass. civ., 14 juin 1967 : AJPI 1968, II, 41.
229 Cass. 3e civ., 16 mai 2001, n° 99-19838.
230 Cass. 3e civ., 23 juin 2010 : Juris-Data, n° 2010-010424.

Les infractions commises peuvent aller de l'abus de confiance[231] ou de l'escroquerie jusqu'aux blessures par imprudence, voire l'homicide causé par un défaut d'entretien des parties communes imputable aux carences du syndic.

Le syndic peut également engager sa responsabilité pénale s'il ne veille pas au simple respect de certaines réglementations spéciales et particulières notamment en matière sanitaire[232], de nuisances sonores ou d'urbanisme.

Il peut néanmoins échapper à cette responsabilité pénale s'il démontre que les moyens mis à sa disposition par le syndicat pour l'exécution de son mandat étaient insuffisants.

L'exemple le plus classique est le refus formel par l'assemblée du vote de travaux pourtant nécessaires à prévenir un dommage physique ou matériel[233].

## Section 4 Le syndic, le conseil syndical et la Covid-19

La loi du 23 mars 2020[234] d'urgence pour faire face à l'épidémie de Covid-19 a prévu, dans son article 11, *une autorisation au gouvernement de prendre par ordonnance « toute mesure provisoire [...] "d'adaptation du droit de la copropriété pour tenir compte notamment de la désignation des syndics, de l'impossibilité de réunion des assemblées générales de copropriétaires"* [...] ».

Une première ordonnance est parue le 25 mars 2020[235]. Ne répondant pas aux attentes de la pratique, cette ordonnance a *été complétée par une ordonnance du 20 mai 2020*[236], qui est venue apporter des réponses concernant les mandats des syndics et des conseils syndicaux, mais également la tenue des assemblées générales.

Ainsi, les contrats de syndics ou les mandats des conseillers syndicaux *expirés entre le 12 mars et le 23 juillet 2020 inclus* ont été automatiquement renouvelés jusqu'à la prise d'effet du nouveau contrat de syndic ou mandat désigné par la *prochaine assemblée générale qui devait impérativement intervenir avant le 31 janvier 2021*.

Parallèlement, et conscient de la difficulté de réunir des assemblées générales, le gouvernement a proposé des *mesures dérogatoires temporaires, initialement applicables jusqu'au 31 janvier 2021*, permettant aux syndics de prévoir des assemblées générales sans présence physique des copropriétaires.

Compte tenu du rebond de l'épidémie, après que le décret du 14 octobre 2020 ait permis, à partir du 17 octobre et pour un mois, l'instauration d'un couvre-feu dans plusieurs métropoles, la loi du 14 novembre 2020[237] est venue *prolonger jusqu'au 16 février 2021 l'état d'urgence sanitaire*.

Un nouveau confinement a été mis en place sur l'ensemble du territoire national à compter du 29 octobre 2020 à minuit, et ce pour une durée d'au moins 4 semaines, c'est-à-dire jusqu'au *1er décembre 2020. Il a été effectivement prolongé jusqu'au 15 décembre 2020.*

De nouvelles mesures devaient être prises en copropriété, les difficultés connues au cours du premier confinement, notamment l'interdiction des regroupements, devenant à nouveau d'actualité.

231 Cass. crim., 12 nov. 1985, n° 84-90548.
232 CA Paris, 13e ch., 25 juin 1986 : Administrer 1987, n° 175.
233 CA Grenoble, 7 mars 1987 : Administrer avr. 1988, p. 37.
234 L. n° 2020-290, 23 mars 2020.
235 Ord. n° 2020-304, 25 mars 2020.
236 Ord. n° 2020-595, 20 mai 2020.
237 L. n° 2020-1377, 14 nov. 2020.

*L'ordonnance n° 2020-1400 du 18 novembre 2020* a actualisé les mesures déjà adoptées en matière de copropriété. S'agissant des mandats des syndics et conseillers syndicaux, elle précise, en reprenant l'architecture de l'ordonnance du 20 mai 2020, que les contrats de syndics ou les mandats des conseillers syndicaux *expirés entre le 29 octobre et le 31 décembre 2020 inclus* sont automatiquement renouvelés jusqu'à la prise d'effet du nouveau contrat de syndic ou mandat désigné par la *prochaine assemblée générale, qui doit impérativement intervenir avant le 31 janvier 2021*.

Attention, ce renouvellement n'a pas eu lieu si l'assemblée générale a réussi à se prononcer sur ces deux types de mandats *avant le 19 novembre 2020*.

Depuis le 31 janvier 2021, et au jour de la rédaction du présent ouvrage, aucune nouvelle ordonnance ni aucun autre texte ne sont venus proroger à nouveau le mandat des syndics ou conseillers syndicaux.

# 2

# L'ASSEMBLÉE GÉNÉRALE DU SYNDICAT DES COPROPRIÉTAIRES

1 - La convocation à l'assemblée générale ............................ 135
2 - La tenue et la participation en assemblée générale ............. 157

Aux termes de l'article 17 de la loi du 10 juillet 1965, le syndicat des copropriétaires prend ses décisions en assemblée générale. L'assemblée générale est l'organe délibérant de la copropriété. Ses réunions rythment la vie de la copropriété.

Tout autre mode de prise de décision, *même recueillant l'accord unanime des copropriétaires*, est par principe irrégulier et n'engage pas le syndicat[1].

Néanmoins, l'ordonnance du 30 octobre 2019 a apporté à ce principe deux exceptions :

– la première concerne les petites copropriétés comptant moins de 5 lots principaux ou ayant un budget moyen de moins de 15 000 € sur les 3 dernières années. En effet, dans ces copropriétés, *les copropriétaires peuvent prendre, à l'unanimité, des décisions hors assemblée par le biais de consultations écrites ou de réunions organisées par le syndic*[2] ;

– la seconde concerne les copropriétés composées de deux copropriétaires. Dans ce cas très précis, l'ordonnance a prévu un statut très proche des règles classiques de l'indivision prévues par le Code civil. Ainsi, certaines décisions peuvent être prises, hors assemblée, par les deux copropriétaires. D'autres décisions, de simple administration, peuvent même être prises, sans forme particulière, par un seul des deux coïndivisaires.

L'ordonnance a donc entendu assouplir le statut de la copropriété afin de faciliter la prise de décision au sein de ces petites, voire très petites copropriétés.

Néanmoins, dans la majeure partie des immeubles en copropriété, cette assemblée générale prend des décisions concernant l'administration des parties communes, la conservation et l'amélioration de l'immeuble. Elle orchestre ainsi la vie de la copropriété.

Chaque syndicat des copropriétaires doit tenir *a minima une assemblée générale par an*[3].

Il est cependant fréquent que, pour des raisons de bonne administration de la copropriété, d'autres assemblées soient tenues au cours de l'année avec pour objectif de faire voter, par exemple, des travaux particuliers. La pratique qualifie ces réunions d'« assemblées générales extraordinaires » (AGE). La loi du 10 juillet 1965 n'a pas retenu cette dénomination et n'opère donc pas de distinction. La jurisprudence va même jusqu'à condamner une telle dénomination, dans la mesure où elle est de nature à induire en erreur les copropriétaires dans leur processus décisionnel[4].

*Il existe pourtant un autre type d'assemblées générales dites « spéciales ».*

Lorsque les assemblées générales ordinaires ont pour vocation de réunir l'ensemble des copropriétaires, ces assemblées spéciales ont la spécificité de ne regrouper que les seuls copropriétaires intéressés par la décision objet de la réunion.

On rencontre ces assemblées spéciales dans les cas suivants :

– scission de copropriété[5] ;

– création de syndicats secondaires[6] ;

– en présence de charges spéciales d'entretien ou de parties communes spéciales ;

1 Cass. 3e civ., 14 juin 2000 : Juris-Data, n° 2000-002551 ; Cass. 3e civ., 27 févr. 2002, n° 00-13907.
2 D. n° 2020-834, 2 juill. 2020.
3 D. 1967, art. 7.
4 CA Paris, 19e ch. B, 20 déc. 1989 : Loyers et copr. 1990.
5 L. 1965, art. 28.
6 L. 1965, art. 27.

– vente du droit de surélever un bâtiment afin de créer de nouveaux lots privatifs[7] ;

– dans un ensemble immobilier, reconstruction d'un bâtiment suite à sa destruction totale ou partielle[8].

Ces sujets étant de la compétence exclusive d'une assemblée spéciale, l'assemblée générale ne peut délibérer sur les questions qui y sont relatives. En dehors de ces hypothèses, la tenue d'une assemblée « spéciale » est contraire à l'ordre public et entraîne la nullité des décisions qui seraient prises.

L'article 22 de la loi du 10 juillet 1965 précise que les règles de fonctionnement et les pouvoirs des assemblées générales sont fixés par le règlement de copropriété. Cependant, les règles relatives aux assemblées générales contenues dans la loi du 10 juillet 1965 et son décret du 17 mars 1967 sont impératives et d'ordre public. Les règlements de copropriété ne peuvent donc y déroger et les clauses contraires qu'ils peuvent contenir doivent être réputées non écrites.

Une assemblée générale se déroule en trois phases : sa convocation, sa tenue et ses suites. Chacune de ces phases répond à un formalisme strict.

7 L. 1965, art. 35.
8 L. 1965, art. 38.

Chapitre I

# LA CONVOCATION À L'ASSEMBLÉE GÉNÉRALE

## Section I L'initiative de la convocation

### I. Le syndic : auteur institutionnel de la convocation

L'article 7 du décret du 17 mars 1967 précise que le *syndic* est l'auteur de droit de la convocation. Il est donc maître de l'opportunité, du moment et du contenu de cette convocation.

Néanmoins, depuis le décret du 20 avril 2010[1], l'ordre du jour de l'assemblée générale doit être établi en concertation avec le conseil syndical. Ce texte n'a cependant prévu aucune sanction à l'absence d'une telle concertation.

En outre, depuis le 4 juillet 2020, le syndic a l'obligation d'*afficher* dans la *copropriété*, et dans un délai raisonnable, la *date* de la prochaine assemblée ainsi que la possibilité offerte aux *copropriétaires* de solliciter l'inscription d'une ou plusieurs questions à l'ordre du jour[2].

Cette formalité est également prévue sans qu'elle soit prescrite à peine de nullité de l'assemblée générale.

Pour que le syndic use légitimement de ce pouvoir, encore faut-il qu'il soit en fonction lors de l'envoi de la convocation[3], et non de sa réception par les copropriétaires. Si à l'inverse son mandat se termine avant l'envoi, par ses soins, des convocations, les décisions prises au cours de l'assemblée sont judiciairement annulables[4].

Ce pouvoir a des limites. Le syndic n'a pas à se faire juge l'opportunité de cette convocation si une demande formelle lui est adressée par :

– le conseil syndical ;

– un ou plusieurs copropriétaires représentant au moins *25 % des tantièmes* (le règlement de copropriété pouvant prévoir une proportion moindre). Dans ces circonstances, la convocation devient de droit et le syndic n'y déferrant pas engage sa responsabilité. Cependant, pour que le syndic puisse faire droit à cette demande, encore faut-il qu'elle soit formulée par courrier recommandé ou recommandé électronique et qu'elle comporte un ordre du jour complet ainsi que les pièces annexes s'y rapportant ;

1 D. n° 2010-371, 20 avr. 2010.
2 D. 1967, art. 9.
3 Cass. 3e civ., 19 oct. 2017, n° 16-24646.
4 Cass. 3e civ., 12 sept. 2006 : Loyers et copr. 2006, comm. 205.

– un ou plusieurs copropriétaires sur des questions relatives à leurs droits et obligations.

L'ordonnance du 30 octobre 2019 a ajouté à la loi du 10 juillet 1965 un nouvel article 17-1 AA permettant à tout copropriétaire de solliciter du syndic la convocation et la tenue, à ses frais, d'une assemblée générale ayant pour unique ordre du jour une ou plusieurs questions ne concernant que ses droits ou obligations.

Les précisions attendues permettant son application pratique ont été apportées par le décret du 2 juillet 2020[5]. Ce décret a ajouté un nouvel article 8-1 au décret du 17 mars 1967, qui précise désormais que :

– la demande faite par un ou plusieurs copropriétaires doit être notifiée par LRAR ou LRE) au syndic et doit *préciser la ou les questions dont l'inscription à l'ordre du jour est demandée* ;

– elle doit comprendre un *projet de résolution pour chaque question* et être *accompagnée des documents obligatoires* prévus à l'article 10, alinéa 2 (document précisant l'implantation et la consistance des travaux) et à l'article 11, I, 3 (conditions essentielles du contrat...) ;

– si l'assemblée est convoquée à la demande de plusieurs copropriétaires, ils doivent *préciser la répartition des frais et honoraires entre eux* ; à défaut, les frais sont répartis entre eux à parts égales ;

– *dans les 15 jours qui suivent cette notification*, le syndic informe le ou les demandeurs des frais prévisionnels et de ses honoraires ;

– si ceux-ci en acceptent le coût, il convoque l'assemblée, qui se tiendra *dans le délai de 45 jours suivant le paiement de ces frais et honoraires*.

Il convient de souligner que l'assemblée convoquée dans de telles circonstances *ne peut avoir d'autre ordre du jour que celui fixé par les demandeurs*[6].

Par ailleurs, ces dispositions ne s'appliquent qu'aux assemblées générales de copropriétaires *tenues depuis le 31 décembre 2020*.

## II. Le président du conseil syndical : faire face au syndic défaillant ou empêché

Le président du conseil syndical, s'il en existe un, peut convoquer l'assemblée générale dans deux circonstances :

– *si le syndic ne défère pas à la demande qui lui a été formulée* par le conseil syndical ou un ou plusieurs copropriétaires représentant 25 % des tantièmes[7]. Le président du conseil syndical peut alors convoquer l'assemblée générale après que soit restée infructueuse pendant un délai de *8 jours* une mise en demeure adressée au syndic. Il est cependant nécessaire que les conditions sus-évoquées soient strictement respectées à peine de nullité des résolutions en découlant[8]. Dans ces deux circonstances, l'article 8 du décret du 17 mars 1967 impose que la convocation soit notifiée au syndic. L'absence de cette formalité n'est pas de nature à entacher de nullité les résolutions votées au cours de l'assemblée[9] ;

– *en cas d'empêchement du syndic*[10]. Un syndic empêché est dans l'impossibilité d'accomplir sa mission pour des raisons indépendantes de sa volonté telles que la maladie, un accident, la perte de

5 D. n° 2020-834, 2 juill. 2020.

6 D. 1967, art. 10.

7 D. 1967, art. 8.

8 Cass. 3e civ., 14 janv. 1998, n° 96-12513.

9 CA Paris, 23e ch. B, 24 mars 2005 : Loyers et copr. 2005, comm. n° 182.

10 Apport de L. n° 2015-990, 6 août 2015 (loi *Macron*) à D. 1967, art. 8, al. 2.

garantie financière ou de carte de gestion, sa liquidation judiciaire... Dans de telles circonstances, depuis la loi *ALUR* du 24 mars 2014, le président du conseil syndical peut convoquer une assemblée générale dont l'unique ordre du jour sera la désignation d'un nouveau syndic[11]. Notons que le texte octroyant ce pouvoir au président ne le subordonne pas à une mise en demeure préalable demeurée infructueuse.

## III. La convocation par tout copropriétaire

Un copropriétaire peut convoquer une assemblée générale dans trois circonstances :

– *si le syndic ne défère pas aux demandes formulées par un ou plusieurs copropriétaires représentant 25 % des tantièmes et si la copropriété est dépourvue de conseil syndical ou si ce conseil syndical n'est pas constitué* ;

– *si le président du conseil syndical ne se substitue pas au syndic qui ne ferait pas droit à une légitime demande*. Dans ces circonstances, le ou les copropriétaires doivent avoir préalablement notifié les mises en demeure au syndic et au président du conseil syndical. Ces mises en demeure doivent avoir été infructueuses pendant un délai de 8 jours. À défaut de telles mises en demeure, la démarche entamée est irrecevable[12].

L'absence de réaction du syndic ou du président du conseil syndical ne permet pas au copropriétaire de convoquer directement l'assemblée ; *il doit, pour ce faire, être habilité judiciairement*. L'article 50 du décret du 17 mars 1967 précise en effet qu'une fois ce délai passé, le ou les copropriétaires intéressés peuvent saisir le président du tribunal judiciaire du lieu de situation de l'immeuble par une assignation en référé aux fins d'être autorisés à convoquer l'assemblée générale. Cette assignation peut être formée par tout copropriétaire ; *elle ne se limite donc pas uniquement aux copropriétaires ayant été à l'origine de la demande de convocation restée infructueuse*. Elle est délivrée au syndic en son nom personnel, et le cas échéant au président du conseil syndical. Ce processus doit impérativement être respecté[13] car, de jurisprudence constante, les résolutions votées au cours d'une assemblée convoquée par un copropriétaire qui n'est pas président du conseil syndical et qui n'a pas été habilité judiciairement à une telle tâche sont annulables[14].

Dans sa décision, le juge peut habiliter un copropriétaire afin qu'il convoque l'assemblée générale ou peut, s'il le juge plus opportun, désigner un mandataire de justice ayant une mission similaire. Une fois désigné, le copropriétaire doit notifier sa convocation au syndic en exercice sans que cette formalité soit considérée comme substantielle ;

– *en cas de carence de syndic*[15], *lorsque la copropriété est dépourvue de syndic*. Depuis la loi *Macron* du 6 août 2015[16], l'article 17 de la loi du 10 juillet 1965 précise que lorsque le syndicat est dépourvu de syndic, pour toutes autres raisons que l'absence de prise de décision au sein d'une assemblée réunie à l'effet de désigner un syndic, « l'assemblée générale peut être convoquée par tout copropriétaire, aux fins de nommer un syndic ». Tel est par exemple le cas du syndic n'ayant pas convoqué une assemblée préalablement à la fin de son mandat.

L'ordre du jour de cette assemblée doit porter uniquement sur la question de la désignation d'un syndic. À défaut d'une telle convocation, les dispositions de l'article 47 du décret du 17 mars 1967 deviennent alors applicables.

11 L. 1965, art. 18.
12 CA Paris, 19 janv. 2001, n° 2000/17760.
13 CA Paris, 14e ch. B, 4 avr. 2008 : AJDI 2008, p. 777.
14 CA Paris, pôle 4, 20 nov. 2013, n° 13/02833.
15 D. 1967, art. 47 modifié par L. n° 2015-990, 6 août 2015 (loi *Macron*).
16 L. n° 2015-990, 6 août 2015.

# IV. Conséquences d'une convocation émise par un auteur irrégulier

Une convocation émise par une personne qui n'est pas habilitée, légalement ou judiciairement, est *irrégulière* et entraîne la *nullité des résolutions votées au cours de l'assemblée générale*[17].

Tel est le cas de l'assemblée convoquée par :

– un syndic hors mandat[18] ;

– un copropriétaire qui n'est pas président du conseil syndical et qui n'a pas été habilité par le juge[19] ;

– un président du conseil syndical qui n'a pas respecté le processus prévu à l'article 8 du décret du 17 mars 1967[20] ;

– un tiers à la copropriété...

Il convient de retenir que lorsque la convocation a été expédiée, même irrégulièrement, elle ne peut être annulée[21]. La contestation judiciaire des décisions prises devient donc une nécessité.

Il a cependant été retenu que l'irrégularité grave d'une convocation pouvait s'analyser en un trouble manifestement illicite permettant au juge des référés, sur la base de l'article 835 du Code de procédure civile, d'en proscrire la tenue[22].

La contestation judiciaire de ces décisions doit impérativement intervenir dans le délai de 2 mois à compter du lendemain de la première présentation de la notification du procès-verbal de l'assemblée générale ; à défaut, cette irrégularité est couverte[23].

La présence à l'assemblée générale du copropriétaire irrégulièrement convoqué ne purge pas son droit de recours ; il doit simplement *avoir la qualité d'opposant aux résolutions contestées*, et ce conformément aux dispositions de l'article 42 de la loi du 10 juillet 1965[24].

La copropriétaire qui entend contester les résolutions votées au cours de cette assemblée irrégulièrement convoquée n'a pas à justifier d'un quelconque grief ou préjudice.

L'irrégularité de la convocation à une assemblée générale devant désigner le syndic est de nature à priver cet organe du pouvoir de convoquer les assemblées suivantes. En effet, *l'annulation du mandat de syndic a pour effet de rendre annulables toutes les assemblées qu'il a convoquées*. Il est néanmoins nécessaire qu'un recours soit exercé contre chacune d'entre elles dans les formes et délais prévus par l'article 42 de la loi du 10 juillet 1965[25].

Le défaut de qualité du convoquant demeure source d'un important contentieux.

---

17 Cass. 3e civ., 7 avr. 2004, n° 02-14496.
18 Cass. 3e civ., 12 sept. 2006 : Loyers et copr. 2006, comm. 205.
19 CA Paris, pôle 4, 20 nov. 2013, n° 13/02833.
20 Cass. 3e civ., 30 mars 1989 : Rev. loyers 1989, p. 221.
21 Cass. 3e civ., 22 mai 1990, n° 88-16191.
22 TGI Paris, 19 janv. 2004 : Administrer avr. 2004, p. 48.
23 L. 1965, art. 42 ; Cass. 3e civ., 13 nov. 2013, n° 12-12084.
24 Cass. 3e civ., 3 déc. 2002, n° 01-02444.
25 Cass. 3e civ., 30 janv. 2007 : Loyers et copr. 2007, comm. 83.

## Section 2 Les formes de la convocation et la notification en copropriété

Les formes de notification en copropriété sont imposées par les articles 64 et suivants du décret du 17 mars 1967. Cet article, d'ordre public, prévoyait initialement que « toutes les notifications et mises en demeure prévues par la loi du 10 juillet 1965 et le présent décret [du 17 mars 1967] sont valablement faites par lettre recommandée avec demande d'avis de réception ».

La *lettre recommandée avec avis de réception* (LRAR) demeure donc le mode classique et imposé de notification et de mise en demeure en copropriété. Elle concerne, par exemple :

– la mise en demeure adressée par le nouveau syndic à l'ancien syndic en vue de la transmission des archives et pièces du syndicat[26] ;

– la mise en demeure préalable à la procédure accélérée en recouvrement de charges et provisions[27] ;

– la communication du procès-verbal de l'assemblée aux copropriétaires opposants ou défaillants[28];

– le courrier préalable à la réalisation de travaux d'intérêt collectif affectant des parties privatives[29] ;

– la demande d'inscription d'un ordre du jour complémentaire formulée par un copropriétaire[30] ;

– la mise en demeure adressée par le président du conseil syndical au syndic dans le cadre d'une convocation d'assemblée[31].

Parallèlement, et dans un but évident d'économie pour la copropriété, ce même texte prévoyait, dans les cas particuliers des *convocations à l'assemblée générale* et de l'*avis par lequel le syndic informe les copropriétaires des procédures judiciaires concernant le syndicat*[32], que leurs notifications étaient valablement faites par une *remise contre récépissé ou émargement*, c'est-à-dire en main propre. Cette option demeure une dérogation au principe du recommandé et *ne s'applique à aucune autre notification en copropriété*[33].

Depuis la loi *ALUR* du 24 mars 2014[34] et son décret d'application du 21 octobre 2015[35], les recours à la *communication électronique et à la lettre recommandée électronique* ont été autorisés en copropriété. L'emploi de cette technique moderne, devenu un impératif de notre temps, a récemment été modifié par des décrets du 27 juin 2019[36] et du 2 juillet 2020[37].

Ainsi, *la convocation peut désormais être* :

– notifiée par courrier recommandé avec accusé de réception ;

– remise contre émargement ;

– notifiée par lettre recommandée électronique ou équivalent.

---

26 L. 1965, art. 18-2.
27 L. 1965, art. 19-2.
28 L. 1965, art. 42.
29 L. 1965, art. 9.
30 D. 1967, art. 10.
31 D. 1967, art. 8.
32 D. 1967, art. 59.
33 CA Paris, ch. 23 B, 1er févr. 2001 : Revue des loyers 2001, p. 189.
34 L. n° 2014-366, 24 mars 2014.
35 D. n° 2015-1325, 21 oct. 2015.
36 D. n° 2019-650, 27 juin 2019.
37 D. n° 2020-834, 2 juill. 2020.

La signification par huissier est acceptée par la jurisprudence si les circonstances le justifient[38], mais *toute autre forme est irrégulière.*

Il existe cependant une exception majeure aux dispositions de l'article 64 du décret du 17 mars 1967 : l'opposition sur vente de lot formulée par le syndic dans le cadre de l'article 20 de la loi du 10 juillet 1965. Cette opposition doit impérativement être faite par acte extrajudiciaire, c'est-à-dire par le biais d'un huissier de justice. L'emploi d'une autre forme par le syndic a pour conséquence de rendre inexistante son opposition et ainsi de priver le syndicat de son droit. Le syndic pourrait voir sa responsabilité engagée.

# I. Les formes classiques de la convocation

Les formes traditionnelles de la convocation sont donc la lettre recommandée avec accusé de réception et la *remise contre émargement.*

La convocation ne peut donc se faire par lettre simple, par affichage dans les parties communes[39] ou par courrier recommandé sans avis de réception[40].

Une remise contre émargement ou récépissé est une remise en main propre. Il est essentiel, afin de prévenir tout contentieux, de contrôler strictement l'identité de la personne destinataire préalablement à sa signature du bordereau d'émargement ou du récépissé.

Il en découle donc que cette remise contre émargement ne peut résulter d'une invitation à retirer la convocation à la loge du concierge[41] ou d'un avis déposé en boîtes aux lettres[42].

# II. La dématérialisation de la convocation

Cette dématérialisation est l'un des apports majeurs au statut de la copropriété de la loi *ALUR* et de son décret du 21 octobre 2015.

Ce dernier décret[43] consacre :

– la disparition de la controversée notification par fax/télécopie ;

– l'avènement de la lettre recommandée électronique (LRE).

Depuis le 24 octobre 2015, les syndics de copropriété peuvent en effet expédier leurs documents par voie électronique. Cette opportunité est ouverte pour toutes les notifications et mises en demeure prévues en copropriété par la loi du 10 juillet 1965, *notamment la convocation à l'assemblée générale*.

Sous réserve de l'accord exprès des copropriétaires concernés dûment consigné dans le registre des procès-verbaux, la convocation (comme les autres notifications) peut être expédiée par LRE. Cet acheminement est confié à un tiers prestataire de lettre recommandée électronique usant d'un processus certifié garantissant l'identité du destinataire et de l'expéditeur.

Ces premiers textes ont été modifiés par les décrets du 27 juin 2019 et du 2 juillet 2020, qui ont ajouté au décret du 17 mars 1967 les articles 64-1 à 64-9.

38 CPC, art. 651.
39 CA Paris, 23e ch. A, 3 mars 1999 : Administrer juin 2000, p. 57.
40 CA Paris, 31 mai 1983 : Administrer avr. 1984, p. 41.
41 TGI Paris, 29 oct. 1976 : D. 1987, IR, 120.
42 CA Paris, 25 sept. 1982 : D. 1983, IR, 460.
43 Complété par D. n° 2018-347, 9 mai 2018.

Ainsi, depuis le 4 juillet 2020, lorsque la copropriété est dotée d'un espace en ligne sécurisé, la notification des documents devant être joints à la convocation peut, sous réserve de l'accord exprès du copropriétaire, *valablement résulter d'une mise à disposition dans un espace du site dont l'accès est réservé aux copropriétaires*. La convocation doit *préciser expressément* que ces documents sont accessibles en ligne et la durée de leur mise à disposition.

Cette nouvelle disposition va permettre une économie majeure en matière de convocation, notamment dans les copropriétés de taille importante.

S'agissant plus précisément des notifications et mises en demeure par voie électronique, le décret du 27 juin 2019 a prévu que *l'accord exprès du copropriétaire sur la dématérialisation peut préciser s'il porte sur les notifications, les mises en demeure ou les deux*. Gageons que cette nouvelle subtilité va être source de contentieux.

Le régime de cette dématérialisation des notifications et mises en demeure en copropriété est désormais régi par les nouveaux articles 64-2 à 64-9 du décret du 17 mars 1967 :

– les notifications et mises en demeure peuvent être faites soit par lettre recommandée électronique[44], soit au moyen d'un procédé électronique mis en œuvre par l'intermédiaire d'un prestataire de service de confiance qualifié et garantissant l'intégrité des données ainsi que la sécurité et la traçabilité des communications. La LRE étant une marque déposée des services postaux français, une saine mise en concurrence s'imposait ;

– le délai que les notifications et mises en demeure par voie électronique font courir a pour point de départ *le lendemain de la transmission, par le prestataire de service de confiance qualifié, de l'avis électronique informant le destinataire d'un envoi électronique* ;

– si un prestataire de service de confiance est choisi, chaque copropriétaire concerné est *informé au moins 15 jours avant le premier envoi* effectué par ce moyen. L'absence d'une telle formalité n'est *pas sanctionnée* ;

– le copropriétaire *peut à tout moment retirer son accord exprès par courrier AR, LRE ou en cours d'assemblée*. Si cette décision est formulée lors de l'assemblée générale, le syndic en fait mention sur le procès-verbal. Cette décision prend effet le lendemain du *8e jour* suivant la réception par le syndic de l'information ;

– le prestataire de service délivre à l'expéditeur un récépissé du dépôt électronique de l'envoi ainsi qu'un justificatif de la transmission de l'envoi par ses soins au destinataire, qui précise :

- le nom et le prénom ou la raison sociale de l'expéditeur, ainsi que son adresse électronique,
- le nom et le prénom ou la raison sociale du destinataire, ainsi que son adresse électronique,
- un numéro d'identification unique de l'envoi attribué par le prestataire,
- la liste des pièces remises par l'expéditeur en vue de leur envoi,
- la date et l'heure du dépôt électronique de l'envoi ainsi que celles de la transmission au destinataire de l'envoi, indiquées par un horodatage électronique qualifié,
- la signature électronique et le cachet électronique ;

– un avis électronique est adressé au destinataire par le prestataire de service afin de l'informer qu'un envoi électronique lui a été transmis. Cet avis comporte :

- le nom de l'expéditeur de l'envoi électronique,
- l'objet de l'envoi électronique,
- un lien hypertexte invitant le destinataire à télécharger le contenu de l'envoi adressé par l'expéditeur, disponible pendant au moins 21 jours à compter de la transmission de l'avis électronique,
- la reproduction de la mention suivante : « En application du second alinéa de l'article 64-2 du décret n° 67-223 du 17 mars 1967, le délai que les notifications et mises en demeure par voie

44 CPCE, art. R. 53 à R. 53-4.

électronique font courir a pour point de départ le lendemain de la transmission de l'avis électronique au destinataire. Pour le présent envoi, la date de transmission est le : [date à préciser] » ;

– un message de rappel est adressé *après un délai de 48 h* par le prestataire si aucun téléchargement n'est intervenu. Ce message n'a aucun effet sur la computation des délais.

Le courriel d'information comporte désormais des mentions obligatoires et surtout l'identification de l'envoyeur.

Le prestataire de service doit conserver pendant une année l'ensemble des informations qu'il a collecté.

## Section 3 Les délais de la convocation

# I. Les délais légaux ou conventionnels : 21 jours et plus

Le principe est posé par l'article 9 du décret du 17 mars 1967 : le délai devant s'écouler entre la convocation et la tenue de l'assemblée est d'*au minimum 21 jours*. Ce délai peut être *plus long* si le règlement de copropriété le stipule expressément[45]. Cette stipulation doit alors être strictement respectée à peine de nullité. Ce même délai doit s'appliquer en cas de notification informant les copropriétaires d'un éventuel changement de lieu de l'assemblée convoquée[46].

Si ce délai n'est pas respecté du fait d'un envoi tardif de la convocation, la nullité des résolutions votées est encourue[47]. Peu importe que ce retard soit imputable aux services postaux[48] ou qu'il ne soit que d'une simple journée[49].

Une nouvelle fois, cette irrégularité ne peut être invoquée que par le copropriétaire qui en est la victime sans qu'il ait à justifier d'un quelconque grief[50].

S'il entend contester les décisions prises au cours de l'assemblée sur ce motif, il doit néanmoins agir dans les 2 mois de la notification du procès-verbal[51]. Sa présence à l'assemblée ne régularise pas la convocation, mais il ne peut contester que les décisions auxquelles il s'est opposé[52].

*Néanmoins, ce délai peut être réduit dans deux cas : l'urgence et la catastrophe technologique.*

### A. L'URGENCE

Une situation particulière affectant le syndicat peut imposer qu'une décision soit prise en urgence. Le délai de 21 jours est difficilement compatible avec de tels impératifs. Pour cette raison, l'article 9 précise que ce délai de 21 jours est prescrit « sauf urgence ».

45 Cass. 3e civ., 19 déc. 2007, n° 07-13703.
46 Cass. 3e civ., 26 juin 2002, n° 00-22557.
47 Cass. 3e civ., 19 déc. 2007, n° 07-13703.
48 CA Paris, 23e ch. B, 6 sept. 2001 : Loyers et copr. 2002.
49 Cass. 3e civ., 19 avr. 1972, n° 71-14032.
50 Cass. 3e civ., 17 avr. 1991, n° 89-19290.
51 L. 1965, art. 42.
52 CA Paris, 23e ch. B, 1er déc. 1993, RG n° 92/13398.

Tel peut être le cas de décisions devant être prises pour assurer la sauvegarde matérielle ou juridique de l'immeuble :

– travaux en cas de fuite[53] ;

– travaux de sécurisation de l'immeuble[54] ;

– travaux devant permettre d'assurer l'alimentation en eau de l'immeuble[55] ;

– travaux de remplacement d'une chaudière en panne en plein hiver[56] ;

– habilitation à donner au syndic afin d'agir en justice contre les intervenants à l'opération de construire, le délai d'épreuve décennale arrivant à son terme ;

– ratification d'une offre transactionnelle ayant une durée de validité de 8 jours[57]...

Les motifs justifiant cette réunion urgente sont nombreux, il appartient au syndic d'apprécier cette urgence et de déterminer si elle justifie une telle atteinte aux droits de copropriétaires. Le délai de 21 jours a, en effet, été prévu comme un délai de réflexion leur permettant de voter de manière éclairée en pleine connaissance de cause.

Cette urgence doit donc être justifiée par le syndic et ne peut s'apparenter à une *simple convenance ou commodité*. N'a ainsi pas été assimilé à une situation urgente le renouvellement du mandat du syndic[58].

*En matière d'urgence, le statut de copropriété ne prévoit pas de délai minimum devant être respecté*. Le syndic reste donc seul juge, mais il doit néanmoins s'assurer que les copropriétaires ont été suffisamment informés pour voter de manière éclairée.

On peut ainsi tout à fait admettre que dans une petite copropriété, les convocations soient remises contre émargement le matin pour une assemblée urgente se tenant l'après-midi.

*Attention, l'ordre du jour de cette assemblée ne peut porter que sur des questions relatives à l'urgence*. Si d'autres questions non urgentes devaient être portées à l'ordre du jour, ces dernières pourraient être annulées par le tribunal[59].

En tout état de cause, il appartient au juge, en cas de litige, d'apprécier la réalité de cette urgence. L'examen du juge porte sur la réelle nécessité d'une telle violation à l'ordre public de la loi du 10 juillet 1965 et s'attache à vérifier, au cas par cas, le respect des droits des copropriétaires.

## B. LA CATASTROPHE TECHNOLOGIQUE

Suite à l'explosion de l'usine AZF, terrible catastrophe du 21 septembre 2001, le législateur a entrepris de dresser une cartographie des zones présentant un risque pour les personnes et pour les biens.

Dans ce contexte, la loi du 30 juillet 2003[60] est venue ajouter à la loi du 10 juillet 1965 un article 38-1 qui permet, en cas de catastrophe technologique, au syndic d'un immeuble dont les parties communes ont été endommagées de convoquer dans les 15 jours de la catastrophe une assemblée devant statuer sur les travaux urgents de remise en état.

Cette assemblée doit se tenir dans les 2 mois de la catastrophe.

---

53 Cass. 3e civ., 1er avr. 1992.

54 TGI Paris, 25 juin 1980 : Rev. loyers 1981, p. 273.

55 CA Paris, 14e ch. B, 1er févr. 2002 : Loyers et copr. 2002, comm. 165.

56 TGI Paris, 12 oct. 1974 : D. 1976, IR, p. 72.

57 CA Paris, 16 janv. 2003 : Administrer juill. 2003, p. 43.

58 CA Paris, 23e ch. B, 18 janv. 2001, n° 1999/16794 AJDI 2001, p. 615.

59 CA Paris, pôle 4, 2e ch., 27 oct. 2010 : Administrer janv. 2011, p. 58.

60 L. n° 2003-699, 30 juill. 2003.

### C. L'ANCIENNE PASSERELLE DE L'ARTICLE 25-1 DE LA LOI DU 10 JUILLET 1965

Antérieurement à sa modification par l'ordonnance du 30 octobre 2019, l'article 25-1 prévoyait que si l'assemblée n'avait pu se prononcer à la majorité de l'article 25 et que le projet de résolution n'avait pas obtenu au moins un tiers de voix du syndicat, l'assemblée pouvait être « reconvoquée » par le syndic dans un délai maximal de 3 mois afin qu'il soit statué à nouveau, à la majorité de l'article 24, sur les questions posées.

Cette « passerelle » permettait donc au syndic de convoquer une assemblée générale sans respecter le délai de 21 jours posé par l'article 9.

*Depuis le 1er juin 2020, cette passerelle a purement et simplement été supprimée de l'article 25-1, si bien que cette « reconvocation » à délai réduit n'est plus possible.*

## II. Point de départ et computation des délais

Le délai minimum légal entre la convocation et la tenue de l'assemblée est donc de 21 jours pleins. Attention, ce délai n'est pas respecté si l'assemblée se tient le 21e jour après la convocation[61].

Il est évident que le point de départ et la computation de ce délai diffèrent en fonction du mode de remise de la convocation.

### A. CONVOCATION PAR COURRIER RECOMMANDÉ AVEC AVIS DE RÉCEPTION

L'article 64 du décret du 17 mars 1967 précise clairement que le délai que fait courir une notification faite par lettre recommandée avec demande d'avis de réception « a pour point de départ le lendemain du jour de la première présentation de la lettre recommandée au domicile du destinataire ».

Cette précision, apportée au décret par un décret du 4 avril 2000[62], a permis de mettre un terme à un important contentieux. Préalablement à ce texte, le délai commençait à courir à compter de la réception effective du courrier par son destinataire. Un copropriétaire mal intentionné, voulant faire échec à l'assemblée, pouvait ainsi simplement refuser le recommandé ou ne pas aller le retirer au bureau de poste.

Le syndic doit s'assurer que la liste des copropriétaires qu'il détient est à jour. Rappelons qu'en cas de changement de domicile, il appartient au copropriétaire de notifier sa nouvelle adresse à son syndic, *faute de quoi la notification de la convocation est régulièrement faite au dernier domicilie indiqué au syndic*[63]. Le copropriétaire ne peut pas se plaindre judiciairement et ainsi soulever l'irrégularité de la convocation[64].

Par ailleurs, le syndic doit être particulièrement vigilant et tenir compte du lieu de résidence de ses copropriétaires. En effet, depuis le 1er avril 2007[65], le copropriétaire résidant à l'étranger n'a plus l'obligation d'élire domicile en France et de notifier au syndic une adresse en France pour recevoir

61 Cass. 3e civ., 19 déc. 2007, n° 07-13703.
62 D. n° 2000-293, 4 avr. 2000.
63 D. 1967, art. 65.
64 CA Paris, pôle 4, 2e ch., 18 oct. 2017, n° 15/17009.
65 D. n° 2007-285, 1er mars 2007.

ses notifications et mises en demeure. Ainsi, si des copropriétaires résident à l'étranger, le syndic doit envisager un délai de convocation plus long afin de garantir le respect des dispositions de l'article 9 du décret du 17 mars 1967.

## B. CONVOCATION REMISE PAR ÉMARGEMENT OU CONTRE RÉCÉPISSÉ

Si la convocation est remise contre émargement ou récépissé, le délai de l'article 9 du décret du 17 mars 1967 part du jour de l'émargement[66]. Il est donc essentiel que le syndic s'assure d'obtenir cette signature et qu'elle émane de la personne ayant réellement la qualité de copropriétaire ou de son mandataire officiel.

## C. CONVOCATION PAR COURRIER RECOMMANDÉ ÉLECTRONIQUE

L'article 64-2 du décret du 17 mars 1967 précise que « Le délai que les notifications et mises en demeure par voie électronique font courir a pour point de départ le lendemain de la transmission, par le prestataire de service de confiance qualifié, de l'avis électronique informant le destinataire d'un envoi électronique. »

## D. COMPUTATION DES DÉLAIS

Les délais en copropriété, qu'ils soient liés à la convocation ou à toute autre notification, sont soumis aux règles posées par les articles 641 et 642 du Code de procédure civile.

Selon l'article 641 :

« Lorsqu'un délai est exprimé en jours, celui de l'acte, de l'événement, de la décision ou de la notification qui le fait courir ne compte pas.

Lorsqu'un délai est exprimé en mois ou en années, ce délai expire le jour du dernier mois ou de la dernière année qui porte le même quantième que le jour de l'acte, de l'événement, de la décision ou de la notification qui fait courir le délai. À défaut d'un quantième identique, le délai expire le dernier jour du mois.

Lorsqu'un délai est exprimé en mois et en jours, les mois sont d'abord décomptés, puis les jours. »

L'article 642 précise, quant à lui :

« Tout délai expire le dernier jour à vingt-quatre heures.

Le délai qui expirerait normalement un samedi, un dimanche ou un jour férié ou chômé est prorogé jusqu'au premier jour ouvrable suivant. »

Par exemple, si la première présentation d'une convocation a été faite le 16 avril, le délai de 21 jours débutera le 17 avril pour se terminer le 7 mai à minuit. L'assemblée pourra donc se tenir à compter du 8 mai. Le 8 mai étant un jour férié, cette date sera automatiquement reportée au jour ouvrable suivant.

La question du délai de la convocation reste à l'origine d'un important contentieux.

66 Cass. 3e civ., 23 janv. 1979, n° 77-15315.

## Section 4 Les destinataires de la convocation

Le principe est simple et légitime : « Tous les copropriétaires doivent être convoqués aux assemblées générales, et ce sans exception[67], même ceux dont les lots n'ont pas encore été livrés[68]. »

L'oubli d'un seul copropriétaire peut justifier l'annulation des résolutions votées au cours de l'assemblée[69], et ce sans que la présence dudit copropriétaire puisse permettre la régularisation de cet oubli[70]. *Néanmoins, seul le copropriétaire oublié peut contester l'assemblée sur ce motif*[71].

Une exception évidente à ce principe de l'universalité de la convocation demeure cependant, il s'agit des *assemblées spéciales*. Rappelons que ces assemblées spéciales ont la spécificité de ne regrouper, dans de très rares cas (scission de copropriété, création de syndicat secondaire, parties communes spéciales...), que *les seuls copropriétaires intéressés par la décision objet de la réunion*. Seuls ces copropriétaires ayant un intérêt à la question évoquée sont, en toute logique, convoqués à cette assemblée.

Attention, la convocation d'assemblées générales improprement qualifiées de « spéciales », hors les cas spécifiquement visés par le statut, discriminant certains copropriétaires au profit d'autres considérés comme « concernés » est illégale. Les résolutions en découlant sont annulables.

Il existe cependant certaines difficultés tenant à la qualité ou la situation des copropriétaires devant être convoqués.

# I. Les époux

Convoquer des époux implique de s'attarder sur leur régime matrimonial et le mode d'acquisition du lot :

– *si le lot fait partie de la communauté des époux*, il est recommandé d'adresser la convocation au nom des deux époux. Néanmoins, la convocation adressée à M. et/ou M$^{me}$ est considérée comme régulière par la jurisprudence[72] ;

– *si, par contre, le lot appartient en propre à l'un des deux époux*, la convocation adressée à l'autre est irrégulière[73].

Enfin, les époux séparés de bien peuvent avoir acquis ensemble un lot de copropriété. Dans de telles circonstances, les règles relatives à la convocation d'une indivision s'appliquent.

# II. L'indivision ou l'usufruit

Dans le cas d'un démembrement de la propriété, l'article 23 de la loi du 10 juillet 1965 imposait la désignation d'un mandataire devant représenter le démembrement, quelle que soit sa nature. *C'est ce mandataire qui devait être convoqué aux assemblées générales*. À défaut de désignation spontanée, le syndic pouvait faire procéder à une désignation judiciaire.

67 Cass. 3e civ., 16 nov. 1988, n° 87-16671.
68 Cass. 3e civ., 16 mai 2001, n° 99-17617.
69 Cass. 3e civ., 7 juill. 1999, n° 97-19799.
70 CA Paris, 23e ch., 16 janv. 2003 : AJDI 2003, p. 203.
71 Cass. 3e civ., 14 nov. 2007, n° 06-16392.
72 Cass. 3e civ., 19 déc. 2007, n° 07-13703.
73 TGI Paris, 20 mars 1976. Ord. n° 2019-1101, 30 oct. 2019.

L'article 23 de la loi du 10 juillet 1965 a été modifié par l'ordonnance du 30 octobre 2019[74]. Sa nouvelle rédaction opère une distinction entre l'indivision qui suit le sort sus-évoqué, l'usufruit et les autres démembrements. Ainsi :

– *en cas d'indivision*, un mandataire commun doit être désigné d'un commun accord. À défaut d'accord, le recours au juge est nécessaire ;

– *en cas d'usufruit*, si les intéressés n'ont pas désigné de mandataire commun, ils sont désormais représentés par le *nu-propriétaire*. Le recours au juge est donc limité et les articles 1844 et suivants du Code civil respectés ;

– la *pluralité de nus-propriétaires* rend à nouveau la désignation judiciaire obligatoire à défaut d'accord.

Notons que si aucun mandataire n'a été désigné d'un commun accord, mais qu'un des indivisaires a manifestement pris en charge les intérêts de l'indivision ou du démembrement de la propriété, la théorie du « mandataire apparent » peut s'appliquer. Il devient dès lors mandataire de fait[75]. Il est cependant dangereux pour le syndic, dans le cadre de la convocation, d'appliquer de lui-même cette théorie. Il lui est donc recommandé, à défaut de désignation judiciaire, de convoquer tous les indivisaires ou titulaires de droits réels afin d'assurer la régularité de sa démarche.

Cette situation ne peut cependant pas s'éterniser et à défaut de commun accord, lorsque la désignation d'un mandataire commun est imposée, le syndic doit faire désigner un mandataire judiciairement.

Si cette démarche pouvait auparavant être faite par simple requête déposée par-devant le président du tribunal judiciaire, depuis le 4 juillet 2020[76], *le syndic doit assigner les titulaires de droit par-devant ce même président, qui statue selon la procédure accélérée au fond* (anciennement dénommée «comme en matière de référé») aux fins de désignation de ce mandataire commun[77].

Attention, le règlement de copropriété peut prévoir des règles particulières s'agissant des indivisions ou des démembrements de la propriété. Depuis la loi *ALUR* du 24 mars 2014, ces clauses doivent être réputées non écrites, car contraires à l'ordre public. Il peut s'agir, par exemple, d'une clause prévoyant qu'à défaut d'accord entre l'usufruitier et le nu-propriétaire, l'usufruitier sera convoqué et assistera aux assemblées[78].

## III. Le titulaire d'un droit d'usage et d'habitation et autres démembrements

Dans sa rédaction antérieure à l'ordonnance du 30 octobre 2019, l'article 23, s'agissant des autres démembrements – notamment l'existence d'un droit d'usage et d'habitation grevant le lot –, exigeait la désignation d'un mandataire représentant cet éclatement de la propriété du lot.

Depuis le 1er juin 2020, il est précisé que « dans les autres hypothèses de démembrement de la propriété, à défaut d'accord, les intéressés sont représentés par le propriétaire ».

Le principe demeure le même : un mandataire doit être désigné d'un commun accord. La nouveauté se situe dans l'absence d'un tel accord ; en effet, le recours au juge n'est plus nécessaire puisque le propriétaire représente automatiquement l'ensemble des titulaires de droits.

74 Ord. n° 2019-1101, 30 oct. 2019.
75 Cass. 3e civ., 12 janv. 2005 : Administrer 2005, p. 71.
76 D. n° 2020-834, 2 juill. 2020.
77 D. 1967, art. 61.
78 CA Paris, 23e ch. B, 21 déc. 2006.

## IV. La vente du lot

L'article 6 du décret du 17 mars 1967 déclare que tout transfert de propriété d'un lot ou d'une fraction de lot doit être notifié sans délai au syndic, soit par les parties, soit par le notaire qui établit l'acte, soit par l'avocat qui a obtenu la décision de justice constatant ce transfert de propriété. Cette information doit donc être portée à sa connaissance, sans délai, par courrier recommandé papier ou électronique.

L'absence de cette notification rend le transfert de propriété inopposable au syndic et au syndicat[79]. Ainsi, tant que le transfert de propriété du lot n'est pas notifié au syndic, ce dernier convoque à bon droit l'« ancien » copropriétaire[80].

Par ailleurs, même si une promesse de vente est signée, le syndic doit convoquer l'ancien propriétaire du lot tant que la vente n'a pas été réitérée et que le transfert de propriété ne lui a pas été notifié par le notaire.

## V. Les associés d'une SCI ou d'une société d'attribution

Dans le cas d'une société d'attribution, le syndic doit convoquer tous les associés[81], le représentant légal ne disposant que d'une voix consultative.

Par contre, dans le cas d'une société civile immobilière (SCI), seul le gérant est convoqué, sauf si la société comprend une attribution en jouissance ou en propriété des lots[82].

## VI. Les associations de locataires

L'article 44 de la loi du 23 décembre 1986[83] tendant à favoriser l'investissement locatif dispose que « dans les immeubles soumis au statut de la copropriété, les représentants des associations de locataires peuvent assister à l'assemblée générale et formuler des observations sur les questions inscrites à l'ordre du jour ».

Il est évident que cette disposition vise essentiellement les immeubles en copropriété administrés par des sociétés ou offices d'HLM suite à la vente d'un ou plusieurs lots à des tiers ; il n'en demeure pas moins que cette situation pourrait se présenter dans des copropriétés plus « classiques ».

Selon ce texte, lorsque dans la copropriété existe un groupement de locataires affilié à une organisation siégeant à la Commission nationale de concertation (CNC) visée à l'article 41 de la loi du 23 décembre 1986 ou une association représentant au moins 10 % des locataires, le représentant de ce regroupement doit être « invité » par le syndic à participer aux assemblées afin d'y faire valoir leurs observations et les intérêts de leur regroupement.

Cette « invitation » est faite par courrier recommandé AR précisant la date, le lieu, l'heure et l'ordre du jour de cette assemblée. Elle n'est soumise à aucun délai particulier. Les représentants

79 Cass. 3e civ., 22 mars 2000, n° 98-14409.
80 Cass. 3e civ., 26 sept. 2007, n° 06-16394.
81 L. 1965, art. 23.
82 Cass. 3e civ., 9 nov. 2005, n° 04-13570.
83 L. n° 86-1290, 23 déc. 1986.

ne prennent pas part aux votes et ne peuvent que formuler des observations sur les questions inscrites à l'ordre du jour.

Depuis le 30 décembre 2015, les décisions prises en assemblée qui affectent la vie collective (travaux, nettoyage parties communes...) doivent être affichées dans les parties communes afin d'être portées à la connaissance des occupants de l'immeuble.

## Section 5 Le contenu de la convocation

Le contenu impératif de la convocation est fixé par l'article 9 du décret du 17 mars 1967. La convocation doit ainsi impérativement contenir :

– l'indication des lieu, date et heure de la réunion ;

– un ordre du jour précisant chacune des questions soumises à délibération de l'assemblée ;

– le lieu, le ou les jours et les heures de consultation des pièces justificatives des charges lorsque l'assemblée est amenée à se prononcer sur les comptes ;

– le formulaire de vote par correspondance depuis le 4 juillet 2020[84].

À ces informations doivent être joints des documents assurant un vote éclairé des copropriétaires[85]. Si la copropriété est dotée d'un espace sécurisé en ligne, la notification de ces documents peut résulter, après accord des copropriétaires pris individuellement, de leur mise à disposition sur ledit espace. La convocation doit alors préciser « expressément que ces documents sont accessibles en ligne et la durée de la mise à disposition »[86].

Ce n'est qu'à cette condition que l'assemblée générale peut prendre des décisions valides[87].

### I. Le lieu, la date et l'horaire de l'assemblée

L'auteur de la convocation en détermine le contenu, et plus particulièrement la date, l'horaire et le lieu, sauf si le règlement de copropriété ou une autre assemblée les ont déterminés préalablement :

– lieu : l'assemblée doit se tenir normalement dans la *commune du lieu de situation de l'immeuble*. La violation de cette obligation est un motif de nullité des décisions prises au cours de la réunion. Est ainsi nulle l'assemblée tenue dans une commune limitrophe de celle du lieu de situation de l'immeuble[88]. Le règlement de copropriété peut néanmoins en stipuler autrement[89]. L'article 9 étant d'ordre public, l'assemblée générale ne peut, quant à elle, déterminer un lieu en dehors de la commune de situation de l'immeuble. Si le lieu de l'assemblée doit changer avant sa tenue, cette information doit être portée à la connaissance des copropriétaires par voie de notification et, sauf urgence, un nouveau délai de 21 jours doit être respecté[90] ;

– date et heure : ces informations sont normalement fixes. Si un changement doit intervenir, *il est nécessaire de respecter à nouveau le délai de 21 jours*[91], ce changement s'analysant en une nouvelle convocation.

84 D. n° 2020-834, 2 juill. 2020.
85 D. 1967, art. 11.
86 D. 1967, art. 64-5.
87 D. 1967, art. 13.
88 Cass. 3e civ., 22 mai 1990, n° 88-12349.
89 CA Paris, pôle 4, 2e ch., 10 déc. 2014, n° 13-04417.
90 Cass. 3e civ., 26 juin 2002, n° 00-22557.
91 CA Paris, 23e ch. B, 20 mai 1999 : BPIM juin 1999, n° 445.

La convocation de l'assemblée pour une date qui n'existe pas, par suite d'une erreur calendaire, est irrégulière[92].

Notons que *depuis le décret du 27 juin 2019*[93], le syndic doit afficher dans les parties communes de la copropriété, sans que cette obligation soit prescrite à peine de nullité des décisions prises au cours de ladite assemblée :

– la date de la prochaine assemblée générale ;

– les modalités d'inscription d'un ordre du jour complémentaire.

Il est manifestement souhaitable que cet affichage intervienne suffisamment tôt afin de permettre aux copropriétaires de soumettre au syndic les questions qu'ils entendent faire inscrire aux débats.

## II. Les documents devant impérativement être joints à la convocation

L'article 11 du décret du 17 mars 1967 dresse une liste des documents devant être communiqués, au plus tard, avec la convocation pour la validité des décisions à prendre.

Le texte de cet article n'empêche pas l'auteur de la convocation de les notifier antérieurement à l'expédition de la convocation[94]. Cependant, chaque assemblée étant indépendante, ces documents doivent être joints à chacune des convocations même si la question est portée exactement à l'identique à l'ordre du jour de deux assemblées successives[95].

Rappelons que la notification de ces documents peut résulter de leur mise à disposition sur l'espace sécurisé en ligne de la copropriété[96].

L'absence de leur communication est une *cause de nullité des décisions prises*. Cette nullité étant relative, elle ne touche ainsi que les résolutions dépendant desdits documents, et non l'intégralité de l'assemblée générale[97].

Il peut s'agir, par exemple :

– de la réalisation de travaux sans notification des conditions essentielles des contrats[98] ;

– de l'autorisation à donner à un copropriétaire pour faire réaliser des travaux affectant les parties communes de l'immeuble sans notification d'un projet de résolution[99].

En cas de litige, il appartient au syndicat de démontrer que ces documents étaient joints à sa convocation[100]. Mais si un copropriétaire prétend que l'enveloppe de la convocation était vide, il lui appartient d'en rapporter la preuve[101].

La liste fixée à l'article 11 est la suivante :

« 1° *L'état financier du syndicat des copropriétaires et son compte de gestion général*, lorsque l'assemblée est appelée à approuver les comptes. Ces documents sont présentés avec le comparatif des comptes de l'exercice précédent approuvé ;

92 TGI Marseille, 28 févr. 1978 : Administrer juill. 1979, n° 93.
93 D. n° 2019-650, 27 juin 2019.
94 CA Paris, 23e ch. B, 26 sept. 2002 : Loyers et copr. 2003, comm. n° 41.
95 Cass. 3e civ., 8 oct. 2015, n° 14-22297.
96 D. 1967, art. 64-5.
97 Cass. 3e civ., 15 mars 2006, n° 04-19919.
98 CA Paris, 23e ch. B, 10 mai 1995 : Loyers et copr. 1995, n° 446.
99 Cass. 3e civ., 5 juill. 1989.
100 Cass. 3e civ., 14 juin 2018, n° 17-19580.
101 CA Paris, 23e ch., 22 sept. 2005 : Loyers et copr. 2006.

2° Le projet du budget présenté avec le comparatif du dernier budget prévisionnel voté, lorsque l'assemblée est appelée à voter le budget prévisionnel ;

La présentation des documents énumérés au 1° et au 2° ci-dessus est conforme aux modèles établis par le décret relatif aux comptes du syndicat des copropriétaires et ses annexes ;

3° *Les conditions essentielles du contrat ou, en cas d'appel à la concurrence, des contrats proposés*, lorsque l'assemblée est appelée à approuver un contrat, un devis ou un marché, notamment pour la réalisation de travaux ainsi que les conditions générales et particulières du projet de contrat et la proposition d'engagement de caution mentionné au deuxième alinéa de l'article 26-7 de la loi du 10 juillet 1965 lorsque le contrat proposé a pour objet la souscription d'un prêt bancaire au nom du syndicat dans les conditions prévues à l'article 26-4 de cette loi ;

4° Le ou les projets de contrat du syndic, accompagné de la fiche d'information prévue au 3e alinéa du I de l'article 18-1 A, lorsque l'assemblée est appelée à désigner le représentant légal du syndicat ;

5° Le *projet de convention*, ou la *convention*, mentionné à l'article 39 outre les projets mentionnés au 4° ci-dessus ;

6° Le *projet de règlement de copropriété, de l'état descriptif de division, de l'état de répartition des charges* ou le *projet de modification desdits actes*, lorsque l'assemblée est appelée, suivant le cas, à établir ou à modifier ces actes ;

7° Le *projet de résolution* lorsque l'assemblée est appelée à statuer sur l'une des questions mentionnées aux articles 14-1 (2e et 3e alinéas), 14-2 (2e alinéa), 18-1 A (1er et 2e alinéas du II), 24 II, 25, 26, 30 (alinéas 1er, 2 et 3), 35, 37 (alinéas 3 et 4) et 39 de la loi du 10 juillet 1965 ;

8° Le projet de résolution tendant à autoriser, s'il y a lieu, le syndic à introduire une demande en justice ;

9° Les *conclusions du rapport de l'administrateur provisoire lorsqu'il en a été désigné un par le président du tribunal de grande instance en application des dispositions de l'article 29-1 de la loi du 10 juillet 1965* et lorsque l'assemblée est appelée à statuer sur une question dont la mention à l'ordre du jour résulte de ces conclusions ;

10° Les *conclusions du rapport du mandataire ad hoc lorsqu'il en a été désigné un par le président du tribunal judiciaire en vertu de l'article 29-1 B de la loi du 10 juillet 1965* et que l'assemblée générale est appelée à statuer sur les projets de résolution nécessaires à la mise en œuvre de ce rapport ;

11° Les *projets de résolution mentionnant, d'une part, la saisie immobilière d'un lot, d'autre part, le montant de la mise à prix, ainsi que le montant des sommes estimées définitivement perdues*, lorsque l'assemblée générale est appelée à autoriser le syndic à poursuivre la saisie immobilière d'un lot ;

12° Les *projets des conventions et l'avis du conseil syndical* mentionnés au troisième alinéa de l'article 41-6 de la loi du 10 juillet 1965 ou le projet de résolution portant délégation en application du deuxième alinéa de cet article ;

13° Le *rapport mentionné* au troisième alinéa de l'article 41-1 de la loi du 10 juillet 1965 ;

14° *Lorsque l'assemblée générale est appelée à se prononcer sur des travaux d'intérêts collectifs réalisés sur des parties privatives*, en application du II de l'article 9 de la loi du 10 juillet 1965, une *analyse des solutions éventuelles* n'affectant pas ces parties. »

## III. Les documents à valeur informative

L'article 11 du décret du 17 mars 1967 dresse également une autre liste de documents pouvant être joints à la convocation. Ces documents n'ont qu'une valeur informative. L'absence de leur communication dans la convocation tend à ne pas entraîner la nullité des décisions prises. Cependant, cette position peut être débattue. Ainsi, si un copropriétaire démontre que cette information lui fait défaut et ne lui permet pas un vote éclairé, la nullité de la résolution votée peut être sollicitée[102].

Il s'agit :

– des annexes au budget prévisionnel ;

– de l'état détaillé des sommes perçues par le syndic ;

– de l'avis du conseil syndical lorsque sa consultation est obligatoire ;

– du compte rendu de mission du conseil syndical ;

– des projets d'états individuels de répartition des comptes de chaque copropriétaire lorsque l'assemblée doit approuver les comptes ;

– l'état actualisé des lots délaissés lorsque la copropriété se trouve dans une zone présentant des risques technologiques graves ;

– divers documents relatifs à la gestion des résidences services.

Les décrets du 2 juillet 2020 ont ajouté à cette liste trois nouveaux documents :

– le descriptif des travaux mentionnés à l'article 25-2, alinéa 1er de la loi du 10 juillet 1965 (travaux d'accessibilités aux personnes handicapées réalisés aux frais d'un copropriétaire) ;

– si le recours à un emprunt collectif est à l'ordre du jour, une présentation générale des caractéristiques dudit emprunt ;

– le rapport du conseil syndical en cas de délégation votée à son profit[103].

## IV. La consultation des pièces justificatives

L'article 18-1 de la loi du 10 juillet 1965 dispose que « Pendant le délai s'écoulant entre la convocation de l'assemblée générale appelée à connaître des comptes et la tenue de celle-ci, les pièces justificatives des charges de copropriété, notamment les factures, les contrats de fourniture et d'exploitation en cours et leurs avenants, la quantité consommée et le prix unitaire ou forfaitaire de chacune des catégories de charges, ainsi que, le cas échéant, une note d'information sur les modalités de calcul des charges de chauffage, de refroidissement et de production d'eau chaude sanitaire collectifs, sont tenues à la disposition de tous les copropriétaires par le syndic [...] ».

L'article 9-1 du décret du 17 mars 1967, modifié récemment par le décret du 27 juin 2019, est venu organiser cette consultation.

La convocation à l'assemblée générale devant statuer sur les comptes doit impérativement, et à peine de nullité des résolutions comptables en découlant[104], contenir certaines informations, *notamment l'indication du lieu et de la ou des dates de consultation des pièces justificatives des charges (jours et heures).*

102 CA Paris, pôle 4, 2e ch., 21 nov. 2018, n° 15/14570.
103 L. 1965, art. 21-5.
104 CA Paris, pôle 4, 2e ch., 19 oct. 2011, n° 08/18109.

Ces informations sont fixées unilatéralement par le syndic[105], et non plus par l'assemblée générale. La consultation des pièces justificatives des charges a lieu soit à son siège, soit au lieu où il assure habituellement l'accueil des copropriétaires.

S'agissant du moment de la consultation, si ce syndic est un syndic professionnel, ces jours et heures doivent être fixés pendant les jours et heures d'accueil physique déterminés dans le contrat de syndic.

Le délai de mise à disposition n'a pas été précisément arrêté par le décret. Il est seulement précisé qu'il doit être d'*au moins un jour ouvré* et d'une *durée appropriée aux dimensions de la copropriété*. Pendant ce délai, le syndic doit tenir les pièces justificatives des charges ou copies, classées par catégories, à la disposition de tous les copropriétaires.

Lorsqu'il entend consulter ces pièces, le copropriétaire peut se faire assister d'un des membres du conseil syndical. Depuis le décret du 27 juin 2019[106], il peut également se faire assister par son locataire ou l'autoriser à consulter, en ses lieu et place, les pièces justificatives des charges dites « locatives et récupérables »[107].

Il peut même exiger du syndic qu'une copie lui soit délivrée, à ses *frais exclusifs*.

Cette consultation fait partie des prestations incluses dans le forfait du contrat du syndic, elle ne peut donner lieu à rémunération supplémentaire.

# V. L'ordre du jour

## A. LA FORME DE L'ORDRE DU JOUR

L'article 13 du décret du 17 mars 1967 rappelle que *l'assemblée générale ne peut prendre de décision valide que sur des questions inscrites à l'ordre du jour*. Lors de l'assemblée générale, cet ordre du jour doit être strictement respecté sans qu'aucune autre question en puisse être évoquée ou débattue à peine de nullité des décisions qui en découleraient[108].

La préparation et la rédaction de cet ordre du jour doivent donc être réalisées avec une particulière minutie.

L'article 9 de ce même décret précise que la convocation contient « l'ordre du jour qui précise chacune des questions soumises à la délibération de l'assemblée ».

Cet ordre du jour doit être fixé par l'auteur de la convocation. Depuis le décret du 20 avril 2010, il est établi en concertation avec le conseil syndical. La violation de cette obligation n'est cependant pas sanctionnée de nullité[109].

Chacune des questions portées à l'ordre du jour doit être clairement établie afin de permettre aux copropriétaires un vote éclairé et exprès. La notion de question – et donc de décision – implicite est proscrite en copropriété[110].

105 D. n° 2015-1907, 30 déc. 2015.
106 D. n° 2019-650, 27 juin 2019.
107 L. n° 89-462, 6 juill. 1989, art. 23.
108 Cass. 3e civ., 11 juill. 2019, n° 18-12554.
109 D. 1967, art. 26 ; Cass. 3e civ., 1er déc. 2016, n° 15-26559.
110 Cass. 3e civ., 6 juin 1994 : Administrer oct. 1994.

Un ordre du jour prêtant à confusion est source de nullité des résolutions votées[111], il doit donc être *clair* et *non-équivoque*. Il faut ainsi éviter les rédactions complexes et élusives qui pourraient entraîner des réponses relevant de majorités différentes.

Même si la jurisprudence tend à en accepter le principe sur certaines questions (élection du conseil syndical, réalisation de travaux, choix de l'architecte et assurance), il est également recommandé de séparer les questions portées à l'ordre du jour afin d'éviter les affres d'un vote groupé. Le processus décisionnel en assemblée générale doit être parfaitement retranscrit.

## B. L'ORDRE DU JOUR COMPLÉMENTAIRE

Depuis le décret du 27 mai 2004[112], l'article 10 du décret du 17 mars 1967 permet à tout copropriétaire ou au conseil syndical de demander l'inscription d'un ordre du jour complémentaire pour la prochaine assemblée.

*Cette faculté doit être rappelée à l'occasion de chaque appel de fonds adressé par le syndic* et lors de l'affichage de la date de la prochaine assemblée dans les parties communes[113].

Cette demande doit être notifiée au syndic ; elle doit donc être faite *par courrier AR ou recommandé électronique*. La communication au syndic par un autre biais (lettre simple ou courriel, par exemple) peut entraîner la nullité de la résolution votée[114].

Même si les textes antérieurs prévoyaient un délai impératif pour l'envoi d'une telle demande, la nouvelle rédaction de l'article 10 sous-entend que *la demande doit arriver entre les mains du syndic dans le délai nécessaire, c'est-à-dire avant l'envoi de la convocation, voire même avant sa mise sous pli, sinon cette nouvelle question est posée à la prochaine assemblée annuelle*[115].

Le syndic n'est tenu de donner suite à une telle demande que s'il est saisi régulièrement[116].

La jurisprudence attachée à cet article est abondante et précise clairement que :

– le copropriétaire qui formule la demande doit préparer les projets de résolutions qu'il souhaite voir soumettre à l'assemblée et y attacher les pièces rendues obligatoires[117] ;

– il n'appartient pas au syndic de *suppléer aux lacunes ou insuffisances* des demandes formées par les copropriétaires[118] ;

– le syndic n'a pas à déférer à la demande d'ordre du jour complémentaire si la demande est rédigée dans des *termes vagues*[119], *n'énumérait pas les questions précises à inscrire à l'ordre du jour*[120] ou *se bornait à des réflexions personnelles sans proposer le vote de résolution*[121] ;

– le syndic n'a pas à inscrire à l'ordre du jour des demandes qui *ne sont pas susceptibles de faire l'objet d'un vote*[122] ou qui *ne sont pas des questions à proprement parler*[123].

111 Cass. 3e civ., 17 déc. 1997, n° 96-13178.
112 D. n° 2004-479, 27 mai 2004 modifié par D. n° 2010-391, 20 avr. 2010.
113 D. n° 2019-650, 27 juin 2019.
114 Cass. 3e civ., 16 nov. 2011, n° 09-10227.
115 Rép. min. n° 24515 : JO Sénat 14 déc. 2006, p. 3310.
116 Cass. 3e civ., 13 sept. 2018, n° 17-22124.
117 Cass. 3e civ., 15 mars 1983 : JCP G 1983, IV, p. 172.
118 CA Paris, 23e ch. B, 7 déc. 1990 : Administrer mars 1991.
119 Cass. 3e civ., 29 janv. 2003, n° 01-01685.
120 Cass. 3e civ., 18 nov. 1988 : Loyers et copr. janv. 1989, n° 41.
121 CA Paris, 23e ch. B, 4 juill. 2002 : Loyers et copr. 2002, comm. 289.
122 CA Colmar, 12 juin 2008 : Loyers et copr. 2008, comm. 283.
123 CA Basse-Terre, 1re ch., 14 avr. 2008, n° 2008-377574.

Le syndic confronté à une demande irrégulière doit faire œuvre de prudence. Pour ne pas voir sa responsabilité engagée et ainsi remplir son devoir de conseil, il doit « appeler l'attention du demandeur lorsque la question ne peut prospérer pour quelque motif que ce soit »[124].

Néanmoins, soulignons que si le syndic ne donne pas suite à une demande régulière formulée par un copropriétaire, l'assemblée n'encourt pas pour autant la nullité[125]. Cependant, s'il est établi que les délibérations et le vote de la question non inscrite à l'ordre du jour auraient influé sur le vote d'autres résolutions, celles-ci pourraient être annulées[126].

Tel est le cas, par exemple, de l'« omission » de l'inscription d'un candidat syndic, proposé par un copropriétaire, à l'ordre du jour devant statuer sur l'élection dudit organe de la copropriété[127].

## C. LES QUESTIONS DEVANT IMPÉRATIVEMENT FIGURER À L'ORDRE DU JOUR

### 1. Pour la régularité de l'assemblée

Il est impératif que soit désigné, par vote strictement distinct, le bureau de l'assemblée, à savoir le président de séance, le ou les scrutateurs et son secrétaire.

### 2. Pour assurer le bon fonctionnement du syndicat des copropriétaires

Certaines questions doivent être posées annuellement ; leur oubli engage la responsabilité du syndic.

Ainsi, l'article 18-4 de la loi du 10 juillet 1965 précise les obligations comptables du syndic, qui regroupent entre autres :

– l'obligation d'établir un budget prévisionnel et de le soumettre au vote ;

– l'obligation de soumettre le compte de l'exercice clos à l'approbation de l'assemblée.

D'autres articles de la loi imposent ainsi de mettre à l'ordre du jour :

– l'élection des membres du conseil syndical ;

– le montant des marchés pour une mise en concurrence et à partir duquel le conseil syndical est interrogé ;

– la dotation du fonds travaux ;

– la réalisation d'un diagnostic technique global (DTG).

### 3. Les questions rendues obligatoires par les textes les plus récents

Ces questions sont :

– la proposition du câblo-opérateur s'agissant de la fibre optique ;

– la réception de la télévision numérique terrestre (TNT) ;

– les suites du diagnostic de performance énergétique (DPE) ou de l'audit énergétique ;

– le chargement des véhicules électriques et la réalisation d'un audit préalable ;

– le droit de délaissement dans les copropriétés situées en zone à forts risques technologiques ;

– les suites du DTG ;

– les suites du fonds travaux si son montant devient supérieur au montant du budget prévisionnel ;

---

124 Commission relative à la copropriété.

125 CA Paris, 23e ch., 7 oct. 1994 : Loyers et copr. mars 1995, n° 133.

126 Cass. 3e civ., 20 déc. 2006, n° 05-20384.

127 Cass. 3e civ., 12 juin 2002, n° 00-20610.

– l'individualisation des frais de chauffage ;

– le droit de priorité des personnes handicapées pour la location de stationnement.

D'une manière générale, l'ordre du jour doit s'adapter au besoin de la copropriété et à son évolution.

## VI. Le formulaire de vote par correspondance

La loi *ÉLAN* du 23 novembre 2018 a introduit dans le statut de la copropriété un nouveau mécanisme devant faciliter le processus décisionnel en copropriété : le vote par correspondance[128].

Ce vote devait avoir pour support un formulaire type prévu par décret. Après plusieurs méandres textuels puis avoir été « précipité » par la crise sanitaire liée à la Covid-19, un arrêté est paru le 2 juillet 2020[129]. Il pose un formulaire type dont certaines « zones grisées doivent être remplies par l'organisateur de l'assemblée », et ce avant l'envoi aux copropriétaires. Il appartient ensuite aux copropriétaires de préciser leurs intentions de vote dans un tableau type.

Depuis le 4 juillet 2020, ce formulaire type, dûment rempli par l'organisateur de l'assemblée, *doit obligatoirement être joint à la convocation*[130]. Il est à noter que l'auteur du formulaire peut s'affranchir de la forme prévue à l'arrêté et proposer un modèle différent, reprenant toutefois l'intégralité des mentions prévues par l'arrêté.

128 L. 1965, art. 17-1 A.
129 A., 2 juill. 2020 : JO 3 juill. 2020.
130 D. 1967, art. 9, al. 2.

# LA TENUE ET LA PARTICIPATION EN ASSEMBLÉE GÉNÉRALE

L'assemblée générale d'un syndicat des copropriétaires est un moment d'une particulière importance dont l'exercice peut s'avérer périlleux. En effet, le corps des règles qui l'organise est dense et d'ordre public. Cet épisode de la vie de la copropriété est ainsi soumis à un strict formalisme dont la violation peut avoir pour conséquence la nullité de la ou des décisions prises.

La crise sanitaire découlant de la pandémie liée à la Covid-19 a rendu nécessaires certaines dérogations à cet ordre public dont l'application n'a vocation qu'à être temporaire. Néanmoins, d'autres moyens, tels que le vote par correspondance ou l'usage de la visioconférence, accélérés par cette crise, sont directement issus de la loi *ÉLAN* et demeureront comme une modernisation de la tenue de ces assemblées générales.

## Section I Le début de l'assemblée générale

Pour la régularité de l'assemblée et ainsi garantir la prise de décisions au cours de cette réunion, le statut de la copropriété impose l'accomplissement de deux formalités : l'établissement d'une feuille de présence et l'élection d'un bureau de séance.

### I. La feuille de présence

L'article 14 du décret du 17 mars 1967 impose que lors de chaque assemblée, il soit tenu une feuille de présence. Ce document est ainsi *obligatoire* à toute assemblée. Son absence entache d'irrégularité l'assemblée et peut entraîner, si elle est sollicitée dans le délai imparti par l'article 42 de la loi du 10 juillet 1965, la nullité des décisions prises au cours de l'assemblée[1].

La feuille de présence permet de déterminer précisément les copropriétaires présents, représentés, absents, ayant voté par correspondance ou participé par visioconférence ou audioconférence à l'assemblée générale. Elle permet de retranscrire la régularité des votes s'agissant des majorités applicables, des formulaires de votes par correspondance et des mandats reçus.

Depuis 2004[2], au-delà d'un support papier, la feuille de présence peut être tenue électroniquement à la condition que le support choisi apporte les garanties prévues aux articles 1366 et 1367 du Code civil (garantie de l'identité des personnes, conservation garantissant son intégrité...).

1 Cass. 3e civ., 18 juin 2008, n° 07-13818.
2 D. n° 2004-479, 27 mai 2004.

L'article 14, modifié par le décret du 2 juillet 2020[3], fixe son contenu impératif :

– le nom et le domicile de chaque copropriétaire ou associé présent physiquement, représenté, ayant voté par correspondance ou participé par visioconférence ;

– le nom et le domicile du mandataire s'il a été nommé et la précision que ce mandataire participe physiquement ou par visioconférence à l'assemblée ;

– en cas de vote par correspondance, la date de réception du bulletin de vote par correspondance ;

– le nombre de voix dont dispose chaque copropriétaire ou associé ;

– la signature de chaque copropriétaire, associé ou mandataire présent physiquement.

Si, comme nous l'avons vu, l'absence de la feuille de présence entraîne la nullité des décisions prises, les simples erreurs matérielles l'affectant, aisément rectifiables, sont sans incidences[4]. Ainsi, la présence d'une double signature d'un copropriétaire, apparaissant à la fois comme présent et représenté, n'entraîne par exemple pas la nullité de l'assemblée[5]. La feuille de présence doit permettre de retranscrire la liste des copropriétaires ayant participé aux débats.

La feuille de présence est considérée comme une annexe au procès-verbal[6]. Si le syndic doit donc en délivrer copie à tout copropriétaire qui lui en fait la demande[7], *elle ne doit pas, pour autant, être jointe à la notification du procès-verbal de l'assemblée*. Le syndic ne peut se retrancher derrière le contenu de la feuille de présence, et un prétendu caractère personnel des données, pour s'opposer à sa communication[8].

Ce document est d'ordinaire établi par le syndic, qui détient la liste à jour des copropriétaires. Cependant, si l'assemblée est convoquée par une autre personne, il lui appartient de tenir cette feuille de présence.

Attention, ce document doit être actualisé en fonction des arrivées ou départs survenus en cours d'assemblée[9]. En conséquence, lorsqu'un copropriétaire arrive en cours de réunion, il doit veiller à signaler sa présence, à se faire mentionner comme présent et à signer la feuille de présence. Il est recommandé, pour éviter toute difficulté tenant à la régularité de l'assemblée, de préciser son heure d'arrivée. Il a en effet été jugé, dans de telles circonstances, et sans mention particulière de la feuille de présence, que *le copropriétaire en question avait participé à l'ensemble des votes et était censé avoir voté en faveur des décisions déjà prises*[10] *auxquelles il n'avait en réalité pas participé*.

À l'inverse, lorsqu'un copropriétaire quitte l'assemblée prématurément, il doit le signaler et le faire mentionner sur la feuille de présence. À défaut, il est considéré comme présent et ayant pris part au vote. Cette situation n'est pas sans conséquences sur sa qualité à contester les décisions prises. La preuve de son départ avant la fin de l'assemblée peut être rapportée par tout moyen[11].

La régularité du contenu de la feuille de présence est contrôlée par le président de séance, élu par l'assemblée. Il la certifie en y apposant sa signature. *L'absence de cette certification n'est pas un motif de nullité de l'assemblée générale*, mais peut permettre d'en discuter le caractère probant[12].

En pratique, la feuille de présence est établie avant le premier vote, si bien que l'identité du président de séance n'est pas encore connue. Le syndic, ou la personne qui a convoqué l'assemblée, se charge donc de faire émarger les personnes convoquées.

---

3 D. n° 2020-834, 2 juill. 2020.
4 Cass. 3e civ., 7 déc. 1971 : D. 1972, p. 399.
5 Cass. 3e civ., 30 sept. 2015, n° 14-19858.
6 D. 1967, art. 17-6.
7 D. 1967, art. 33 – Cass. 3e civ., 28 févr. 2006 : Administrer mai 2006, p. 49.
8 CA Rennes, 4e ch., 6 juin 2013.
9 Cass. 3e civ., 11 janv. 1977 : Inf. rap. copr. 1977, p. 45.
10 CA Paris, 30 oct. 1992, RG 91/014708.
11 Cass. 3e civ., 10 déc. 1985, n° 84-13937.
12 Cass. 3e civ., 27 avr. 2011, n° 10-16357.

# II. Le bureau de l'assemblée

Au début de chaque assemblée, les copropriétaires doivent en désigner le bureau[13]. Celui-ci est composé d'un président, d'un secrétaire et éventuellement d'un ou plusieurs scrutateurs. Sans l'accomplissement de cette formalité préalable, l'assemblée ne peut être appelée à délibérer[14].

La désignation d'un bureau en début d'assemblée est une *formalité obligatoire* qui ne peut, à peine de nullité des décisions prises au cours de la réunion, faire l'objet d'un vote groupé[15]. Le règlement de copropriété ne peut en stipuler autrement[16].

Par ailleurs, *ces fonctions doivent être assumées par des personnes différentes*[17].

## A. LE PRÉSIDENT DE SÉANCE

Pour l'article 15 du décret du 17 mars 1967, la désignation du président de séance est une formalité substantielle et doit intervenir en début de séance. Cette désignation est faite par un vote à la majorité de l'article 24 de la loi du 10 juillet 1965. La mission du président se termine à la fin de l'assemblée ; le règlement de copropriété ne peut donc désigner de président de séance permanent[18].

Ces modalités de désignation comportent cependant deux exceptions :

– l'article 50, alinéa 1er du décret du 17 mars 1967 permet au juge d'habiliter un copropriétaire ou un mandataire judiciaire à convoquer, sous certaines circonstances[19], une assemblée. Le juge peut alors décider que ce mandataire présidera également l'assemblée ;

– l'article 29-1 de la loi du 10 juillet 1965 permet au juge, face à des copropriétés en difficulté, de désigner un administrateur provisoire ayant les pouvoirs de tous les organes de la copropriété. Il présidera ainsi, de plein droit, l'assemblée si elle est amenée à siéger.

Selon l'article 22 de la loi du 10 juillet 1965, tout copropriétaire peut être président de séance[20]. *Un tiers à la copropriété ne peut pas assumer cette fonction*[21].

Ce même article *interdit* au syndic, à ses proches (conjoint, partenaire, concubin) ou ses préposés, à leurs proches (conjoints, partenaires, concubins) ainsi qu'aux ascendants et descendants de toutes ces personnes de présider l'assemblée, à peine de nullité des décisions prises.

Le président a pour rôle :

– d'ouvrir la séance ;

– de diriger les débats ;

– de vérifier la feuille de présence et de la certifier exacte ;

– de distribuer les mandats de vote en blanc[22] ;

– de veiller au respect de l'ordre du jour ;

– d'assurer la police de l'assemblée générale ;

13 D. 1967, art. 15.
14 Cass. 3e civ., 14 déc. 2010, n° 09-71974.
15 Cass. 3e civ., 17 févr. 1999, n° 97-14954.
16 CA Paris, 19e ch. B, 4 avr. 1991 : RDI 1991, p. 381.
17 Cass. 3e civ., 6 nov. 2002, n° 01-14267.
18 Cass. 3e civ., 14 janv. 1998, n° 96-12513.
19 D. 1967, art. 8.
20 Cass. 3e civ., 6 mars 2002, n° 00-10405.
21 Cass. 3e civ., 13 nov. 2013, n° 12-25682.
22 D. 1967, art. 15-1 issu du D. n° 2019-650, 27 juin 2019.

– de faire procéder aux votes et de proclamer les résultats ;
– de signer le procès-verbal et éventuellement le contrat du syndic.

### B. LE OU LES SCRUTATEURS

Pour l'article 15 du décret du 17 mars 1967, l'assemblée désigne, « s'il y a lieu », un ou plusieurs scrutateurs. Cette désignation n'est donc pas une formalité substantielle[23]. Néanmoins, si cette désignation doit intervenir, elle ne peut qu'être l'objet d'un vote en assemblée générale à la majorité de l'article 24 de la loi du 10 juillet 1965, et non d'une stipulation du règlement de copropriété[24].

Il est recommandé d'élire au moins un scrutateur.

*Il est cependant possible que le règlement de copropriété rende obligatoire la désignation de scrutateurs et en fixe le nombre*. Si tel était le cas, ces stipulations doivent être strictement respectées à peine de nullité de l'assemblée dans son intégralité[25]. Précisons néanmoins que si le règlement prévoit un nombre précis de scrutateurs mais que, faute de candidats, ce nombre ne puisse être respecté, l'assemblée peut se poursuivre sans être menacée de nullité[26].

Le scrutateur a pour mission de décompter et d'enregistrer les votes. Si cette tâche est remplie par une autre personne (le syndic, par exemple), l'assemblée est annulable[27].

### C. LE SECRÉTAIRE DE SÉANCE

Les règles de cette désignation et de cette fonction sont fixées, une nouvelle fois, par l'article 15 sus-cité. À l'instar du président de séance, la désignation d'un secrétaire de séance est une formalité substantielle sanctionnée de nullité[28].

Cet article pose le principe selon lequel le syndic est de droit secrétaire de séance, sauf si l'assemblée en décide autrement. Il n'est donc pas besoin de voter pour désigner le syndic[29] à cette fonction. Ce dernier peut se faire représenter par l'un de ses préposés[30].

Le secrétaire est chargé de rédiger le procès-verbal de séance.

## Section 2 La prise de décision en assemblée générale

En respectant strictement l'ordre du jour joint à la convocation, le président doit soumettre aux débats de l'assemblée, une par une, les différentes questions qui y sont posées. L'ordre d'évocation de ces questions peut être changé au cours de l'assemblée générale[31] sans qu'une sanction soit à craindre.

L'article 13 du décret du 17 mars 1967 rappelle que *l'assemblée générale ne prend de décisions valides que sur les questions inscrites à l'ordre du jour*, mais que *l'assemblée peut néanmoins débattre sans vote, et donc sans décision, de questions qui n'y ont pas été inscrites*[32].

23 Cass. 3e civ., 30 sept. 2015, n° 14-19858.
24 Cass. 3e civ., 14 janv. 1998, n° 96-12513.
25 Cass. 3e civ., 22 nov. 2006 : Juris-Data, n° 2006-036086.
26 Cass. 3e civ., 30 sept. 2015, n° 14-19858.
27 CA Paris, 23e ch. B, 7 mai 2009, n° 2009-377897.
28 CA Paris, 23e ch. A, 6 mai 1998, n° 96/16899 : D. 1999, somm. 76.
29 CA Paris, 23e ch. A, 14 nov. 2001 : Dossier CSAB n° 98.
30 CA Paris, pôle 4, ch. 2, 29 oct. 2014, n° 12/20415.
31 CA Aix-en-Provence, 4e ch. A, 26 févr. 2015, n° 14-07681.
32 Cass. 3e civ., 5 nov. 2014, n° 13-26768.

Une fois débattue, chaque question fait l'objet d'un vote indépendant[33], le vote groupé étant, hormis de rares exceptions (élection des membres du conseil syndical, choix du syndic et adoption de son contrat[34]...), prohibé en copropriété[35]. Chaque question et chaque résolution ne peuvent donc, en principe, n'avoir qu'un seul objet[36].

*La notion de quorum n'existe pas en copropriété* ; une participation minimum n'est ainsi pas requise pour que puisse se tenir une assemblée générale. Ceci s'explique essentiellement par le fait que les différentes questions évoquées peuvent être soumises à des majorités différentes ; il n'y aurait, dès lors, eu aucun sens à imposer un quorum permettant la tenue d'une assemblée.

On peut néanmoins considérer que l'assemblée, afin de régulièrement se tenir, doit au moins constituer son bureau, ce qui implique la présence minimale de deux personnes : le président et son secrétaire.

# I. Le vote en assemblée générale

## A. PRINCIPES

Selon l'article 22 de la loi du 10 juillet 1965, chaque copropriétaire dispose d'un nombre de voix correspondant à la quote-part des parties communes qu'il possède, c'est-à-dire ses tantièmes de copropriété.

Ainsi, un copropriétaire qui est propriétaire d'un lot auquel sont attribués 450/1 000$^{e}$ des parties communes dispose de 450 voix sur 1 000.

Une résolution n'est adoptée que tout autant que la question posée ait recueilli un nombre de voix correspondant à la majorité que lui applique le statut de la copropriété. Dès que le vote a eu lieu et que la majorité a été atteinte, *la décision a été prise*. Elle s'impose alors aux copropriétaires, et ce tant qu'elle n'a pas été annulée judiciairement ou par une autre assemblée.

Il se peut que le syndicat des copropriétaires soit lui-même propriétaire de lots dans la copropriété. Dans ces conditions, *il ne peut voter et ses voix sont retranchées des différents calculs de majorité*[37].

## B. MÉCANISME DE RÉDUCTION DES VOIX DU COPROPRIÉTAIRE MAJORITAIRE

L'article 22 prévoit également des règles spécifiques évitant à un copropriétaire ultra-majoritaire de prendre l'ascendant sur la vie de la copropriété. Ainsi, lorsqu'un copropriétaire détient à lui seul plus de la moitié des tantièmes de copropriété, la loi[38] a prévu un mécanisme de réduction de ses voix afin qu'il ne puisse systématiquement imposer sa volonté aux autres copropriétaires. *Ses voix sont effectivement automatiquement réduites à la somme des voix des autres copropriétaires*.

Par exemple, si un copropriétaire détient 600/1 000$^{e}$ des parties communes, le nombre de ses voix est ainsi réduit à 400. Les différentes majorités sont alors calculées en tenant compte de cette modification sur une base de 800 voix (400 +400).

---

33 Cass. 3$^{e}$ civ., 11 mars 1998, n° 96-12479.
34 Cass. 3$^{e}$ civ., 19 déc. 2007, n° 07-13703.
35 CA Paris, 16 déc. 1999, n° 1998/13544.
36 Cass. 3$^{e}$ civ., 26 sept. 2007, n° 06-11191.
37 L. 1965, art. 16, al. 2.
38 L. 1965, art. 22, al. 2.

Cette règle étant d'ordre public, les tribunaux annulent les décisions prises si elle n'est pas respectée, et ce même si l'application de cette règle demeure sans effet sur le résultat des votes[39].

Il est à noter que les manœuvres entreprises pour contourner cette règle (vente, donation à un partisan ou ami, création de sociétés fictives...), en plus de rendre nulles les décisions obtenues en assemblée[40], sont systématiquement annulées ou déclarées inopposables aux autres copropriétaires[41].

Attention, ce mécanisme de réduction des voix ne s'applique que lorsque les lots concernés sont détenus par le même copropriétaire. Il n'est, par exemple, pas applicable lorsque :

– un époux possède un lot en propre et un autre en indivision avec son conjoint[42] ;

– une SCI détient des lots et son gérant d'autres lots[43].

Néanmoins, depuis l'ordonnance du 30 octobre 2019, ce mécanisme de réduction des voix n'est plus applicable aux copropriétés composées de deux copropriétaires[44].

### C. LES FORMES DU VOTE EN ASSEMBLÉE

Le vote en assemblée peut se faire selon plusieurs modes :

– vote écrit par bulletin nominatif ;

– vote à main levée ;

– vote par bulletin émis par correspondance selon un formulaire type (arrêté du 2 juillet 2020).

Le vote par bulletins secrets et anonymes est strictement exclu et entache de nullité les décisions qui en découleraient.

## II. La représentation en assemblée générale

### A. PRINCIPE

Afin de lutter contre l'absentéisme en assemblée générale, l'article 22 de la loi du 10 juillet 1965 instaure un mécanisme de représentation des copropriétaires.

En cas d'empêchement, tout copropriétaire peut déléguer son droit de vote à un mandataire afin que celui-ci le représente à l'assemblée. Ce mandataire ne doit pas obligatoirement être un copropriétaire[45], il peut ainsi s'agir d'un tiers à la copropriété. La clause d'un règlement de copropriété en stipulant autrement serait illicite. Le choix des mandataires connaît néanmoins quelques limites : le syndic, ses préposés et leurs proches (époux, concubins, partenaires, ascendants et descendants...) ne peuvent recevoir de mandat de vote sous peine de nullité des décisions prises[46].

Les professionnels de l'immobilier qui, de par leur activité de gestion de patrimoines immobiliers (gestion locative), seraient titulaires de mandats de représentation dans des immeubles dans lesquels ils sont également syndics, doivent agir avec prudence et ne pas prendre part aux votes, sous peine de nullité des décisions prises[47].

39 Cass. 3e civ., 7 oct. 2009, n° 09-11874.
40 Cass. 3e civ., 4 juin 1973 : Bull. civ. III, n° 392.
41 Cass. 3e civ., 6 juin 1982 : D. 1983, IR, 461.
42 CA Lyon, 19 oct. 1994, n° 2632/92.
43 CA Paris, 23e ch. A, 20 sept. 2000.
44 L. 1965, art. 41-13 et s.
45 L. 1965, art. 22.
46 Cass. 3e civ., 11 déc. 1975 : JCP 1976, II, 18013.
47 Cass. 3e civ., 7 mai 2014, n° 12-26426.

## B. LIMITATION DU NOMBRE DE MANDATS DÉTENUS

Depuis la loi *ÉLAN* du 23 novembre 2018, chaque mandataire ne peut détenir, *à quelque titre que ce soit, plus de trois délégations de vote, sauf si le total des voix qu'il détient, y compris les siennes, ne dépasse pas 10 % des voix du syndicat*[48]. Les millièmes servant à établir le nombre de ces voix sont les millièmes dits « généraux »[49].

En d'autres termes, un mandataire peut par exemple détenir quatre mandats de vote ou plus si le total des voix correspondant à ces mandats et les siennes n'excède pas 100 voix sur 1 000.

Une nouvelle fois, cette règle étant d'ordre public, sa violation entraîne la nullité des résolutions prises au cours de l'assemblée. Il existe cependant une exception à ce principe : la représentation d'un syndicat secondaire. Ainsi, un mandataire peut recevoir plus de 10 % des voix du syndicat et donc plus de trois délégations de vote à l'assemblée d'un syndicat principal si tous ses mandants appartiennent au même syndicat secondaire.

L'ordonnance du 30 octobre 2019 a apporté certaines précisions. Ainsi, depuis le 1er juin 2020, l'article 22 de la loi du 10 juillet 1965 permet à chacun des époux copropriétaires communs ou indivis d'un lot de recevoir des délégations de vote.

## C. LES RÈGLES FORMELLES DU MANDAT

Le mandat doit respecter certaines règles formelles impératives :

– il doit être écrit[50] ;

– sauf mention expresse, il peut être *librement subdélégué*[51]. Cet apport de la loi *ÉLAN* à la loi du 10 juillet 1965 n'est qu'une codification de la jurisprudence applicable jusqu'alors ;

– il *peut être impératif* (c'est-à-dire comprendre des instructions de vote)[52]. Si le mandataire ne respecte pas les consignes de vote données par son mandant, l'assemblée générale n'en est pas pour autant affectée, ce mandat étant inopposable au syndicat[53]. Le syndic ne peut pas empêcher le mandataire d'émettre un vote contraire aux instructions données et le copropriétaire mandant est engagé par ce vote[54]. Il faut cependant retenir qu'*en cas de vote du mandataire sur des questions ne figurant pas à l'ordre du jour, le copropriétaire mandant doit être considéré comme défaillant au vote puisque son mandataire n'a pas reçu délégation de vote pour cette nouvelle question*[55] ;

– il peut être un *mandat permanent accordé à un administrateur de biens*[56] ;

– il ne vaut que pour l'*assemblée particulière*[57] pour laquelle il est donné.

## D. LE MANDAT EN BLANC

Certaines difficultés relatives aux mandats subsistent, notamment la question des pouvoirs en blanc.

48 L. n° 2018-1021, 23 nov. 2018 (loi *ÉLAN*).
49 CA Paris, 23e ch., 6 mars 1992 : Administrer 1992, p. 50.
50 Cass. 3e civ., 30 mars 2017, n° 16-13249.
51 L. n° 2018-1021, 23 nov. 2018 (loi *ÉLAN*).
52 CA Toulouse, 23e ch., 11 févr. 1985 : Jurisdata n° 1985-040366.
53 Cass. 3e civ., 8 sept. 2016, n° 15-20860.
54 Cass. 3e civ., 17 nov. 2016, n° 15-23027.
55 Cass. 3e civ., 8 sept. 2016, n° 15-23422.
56 CA Aix-en-Provence, 7 déc. 2000 : Loyers et copr. 2001, comm. 237.
57 CA Paris, 23e ch., 14 janv. 1994 : RDI 1994.

Il s'agit d'une pratique courante en copropriété. Les copropriétaires empêchés adressent au syndic le formulaire de pouvoir sans pour autant avoir précisé le nom du mandataire habilité à les représenter. Après avoir rejeté une telle pratique, la jurisprudence a fini par l'admettre, non sans lui fixer quelques limites.

La loi *ÉLAN*[58] et son décret du 27 juin 2019[59] ont repris ce courant jurisprudentiel en lui apportant quelques nouveautés. La loi *ÉLAN* a ainsi incorporé à la loi du 10 juillet 1965 un nouvel alinéa à l'article 22, qui précise que « Lorsque le syndic a reçu des mandats sans indication de mandataire, il ne peut ni les conserver pour voter en son nom, ni les distribuer lui-même aux mandataires qu'il choisit. »

Le décret du 27 juin 2019 vient ajouter que *le syndic qui reçoit un mandat avec délégation de vote sans indication du nom du mandataire a l'obligation de remettre ce mandat en début de réunion au président du conseil syndical afin qu'il désigne un mandataire pour exercer cette délégation de vote*.

En l'absence du président du conseil syndical ou à défaut de conseil syndical, le syndic doit remettre ce mandat au *président de séance désigné par l'assemblée générale*[60].

## III. le vote par correspondance et son formulaire

La loi *ÉLAN* du 23 novembre 2018 a introduit dans le statut de la copropriété un nouveau mécanisme devant faciliter le processus décisionnel en copropriété : le vote par correspondance[61]. Ce vote devait avoir pour support un formulaire type prévu par décret.

Précisons que le texte de la loi *ÉLAN* était assez maladroitement rédigé. L'ordonnance du 30 octobre 2019, prise en application de cette loi *ÉLAN*, est venue proposer une nouvelle rédaction de l'article 17-1 A devant palier ces maladresses. Cette nouvelle rédaction devait ainsi préciser que *si la résolution faisait l'objet d'un amendement au cours du vote, le votant par correspondance devrait être considéré comme défaillant* afin qu'il puisse éventuellement contester la décision prise. L'ordonnance renvoyait alors à un arrêté devant fixer le formulaire type.

« Précipité » par la crise sanitaire liée au Covid-19, cet arrêté est paru le 2 juillet 2020[62]. Il pose un formulaire type dont certaines « zones grisées doivent être remplies par l'organisateur de l'assemblée », et ce avant l'envoi aux copropriétaires. Il appartient ensuite aux copropriétaires de préciser leurs intentions de vote dans un tableau type.

Les modalités d'utilisation du vote par correspondance et de son formulaire sont régies par l'article 9, alinéa 2, l'article 14, alinéas 1 à 4 et l'article 17, alinéa 3 du décret du 17 mars 1967 récemment modifié par un décret du 2 juillet 2020[63].

Le formulaire type, dûment rempli par l'organisateur de l'assemblée, doit *obligatoirement être joint à la convocation*[64].

Une fois entre les mains du copropriétaire concerné, ce dernier doit adresser son formulaire, contenant les intentions de vote, *3 jours francs avant la date de l'assemblée générale*.

58 L. n° 2018-1021, 23 nov. 2018 (loi *ÉLAN*).
59 D. n° 2019-650, 27 juin 2019.
60 D. 1967, art. 15-1.
61 L. 1965, art. 17-1 A.
62 A., 2 juill. 2020 : JOAN 3 juill. 2020, texte n° 5.
63 D. n° 2020-834, 2 juill. 2020.
64 D. 1967, art. 9, al. 2.

Il peut alors être *adressé par courriel à l'adresse indiquée par l'organisateur* de l'assemblée. Dans de telles circonstances, il est *présumé reçu à la date de l'envoi*[65].

Notons qu'il s'agit ici d'un *simple courriel*, et non d'un courrier recommandé électronique. Ce mode de communication doit être utilisé avec prudence et est, sans nul doute, source d'un contentieux important tant il est vrai, rappelons-le, que l'ordre public du statut de la copropriété retient comme unique moyen de notification le courrier recommandé, qu'il soit papier ou électronique.

La feuille de présence de l'assemblée doit, par ailleurs, mentionner l'identité et l'adresse des copropriétaires ayant voté par correspondance, en précisant la date de réception du formulaire par le syndic[66].

*Si le votant par correspondance est présent ou représenté à l'assemblée, le formulaire doit être écarté*, quelle que soit la date d'émission ou de réception du mandat, et ce y compris en cas de mandat de vote en blanc, c'est-à-dire ne désignant pas précisément un mandataire[67].

Enfin, lorsque le procès-verbal précise, sous l'intitulé de chaque question, le résultat du vote, il doit *indiquer l'identité, l'adresse et le nombre de voix des votants par correspondance assimilés à des défaillants lorsque la résolution a fait l'objet d'un amendement en cours de vote*. En d'autres termes, si la résolution évolue en cours d'assemblée – pratique discutable –, le procès-verbal doit compter parmi les défaillants, les votants par correspondance[68]. L'appréciation de l'amendement et la nécessité d'une telle précision sont laissées au bureau de séance.

## IV. La participation par visioconférence ou audioconférence

La loi *ÉLAN*[69] avait prévu dans ses modalités dites « d'application immédiate » la faculté offerte aux copropriétaires de « participer à l'assemblée générale par présence physique, *par visioconférence ou par tout autre moyen de communication électronique permettant leur identification* »[70].

Le décret du 27 juin 2019 en fixe les modalités concrètes d'application.

Ainsi, alors que les professionnels s'attendaient à un décret « technique » fixant les caractéristiques standards du système à mettre en place, ce décret édicte que « *l'assemblée générale décide des moyens et supports techniques permettant aux copropriétaires de participer aux assemblées générales par visioconférence*, par audioconférence ou par tout autre moyen de communication électronique ainsi que des garanties permettant de s'assurer de l'identité de chaque participant. La décision est prise sur la base de devis élaborés à cet effet à l'initiative du syndic ou du conseil syndical. *Le syndicat des copropriétaires en supporte les coûts.* »[71]

Afin de garantir une participation effective des copropriétaires, ces supports doivent, *a minima, transmettre leur voix et permettre la retransmission continue et simultanée des délibérations*.

Le décret précise, en outre, que le copropriétaire qui émet le désir de participer à l'assemblée générale par visioconférence, par audioconférence ou par tout autre moyen de communication électronique choisi par le syndicat doit en informer, par tout moyen, le syndic *3 jours francs au plus tard avant la réunion de l'assemblée générale*[72].

65 D. 1967, art. 9 *bis*.
66 D. 1967, art. 14, al. 1er à 4.
67 D. 1967, art. 14-1.
68 D. 1967, art. 17-3.
69 L. n° 2018-1021, 23 nov. 2018 : JO 24 nov. 2018, n° 272.
70 L. 1965, art. 17-1 A.
71 D. 1967, art. 13-1.
72 D. 1967, art. 13-2.

*La feuille de présence et l'émargement doivent tenir compte de cette participation particulière en la précisant*. La signature du copropriétaire absent physiquement n'est logiquement pas exigée.

Ce décret fait tout de même preuve de prudence sur l'emploi de ces nouvelles technologies. Ainsi, si des *difficultés techniques* ont empêché le copropriétaire qui a eu recours à la visioconférence, à l'audioconférence ou à tout autre moyen de communication électronique de faire connaître son vote, celles-ci doivent être *mentionnées dans le procès-verbal*.

Il appartient donc au syndicat des copropriétaires de fixer les modalités techniques applicables à cette participation électronique à l'assemblée et surtout de supporter ce nouveau coût.

# V. Les majorités de vote

Le statut de la copropriété distingue quatre majorités de vote, par les articles 24, 25 et 26 de la loi du 10 juillet 1965, dont l'importance varie en fonction de la gravité des questions soumises à l'assemblée. Cette même loi, récemment amendée par l'ordonnance du 30 octobre 2019, a prévu certaines passerelles[73] permettant de basculer, sous certaines conditions, d'une majorité conséquente vers une majorité moindre. Le but ici poursuivi est évidemment d'éviter le blocage et de fluidifier le processus décisionnel en assemblée générale.

## A. LA MAJORITÉ SIMPLE DE L'ARTICLE 24

Cette majorité est la majorité de droit commun. Elle a donc vocation à s'appliquer automatiquement, sauf si un texte en dispose autrement. Elle concerne essentiellement tous les actes d'administration de l'immeuble[74].

Son calcul correspond à la majorité de voix exprimées des copropriétaires présents, représentés ou ayant voté par correspondance à l'assemblée. Les abstentionnistes en sont donc exclus.

Par exemple, si l'assemblée générale de la copropriété réunit 3 copropriétaires présents et 1 représenté totalisant 400 voix sur 1 000, la résolution est ainsi adoptée si elle obtient au moins 201 voix.

Selon les derniers textes applicables, se votent à la majorité de l'article 24 :

– les *travaux nécessaires à la conservation de l'immeuble, à la préservation de la santé et de la sécurité physique des occupants*. Il s'agit donc des travaux d'entretien permettant d'assurer la conservation de l'immeuble et qui ne comportent normalement pas d'amélioration (ravalement de façade, purge des façades, réfection de toiture, remplacement de chaudière à l'identique, remplacement de l'installation d'eau chaude défectueuse...) ;

– les *modalités de réalisation et d'exécution des travaux rendus obligatoires* en vertu de dispositions législatives ou réglementaires ou d'un arrêté de police administrative relatif à la sécurité ou à la salubrité publique, notifié au syndicat des copropriétaires pris en la personne du syndic (ravalement imposé par un arrêté, travaux de désamiantage ou de suppression du plomb...) ;

– les *modalités de réalisation et d'exécution des travaux notifiés en vertu de l'article L. 313-4-2 du Code de l'urbanisme* (travaux imposés dans le cadre d'une restauration immobilière et portant faculté pour le syndicat des copropriétaires d'assurer la maîtrise d'ouvrage des travaux notifiés portant sur les parties privatives de tout ou partie des copropriétaires) ;

73 L. 1965, art. 25-1 et 26-1.

74 CA Paris, 27 mai 1983 : RTD civ. 1983, p. 763.

– les *travaux d'accessibilité aux personnes handicapées ou à mobilité réduite*. Il s'agit des travaux réalisés à l'initiative du syndicat, car depuis le 1er juin 2020, les travaux d'accessibilité réalisés à la demande d'un copropriétaire suivent un sort différent[75] ;

– la *suppression des vide-ordures pour des impératifs d'hygiène* ;

– les *travaux de raccordement à la fibre optique*[76] ;

– la *décision d'équiper les emplacements de stationnement d'accès sécurisé à usage privatif avec des bornes de recharge pour véhicules électriques et hybrides rechargeables* ou de réaliser l'étude mentionnée au III de l'article 24-5 (étude préalable à des travaux d'installation de système de recharge de véhicules électriques) ;

– les *travaux permettant le stationnement sécurisé des vélos dans les parties communes*[77] à l'initiative et aux frais de certains copropriétaires ;

– la *décision d'engager le diagnostic technique global (DTG), un diagnostic de performance énergétique (DPE), un audit énergétique* ;

– les *adaptations du règlement de copropriété* rendues nécessaires par les modifications législatives et réglementaires intervenues depuis son établissement ;

– l'*autorisation permanente accordée à la police ou à la gendarmerie nationale de pénétrer dans les parties communes*.

## B. LA MAJORITÉ ABSOLUE DE L'ARTICLE 25

Au-delà des décisions relevant de la simple administration de la copropriété, son statut prévoit un ensemble de décisions nécessitant, pour leur adoption, de recueillir la majorité absolue des voix du syndicat, c'est-à-dire de tous les copropriétaires, qu'ils soient ou non présents ou représentés à l'assemblée. La base de calcul est alors le total des quotes-parts de copropriété.

Ainsi, si le syndicat compte 1 000 voix (s'il répartit ses parties communes en 1 000e), la décision, pour être adoptée, doit recueillir 501 voix. Notons que si la décision à prendre concerne des parties communes spéciales, le calcul se fait relativement aux voix des copropriétaires ayant des droits dans la partie commune concernée.

En l'absence de telles parties communes spéciales, et même si la décision ne concerne par exemple qu'un seul bâtiment, elle doit être prise par l'ensemble des copropriétaires, y compris ceux n'ayant pas un intérêt direct dans son adoption.

Sont votés à cette majorité :

– la ou les *délégations* du pouvoir données au syndic, au conseil syndical ou à toute personne de prendre un acte ou une décision mentionnée à l'article 24 ;

– les *travaux effectués par les copropriétaires* affectant les parties communes ou l'aspect extérieur de l'immeuble, et conformes à la destination de celui-ci (pose d'une climatisation, branchement sur une canalisation commune, agrandissement ou ouverture de fenêtres, création d'un nouvel accès aux parties communes, installation d'un interphone, de panneaux publicitaires...) ;

– la *désignation* ou la *révocation du syndic et des membres du conseil syndical* ;

– les *actes de disposition sur les parties communes* ou sur des droits accessoires à ces parties communes, résultant d'obligations légales ou réglementaires (cours communes, servitudes ou droit de mitoyenneté) ;

– la *modification de la répartition des charges* rendue nécessaire par un *changement de l'usage d'une ou plusieurs parties privatives* (transformation d'une habitation en commerce...) ;

75 L. 1965, art. 25-2.
76 L. 1965, art. 24-1 et 24-2.
77 Issu de la L. n° 2019-1428, 24 déc. 2019.

– les *travaux d'économies d'énergie ou de réduction des émissions de gaz à effet de serre* ;

– les *modalités d'ouverture des portes d'accès aux immeubles*. En cas de fermeture totale de l'immeuble, celle-ci doit être *compatible avec l'exercice d'une activité autorisée par le règlement de copropriété* ;

– les travaux d'installation ou de modification des antennes collectives ;

– la délégation de pouvoirs au président du conseil syndical d'introduire une action judiciaire contre le syndic en réparation du préjudice subi par le syndicat des copropriétaires (création de l'ordonnance du 30 octobre 2019 devant sanctionner l'éventuelle carence du syndic en poste) ;

– les *travaux d'installation* ou la *modification* des installations électriques intérieures ou extérieures permettant l'*alimentation des systèmes individuels de recharge des véhicules électriques* ou hybrides rechargeables, ainsi que la réalisation des installations de recharge électrique permettant un comptage individuel pour ces mêmes véhicules ;

– l'installation de compteurs d'eau froide divisionnaires et de compteurs d'énergie thermique ou de répartiteurs de frais de chauffage ;

– la transmission aux services de police des images issues du système de vidéosurveillance de la copropriété ;

– les travaux d'*amélioration* (travaux comportant transformation, addition, amélioration, création de parties ou équipements communs : piscine, équipements sportifs, adjonction d'un ascenseur, installation d'un bloc de boîtes à lettres, création d'un local à ordures...) ;

– le montant à partir duquel la *mise en concurrence* est rendue obligatoire pour la passation des marchés et contrats.

## C. LA PASSERELLE DE L'ARTICLE 25-1

Avant sa modification par l'ordonnance du 30 octobre 2019, l'article 25-1 de la loi du 10 juillet 1965 permettait, lorsque certaines décisions dépendant des conditions de l'article 25 n'avaient pas obtenu la majorité nécessaire, de faire à nouveau voter le syndicat sur ces mêmes questions à la majorité moindre de l'article 24.

Ainsi, si le projet de résolution avait recueilli au moins le tiers des voix (334/1 000$^{e}$) l'assemblée pouvait revoter *immédiatement* sur cette question aux conditions de majorité de l'article 24. Si, par contre, ce projet n'avait pas recueilli le tiers de voix, une nouvelle assemblée pouvait être reconvoquée dans le délai maximal de 3 mois afin de se prononcer à nouveau sur cette question, aux conditions de majorité de l'article 24.

Cette passerelle n'était ouverte qu'à certaines décisions directement visées dans l'article 25. En étaient formellement exclus les travaux dits « d'amélioration » et l'installation de compteurs d'eau froide divisionnaires.

*Dans sa volonté de faciliter la prise de décision en assemblée, l'ordonnance du 30 octobre 2019 a profondément modifié cette « passerelle » de l'article 25-1.*

Ainsi, depuis le 1$^{er}$ juin 2020 :

– la possibilité de « reconvocation » dans un délai de 3 mois, ouverte dans le cas où un projet de résolution n'avait pas recueilli le tiers de voix, est abrogée. Il n'est donc plus possible de convoquer à nouveau une assemblée devant statuer sur ces questions à majorité réduite ;

– la première passerelle, permettant un second vote immédiat à la majorité de l'article 24, si le projet a obtenu au moins le tiers des voix du syndicat, devient *automatique* et *s'applique à toutes les décisions* faisant référence à l'article 25 ou à la majorité absolue des voix du syndicat (travaux d'amélioration, pose de compteur, d'eau froide divisionnaire, scission de copropriété, syndicat secondaire...) ;

– l'article 19 du décret du 17 mars 1967 précise que lorsque l'assemblée est appelée à approuver un contrat, un devis ou un marché mettant en concurrence plusieurs candidats, *l'application de la passerelle et donc le second vote ne sont possibles qu'après avoir voté sur chacune des candidatures à la majorité applicable au premier vote*. La pratique consistant à revoter immédiatement sur le premier candidat, et ainsi déclarer les autres candidatures « sans objet », est donc condamnée.

La combinaison de ces nouvelles dispositions avec le vote par correspondance impose aux syndics d'être particulièrement vigilants lors de la préparation de la convocation et du formulaire de bulletin de vote par correspondance. En effet, *il est systématiquement nécessaire de prévoir, pour les questions relevant de la majorité de l'article 25, une seconde question, et donc un second vote à la majorité de l'article 24. À défaut, la prise de décision est irrégulière.*

## D. LA DOUBLE MAJORITÉ DE L'ARTICLE 26

Certaines questions, d'une gravité plus importante, nécessitent qu'elles soient adoptées à une majorité plus lourde.

La majorité de l'article 26, qualifiée par la pratique de « double majorité », est atteinte lorsque la majorité des membres du syndicat, représentant au moins les deux tiers des voix, votent en faveur de la décision.

Ainsi, dans un immeuble comptant 10 copropriétaires représentant 1 000 voix, le projet de décision est adopté si 6 copropriétaires représentant 667 voix votent en sa faveur.

Sont concernés par cet article :

– les *actes d'acquisition immobilière* et les *actes de disposition* autres que ceux visés à l'article 25, d (autorisation de construire sur une partie commune, cession de la jouissance exclusive d'une partie commune, cession de parties communes mais à la condition qu'elles ne soient pas nécessaires à la destination de l'immeuble, modification d'une servitude...) ;

– la *modification*, ou éventuellement l'*établissement, du règlement de copropriété* dans la mesure où il *concerne la jouissance, l'usage et l'administration des parties communes* (conditions d'utilisation d'un couloir, d'un ascenseur...) ;

– la *suppression du poste de concierge ou de gardien* et l'aliénation du logement affecté au concierge ou au gardien lorsqu'il appartient au syndicat. Les deux questions sont inscrites à l'ordre du jour de la même assemblée générale ;

– la *suppression d'un chauffage collectif* pour y substituer des chauffages individuels en raison de la vétusté de l'installation et lorsque la nouvelle installation apporte une amélioration par rapport à la situation antérieure ;

– les *travaux de suppression de la distribution d'eau chaude sanitaire* collective par installation de chauffe-eau individuels lorsque la nouvelle installation apporte une amélioration par rapport à la situation antérieure.

## E. LA PASSERELLE DE L'ARTICLE 26-1

Consciente que la majorité de l'article 26 pouvait être particulièrement difficile à atteindre, empêchant ainsi que des décisions importantes soient prises, l'ordonnance du 30 octobre 2019 a institué une passerelle similaire à celle prévue par l'article 25-1 de la loi du 10 juillet 1965 en créant un nouvel article 26-1.

Ainsi, lorsqu'une décision devant être prise aux conditions de majorité de l'article 26 n'a pas été adoptée mais qu'elle a recueilli l'approbation d'*au moins la moitié des membres du syndicat ayant participé à l'assemblée représentant le tiers de voix*, la même assemblée peut désormais *statuer immédiatement à la majorité des voix de tous les copropriétaires.*

Par conséquent, dans un immeuble comptant 10 copropriétaires représentant 1 000 voix, participant tous à l'assemblée, le projet de décision est adopté à la majorité de l'article 26 si 6 copropriétaires représentant 667 voix votent en sa faveur. Néanmoins, et en application de l'article 26-1, si cette majorité n'est pas atteinte mais que 5 copropriétaires représentant au moins 334/1 000 des voix du syndicat y ont voté favorablement, le syndicat revote immédiatement et la résolution est adoptée si 501/1 000 des voix du syndicat y sont favorables.

Attention, afin d'éviter que d'importantes décisions ne soient prises par collège restreint de copropriétaires, *le décret du 2 juillet 2020*[78] *spécifie que les décisions pouvant prétendre à cette passerelle ne peuvent pas, par la suite, profiter des dispositions de l'article 25-1.*

### F. L'UNANIMITÉ

Les décisions les plus lourdes de conséquences pour la copropriété, qui affectent son essence, nécessitent un vote unanime de tous les copropriétaires. Ces décisions qui modifient le contrat de départ de la copropriété impliquent nécessairement que tous les copropriétaires soient favorables à une telle décision.

*Ainsi, si un seul s'abstient, s'oppose, n'est pas présent ou représenté, la décision est rejetée.*

L'unanimité est requise pour :

– les *décisions portant atteinte à la destination des parties privatives ou aux modalités de leur jouissance* (suppression du service de gardien alors qu'il entre dans la définition de la destination de l'immeuble, privation de jouissance d'un copropriétaire d'une partie commune...) ;

– l'*aliénation de parties communes nécessaires au respect de la destination de l'immeuble* ;

– la *suppression d'un équipement collectif* ;

– la *fermeture totale de l'immeuble* sans dispositif d'ouverture à distance (interphone) lorsqu'une activité professionnelle ou commerciale est autorisée dans l'immeuble ;

– la *modification des tantièmes de charges ou de copropriété* ;

– *toute décision modifiant la destination de l'immeuble ou lui portant atteinte*[79].

## VI. Le vote et la participation à l'assemblée en période Covid-19

La loi du 23 mars 2020 d'urgence pour faire face à l'épidémie de Covid-19 a prévu, dans son article 11, une *autorisation au gouvernement de prendre par ordonnance « toute mesure provisoire [...] "d'adaptation du droit de la copropriété pour tenir compte notamment de la désignation des syndics, de l'impossibilité de réunion des assemblées générales de copropriétaires"* [...] ».

Une première ordonnance relative à la copropriété est parue le 25 mars 2020[80]. Ne répondant pas aux attentes de la pratique, cette ordonnance a été *complétée par une ordonnance du 20 mai 2020*[81], qui est venue apporter des réponses concrètes concernant les mandats des syndics et des conseils syndicaux, mais également la tenue des assemblées générales. En effet, face à l'impossibilité de réunir des assemblées générales, le gouvernement a proposé des *mesures dérogatoires temporaires, initialement applicables jusqu'au 31 janvier 2021*, permettant aux syndics de prévoir des assemblées générales *sans présence physique des copropriétaires*.

78 D. n° 2020-834, 2 juill. 2020.
79 Cass. 3e civ., 19 oct. 2011, n° 10-20634.
80 Ord. n° 2020-304, 25 mars 2020.
81 Ord. n° 2020-595, 20 mai 2020.

Compte tenu d'un rebond de l'épidémie, de nouvelles mesures devaient être prises en copropriété, les difficultés connues au cours du premier confinement, notamment l'interdiction des regroupements, devenant à nouveau d'actualité. *Une ordonnance n° 2020-1400 a été donc prise le 18 novembre 2020* ; cette dernière a actualisé les mesures déjà prises en matière de copropriété et a prolongé leur application jusqu'au 1er avril 2021.

Du fait d'un ressaut de l'épidémie, une nouvelle ordonnance a été prise le 10 février 2021. Ce texte n'est pas intervenu sur les mandats des syndics et des conseillers syndicaux, mais a *simplement prolongé jusqu'à 1 mois après la fin de l'état d'urgence sanitaire les dispositions dérogatoires prévues par l'ordonnance du 25 mars 2020 et appliquées depuis*.

La loi du 31 mai 2021[82] relative à la gestion de la sortie de crise sanitaire fixe désormais au 30 septembre 2021, la fin de ce régime dérogatoire. Les mesures dérogatoires en question, applicables jusqu'au 30 septembre 2021, sont les suivantes.

## A. LE RECOURS À LA VISIOCONFÉRENCE OU L'AUDIOCONFÉRENCE

L'ordonnance du 20 mai 2020 a permis au syndic d'*imposer à l'ensemble des copropriétaires* de participer à l'assemblée générale par « visioconférence ou par tout autre moyen de communication électronique permettant leur identification » *sans qu'une assemblée générale préalable, pourtant imposée par le décret du 27 juin 2019, soit nécessaire*.

Le syndic décide donc des « moyens et supports techniques permettant à *l'ensemble* des copropriétaires de participer à l'assemblée générale par visioconférence, audioconférence ou tout autre moyen de communication électronique permettant leur identification, la transmission de leur voix, ainsi que la retransmission continue et simultanée des délibérations ».

## B. LE RECOURS AU VOTE PAR CORRESPONDANCE

Également créé par la loi *ÉLAN*, le recours au vote par correspondance demeurait dans l'attente d'un arrêté fixant ses modalités d'application, et plus particulièrement un formulaire type de vote[83].

Dans ses mesures d'urgence, l'ordonnance du 20 mai 2020 précisait que les copropriétaires pouvaient également, parallèlement à la visioconférence ou l'audioconférence, voter par correspondance avant la tenue de l'assemblée. Lorsque le recours à la visioconférence ou l'audioconférence était impossible, *le syndic pouvait imposer aux copropriétaires de voter par correspondance*.

Comme nous l'avons vu, l'arrêté fixant le formulaire type de bulletin de vote est paru le 2 juillet 2020 et ses modalités d'utilisation ont été précisées par un décret du même jour. Par conséquent, s'il ne dispose pas des moyens techniques lui permettant le recours à la visioconférence, le syndic peut, depuis le 4 juillet 2020, imposer aux copropriétaires de participer aux assemblées uniquement par vote par correspondance.

## C. DÉROGATION AUX NOMBRES DE MANDATS DÉTENUS PAR UN COPROPRIÉTAIRE

Afin de garantir une participation effective des copropriétaires aux assemblées, et probablement de permettre la tenue d'assemblées à présence physique réduite, une dérogation à l'article 22 de la loi du 10 juillet 1965 a été prévue.

Pendant cette période de crise, un mandataire peut recevoir plus de trois délégations de vote si le total des voix dont il dispose lui-même ajoutées à celles de ses mandants n'excède pas *15 % des voix du syndicat des copropriétaires*.

82 L n°2021-689, 31 mai 2021.
83 L. 1965, art. 17-1 A, al. 2.

### D. CONSÉQUENCES SUR LES CONVOCATIONS ET LA TENUE DES ASSEMBLÉES

#### 1. Convocations à émettre

Lorsque le syndic décide de recourir à ces mécanismes et que l'assemblée générale n'a pas encore été convoquée, *la convocation à émettre n'a pas à préciser un lieu de réunion.*

Cette convocation doit *préciser que les copropriétaires ne peuvent participer à l'assemblée générale que par visioconférence ou tout autre moyen de communication électronique, sans préjudice de la possibilité de voter par correspondance.*

Lorsque le recours à la visioconférence ou à tout autre moyen de communication électronique n'est pas possible, *la convocation précise que les copropriétaires ne peuvent voter que par correspondance.*

#### 2. Tenue des assemblées

Les copropriétaires n'étant pas physiquement présents, l'élection du bureau de l'assemblée et l'accomplissement de sa mission peuvent être source de difficultés.

L'ordonnance du 20 mai 2020 prévoit des dérogations provisoires à l'ordre public du statut de la copropriété.

Ainsi, en cas de recours à la visioconférence ou l'audioconférence, l'élection du bureau est possible. Il est néanmoins prévu que le président de séance certifie exacte la feuille de présence et signe, le cas échéant avec le ou les scrutateurs, le procès-verbal des décisions *dans les 8 jours suivant la tenue de l'assemblée générale.*

Par contre, lorsque les décisions sont prises au seul moyen du vote par correspondance, *le président du conseil syndical ou, à défaut, l'un de ses membres, ou en leur absence l'un des copropriétaires votants désignés par le syndic, assure les missions qui incombent au président de séance.*

# Section 3 Le procès-verbal de l'assemblée générale

## I. L'établissement et le contenu du procès-verbal

L'article 17 du décret du 17 mars 1967 nous rappelle qu'au cours de l'assemblée générale, un procès-verbal retranscrivant les décisions votées est établi[84]. Ce procès-verbal, qui est *obligatoire*, n'est pas une retranscription des débats mais un simple relevé des décisions prises. *Son absence entraînerait la nullité des décisions prises au cours de l'assemblée*[85].

Son utilité pratique est évidente : il permet d'établir la réalité des décisions prises et ainsi d'en permettre l'exécution, voire la contestation.

84 D. 1967, art. 17.

85 TGI Paris, 23 avr. 1975 : Rev. loyers 1975, p. 312 – Cass. 3e civ., 16 juin 1993, n° 91-20492.

Si le statut de la copropriété ne précise pas qui est l'auteur du procès-verbal, la pratique veut néanmoins que ce soit le syndic, alors secrétaire de séance, qui l'établisse. Rien n'empêche cependant qu'il soit établi par une autre personne, même extérieure au bureau de l'assemblée[86]. En effet, la fonction de secrétaire de séance n'impose pas la rédaction du procès-verbal.

Le moment de son établissement vient de connaître une remarquable évolution. L'article 17, dans sa rédaction issue du décret du 27 mai 2004, exigeait que ce procès-verbal soit *établi au plus tard à la clôture de séance*. La jurisprudence reconnaissait unanimement qu'il ne pouvait être établi ultérieurement[87] à peine de nullité.

Avec l'avènement du vote par correspondance et du recours à la visioconférence, le décret du 2 juillet 2020[88] a pris conscience que cette obligation d'établissement en fin de séance était devenue désuète. Ainsi, en modifiant l'article 17, ce décret *permet désormais que le procès-verbal soit établi dans les 8 jours suivant la tenue de l'assemblée*.

Concernant son contenu obligatoire, ce même article 17 édicte qu'il doit précisément indiquer :

– si les pouvoirs en blanc reçus par le syndic ont été remis au président du conseil syndical, à un membre du conseil syndical ou au président de séance aux fins de distribution ;

– sous l'intitulé de chaque question à l'ordre du jour :

- le texte de chaque délibération,
- le résultat du vote correspondant précisant le décompte des voix[89],
- l'identité et le nombre de voix des copropriétaires ou associés qui se sont opposés ou abstenus,
- l'identité et le nombre de voix des copropriétaires ou associés ayant voté par correspondance et qui doivent être considérés comme défaillants si la résolution objet du vote par correspondance est amendée en cours d'assemblée générale[90],
- les réserves éventuellement formulées par les opposants sur la régularité des décisions,
- les incidents techniques éventuellement survenus si certains copropriétaires ont recours à la visioconférence ou l'audioconférence[91],
- l'accord éventuel d'un copropriétaire à recevoir les notifications et mises en demeure par voie électronique[92].

Les textes n'imposent pas que soient mentionnés sur ce procès-verbal le nom et les tantièmes des copropriétaires présents ou représentés à l'assemblée. La feuille de présence est établie dans cette optique et permet de fournir une information suffisante[93].

Ces mentions sont exigées par les textes et leur absence entraîne la nullité des décisions prises[94]. La jurisprudence a néanmoins fait preuve, dans un premier temps, d'une certaine souplesse vis-à-vis de cette sanction en retenant que si les mentions du procès-verbal, éventuellement complétées par celles de la feuille de présence, étaient suffisantes pour rétablir le sens de chaque vote et l'identité des copropriétaires opposants ou défaillants, la nullité n'avait pas à être systématique[95].

Cette souplesse a été reprise par le décret du 2 juillet 2020 qui a ajouté au décret du 17 mars 1967 un article 17-1 selon lequel « L'irrégularité formelle affectant le procès-verbal d'assemblée géné-

86 Pour le cas d'un huissier de justice, Cass. 3e civ., 8 avr. 1998, n° 96-17138.
87 CA Paris, pôle 4, 2e ch., 17 janv. 2018, n° 15-11869.
88 D. n° 2020-834, 2 juill. 2020.
89 Cass. 3e civ., 20 nov. 1996, n° 94-19140.
90 L. 1965, art. 17-1 A.
91 D. 1967, art. 17, al. 5.
92 D. 1967, art. 64-1.
93 CA Paris, 23e ch. B, 4 juill. 2002 : Loyers et copr. 2002, n° 290.
94 Cass. 3e civ., 20 déc. 2006, n° 05-20384.
95 Cass. 3e civ., 11 juill. 2019, n° 18-18615.

rale ou la feuille de présence, lorsqu'elle est relative aux conditions de vote ou à la computation des voix, n'entraîne pas nécessairement la nullité de l'assemblée générale dès lors qu'il est possible de reconstituer le sens du vote et que le résultat de celui-ci n'en est pas affecté. »

Le procès-verbal doit être signé, en fin de séance ou avant la fin du délai de 8 jours suivant la tenue de l'assemblée, par le président, le secrétaire et le cas échéant par le ou les scrutateurs. L'omission de ces signatures n'entache pas de nullité les décisions prises par l'assemblée générale[96], mais *permet de contester la force probante du contenu du procès-verbal*[97].

Le procès-verbal fait foi des constatations qu'il renferme, mais l'inexactitude de son contenu peut être rapportée par tous moyens, notamment des témoignages ou des attestations. Il appartient, en dernier lieu, au juge d'apprécier souverainement la valeur probante du procès-verbal et des éléments contradictoires qui lui sont présentés[98].

Les procès-verbaux d'un syndicat des copropriétaires sont inscrits, les uns à la suite des autres, sur un registre spécialement ouvert à cet effet, tenu et détenu par le syndic. Ce registre peut adopter une forme électronique utilisant un procédé fiable pour permettre d'identifier les signatures[99].

## II. La notification et les suites du procès-verbal

### A. LA NOTIFICATION DU PROCÈS-VERBAL

Depuis la loi *ÉLAN*[100], *dans le mois suivant la tenue de l'assemblée* (contre 2 mois auparavant), le syndic ou la personne qui a convoqué l'assemblée doit adresser une copie du procès-verbal, sous pli recommandé avec avis de réception ou par lettre recommandée électronique, aux copropriétaires défaillants (absents) ou opposants (ayant voté dans le sens opposé de la majorité pour au moins une résolution)[101].

La notification de ce procès-verbal (ou plutôt la première présentation du courrier recommandé ou le lendemain de la transmission par le prestataire de service de l'avis électronique avertissant de l'envoi d'une LRE) fait courir le délai de 2 mois dont disposent les copropriétaires opposants ou défaillants pour contester les décisions de l'assemblée.

Cet envoi doit obligatoirement contenir la reproduction de l'article 42, alinéa 2 de la loi du 10 juillet 1965 précisant les modalités et délais de contestation des décisions prises au cours d'une assemblée. À défaut d'une telle mention, le délai de contestation n'est plus de 2 mois, mais de 5 années[102].

Une notification tardive n'a pas pour effet de rendre annulables les décisions prises. La seule conséquence d'un tel retard est un décalage dans le temps du délai de contestation[103].

Cette notification est un moment important de la vie de la copropriété, puisqu'il cristallise le point de départ des recours pouvant être exercés contre les décisions prises. À défaut de tels recours, les décisions deviennent définitives. Pour cette raison, l'ancienne Commission sur la copropriété recommandait au syndic d'effectuer cette notification le plus rapidement possible.

96 Cass. 3e civ., 26 mars 2014, n° 13-10693.
97 Cass. 3e civ., 23 mai 2007, n° 06-13521.
98 Cass. 3e civ., 28 oct. 1985, n° 84-13397.
99 D. 1967, art. 17, al. 4.
100 L. n° 2018-1021, 23 nov. 2018.
101 L. 1965, art. 42.
102 CA Paris, 23e ch. B, 11 oct. 2001, n° 2000/16551 ; Cass. 3e civ., 28 janv. 2015, n° 13-23552.
103 Cass. 3e civ., 11 mars 2003, n° 01-17529.

Retenons que cette notification n'a cependant aucun effet sur les décisions de l'assemblée, qui sont *immédiatement exécutoires*[104].

## B. L'AFFICHAGE DU PROCÈS-VERBAL

Obligation est faite au syndic d'informer les occupants d'un immeuble en copropriété de certaines décisions prises en assemblée générale[105] affectant la vie collective de l'immeuble.

Ainsi, depuis le 1er janvier 2016, le syndic doit, dans les 3 mois de la tenue de l'assemblée, afficher pendant un délai d'un mois à l'emplacement prévu à cet effet s'il en existe un ou, à défaut, déposé dans chacune des boîtes aux lettres ou remis selon les modalités habituellement utilisées dans la copropriété pour la remise des courriers :

– les décisions relatives à la maintenance et à l'entretien de l'immeuble, aux travaux de toute nature et aux actes techniques concourant à la préparation de ces travaux, tels que les diagnostics, les audits et les études techniques ;

– les décisions relatives à la présence du personnel ou des prestataires.

Lorsque ces décisions comprennent des informations à caractère personnel, il est procédé à l'anonymisation de leur contenu.

## C. L'EXÉCUTION DU CONTENU DU PROCÈS-VERBAL

Comme nous l'avons vu, les décisions prises au cours de l'assemblée générale sont par définition exécutoires de plein droit[106]. Le syndic, agent d'exécution de la copropriété, doit donc immédiatement procéder à leur exécution sans se faire juge de leur contenu. Il ne peut ainsi refuser d'exécuter une décision sous le prétexte qu'elle lui semble inopportune.

Ces décisions s'imposent à tous les copropriétaires tant qu'elles n'ont pas été annulées et nonobstant une procédure judiciaire en cours visant leur annulation.

Attention, l'article 42 de la loi du 10 juillet 1965 précise néanmoins que l'exécution des travaux votés aux conditions de majorités des articles 25 et 26 est suspendue jusqu'à l'expiration du délai de recours de 2 mois. Ce délai passé, et ce même si une action judiciaire a été introduite, le syndic peut faire exécuter ces travaux.

# Section 4 La contestation des décisions prises en assemblée générale

La contestation de décisions d'assemblées générales est un contentieux extrêmement formaliste enfermé dans un délai très court. En effet, aux termes de l'article 42 de la loi du 10 juillet 1965, les *copropriétaires opposants ou défaillants* peuvent contester les décisions de l'assemblée dans le délai de 2 mois à compter de la notification qui leur est faite desdites décisions. Une fois ce délai passé, ces décisions ne peuvent, en principe, plus être remises en cause.

104 Cass. 3e civ., 9 juin 2010, n° 08-19696.
105 L. n° 2014-366, 24 mars 2014 (loi *ALUR*) complétée par D. n° 2015-1681, 15 déc. 2015.
106 Cass. 3e civ., 9 juin 2010, n° 08-19696.

# I. La qualité et l'intérêt à agir

## A. LA QUALITÉ DE COPROPRIÉTAIRE

L'action en contestation de décisions d'assemblée générale est une *action attitrée*. Ainsi, pour être à même de contester une décision d'assemblée générale, il faut avoir la *qualité de copropriétaire* ; dès lors, les tiers à la copropriété, y compris le syndic, ne peuvent agir[107].

Sont ainsi irrecevables les demandes en annulation formulées par :

– un locataire[108] ;

– le titulaire d'un droit d'usage et d'habitation qui n'a pas la qualité de mandataire commun[109] ;

– un seul des époux propriétaire indivis d'un lot[110] ;

– un seul des indivisaires d'un lot dépourvu d'un mandat émanant de ses coïndivisaires[111] ;

– le syndicat des copropriétaires[112] ;

– l'associé d'une société civile immobilière [113];

– l'associé d'une société d'attribution titulaire seulement d'un droit de jouissance[114]...

L'usufruitier peut agir en nullité de décision d'assemblée générale portant sur des questions relatives à ses droits[115]. À l'inverse, le simple titulaire d'un droit d'usage et d'habitation ne dispose pas de cette qualité[116].

Il faut, au surplus, avoir la qualité de copropriétaire *au jour de l'assemblée générale* au cours de laquelle la décision contestée a été prise[117]. Ainsi, en cas de vente d'un lot de copropriété, seul celui qui avait la qualité de copropriétaire au jour de l'assemblée peut contester la ou les décisions, avec pour précision qu'aux yeux du syndicat, l'acquéreur n'acquiert la qualité de copropriétaire qu'au jour de la notification de la vente au syndic[118].

Le vendeur perdant sa qualité de copropriétaire avec la vente, il ne peut donc contester une décision prise au cours d'une assemblée postérieure à la vente, et ce même si elle a pour objet des faits qui lui sont antérieurs[119].

Ce caractère attitré tient au fait que l'action en contestation de décisions d'assemblée générale est une action personnelle et non réelle. Elle ne se transmet donc pas avec la vente du lot, sauf si l'acte de vente en dispose autrement et prévoit formellement une subrogation.

107 Cass. 3e civ., 23 juin 1999, n° 97-22606.
108 CA Paris, 27 mai 1987, n° 023222.
109 CA Paris, 23e ch. B, 14 juin 2001, n° 2000/10233.
110 Cass. 3e civ., 6 juill. 2005, n° 03-20065.
111 Cass. 3e civ., 10 févr. 2015, n° 13-26490.
112 Cass. 3e civ., 4 juin 1985, n° 84-11344.
113 Cass. 3e civ., 9 nov. 2005, n° 04-13570.
114 Cass. 3e civ., 22 janv. 1992, n° 88-13980.
115 CA Paris, 23e ch. B, 26 juin 2008 : Loyers et copr. 2008, comm. 260.
116 CA Grenoble, 7 juin 2016, n° 12/05856.
117 Cass. 3e civ., 3 mai 1990, n° 88-20286.
118 D. 1967, art. 6.
119 Cass. 3e civ., 5 avr. 1995 : Juris-Data, n° 1995-001777.

## B. LA QUALITÉ DE COPROPRIÉTAIRE OPPOSANT OU DÉFAILLANT

L'article 42 de la loi du 10 juillet 1965 dispose qu'au-delà de cette qualité de copropriétaire, le demandeur à la nullité doit, au surplus, avoir été *défaillant ou opposant* au vote de la décision contestée. Les copropriétaires qui ont voté en faveur des décisions ou qui se sont abstenus sont donc irrecevables à agir[120].

Ainsi, n'ont pas qualité à contester :

– le copropriétaire qui a voté favorablement, et ce même si l'assemblée a été convoquée par un syndic dont le mandat était expiré[121] ;

– le copropriétaire qui a voté favorablement à une question qui s'est avérée non-inscrite à l'ordre du jour[122] ;

– le copropriétaire qui a voté favorablement à une décision, et ce même s'il a formulé des réserves.

Par « *opposant* », il faut entendre le copropriétaire qui a voté contre la décision adoptée par la majorité. Ainsi, si la majorité approuve la décision, l'opposant doit avoir voté contre. À l'inverse, si la majorité a rejeté la décision, l'opposant doit avoir voté en sa faveur.

Par « *défaillant* », il faut entendre le copropriétaire non convoqué ou qui, bien que régulièrement convoqué, n'était ni présent, ni représenté à l'assemblée. Il peut également s'agir du copropriétaire ne prenant pas part au vote d'une résolution du fait d'une absence momentanée dûment relevée dans le procès-verbal[123].

Sont également considérés comme défaillants :

– le copropriétaire votant par correspondance lorsque la résolution a subi un amendement en cours d'assemblée ;

– le copropriétaire victime d'un mandataire de vote malicieux ou mal intentionné [124];

– le copropriétaire dont le mandataire a pris part au vote d'une question non inscrite à l'ordre du jour[125].

Il découle de ces dispositions que *le copropriétaire qui s'abstient au vote d'une résolution ne peut la contester puisqu'il n'est ni opposant ni défaillant*[126]. S'il s'est désintéressé du vote, il ne doit pas pouvoir en contester le résultat. La jurisprudence lui accorde néanmoins le droit de contester une décision à laquelle il s'est abstenu lorsque cette décision est indissociable d'une précédente décision à laquelle il s'est opposé[127].

## C. L'INTÉRÊT À AGIR

La jurisprudence reconnaît unanimement que l'existence d'un préjudice ou d'un grief *n'est pas une condition de recevabilité* à l'exercice d'une action en nullité de résolutions d'assemblée générale[128]. Le statut de la copropriété étant protecteur et d'ordre public, l'exigence de la preuve d'un grief aurait été contraire à ses objectifs.

120 Cass. 3e civ., 26 mars 1997, n° 95-15757.
121 Cass. 3e civ., 7 sept. 2011, n° 10-18312.
122 Cass. 3e civ., 19 juin 1973, n° 72-40489.
123 Cass. 3e civ., 5 oct. 1994 : Loyers et copr. janv. 1995, n° 37.
124 Cass. 3e civ., 21 mai 2014, n° 13-15550.
125 CA Paris, 30 avr. 1990, n° 89-22993.
126 Cass. 3e civ., 25 avr. 1972, n° 70-14334.
127 CA Douai, 20 nov. 1995 : D. 1996, somm. 163.
128 Cass. 3e civ., 11 avr. 2012, n° 11-15009 – Cass. 3e civ., 5 juill. 1989 : Rev. loyers 1989, p. 430.

La question de l'intérêt à agir surgit uniquement en cas de réitération de la décision attaquée par une nouvelle assemblée. En effet, la jurisprudence reconnaît que lorsque la décision attaquée est réitérée par une nouvelle résolution d'une assemblée générale ultérieure, le copropriétaire perd son intérêt à agir et devient ainsi irrecevable[129]. Cependant, cet intérêt subsiste tant que la nouvelle décision n'est pas devenue définitive[130]. Le copropriétaire demandeur à la nullité doit donc contester, dans le délai légal, cette nouvelle décision.

## II. La notion de décision pouvant être contestée

L'article 42, alinéa 2 de la loi du 10 juillet 1965 vise clairement les actions ayant « pour objet de contester les décisions des assemblées générales ». Par conséquent, pour qu'un copropriétaire puisse agir, encore faut-il qu'il conteste une *décision prise au cours d'une assemblée générale*.

Par « décision », il faut comprendre une *délibération explicite sanctionnée par un vote*[131] *engageant juridiquement le syndicat des copropriétaires*[132]. Ainsi, un simple vœu[133], une mesure préparatoire[134], une décision de principe dépourvue d'efficacité[135] ou une décision donnée sous réserve d'un événement à venir[136] ne peuvent faire l'objet d'une contestation.

Ce vote ou cette prise de position du syndicat doit, au surplus, avoir lieu *au cours d'une assemblée générale*. Ainsi, toute décision prise hors assemblée générale est inopposable au syndicat, et donc inexistante. Il existe cependant une récente exception à ce principe. En effet, l'ordonnance du 30 octobre 2019 a permis aux copropriétaires de petites copropriétés[137] de prendre hors assemblée des décisions pouvant engager le syndicat. Ce nouveau processus décisionnel ne peut prendre forme que dans le cadre de décisions unanimes qui, par essence, ne peuvent être contestées. La question de l'abus ou du dol demeure cependant à leur égard.

## III. Le délai pour agir et la conséquence de son expiration

L'article 42 de la loi du 10 juillet 1965 est particulièrement clair : l'action qui a pour but de contester des décisions d'assemblée générale doit impérativement être introduite *dans le délai de 2 mois à compter de la notification du procès-verbal faite aux opposants ou aux défaillants*.

Le point de départ de ce délai dépend donc du mode retenu par le syndic pour la notification du procès-verbal :

– si la notification est effectuée par envoi d'un courrier recommandé avec accusé de réception (RAR), ce délai commence à courir à compter du lendemain de la première présentation dudit courrier[138] ;

129 Cass. 3e civ., 5 nov. 2015, n° 14-24362.
130 Cass. 3e civ., 18 janv. 2018, n° 16-27015.
131 Cass. 3e civ., 4 nov. 2004, n° 03-11741.
132 Cass. 3e civ., 30 avr. 2002, n° 00-22365.
133 Cass. 3e civ., 10 juill. 2002, n° 01-00313.
134 Cass. 3e civ., 28 avr. 1993, n° 91-14007.
135 Cass. 3e civ., 4 janv. 2006, n° 04-19771.
136 Cass. 3e civ., 4 juin 1997 : RJDA nov. 1997, somm. p. 11.
137 Moins de 5 lots ou de 15 000 € de budget sur les trois derniers exercices comptables.
138 D. 1967, art. 64-1.

– si la notification est faite par voie électronique – courrier recommandé électronique (RE) – , le point de départ du délai est le lendemain de la transmission, par le prestataire de service de confiance qualifié, de l'avis électronique informant le destinataire d'un envoi électronique[139].

Ce délai ne vise pas les actions relatives à l'annulation de décisions d'assemblées introduisant au règlement des clauses contraires à l'ordre public de la loi du 10 juillet 1965[140]. Tel est le cas, par exemple, de la décision d'assemblée introduisant une modification à la répartition des charges violant l'article 10 de la loi du 10 juillet 1965.

Ce délai, extrêmement bref, est un délai de forclusion[141] et non un délai de prescription. Toutes les irrégularités affectant l'acte introductif d'instance doivent donc être couvertes dans ce délai de 2 mois[142]. Tel est, par exemple, le cas de l'assignation délivrée au syndic en son nom personnel et non au syndicat pris en la personne de son syndic[143].

La nature de ce délai a pour conséquence que les demandes visant la nullité de résolutions ne faisant pas partie de celles initialement visées par l'assignation sont irrecevables, sauf si elles sont introduites dans le délai de 2 mois[144]. À l'inverse, si le copropriétaire a sollicité, dans son acte introductif, la nullité de l'ensemble des résolutions, il peut par la suite, et ce malgré l'expiration du délai, limiter ses demandes à certaines résolutions seulement[145].

Ce délai ne peut être interrompu que par une assignation en justice[146]. Un simple courrier recommandé adressé au syndic ne peut suffire, même s'il comporte des récriminations à l'encontre de résolutions précisément citées. Notons que ce délai est suspendu en cas de demande d'aide juridictionnelle[147]. Le délai est interrompu par la délivrance de l'assignation, non par son placement devant la juridiction compétente[148].

L'introduction d'une action en nullité n'a *aucun effet suspensif sur l'exécution des décisions contestées*. Dès que ce recours est expiré, les décisions de l'assemblée générale deviennent définitives et ne peuvent plus être contestées, que le vice les affectant soit de fond ou de forme.

Ainsi, des travaux qui portaient atteinte à la destination de l'immeuble, s'ils n'ont pas été contestés dans ce délai, *ne peuvent plus être remis en cause*. À l'inverse, si un copropriétaire sollicite de l'assemblée une autorisation qui n'était pas nécessaire, son refus, non contesté, s'impose et devient définitif[149].

## IV. L'action, son contenu et l'abus de majorité

L'action en nullité de résolutions d'assemblée générale doit être introduite à l'encontre du syndicat des copropriétaires pris en la personne de son syndic en exercice, et non contre son syndic en son nom personnel[150].

139 D. 1967, art. 64-2 modifié par D. n° 2020-834, 2 juill. 2020.
140 Cass. 3e civ., 27 sept. 2000, n° 98-22792.
141 C. civ., art. 2220.
142 CA Paris, 25 nov. 2004, RG n° 04-02819.
143 Cass. 3e civ., 20 juill. 1994, n° 92-18872.
144 CA Paris, 10 nov. 1995, n° 023561.
145 CA Paris, pôle 4, ch. 2, 3 déc. 2014, n° 12/00242 ; Cass. 3e civ., 4 mars 2019, n°18-10379.
146 CA Paris, 23e ch. B, 23 juill. 1981 : D. 1982, IR, p. 143.
147 D. n° 91-1266, 19 déc. 1991, art. 38.
148 CA Paris, 10 févr. 1999 : RDI 1999, p. 301.
149 Cass. 3e civ., 2 juin 2017, n° 16-16566.
150 Cass. 3e civ., 20 juill. 1994 : D. 1996, somm. p. 162.

L'article 61-1 du décret du 17 mars 1967 précise que le tribunal compétent est celui du lieu de situation de l'immeuble. Cette action relève du juge du fond et excède donc la compétence du juge des référés[151].

Formellement, l'assignation doit précisément lister les résolutions dont la nullité est sollicitée[152]. Comme nous l'avons vu, les demandes, formulées après l'expiration du délai, tendant à obtenir l'annulation de nouvelles résolutions sont irrecevables[153].

L'action en nullité de résolutions d'assemblées générales n'est *pas soumise à l'obligation de publication préalable au fichier immobilier*, et ce même si la résolution visée traite de droits réels[154].

La contestation peut porter tant sur des irrégularités formelles (irrégularités de la convocation, non-respect des délais...) que sur des motifs de fond (règles de majorité, abus de majorité...).

S'agissant de l'abus de majorité, régulièrement invoqué par les copropriétaires, certaines précisions s'imposent.

La Cour de cassation, reprenant une jurisprudence constante, a donné en 2014, pour la première fois, une définition de l'abus de majorité en matière de copropriété[155]. Cette juridiction devait ainsi préciser qu'« une décision d'assemblée générale ne peut être annulée pour abus de majorité que s'il est établi qu'elle est contraire aux intérêts collectifs des copropriétaires ou qu'elle a été prise dans le seul but de favoriser les intérêts personnels des copropriétaires majoritaires au détriment des copropriétaires minoritaires ».

Assez logiquement, il appartient alors aux copropriétaires minoritaires de rapporter la preuve de l'abus commis et d'un préjudice injustement infligé à une minorité[156].

Sont ainsi considérées comme des décisions abusives :

– les décisions non inspirées par la poursuite de l'intérêt collectif ;

– les préoccupations partisanes ;

– les décisions entraînant des ruptures d'égalité de traitement entre copropriétaires, si deux ou plusieurs copropriétaires votent dans le même sens alors ces votes ne vont pas systématiquement à l'encontre de l'intérêt collectif.

La jurisprudence, assez sévère dans l'appréciation de ce caractère abusif, a ainsi considéré que l'abus de majorité n'était pas établi lorsque l'assemblée autorisait, par exemple, le percement d'une issue de secours dans le mur d'une salle de restaurant en sous-sol *si aucun inconvénient n'en résultait pour la copropriété*[157].

L'abus de majorité, voire de minorité en cas de blocage, s'il constitue un argument sérieux pouvant concourir à la nullité d'une résolution, ne doit pas être invoqué légèrement dès qu'un désaccord surgit entre les copropriétaires.

L'action en nullité de résolutions d'assemblées générales doit être intentée avec prudence, car le copropriétaire qui introduit un tel recours de manière abusive peut être condamné à réparer les préjudices qu'il causerait. Tel est le cas du copropriétaire procédurier usant à outrance de tels recours pour nuire au bon fonctionnement de la copropriété[158]. Jusqu'à la loi *ÉLAN*, il pouvait même encourir une amende civile d'un montant maximum de 3 000 €. Cette disposition a été abrogée par cette loi.

---

151 CA Paris, 15 mai 1984 : D. 1984, IR, p. 409.

152 Cass. 3e civ., 7 déc. 2017, n° 16-24009.

153 CA Aix-en-Provence, 4e ch. A, 22 juin 2000 : D. 2001, somm. p. 352.

154 Cass. 3e civ., 11 mai 2005 : JCP G 2005, IV, 2412.

155 Cass. 3e civ., 17 déc. 2014, n° 13-25134.

156 Cass. 3e civ., 11 mai 2006, n° 05-10924.

157 CA Paris, 23e ch. A, 19 déc. 2001.

158 Cass. 3e civ., 28 nov. 2001 : Loyers et copr. 2002, comm. 76.

S'il est fait droit aux demandes du copropriétaire et ainsi que l'annulation de tout ou partie des décisions prises au cours d'une assemblée générale est prononcée, cette annulation est opposable à l'ensemble des copropriétaires formant le syndicat[159].

L'annulation des résolutions d'une assemblée générale, notamment celle désignant le syndic, n'entraîne pas la nullité des assemblées ultérieures convoquées par ses soins. Il appartient donc au demandeur de contester chacune d'entre elles en respectant les dispositions de l'article 42 de la loi du 10 juillet 1965[160].

*L'annulation de la décision entraîne sa disparition rétroactive et ne confère pas au juge le pouvoir de prendre une décision à la place de l'assemblée générale*. Ainsi, l'annulation d'un refus de travaux ne vaut pas pour autant autorisation à les réaliser[161].

159 Cass. 3e civ., 10 oct. 1973, n° 72-11159.
160 Cass. 3e civ., 8 juin 2005, n° 04-12515.
161 Cass. 3e civ., 26 sept. 2007, n° 06-17069.

3

# LA VIE QUOTIDIENNE DE LA COPROPRIÉTÉ


1 - Les travaux en copropriété ..... 185
2 - La gestion comptable de la copropriété ..... 205
3 - La gestion du personnel de la copropriété ..... 225
4 - Le contentieux de la copropriété et le recouvrement des charges ..... 235
5 - La conservation des archives du syndicat ..... 257
6 - La division de la copropriété ..... 263

La vie quotidienne d'une copropriété est jalonnée de différentes étapes permettant au syndicat de réaliser ses objets[1] et ainsi d'assurer la conservation, voire l'amélioration de l'immeuble et l'administration des parties communes.

La matérialisation de la vie collective au sein d'une copropriété implique que ses acteurs (le *syndic*, le conseil syndical, ses copropriétaires) se confrontent régulièrement à des questions relevant notamment :

– de la réalisation de travaux ;

– du paiement de charges ;

– de la gestion comptable et sociale du syndicat ;

– des actions en justice devant être menées par le syndicat, notamment en matière de recouvrement de charges ;

– de la conservation des archives...

1 L. 1965, art. 14.

Chapitre I

# LES TRAVAUX EN COPROPRIÉTÉ

En 2010, la copropriété a connu un vaste bouleversement en intégrant à ses objectifs, grâce au Grenelle II de l'environnement[1], des impératifs de transition énergétique. La mutation de la copropriété s'est ensuite accélérée avec la loi *ALUR*[2]. Aux objectifs de transition énergétique sont venus s'ajouter des impératifs de rénovation du parc des immeubles en copropriété.

Ainsi, au-delà de la nécessité de conserver l'immeuble est apparue celle de l'améliorer afin de tenir compte de ces nouveaux impératifs. La réalisation de travaux dans la copropriété est donc devenue un enjeu majeur dépassant ses simples murs.

Examiner cette notion de travaux en copropriété implique d'opérer une distinction entre les différents types de travaux pouvant affecter un immeuble en copropriété :

- les travaux privatifs sur parties privatives ;
- les travaux privatifs sur parties communes ;
- les travaux collectifs sur parties privatives ;
- les travaux collectifs sur parties communes.

## Section I Les travaux privatifs sur les parties privatives

Le principe, simple, est posé par l'article 9 de la loi du 10 juillet 1965 : « Chaque copropriétaire dispose des parties privatives comprises dans son lot ; il use et jouit librement des parties privatives et des parties communes sous la condition de ne porter atteinte ni aux droits des autres copropriétaires ni à la destination de l'immeuble ».

Le copropriétaire est donc libre de réaliser, sans autorisation préalable de l'assemblée générale, des travaux dans ses parties privatives[3].

Tel est le cas de travaux de réaménagement de la distribution des pièces[4], de la peinture des pièces de l'appartement, de la démolition d'une simple cloison non porteuse, de la création de placards...

Le copropriétaire peut également supprimer des éléments d'équipements communs inclus dans son lot (radiateurs), à la condition que cette suppression ne mette pas en péril le bon fonctionnement du système de chauffage collectif[5]. Il continue cependant à participer aux charges en découlant.

1 L. n° 2010-788, 10 juill. 2010.
2 L. n° 2014-366, 24 mars 2014.
3 Cass. 3e civ., 26 avr. 1979 : D. 1980, IR, p. 31.
4 CA Paris, 6e ch. B, 27 mai 1981 : D. 1982, IR, p. 143.
5 Cass. 3e civ., 7 mai 2003 : AJDI 2003, p. 599.

Le règlement de copropriété peut néanmoins imposer, dans ses stipulations, que l'information ou la supervision de l'architecte de la copropriété soit nécessaire pour certains types de travaux privatifs (destruction de cloison...).

Cette liberté n'est cependant pas totale. Le respect de la communauté de vie en copropriété impose en effet à la loi du 10 juillet 1965 de prévoir certains garde-fous.

## I. La destination de l'immeuble

Les travaux entrepris par un copropriétaire dans ses parties privatives ne peuvent en aucun cas porter atteinte à la destination de l'immeuble telle qu'elle est définie par les documents de la copropriété, ses caractéristiques et la commune intention des copropriétaires la composant[6].

Un copropriétaire ne peut ainsi, par exemple, repeindre ses volets et fenêtres d'une couleur rompant avec l'harmonie de la façade de l'immeuble.

## II. Les droits des autres copropriétaires

Les travaux entrepris par un copropriétaire dans ses privatifs ne doivent, également, pas porter atteinte aux droits des autres copropriétaires et leur causer des dommages ou des troubles anormaux de voisinage.

Les travaux réalisés ne peuvent, ainsi, pas priver les lots voisins de vue ou d'ensoleillement.

Il a, par exemple, été jugé qu'un copropriétaire ne pouvait changer le revêtement du sol initial de son lot par un autre revêtement aux qualités d'isolation phonique moindre, ce changement portant atteinte aux droits de ses voisins directs[7].

## III. Les stipulations du règlement de copropriété

Le règlement de copropriété peut prévoir des stipulations relatives à la réalisation de travaux au sein de la copropriété. Il est ainsi fréquent que les règlements de copropriété protègent l'harmonie de l'immeuble en prévoyant des clauses limitant la liberté des copropriétaires sur des éléments pourtant privatifs. Ces clauses sont parfaitement légales et doivent impérativement être respectées[8]. À défaut, le copropriétaire récalcitrant peut être condamné à s'y conformer, et ce, au besoin sous astreinte.

6 CA Paris, 23e ch. B, 20 nov. 2003 : Loyers et copr. 2004, comm. 79.

7 Cass. 3e civ., 15 janv. 2003, n° 01-14472.

8 CA Caen, 15 mars 2011, n° 08-01859.

## IV. L'aspect extérieur de l'immeuble et les parties communes

D'une manière plus générale, les travaux privatifs affectant les parties communes ou l'aspect extérieur de l'immeuble doivent être préalablement autorisés par l'assemblée générale[9].

# Section 2 Les travaux privatifs affectant les parties communes ou l'aspect extérieur de l'immeuble

## I. Principe et champ d'application de l'article 25, b

L'article 25, b de la loi du 10 juillet 1965 dispose :

« Ne sont adoptées qu'à la majorité des voix de tous les copropriétaires les décisions concernant : [...]

b) L'autorisation donnée à certains copropriétaires d'effectuer à leurs frais des travaux affectant les parties communes ou l'aspect extérieur de l'immeuble, et conformes à la destination de celui-ci [...] ».

Par conséquent, lorsqu'un copropriétaire entend réaliser des travaux privatifs mais que ces travaux affectent les parties communes ou l'aspect extérieur de l'immeuble, il doit impérativement, après s'être assuré qu'ils étaient conformes à la destination dudit immeuble, obtenir une autorisation préalable de l'assemblée générale.

*Ces travaux doivent porter principalement sur les parties privatives, mais n'avoir sur les parties communes que de simples incidences*. Il ne peut donc s'agir de travaux ayant comme seul objet les parties communes.

Appartiennent notamment à cette catégorie :

- les travaux de branchement sur les canalisations communes de l'immeuble[10] ;
- la pose de plaque professionnelle en façade[11] ;
- le percement de parties communes pour permettre le passage de tuyaux privatifs[12] ;
- l'agrandissement de fenêtre[13] ;
- la création d'une trémie dans le plancher partie commune[14] ;
- les travaux d'aménagement des combles privatifs affectant la toiture commune de l'immeuble[15] ;

9 L. 1965, art. 25, b.
10 Cass. 3e civ., 10 mars 1981, n° 79-12950.
11 Cass. 3e civ., 24 oct. 1990, n° 88-17514.
12 CA Aix-en-Provence, 19 oct. 1978 : Ann. loyers 1979, p. 235.
13 CA Paris, 23e ch. B, 6 oct. 1990 : Loyers et copr. 1991, n° 94.
14 Cass. 3e civ., 31 janv. 1996 : RDI 1996, p. 263.
15 Cass. 3e civ., 10 mars 1981.

– la construction d'une véranda[16] ;

– le percement d'une porte dans un mur commun[17] ;

– la pose de climatiseur en façade de l'immeuble[18] ;

– les travaux de modification de vitrines de boutiques[19].

Certains menus travaux affectant les parties communes ne nécessitent pas d'autorisation préalable (scellement...) ; il doit cependant s'agir de travaux particulièrement minimes.

Lorsqu'elle est nécessaire, cette autorisation doit être donnée préalablement par l'assemblée générale ; il demeure cependant possible de ratifier des travaux postérieurement à leur réalisation[20]. Quoi qu'il en soit, l'autorisation de l'assemblée générale demeure nécessaire. Ainsi, le règlement de copropriété ne peut prévoir, dans ses clauses, une autorisation anticipée à la réalisation de travaux. *Une telle clause est nécessairement illicite et doit être réputée non écrite*[21].

L'assemblée générale peut assortir son autorisation de certaines prescriptions particulières, par exemple le contrôle d'un architecte, la surveillance du conseil syndical ou encore le paiement au profit du syndicat d'une indemnité. Le copropriétaire doit alors strictement respecter chacune de ces prescriptions, au risque de devoir être condamné judiciairement à les respecter[22].

Dans la même logique, ni le syndic[23] ni le conseil syndical[24] ne peuvent autoriser seuls la réalisation de ces travaux.

Ces travaux doivent respecter la *destination de l'immeuble* ; si tel n'était pas le cas, seul un vote unanime des copropriétaires en assemblée générale pourrait être susceptible de les autoriser. Les travaux ne doivent pas, au surplus, emporter appropriation ou aliénation de la partie commune sur laquelle ils sont réalisés.

Ne sont donc pas soumis à l'article 25, b :

– la création d'une piscine dans un jardin à jouissance privative ;

– l'installation d'un ascenseur ;

– le percement des murs de gros œuvre de l'immeuble afin de réunir un lot avec un autre lot situé dans une copropriété voisine[25]...

## II. Forme de la demande du copropriétaire

Lorsque le copropriétaire entend solliciter l'autorisation du syndicat des copropriétaires, il peut :

– demander l'inscription d'un ordre du jour complémentaire à la prochaine assemblée générale[26]. Dans ces circonstances, il doit accompagner sa demande d'un projet de résolution et, conformément à l'article 10 du décret du 17 mars 1967, d'« *un document précisant l'implantation et la consistance des travaux* » ;

16 CA Aix-en-Provence, 1re ch., 26 janv. 2017, n° 16-1589.
17 Cass. 3e civ., 16 déc. 2008, n° 07-20973.
18 CA Bastia, ch. civ. B, 9 févr. 2011, n° 2011-004366.
19 CA Paris, 14e ch. A, 19 oct. 2005 : AJDI 2006, p. 574.
20 Cass. 3e civ., 3 juill. 1979, n° 78-12060.
21 Cass. 3e civ., 12 mars 1997, n° 95-15953.
22 Cass. 3e civ., 22 oct. 2015, n° 14-20427.
23 Cass. 3e civ., 13 juin 1991, n° 88-17913.
24 Cass. 3e civ., 22 mai 1997, n° 95-16438.
25 Cass. 3e civ., 13 févr. 1979 : Defrénois 1979, art. 33162.
26 D. 1967, art. 9.

– *solliciter du syndic la convocation et la tenue d'une assemblée*, à ses frais, pour débattre de *questions ne concernant que ses droits et obligations*, depuis l'ordonnance du 30 octobre 2019 modifiant le nouvel article 17-1 A de la loi du 10 juillet 1965. Il est évident que tout copropriétaire peut recourir à ce nouveau biais pour solliciter de l'assemblée une autorisation pour la réalisation de travaux affectant les parties communes[27].

# III. Rejet abusif de l'assemblée et autorisation judiciaire

S'il advenait que l'assemblée générale, régulièrement consultée, rejette abusivement cette demande, le copropriétaire intéressé pourrait obtenir une autorisation judiciaire de réaliser les travaux[28].

## A. SUR LA NATURE DES TRAVAUX POUVANT ÊTRE AUTORISÉS JUDICIAIREMENT

Les travaux pouvant faire l'objet d'une autorisation judiciaire sont uniquement ceux appelés à être autorisés dans le cadre de l'article 25, b de la loi du 10 juillet 1965, c'est-à-dire les « travaux affectant les parties communes ou l'aspect extérieur de l'immeuble et qui ne portent pas atteinte à sa destination ». *Il est incontestable que le juge ne dispose d'aucun pouvoir pour modifier le règlement de copropriété ou décider de l'aliénation d'une partie commune* ; il est par suite incompétent pour se prononcer sur des travaux qui exigeraient par hypothèse l'accomplissement de telles formalités[29]. Il ne peut pas plus autoriser des *travaux qui porteraient atteinte à la destination de l'immeuble* ou aux droits des autres copropriétaires.

L'autorisation judiciaire doit ainsi être refusée si les travaux portent atteinte à l'harmonie de l'immeuble, et donc à sa destination dans son acception esthétique[30]. D'une manière plus générale, si le tribunal constate que les travaux ne sont pas conformes à la destination de l'immeuble ou portent atteinte aux droits des autres copropriétaires, il doit refuser son autorisation[31].

## B. SUR LES MODALITÉS DE L'AUTORISATION JUDICIAIRE

L'article 30 de la loi du 10 juillet 1965 constitue l'un des rares cas dans lesquels le statut de la copropriété permet au juge d'intervenir dans l'administration de la copropriété en lui conférant un pouvoir relevant, en temps normal, exclusivement de l'assemblée générale. Le statut n'a cependant entendu lui octroyer un tel pouvoir qu'à titre subsidiaire. Ainsi, pour que le juge soit régulièrement saisi, le copropriétaire demandeur doit démontrer que l'assemblée générale lui a, *au préalable*, opposé un refus formel à la demande d'autorisation qui lui a été présentée[32]. Sans sollicitation préalable de l'assemblée, le juge ne peut pas autoriser lesdits travaux.

Par ailleurs, pour que le juge puisse les autoriser, encore faut-il que les travaux n'aient pas été réalisés préalablement à sa saisine générale[33].

27 Sur le *modus operandi*, voir p. 143.
28 L. 1965, art. 30, al. 4.
29 CA Paris, 28 juin 2007, n° 06/19834.
30 Cass. 3e civ., 18 févr. 2004 : Administrer avr. 2004.
31 Cass. 3e civ., 21 mai 2008 : Administrer août-sept. 2008, p. 46.
32 Cass. 3e civ., 26 janv. 2000, n° 98-14798.
33 Cass. 3e civ., 6 mars 1991, n° 88-16770.

S'agissant du délai dans lequel doit être formée cette demande, il a été jugé que *la demande en autorisation judiciaire de travaux en copropriété ne s'analyse pas en une demande de contestation de décision d'assemblée générale*. Elle n'est donc pas soumise au délai de 2 mois prévu par l'article 42 de la loi du 10 juillet 1965. Cette autorisation judiciaire doit donc être sollicitée *dans les 5 années de la décision*[34].

Précisons que cette demande ne doit pas être formulée maladroitement, car s'il est également sollicité sur l'annulation de la résolution portant refus des travaux, le juge ne peut se substituer à l'assemblée générale. Il a été effectivement retenu que l'annulation judiciaire du refus d'autoriser les travaux rend irrecevable la demande d'autorisation judiciaire desdits travaux faute de décision préalable de l'assemblée[35].

## IV. Sort des travaux réalisés sans autorisation

Si ces travaux ont été réalisés sans autorisation ou en l'état d'un refus de l'assemblée générale, le syndicat peut saisir le juge aux fins d'obtenir la démolition des ouvrages réalisés, et ce, au besoin sous astreinte[36]. L'obtention d'une autorisation d'urbanisme demeure sans effet sur cette demande[37].

S'agissant d'un trouble manifestement illicite (CPC, art. 835), le syndicat peut saisir le juge des référés[38].

Face à de tels travaux, le rôle du syndic est essentiel. Il doit en effet s'assurer de l'observation de l'autorisation préalable, inviter le copropriétaire à constituer un projet précis, vérifier le contenu du règlement de copropriété, s'assurer de l'obtention des autorisations et de la souscription des assurances idoines...

# Section 3 La réalisation dans les parties privatives de travaux d'intérêt collectif

Les copropriétaires peuvent être également amenés à devoir supporter des travaux décidés par l'assemblée générale, imposés par l'intérêt collectif[39], *nécessitant l'accès à leurs parties privatives*[40].

Selon l'article 9 de la loi du 10 juillet 1965, ces travaux ne peuvent leur être imposés que si les circonstances l'exigent et à la condition que la consistance, l'affectation et la jouissance de leurs lots ne soient pas affectées de manière durable, et *après notification au moins 8 jours avant le début des travaux*.

Le syndic est dispensé de cette notification face à des impératifs de sécurité ou de conservation des biens. Cette formule n'autorise cependant pas toutes les actions du syndic en la matière et le recours au juge[41] est souvent nécessaire. Ainsi, face à un refus acharné d'un copropriétaire, le juge peut autoriser le syndic accompagné d'un serrurier, d'un huissier de justice et d'un homme de l'art à pénétrer de force dans les parties privatives du lot[42].

34 Cass. 3e civ., 29 mars 2011 : Juris-Data, n° 2011-005078.
35 Cass. 3e civ., 26 janv. 2000 : Loyers et copr. 2000, comm. 105 – Cass. 3e civ., 21 nov. 2000 : Administrer févr. 2004, p. 54.
36 Cass. 3e civ., 7 sept. 2017, n° 15-24612.
37 CA Paris, 24e ch. B, 27 avr. 1990 : Loyers et copr. 1990, n° 327.
38 Cass. 3e civ., 27 févr. 2001 : Rev. loyers 2001.
39 L. 1965, art. 25, f ; CCH, art. R. 138-2.
40 L. 1965, art. 9.
41 CPC, art. 834 et 835.
42 CA Paris, 14e ch., sect. B, 12 sept. 2008 : Loyers et copr. 2009, n° 73.

L'ordonnance du 30 octobre 2019[43], voulant simplifier l'application de l'article 9, en a modifié le contenu.

Originellement, si le copropriétaire ne pouvait faire obstacle à la réalisation de tels travaux, l'article 9 fixait une liste des travaux pouvant être concernés (travaux régulièrement votés en assemblée en vertu de l'article 24, II, a et b, de l'article 25, f et g et de l'article 30 de la loi).

*Désormais, et depuis le 1er juin 2020, tous les travaux régulièrement et expressément votés en assemblée peuvent bénéficier de ce régime.*

Si une solution alternative existe, la réalisation de travaux dans une partie privative ne peut être imposée aux copropriétaires, sauf si les circonstances le justifient.

Enfin, nouveauté de cet article, en cas de privation de jouissance totale de son lot, le copropriétaire peut se voir offrir une indemnité provisionnelle décidée en assemblée.

Cette indemnisation s'ajoute à celles déjà prévues par la jurisprudence et indemnisant :

– la diminution définitive de la valeur du lot ;

– les dégradations des parties et équipements privatifs ;

– le trouble de jouissance temporaire ou définitif.

Seul bémol : l'emploi inconsidéré de la notion de « travaux d'intérêts collectifs ». En effet, cette nouvelle rédaction de l'article 9 de la loi du 10 juillet 1965 use à plusieurs reprises de cette notion pour désigner les travaux communs affectant les parties privatives. Or, cette notion, créée par la loi *ALUR* du 24 mars 2014, vise des travaux d'économie d'énergie pris dans l'intérêt de la copropriété mais réalisés sur les parties privatives.

Leur liste est strictement déterminée. Il s'agit :

– des travaux d'isolation thermique des parois vitrées donnant sur l'extérieur comprenant, le cas échéant, l'installation de systèmes d'occultation extérieurs ;

– de la pose ou du remplacement d'organes de régulation ou d'équilibrage sur les émetteurs de chaleur ou de froid ;

– de l'équilibrage des émetteurs de chaleur ou de froid ;

– de la mise en place d'équipements de comptage des quantités d'énergies consommées.

Cette confusion risque d'être néfaste à une pleine application de ce nouvel article.

## Section 4 Les travaux collectifs réalisés dans les parties communes

Le syndicat a pour objet la conservation, l'amélioration de l'immeuble et l'administration des parties communes. La réalisation de cet objet, et ainsi la préservation de ses droits ainsi que de ceux de ses copropriétaires, lui impose de réaliser certains travaux relatifs à l'immeuble et aux parties communes.

Ces travaux diffèrent en fonction de leur nature. On distingue ainsi :

– les travaux de maintenance et de menu entretien ;

– les travaux de conservation hors maintenance ;

– les travaux imposés par les lois, règlements et arrêtés ;

– les travaux d'amélioration.

43 Ord. n° 2019-1101, 30 oct. 2019, art. 8.

# I. Les travaux d'entretien et de conservation de l'immeuble

Les travaux d'entretien et de conservation correspondent aux travaux rendus nécessaires par le maintien de l'état de l'immeuble et la prévention des atteintes aux biens et aux personnes.

## A. LES TRAVAUX DE SIMPLE MAINTENANCE

Selon l'article 45 du décret du 17 mars 1967 :

« Les travaux de maintenance sont les travaux d'entretien courant, exécutés en vue de maintenir l'état de l'immeuble ou de prévenir la défaillance d'un élément d'équipement commun ; ils comprennent les menues réparations.

Sont assimilés à des travaux de maintenance les travaux de remplacement d'éléments d'équipement communs, tels que ceux de la chaudière ou de l'ascenseur, lorsque le prix de ce remplacement est compris forfaitairement dans le contrat de maintenance ou d'entretien y afférent.

Sont aussi assimilées à des travaux de maintenance les vérifications périodiques imposées par les réglementations en vigueur sur les éléments d'équipement communs. »

Ces travaux, approuvés globalement par l'assemblée générale dans le vote du budget prévisionnel annuel[44], sont réalisés dans un souci de conservation de l'immeuble et comprennent donc le simple entretien de l'état de l'immeuble et des éléments d'équipement commun, les petites réparations, et peuvent aller jusqu'au remplacement d'un élément d'équipement si ce remplacement est compris dans le forfait de maintenance signé par le syndicat avec le professionnel habilité.

Ce simple entretien et ces menues réparations peuvent comprendre des « modifications minimes » traduisant un besoin réel.

La jurisprudence retient que sont considérés comme des travaux de maintenance :

- le curage et le détartrage d'une chute d'eau chaude ;
- l'entretien des canalisations communes[45] ;
- la remise en état de fonctionnement de la minuterie[46] ;
- l'aménagement du local du gardien pour le mettre aux normes modernes[47] ;
- les travaux d'hygiène ;
- le débarras de locaux communs ;
- les travaux de remise en état d'une colonne sèche ;
- la réparation de bris de glace...

Ces travaux de maintenance relèvent des pouvoirs propres du syndic. Il peut donc faire procéder, sans recours à l'assemblée, à des opérations de remplacement et d'entretien courant des éléments usés ou détériorés, sans modification de ces éléments[48].

Le montant de la dépense d'entretien à engager permet, en pratique, de faire la différence entre une dépense habituelle et de moindre importance relevant des pouvoirs d'administration courante du syndic et une dépense devant être autorisée en assemblée.

---

44 L. 1965, art. 14-1.
45 CA Toulouse, 15 févr. 1999.
46 CA Paris, 12 nov. 1997.
47 Cass. 3e civ., 13 déc. 1977.
48 CA Paris, pôle 4, ch. 2, 31 août 2011, n° 10/00344.

## B. LES TRAVAUX D'ENTRETIEN ET DE CONSERVATION EXCÉDANT LA SIMPLE MAINTENANCE

Ces travaux excèdent le simple budget de la copropriété et nécessitent un vote en assemblée générale. L'article 44 du décret du 17 mars 1967 dresse une liste de ces travaux. On y compte notamment « les travaux de conservation ou d'entretien de l'immeuble, autres que ceux de maintenance et les travaux portant sur les éléments d'équipement communs, autres que ceux de maintenance ».

Ces travaux d'entretien et de conservation permettent d'assurer le maintien en l'état de l'immeuble et nécessitent, généralement, un vote de l'assemblée aux conditions de majorité de l'article 24 de la loi du 10 juillet 1965.

Sont considérés comme des travaux d'entretien et de conservation de l'immeuble :

– la rénovation d'une cage d'escalier[49] ;

– la pose de potelets limitant le stationnement[50] ;

– le ravalement de façade[51] ;

– la rénovation d'un réseau de distribution d'eau vétuste[52]...

Ces travaux comprennent également les travaux permettant de préserver la santé et la sécurité physique des occupants portant notamment sur le clos, le couvert ou les réseaux ainsi que les travaux de mise en conformité des logements avec les normes de salubrité et de sécurité[53]. La notion de conservation prend alors un sens large, puisque la conservation de l'immeuble permet d'assurer « la conservation » de ses occupants.

Cette nécessité de conservation de l'immeuble peut également découler d'obligations légales, réglementaires ou d'un arrêté de police. La conservation de l'intégrité juridique de l'immeuble, et sa conformité aux textes légaux deviennent alors des obligations[54].

En tout état de cause, une stricte distinction doit être opérée entre la conservation de l'immeuble et son amélioration. Ces deux notions peuvent être tellement proches qu'elles s'entrecroisent souvent et constituent une difficulté pour le syndic.

Par principe, il faut retenir que les travaux *objectivement nécessaires* sont en règle générale des travaux d'entretien et de conservation[55], et ce, quel que soit leur montant. Si ces travaux objectivement nécessaires peuvent requérir des modifications minimes ou l'utilisation de matériaux nouveaux conformes aux règles actuelles en la matière, il ne s'agit pas pour autant d'une amélioration[56].

# II. Les travaux d'amélioration

Aux termes de l'article 30 de la loi du 10 juillet 1965, « L'assemblée générale des copropriétaires, statuant à la majorité prévue à l'article 25, peut, à condition qu'elle soit conforme à la destination de l'immeuble, *décider toute amélioration, telle que la transformation d'un ou de plusieurs éléments d'équipements communs existants, l'adjonction d'éléments nouveaux [...]* ».

49 Cass. 3e civ., 8 juill. 1998, n° 96-21629.
50 Cass. 3e civ., 17 déc. 2013, n° 12-25269.
51 Cass. 3e civ., 18 nov. 1997, n° 96-13926.
52 Cass. 3e civ., 9 juill. 2013, n° 12-21916.
53 L. 1965, art. 24, II, a.
54 L. 1965, art. 24, II, b.
55 CA Paris, 15 nov. 2001, n° 2000/19091 : AJDI 2002, p. 23.
56 CA Paris, pôle 4, ch. 2, 5 déc. 2012, n° 10/23732.

Il est à noter que la loi du 10 juillet 1965 ne donne pas de définition précise de la notion d'amélioration. Elle se borne à fournir une simple énumération non limitative :

– la *transformation d'un ou de plusieurs éléments d'équipement existants* ;

– l'*adjonction d'éléments nouveaux* ;

– l'*aménagement de locaux affectés à l'usage commun ou la création de tels locaux*.

Il s'en déduit que les travaux d'amélioration prévus par cet article ont pour objet l'apport d'éléments matériels nouveaux par rapport à l'état antérieur de la copropriété[57].

Certaines améliorations correspondent au souci des copropriétaires d'embellir leur immeuble, de le rendre plus agréable à vivre sans qu'elles se justifient par une nécessité particulière de sécurité, de viabilité ou autres.

Sont ainsi, pour la jurisprudence, des travaux dits « d'amélioration » :

– l'installation d'un ascenseur, du chauffage, d'un climatiseur, d'un dispositif de fermeture de l'immeuble ;

– la pose d'un système de fermeture automatique des garages, l'aménagement de parkings, la pose de boîte aux lettres ;

– la construction ou l'aménagement de locaux à usage collectif (loge du gardien, club-house, courts de tennis et piscines...).

Il faut cependant raison garder : toutes les améliorations ne sont pas envisageables. En effet, l'article 30 de la loi précise que, pour être autorisés à la majorité de l'article 25, ces travaux doivent être conformes à la *destination de l'immeuble*, c'est-à-dire correspondre à ses caractéristiques, à son standing, et ne pas porter atteinte aux *droits des autres copropriétaires*.

L'article 34 de la loi impose une nouvelle limite à ces travaux dits « d'amélioration » : leur *caractère somptuaire*. Ainsi, un copropriétaire qui s'est opposé à ces travaux peut saisir le tribunal judiciaire « en vue de faire reconnaître que l'amélioration décidée présente un caractère somptuaire eu égard à l'état, aux caractéristiques et à la destination de l'immeuble ». Ce copropriétaire doit alors démontrer que la dépense engendrée par ces travaux est injustifiée compte tenu du standing de l'immeuble. Tel est le cas de l'installation d'un ascenseur dans un immeuble de qualité médiocre et plus ou moins vétuste[58].

L'effet du recours de ce copropriétaire est, pour le moins, grave, puisque *la décision de l'assemblée « ne lui est pas opposable ». Il peut ainsi refuser de participer aux appels de fonds ou refuser l'accès à ses parties privatives*.

S'agissant de leur vote, ces améliorations ne faisant pas partie du contrat de départ de la copropriété, la loi imposait une majorité plus forte[59] que pour d'autres améliorations matérielles correspondant à un besoin d'intérêt général.

Cette distinction a été abolie par la loi *ALUR* n° 2014-366 du 24 mars 2014, qui institue une majorité unique, celle de l'article 25, pour tous les aménagements ou améliorations. *Ces travaux sont donc désormais prévus au n de l'article 25 de la loi*.

Notons que le législateur considérait toujours que cette prise de décision sur les travaux d'amélioration nécessitait une attention particulière. En effet, l'article 25-1, qui permet à l'assemblée générale de statuer immédiatement à la majorité prévue à l'article 24 pour les résolutions n'ayant pas été adoptées mais ayant recueilli au moins le tiers de voix, *ne s'appliquait pas aux « n et o de l'article 25 », donc au vote de travaux dits « d'amélioration »*.

57 CA Agen, 28 janv. 2013, n° 12/00594.

58 TGI Paris, 10 avr. 1976 : Gaz. Pal. 1977, 1, 233.

59 L. 1965, art. 26.

Cependant, cette ultime précaution a disparu, *puisqu'en application de l'ordonnance du 30 octobre 2019, ces travaux d'amélioration peuvent profiter, depuis le mois de juin 2020, de cette passerelle de l'article 25-1.*

## Section 5 Les travaux urgents en copropriété

Face aux situations d'urgence, la mise en œuvre du processus contraignant de la convocation de l'assemblée générale afin d'obtenir l'autorisation de réaliser les travaux n'est pas adaptée. Pour cette raison, l'article 18 de la loi du 10 juillet 1965 permet au syndic de faire réaliser ces travaux urgents de sa propre initiative. Et plus que de l'encourager, cet article l'y oblige.

### I. L'appréciation de l'urgence

La notion d'urgence s'apprécie en fonction des circonstances et de la jurisprudence en la matière. Le syndic est, en quelque sorte, juge de la situation, mais peut engager sa responsabilité en cas d'appréciation erronée du caractère d'urgence ; la prudence s'impose donc.

L'article 18 considère que le syndic doit procéder de sa propre initiative à la réalisation de travaux *lorsqu'ils sont indispensables à la conservation de l'immeuble et/ou présentent un caractère d'urgence.*

La jurisprudence reconnaît que le caractère d'urgence est présent en cas d'atteinte, notamment, à la sécurité des personnes et à la solidité et salubrité de l'immeuble.

C'est le cas, par exemple :

- du remplacement d'une chaudière en panne en période hivernale[60] ;
- de la réfection de l'étanchéité de l'immeuble[61] ;
- des travaux de réparation de balcons délabrés mettant en danger la sécurité des personnes[62] ;
- de la réparation du système de fermeture d'un parking couvert[63].

### II. La procédure en cas de travaux urgents

Le pouvoir d'initiative du syndic ne saurait le dispenser de certaines formalités obligatoires, notamment dans le cadre de l'information des copropriétaires.

Le syndic doit tout d'abord convenir des travaux urgents nécessaires en s'adjoignant, au besoin, les conseils d'un homme de l'art et de professionnels. Il en fait établir devis.

L'article 37 du décret du 17 mars 1967 met à la charge du syndic deux obligations dans le cadre de la réalisation de ces travaux urgents :

- en informer les copropriétaires ;
- convoquer immédiatement une assemblée générale.

60 TGI Paris, 12 oct. 1974.
61 CA Paris, 23e ch., 14 juin 1983.
62 Cass. 3e civ., 20 sept. 2011, n° 10-30794.
63 CA Paris, 6 juill. 2006, n° 05/20936.

Préalablement ou concomitamment à la convocation de cette assemblée générale, le syndic peut également demander le versement d'une provision, après consultation du conseil syndical. Cette provision ne peut excéder le tiers du devis des travaux en question.

L'obligation de convoquer l'assemblée directement dispense le syndic, en raison précisément de l'urgence, d'observer le délai de 21 jours mentionné dans l'article 9 du décret du 17 mars 1967. La jurisprudence va jusqu'à admettre que du fait de l'urgence, les devis peuvent être soumis au vote sans pour autant avoir été communiqués avec la convocation[64].

Cette assemblée générale permet aux copropriétaires de prendre acte de l'urgence et de se prononcer sur les travaux et leur coût *à la majorité de l'article 24 de la loi du 10 juillet 1965*.

Mais *attention*, l'approbation des comptes ne vaut pas ratification des travaux réalisés par le syndic ; la convocation d'une assemblée ultérieure est un impératif[65]. À défaut, le syndic n'est pas en droit d'obtenir le remboursement des sommes dues par les copropriétaires[66].

Lorsque la copropriété est dépourvue de syndic, il a été jugé que le copropriétaire qui procède de sa propre initiative à la réalisation de travaux urgents peut demander à l'assemblée de ratifier ses dépenses[67].

## III. La responsabilité du syndic et les travaux urgents

La responsabilité du syndic peut, dans ce contexte d'urgence, être engagée à l'égard des copropriétaires, mais aussi de tiers extérieurs comme les prestataires.

Ainsi, le syndic est susceptible d'engager sa responsabilité s'il fait réaliser des travaux qui ne présentent pas le caractère d'urgence selon les critères jurisprudentiels. Cependant, pour engager la responsabilité de son syndic et obtenir des dommages et intérêts, le syndicat doit démontrer que la réalisation de ces travaux, engagés sans autorisation, lui a causé un préjudice. À ce titre, la jurisprudence a déjà considéré qu'il n'existait aucun préjudice lorsque les travaux avaient été réalisés correctement et à un prix satisfaisant, et ce dans l'intérêt du syndicat[68]. À défaut, le syndic excéderait les limites de son mandat et s'exposerait à devoir rembourser les sommes réglées aux entreprises ayant déjà exécuté les travaux.

Par ailleurs, le syndic engage également sa responsabilité en cas de non-réalisation des travaux urgents ou d'exécution tardive.

La Cour de cassation a même retenu que le syndic avait le droit et le devoir d'exécuter des travaux judiciairement reconnus comme indispensables à la conservation de l'immeuble, et ce, alors que l'assemblée en avait décidé autrement[69]. Cependant, dans des décisions plus récentes, cette même juridiction semble admettre que la responsabilité civile du syndic ne peut être engagée s'il ne fait pas réaliser des travaux refusés par l'assemblée[70].

Enfin, notons que le syndic engage sa responsabilité s'il ne respecte pas son obligation d'information des copropriétaires et en cas de défaut de convocation immédiate de l'assemblée[71].

64 TGI Paris, 25 juin 1980 : Rev. loyers 1981, p. 273.
65 Cass. 3e civ., 17 janv. 2007, n° 05-17119.
66 Cass. 3e civ., 20 janv. 1999, n° 97-16735.
67 Cass. 3e civ., 29 oct. 1986, n° 85-14693.
68 CA Paris, 22 nov. 2001.
69 Cass. 3e civ., 29 oct. 1969, n° 67-14630.
70 Cass. 3e civ., 6 févr. 2002, n° 00-17324.
71 CA Aix-en-Provence, 15 oct. 2010, n° 08122462.

# Section 6 Les travaux particuliers

Certains travaux, précis et particuliers, obéissent à un régime qui leur est propre. Tel est le cas, par exemple, de la recharge des véhicules électriques ou des travaux d'accessibilité devant être réalisés par un copropriétaire.

## I. La recharge des véhicules électriques en copropriété : le droit à la prise

La loi n° 2010-788 du 12 juillet 2010 portant engagement national pour l'environnement, dite «*Grenelle II* », avait créé un « droit à la prise », s'analysant comme le « droit d'équiper une place de stationnement d'une installation dédiée à la recharge électrique d'un véhicule électrique ou hybride rechargeable »[72].

Deux nouveaux articles avaient ainsi été ajoutés au Code de la construction et de l'habitation :

– l'article L. 111-6-4 disposait ainsi « qu'en cas de *copropriété*, le syndicat représenté par le syndic ne peut s'opposer sans motif sérieux et légitime à l'équipement des places de stationnement [d'accès sécurisé à usage privatif] d'installations dédiées à la *recharge électrique* pour *véhicule électrique* ou hybride rechargeable et permettant un comptage individuel, à la demande d'un locataire ou occupant de bonne foi et aux frais de ce dernier » ;

– l'article L. 111-6-5 précisait quant à lui « les conditions d'installation, de gestion et d'entretien des équipements de recharge électrique pour les *véhicules électriques* et hybrides rechargeables à l'intérieur d'un immeuble collectif et desservant un ou plusieurs utilisateurs finals ».

Plusieurs textes se sont succédé sur ce sujet, passé d'utopie à réalité :

– un décret du 25 juillet 2011 relatif aux installations dédiées à la recharge des véhicules électriques ou hybrides rechargeables dans les bâtiments et aux infrastructures pour le stationnement sécurisé des vélos ;

– un décret et un arrêté du 20 février 2012 mettant en œuvre le droit à la prise des propriétaires de véhicules électriques ou hybrides rechargeables ;

– la loi du 17 août 2015 relative à la transition énergétique pour la croissance verte qui prévoit un vote à la majorité simple[73] pour l'installation de bornes de recharge pour véhicules électriques ;

– un décret et un arrêté du 13 juillet 2016 modifiant le Code de la construction et de l'habitation, relatif aux immeubles neufs à usage d'habitation ;

– un décret du 12 janvier 2017 fixant les dispositions techniques des bornes de recharge pour véhicules électriques sur l'espace public et privé, les exigences requises pour l'installation, l'exploitation et la maintenance des bornes de recharge de véhicules électriques et déterminant les qualifications des installateurs.

Plus récemment, la loi du 24 décembre 2019, dite « d'orientation des mobilités »[74], et un *décret du 24 décembre 2020*[75]*, applicable à compter du 1er janvier 2021, sont venus délimiter les contours du « droit à la prise » en copropriété.*

72 L. n° 2010-788, 12 juill. 2010.
73 L. 1965, art. 24, II, i.
74 L. n° 2019-1428, 24 déc. 2019.
75 D. n° 2020-1720, 24 déc. 2020.

## A. LA LOI DU 24 DÉCEMBRE 2019 D'ORIENTATION DES MOBILITÉS (LOM)

La loi n° 2019-1428 du 24 décembre 2019 d'orientation des mobilités, dite « LOM », est notamment venue modifier l'article 24-5 ajouté à la loi du 10 juillet 1965 par le Grenelle II de l'environnement et précisé par la loi *ALUR* du 24 mars 2014.

Préalablement, ce texte rappelle que ne sont concernés que les immeubles en copropriété équipés d'*emplacements de stationnement d'accès sécurisé à usage privatif.*

Rappelons que les textes précédents avaient vocation à s'appliquer aux emplacements de stationnement d'accès sécurisé à usage privatif et *couverts*. Le droit à la prise étend donc son champ d'application.

Par ailleurs, ce texte précise désormais que sont considérés comme des motifs légitimes et sérieux d'opposition par le syndicat à l'équipement des emplacements de stationnement de la copropriété en bornes de recharge des véhicules électriques ou hybrides :

– le *pré-équipement en installations de bornes de recharge des véhicules électriques ou hybrides lors de la construction de l'immeuble* ;

– la *décision d'équiper la copropriété d'installations de bornes de recharge des véhicules électriques ou hybrides a été prise et est en attente de réalisation*.

Dans le cadre de l'exercice de ce droit à la prise, il est par ailleurs précisé qu'afin de permettre aux demandeurs à une telle installation de réaliser une étude et un devis pour les travaux nécessaires, *le syndic est tenu de permettre l'accès aux locaux techniques de l'immeuble concernés au prestataire choisi par le locataire ou le copropriétaire*.

Préalablement à la réalisation des travaux, *le syndic doit conclure*, au nom et pour le compte du syndicat, *une convention fixant les conditions d'accès et les modalités d'intervention du prestataire* dans le cadre de l'installation, la gestion et l'entretien des équipements avec le prestataire choisi pour la réalisation des travaux.

Au-delà du droit à la prise, cette loi comporte enfin de nouvelles obligations pour le syndic applicable *depuis le 1er mars 2020*.

Ainsi, dans les copropriétés avec parkings sécurisés privatifs non équipés de bornes de recharge des véhicules électriques ou hybrides, *le syndic doit, dans un premier temps, inscrire à l'ordre du jour de l'assemblée générale la question de la réalisation d'une étude préalable sur l'utilité de s'équiper de ces bornes*. Cette question est votée à la majorité des voix exprimées des copropriétaires présents, représentés ou ayant voté par correspondance en assemblée générale[76]. Puis, dans un second temps, le syndic doit inscrire à l'ordre du jour de l'assemblée générale suivante la question de la réalisation des travaux à proprement parler.

Doivent être joints à la convocation :

– le détail des travaux à réaliser ;

– les devis et les plans de financement élaborés à cet effet ;

– le cas échéant, le projet de contrat fixant les conditions de gestion du réseau électrique modifié ;

– lorsqu'elle a été réalisée, l'étude préalable portant sur l'adéquation des installations existantes aux équipements de recharge.

Une nouvelle fois, cette question est votée à la majorité des voix exprimées des copropriétaires présents ou représentés.

*Ces différentes questions doivent être inscrites à l'ordre du jour d'une assemblée générale avant le 1er janvier 2023.*

76 L. 1965, art. 24-5, II.

## B. LE DÉCRET D'APPLICATION DU 24 DÉCEMBRE 2020

Ce nouveau décret, applicable depuis le 1er janvier 2021, fixe précisément les conditions d'application de la *LOM* et, partant, des articles L. 111-3-8 et L. 111-3-9 du Code de la construction et de l'habitation.

Premier apport, ce texte précise à nouveau que l'emplacement de stationnement objet des travaux d'installation *ne doit plus être nécessairement clos et couvert*. Sont ainsi visées toutes les copropriétés équipées d'emplacements de stationnement privatifs.

Par ailleurs, et s'agissant de l'exercice du « droit à la prise », ce décret réduit considérablement les délais. Ainsi, le locataire ou l'occupant de bonne foi d'une ou plusieurs places de stationnement situées dans un immeuble soumis au statut de la copropriété qui entend installer une borne de recharge d'un véhicule électrique *doit désormais notifier, par courrier AR, son projet de réaliser lesdits travaux au copropriétaire bailleur, avec copie au syndic de la copropriété*.

Le copropriétaire bailleur dispose, quant à lui, d'un délai d'un mois pour informer le syndic des projets de son locataire. S'il s'agit d'un copropriétaire souhaitant effectuer pour son propre compte de tels travaux, il lui appartient de notifier son projet au syndic.

Cette notification informative comprend *obligatoirement* :

– un *descriptif détaillé des travaux à entreprendre* ;

– un *plan technique d'intervention* ;

– un *schéma de raccordement électrique*.

Si le syndicat des copropriétaires, représenté par son syndic, souhaite s'opposer auxdits travaux, il ne peut le faire que pour l'un des deux motifs sérieux et légitimes ci-dessus évoqués.

Il doit pour cela faire saisir, à peine de forclusion, *dans un délai de 3 mois à compter de la notification* qui lui a été faite, le président du tribunal judiciaire du lieu de situation de l'immeuble, statuant selon la procédure accélérée au fond. Le syndic doit, dans un délai de 15 jours suivant cette saisine, la notifier à la personne à l'origine de la demande (copropriétaire, locataire ou occupant de bonne foi).

L'auteur de la demande peut réaliser les travaux, conformément au descriptif communiqué, si :

– aucune saisine du président du tribunal judiciaire n'est intervenue ou ne lui a été notifiée dans le délai de 15 jours sus-évoqué ;

– le syndicat des copropriétaires s'est opposé aux travaux au motif qu'il entend faire réaliser lui-même les travaux nécessaires, mais que ces travaux n'ont pas été engagés, au plus tard, *3 mois après la saisine du président du tribunal judiciaire*, ou ont été engagés dans ce délai, mais n'ont *pas été réalisés dans un délai de 6 mois à compter de la date de cette saisine*.

En tout état de cause, le syndic a l'*obligation* d'inscrire à l'ordre du jour de la prochaine assemblée générale suivant la notification une *information des copropriétaires sur le projet de travaux*.

Préalablement à la réalisation de ces travaux, le copropriétaire, qu'il soit copropriétaire bailleur agissant pour le compte de ses locataires ou occupants de bonne foi ou qu'il agisse en son nom propre, doit *notifier au syndic les nom, adresse et coordonnées téléphoniques du prestataire ayant la charge de la réalisation desdits travaux*.

Dans un délai de 2 mois à compter de la date de cette notification, il doit ratifier une convention avec ledit prestataire *fixant les conditions d'accès et les modalités d'intervention du prestataire* dans le cadre de l'installation, la gestion et l'entretien des équipements. Cette ratification ne nécessite pas d'accord préalable donné par l'assemblée générale.

Si la convention n'est pas signée dans ce délai, l'intéressé peut saisir le président du tribunal judiciaire du lieu de situation de l'immeuble, statuant selon la procédure accélérée au fond, afin que ce dernier fixe les conditions d'accès et d'intervention du prestataire choisi pour réaliser les travaux.

## II. Les travaux d'accessibilité aux personnes handicapées ou à mobilité réduite

Depuis la loi du 2 juillet 2003[77], la copropriété a dû prendre conscience que certains de ses copropriétaires ou occupants pouvaient être atteints d'un handicap. Des dispositions facilitant la réalisation de travaux d'accessibilité aux personnes handicapées ou à mobilité réduite ont ainsi été ajoutées à l'article 24 de la loi du 10 juillet 1965. Une distinction est alors apparue entre :

– les travaux votés et supportés par le syndicat des copropriétaires ;

– les travaux réalisés aux frais d'un ou plusieurs copropriétaires.

La loi *ALUR* du 24 mars 2014 puis le décret du 2 juillet 2020 sont venus confirmer cette volonté de simplification.

### A. LES TRAVAUX RÉALISÉS PAR LE SYNDICAT DES COPROPRIÉTAIRES

Ces travaux permettant l'accessibilité de la copropriété aux personnes handicapées ou à mobilité réduite visent un champ étendu de handicaps, ils ne se limitent ainsi pas aux seuls handicaps moteurs.

Depuis la loi *ALUR*, l'article 24, II, d de la loi du 10 juillet 1965 précise que le syndicat peut voter à cette majorité réduite les travaux d'accessibilité, sous réserve qu'ils *n'affectent pas la structure de l'immeuble ou ses éléments d'équipement essentiels*.

Il est donc important de distinguer entre :

– les travaux d'accessibilité pouvant être votés à la majorité de l'article 24, qui ne comportent pas de telles atteintes, tels que l'installation de commandes d'ouverture de porte à distance, l'installation d'un plan incliné mobile, d'une rame d'accès, de signalétiques… ;

– les travaux d'accessibilité nécessitant d'apporter une modification au gros œuvre ou à un élément d'équipement essentiel, qui ne portent pas atteinte à la destination de l'immeuble ou aux modalités de jouissance des parties privatives ; ils sont votés, en tant que travaux d'amélioration, à la majorité de l'article 25 avec, depuis le 1er juin 2020, possible recours à la passerelle de l'article 25-1 ;

– les travaux d'accessibilité qui porteraient atteinte aux modalités de jouissance des parties privatives ou à la destination de l'immeuble, qui, eux, obligent un vote unanime du syndicat des copropriétaires.

La jurisprudence accorde une importante valeur à cette distinction et considère ainsi qu'il n'y a pas d'abus de majorité lorsque l'assemblée générale refuse d'autoriser l'installation d'un monte-escalier qui aurait pour effet de porter atteinte à l'esthétique de l'immeuble et à certains de ses équipements particulièrement remarquables.

Lorsque l'assemblée envisage de refuser de tels travaux, il est essentiel qu'elle motive son refus.

Ces travaux étant assimilés à des travaux d'amélioration répondant de l'article 30 de la loi du 10 juillet 1965, le critère de répartition du coût d'un tel équipement, l'avantage, doit être appliqué.

77 L. n° 2003-590, 2 juill. 2003.

## B. LES TRAVAUX RÉALISÉS AUX FRAIS D'UN OU PLUSIEURS COPROPRIÉTAIRES

L'ancien article 24, II, e de la loi permettait à l'assemblée générale d'autoriser, à cette même majorité, certains copropriétaires à effectuer, à leurs frais, des travaux d'accessibilité affectant les parties communes ou l'aspect extérieur de l'immeuble et conformes à la destination de celui-ci, sous les mêmes réserves, à savoir que ces travaux n'affectent pas la structure de l'immeuble ou ses éléments d'équipements essentiels.

*L'ordonnance du 30 octobre 2019 a abrogé cet article et a ajouté à la loi du 10 juillet 1965 un nouvel article 25-2.*

Cet article prévoit que les travaux pour l'accessibilité des logements aux personnes handicapées ou à mobilité réduite, qui affectent les parties communes ou l'aspect extérieur de l'immeuble, réalisés à ses frais par un copropriétaire, *ne font plus l'objet d'un vote d'approbation en assemblée.*

Le copropriétaire voulant les réaliser demande au syndic l'inscription à l'ordre du jour d'un simple point d'information. Le syndicat peut, par le biais d'un vote subséquent, s'opposer à leur réalisation uniquement *s'ils portent atteinte à la structure de l'immeuble, ses équipements essentiels ou sa destination.*

Le copropriétaire à l'origine de ces travaux exerce les *pouvoirs du maître d'ouvrage jusqu'à la réception des travaux.*

Le décret du 2 juillet 2020[78] apporte des précisions sur la nature des informations devant être transmises par le copropriétaire, et les modalités d'inscription à l'ordre du jour de l'éventuelle opposition de l'assemblée générale à de tels travaux.

Sont ainsi ajoutés au décret du 17 mars 1967 trois nouveaux articles 10-1 à 10-3, dont la teneur est la suivante :

– le *descriptif qui doit être communiqué par le copropriétaire* au syndic doit *préciser la nature, l'implantation, la durée et les conditions d'exécution des travaux envisagés, ainsi que les éléments essentiels de l'équipement ou de l'ouvrage* (marques, modèles, notices, garanties et documents relatifs à l'utilisation et à l'entretien). Il est assorti d'un plan technique d'intervention et d'un schéma de raccordement électrique. *S'il n'est pas notifié, le point d'information n'est pas inscrit à l'ordre du jour* et les travaux ne peuvent donc avoir lieu ;

– le syndic doit inscrire à l'ordre du jour d'une *même assemblée générale* :

- le point d'information relatif aux travaux d'accessibilité,
- la question de l'opposition éventuelle à la réalisation de ces travaux en cas d'*atteinte à la structure de l'immeuble, ses équipements essentiels ou sa destination* ;

– en l'absence d'opposition motivée de l'assemblée générale, le copropriétaire peut faire réaliser les travaux conformément au descriptif détaillé présenté à l'assemblée générale, *à l'expiration du délai de 2 mois prévu* par l'article 42 de la loi du 10 juillet 1965.

Ces nouvelles dispositions s'appliquent aux assemblées tenues *depuis le 31 décembre 2020.*

78 D. n° 2020-834, 2 juill. 2020.

# III. Les travaux relatifs à l'installation d'antennes réceptrices de radiodiffusion et des réseaux

Le statut de la copropriété, bien que largement dérogatoire, n'a pu faire échec au « droit à l'antenne » créé par la loi du 2 juillet 1966[79] et la loi du 4 août 2008[80]. Néanmoins, sa coordination avec les règles issues du statut de la copropriété s'avère parfois délicate.

## A. L'INSTALLATION OU LA MODIFICATION DES ANTENNES COLLECTIVES ET DES RÉSEAUX CÂBLÉS

L'article 25, h de la loi du 10 juillet 1965 impose que soit réunie la majorité absolue pour installer ou modifier l'antenne collective ou un réseau de communication électronique interne à l'immeuble, dès lors que des travaux affectant les parties communes s'avèrent nécessaires.

Certaines exceptions sont cependant prévues aux articles 24-1, 24-2 et 24-3 de la loi :

– dans les immeubles équipés d'un réseau câblé de télévision ne permettant pas la diffusion de la TNT[81], le syndic doit obligatoirement porter à l'ordre du jour de l'assemblée générale la question de la proposition commerciale en permettant la distribution. L'assemblée générale se prononce alors à la majorité de l'article 24. Si la TNT est accessible, le syndic informe les copropriétaires des coordonnées du distributeur de services[82] ;

– dans les immeubles qui ne sont pas équipés d'un *réseau à très haut débit en fibre optique*, l'article 24-2 de la loi prévoit que toute proposition émanant d'un opérateur de communications électroniques d'installer, à ses frais, des lignes de communication pour un tel réseau doit être inscrite de droit à l'ordre du jour de la prochaine assemblée générale, qui doit se prononcer dans les 12 mois suivant la date de réception de cette proposition par le syndic. L'assemblée générale statue à la majorité de l'article 24.

Tant que l'assemblée ne s'est pas prononcée en faveur d'une telle installation, l'ordre du jour de chaque assemblée doit prévoir un mandat à donner au conseil syndical pour se prononcer sur toute proposition future émanant d'un opérateur de communications électroniques à très haut débit[83]. La forme et le contenu de la convention relative à l'installation et la gestion dudit réseau et devant unir l'opérateur et le syndicat des copropriétaires sont prévus par un décret du 15 janvier 2009[84].

Si la demande de raccordement émane d'un copropriétaire ou d'un tiers, le syndicat des copropriétaires ne peut s'y opposer que pour un motif légitime et sérieux ;

– dans les immeubles équipés d'une antenne collective ne permettant pas de recevoir la TNT, l'article 24-3 de la loi du 10 juillet 1965 permet au syndicat d'adopter, à la majorité simple, les travaux et modifications nécessaires à sa réception. L'assemblée générale peut également mandater, toujours à la même majorité, le conseil syndical ou son syndic afin de faire réaliser les travaux nécessaires.

79 L. n° 66-457, 2 juill. 1966.
80 L. n° 2008-776, 4 août 2008.
81 L. 1965, art. 24-1.
82 Ord. n° 2019-1101, 30 oct. 2019.
83 Issu de L. n° 2015-990, 6 août 2015 (loi *Macron*).
84 D. n° 2009-54, 15 janv. 2009.

## B. LE DROIT À L'ANTENNE INDIVIDUELLE

Le principe, posé par l'article 1er de la loi du 2 juillet 1966, est le suivant : « Le propriétaire d'un immeuble ne peut, nonobstant toute convention contraire, même antérieurement conclue, s'opposer, sans motif sérieux et légitime à l'installation, à l'entretien ou au remplacement ainsi qu'au raccordement au réseau interne de l'immeuble, aux frais d'un ou plusieurs locataires ou occupant de bonne foi, que ces derniers soient personnes physiques ou morales, d'une antenne extérieure réceptrice et émettrice de télécommunication fixe. »

Un décret du 28 décembre 1967[85] en a fixé les modalités. Ainsi, le locataire doit, avant d'installer (ou de remplacer) une antenne individuelle, une parabole ou de se raccorder à un réseau câblé, en informer le propriétaire par lettre recommandée avec AR. *Une description détaillée des travaux à entreprendre est jointe à cette notification, accompagnée au besoin d'un plan ou d'un schéma.*

L'immeuble en copropriété se voit transposer de telles règles. *Dans de telles circonstances, il appartient dès lors au copropriétaire, qu'il soit bailleur ou occupant, de notifier au syndic les éléments ci-dessus évoqués.* Le syndicat peut légitimement s'opposer à la réalisation de ces travaux si cette notification fait défaut[86].

Si cette installation affecte les parties communes ou l'aspect extérieur de l'immeuble, les travaux nécessaires doivent être soumis à l'assemblée générale, qui statue à la majorité de l'article 25. Il existe donc une certaine contradiction entre le texte de la loi du 2 juillet 1966 et l'ordre public de la loi du 10 juillet 1965. La jurisprudence, dans de telles circonstances, donne priorité aux dispositions de la loi du 2 juillet 1966[87].

En application de la loi du 2 juillet 1966 et du décret de 28 décembre 1967, le syndicat des copropriétaires ne peut s'opposer à la réalisation de tels travaux, outre la préexistence d'un équipement collectif tel qu'une antenne collective ou un réseau interne de câble[88], que pour des motifs légitimes et sérieux. Pour faire valoir ces motifs et ainsi s'opposer à la réalisation de ces travaux, le syndicat doit saisir, *dans le délai de 3 mois* suivant la demande, le tribunal judiciaire compétent. Il appartient au juge de statuer sur la légitimité et le sérieux du motif invoqué par le syndicat pour s'opposer à de tels travaux. À défaut, le copropriétaire (ou son locataire) peut réaliser les travaux sans que le syndicat ne puisse s'y opposer.

Notons que l'exercice de ce droit à une antenne individuelle peut dégénérer en abus de droit lorsqu'il existe une antenne de réception collective à la copropriété, ce qui constituerait un motif légitime d'opposition[89].

---

85 D. n° 67-1171, 28 déc. 1967.
86 CA Paris, 23e ch. B, 16 déc. 1999 : AJDI 2000, 258.
87 CA Grenoble, 17 févr. 1999, n° 97/04855.
88 L. 1965, art. 25, h.
89 A Colmar, 9 janv. 2012, n° 11/00747.

# LA GESTION COMPTABLE DE LA COPROPRIÉTÉ

Le syndic est l'agent comptable et le trésorier de la copropriété. L'article 18 de la loi du 10 juillet 1965 lui impose d'établir les comptes du syndicat et leurs annexes, de les soumettre au vote de l'assemblée générale et de tenir, pour chaque syndicat, une comptabilité séparée qui fait apparaître la position de chaque copropriétaire à l'égard du syndicat.

En tant que personne morale à part entière, chaque syndicat des copropriétaires, même secondaire, doit donc disposer d'une comptabilité qui lui est propre. Les informations comptables de la copropriété ont une telle importance qu'elles font partie des données essentielles reprises par le registre d'immatriculation des copropriétés[1].

Cette comptabilité, faisant état de la trésorerie et de la position des copropriétaires, est un reflet de la vie quotidienne de la copropriété et permet au syndic, en cas de difficultés, de prendre les mesures adéquates.

Depuis la loi *SRU* du 13 décembre 2000[2], la compatibilité du syndicat des copropriétaires est une comptabilité d'engagement. L'article 14-3 de la loi du 10 juillet 1965 impose ainsi à tous les syndicats que leurs charges et produits, objets d'un plan comptable précis, soient enregistrés dès leur engagement juridique par le syndic, et ce indépendamment de leur règlement ou dès réception par lui des produits. *C'est le règlement qui solde l'engagement.*

Seuls les engagements sont alors enregistrés, à la différence d'une comptabilité de trésorerie, dans laquelle les écritures comptables sont retranscrites lors du flux financier. La date d'enregistrement comptable est celle de l'engagement juridique.

Ainsi, si le devis est par exemple réalisé le 15 janvier 2021, le bon pour accord délivré le 20 janvier, la réception intervenue le 3 mars, la facture reçue le 18 mars et payée le 3 avril, *la date d'engagement, et donc celle d'enregistrement de l'écriture comptable, est celle du 3 mars, car les travaux ont été réalisés*.

Les règles comptables de la copropriété ont été fixées par un décret[3] et un arrêté du 14 mars 2005. Si ces règles ne sont pas respectées, un copropriétaire peut solliciter la nullité de l'approbation des comptes du syndicat[4].

Toutes les copropriétés ne sont cependant pas soumises à ces règles. L'ordonnance du 30 octobre 2019 permet aux petites copropriétés, composées de moins de 5 lots principaux ou ayant un budget moyen inférieur à 15 000 € sur les trois derniers exercices, de ne pas s'y soumettre et ainsi d'appliquer une comptabilité dite « d'encaissement »[5].

1 CCH, art. L. 711-2.
2 L. n° 2000-1208, 13 déc. 2000.
3 D. n° 2005-240, 14 mars 2005.
4 Cass. 3e civ., 5 févr. 2014, n° 12-19047.
5 L. 1965, art. 41-10.

Les documents comptables de la copropriété viennent d'être modifiés par un décret du 7 octobre 2020[6]. Cette modification a permis d'intégrer à la comptabilité de la copropriété certaines nouveautés introduites par l'ordonnance du 30 octobre 2019, notamment la délégation de pouvoirs faite par l'assemblée au conseil syndical.

## Section I Principes et notions clés de la comptabilité en copropriété

L'article 14-3 de la loi du 10 juillet 1965 dispose que « les comptes du syndicat comprenant le budget prévisionnel, les charges et produits de l'exercice, la situation de la trésorerie, ainsi que les annexes au budget prévisionnel sont établis conformément à des règles comptables spécifiques fixées par décret. Les comptes sont présentés avec comparatif des comptes précédent approuvé. »

Le syndic doit être attentif au suivi de toutes les écritures et de tous les mouvements comptables pour s'assurer de la sincérité des documents qu'il présente. Sa responsabilité peut être engagée en cas d'erreur. Tel est le cas par exemple du syndic qui procède à des règlements erronés[7].

Pour ce faire, le décret et l'arrêté du 14 mars 2005 lui imposent, au-delà d'une comptabilité d'engagement en partie double :

– de respecter une nomenclature comptable ;

– de se conformer à des modalités de clôture d'exercice ;

– d'éditer certains documents :

- 5 annexes,
- le grand livre,
- la balance des comptes,
- le journal des écritures.

Ces documents retranscrivent le plus fidèlement possible la vie financière de la copropriété.

# I. Les flux financiers et budget prévisionnel

Le syndicat des copropriétaires a un patrimoine de transit, c'est-à-dire un patrimoine constitué des charges payées par ses copropriétaires, lesquelles servent à régler les différentes dépenses induites par la vie collective au sein de la copropriété.

Le syndicat va donc entretenir des relations économiques avec différents partenaires et fournisseurs qui se traduisent par des mouvements de fonds dénommés « *flux* ».

Parallèlement, les copropriétaires vont régler des appels de provisions. Ces appels de fonds sont l'expression individuelle du budget prévisionnel.

L'établissement de ce budget est une obligation du syndic[8]. Il doit néanmoins être préparé en concertation avec le conseil syndical sans que l'absence d'une telle concertation sanctionne de nullité le vote dudit budget.

Le budget prévisionnel brosse le portrait de la vie quotidienne de la copropriété pour l'exercice à venir. Il est établi « pour faire face aux dépenses courantes de maintenance, de fonctionnement et d'administration des parties communes et équipements communs de l'immeuble »[9], et doit donc être voté chaque année.

6 D. n° 2020-1229, 7 oct. 2020.

7 Cass. 3e civ., 8 avr. 1998 : D. 2000, somm. p. 138.

8 L. 1965, art. 18.

9 L. 1965, art. 14-1.

Son adoption est essentielle, puisqu'elle *rend exigibles les provisions dues par chaque copropriétaire*[10]. En effet, les copropriétaires versent ainsi au syndicat « des provisions égales au quart du budget voté. Toutefois, l'assemblée peut fixer des modalités différentes [...] ». La provision devient ainsi exigible le premier jour de chaque période retenue. Il est alors possible de poursuivre les copropriétaires qui ne s'acquitteraient pas de leurs obligations financières[11].

Les fournisseurs se font, quant à eux, payer les factures de leur prestation.

L'ensemble de ces mouvements doit faire l'objet d'un enregistrement comptable.

# II. Les charges et produits comptables

## A. LES CHARGES COMPTABLES

La notion de charge est prévue par le décret du 14 mars 2005[12]. Par « charges », il faut entendre les dépenses liées aux biens ou services nécessaires au fonctionnement de la copropriété (eau, électricité, assurance, salaire du gardien).

Le décret distingue entre les charges liées aux opérations courantes et celles liées aux opérations exceptionnelles :

– les *opérations courantes* correspondent aux dépenses liées à la maintenance, au fonctionnement et à l'administration des parties et équipements communs de la copropriété[13] ;

– les *opérations exceptionnelles* correspondent, quant à elles, aux dépenses qui n'ont pas été prévues dans le budget et qui dépassent donc la simple maintenance. Tel est le cas, par exemple, de travaux d'importance devant être réalisés sur la copropriété[14].

Attention, l'existence de parties communes spéciales au sein d'un immeuble en copropriété induit nécessairement que certaines charges soient seulement imputables auxdites parties communes spéciales.

## B. LES PRODUITS COMPTABLES

Un produit correspond à la valeur des éléments augmentant la richesse du syndicat des copropriétaires, permettant ainsi de financer les charges et de payer les dettes de la copropriété.

Il s'agit essentiellement :

– des appels de fonds pour le budget courant ;

– des loyers des locations de parties communes ;

– des diverses subventions ;

– des emprunts du syndicat des copropriétaires.

À l'instar des charges, le décret du 14 mars 2005 *distingue entre les produits pour opérations courantes et ceux pour opérations exceptionnelles*.

10 L. 1965, art. 14-1, al. 2 ; CA Paris, 2 avr. 1997.
11 L. 1965, art. 19-2.
12 D. n° 2005-240, 14 mars 2005, art. 3 et 4.
13 L. 1965, art. 14-1 ; D. 1967, art. 45.
14 L. 1965, art. 14-2 ; D. 1967, art. 44.

Notons qu'en cas de retard de paiement d'un copropriétaire, les versements qu'il effectue sont imputés, en application de l'article 1342-10 du Code civil, au *paiement de la dette la plus ancienne*[15], *sauf si ses intentions d'imputation sont clairement exprimées au moment du versement*.

# III. Les charges, les provisions et les avances de trésorerie

## A. LES CHARGES DE COPROPRIÉTÉ

L'article 45-1 du décret du 17 mars 1967 définit les charges comme « les dépenses incombant définitivement aux copropriétaires, chacun pour sa quote-part ».

Cette quote-part est rendue exigible par l'approbation des comptes du syndicat. L'approbation des comptes généraux de la copropriété ne vaut pas approbation par les copropriétaires de leurs comptes individuels. Ils peuvent ainsi contester les sommes qui leur sont réclamées[16].

Dès lors, ce n'est qu'après l'approbation des comptes que le syndicat peut réclamer des copropriétaires débiteurs le solde correspondant à la différence entre les appels de fonds provisionnels et les sommes restant à régler[17].

## B. LES PROVISIONS

Ce même article précise que les provisions sur charges correspondent aux sommes versées ou à verser en attente du solde définitif découlant de l'approbation des comptes. Ainsi, tant que les comptes ne sont pas approuvés, ces sommes appelées, en fonction du budget prévisionnel, ne demeurent que provisoires, et donc soumises à régularisation.

## C. LES AVANCES

Les avances correspondent aux fonds destinés, par le règlement de copropriété ou une décision d'assemblée prise à la majorité de l'article 24, à constituer des réserves financières pour le syndicat des copropriétaires. À l'inverse des provisions, elles sont *remboursables*.

L'avance de trésorerie du syndic sur ses propres fonds constitue une anomalie de gestion[18]. Cependant, il a été retenu que le syndic pouvait obtenir le remboursement des dépenses indispensables faites pour le compte et dans l'intérêt exclusif de la copropriété dès lors que le syndicat les a ratifiées[19]. Le syndic ne peut, en effet, se fonder sur la gestion d'affaires ou l'enrichissement sans cause[20].

15 D. n° 2005-240, 14 mars 2005, art. 9, al. 2.
16 Cass. 3e civ., 15 oct. 2013, n° 12-19017.
17 Cass. 3e civ., 13 juill. 1993 : Loyers et copr. 1993, comm. 404.
18 Cass. 3e civ., 18 nov. 2009, n° 08-20595.
19 Cass. 3e civ., 20 janv. 1999, 14 avr. 1999 et 13 juill. 1999.
20 Cass. 3e civ., 3 juin 1987 ; Cass. 3e civ., 20 janv. 1999.

# IV. L'exercice comptable

Du principe de l'annualité de la comptabilité du syndicat, imposé par le décret du 14 mars 2005[21], il ressort que cette comptabilité est nécessairement découpée en exercices comptables couvrant une période de 12 mois. Depuis le 1er juin 2010[22], et pour des raisons évidentes de facilité de gestion, ces 12 mois ne correspondent plus forcément à l'année civile (du 1er janvier au 31 décembre).

Cette annualité compte cependant deux exceptions :

– le premier exercice comptable de la copropriété, qui peut aller jusqu'à 18 mois[23] ;

– l'assemblée générale peut, en fonction des événements survenus dans la vie de la copropriété, modifier la date de clôture des comptes. Cette décision ne peut cependant intervenir que tous les 5 ans[24].

En principe, les comptes sont arrêtés chaque année à la date de clôture de l'exercice. Chaque exercice comptable est alors indépendant.

# V. Les registres comptables de la copropriété

## A. LE JOURNAL DES ÉCRITURES

Ce document sert à enregistrer chronologiquement les opérations ayant une incidence commerciale et financière sur le fonctionnement de la copropriété[25].

Un extrait de ce journal précise ainsi :

– colonne A, le numéro d'enregistrement ;

– colonne B, la date de la saisie de l'écriture en comptabilité ;

– colonne C, le numéro de compte (prévu par l'arrêté) à utiliser pour l'enregistrement ;

– colonne D, l'intitulé du compte ;

– colonne E, le libellé de l'écriture (c'est-à-dire la référence du document) ;

– un justificatif, par exemple le numéro de la facture ;

– colonne F, le montant à enregistrer au débit ;

– colonne G, le montant à enregistrer au crédit.

## B. LE GRAND LIVRE

Ce registre comptable regroupe l'ensemble des comptes utilisés par le syndicat, opération par opération[26].

Ces deux documents, lorsqu'ils sont au format papier, doivent être cotés sans discontinuité. Il est cependant possible de les tenir sur des supports dématérialisés numérotés et datés dès leur établissement, par des moyens offrant toute garantie en matière de preuve.

21 D. n° 2005-240, 14 mars 2005, art. 5, al. 1er.
22 D. n° 2010-391, 20 avr. 2010.
23 D. n° 2005-240, 14 mars 2005, art. 5, al. 1er.
24 D. n° 2005-240, 14 mars 2005, art. 5, al. 2.
25 D. n° 2005-240, 14 mars 2005, art. 2, al. 2.
26 D. n° 2005-240, 14 mars 2005, art. 2, al. 3.

# VI. Les comptes séparés du syndicat

## A. LE COMPTE SÉPARÉ

La loi *ALUR* du 24 mars 2014 en a imposé le principe : un compte séparé doit être ouvert pour chaque syndicat par le syndic. *Ce dernier doit y verser, sans délai, toutes les sommes ou valeurs reçues au nom ou pour le compte du syndicat.* En pratique, c'est le syndic, sauf désignation par l'assemblée générale à la majorité de l'article 25, qui choisit l'établissement qui va tenir le compte bancaire. Le conseil syndical ou tout copropriétaire peut alors demander la communication des pièces justifiant de l'ouverture d'un compte séparé[27].

Le syndic qui méconnaît ces obligations encourt la nullité de plein droit de son mandat à l'expiration d'un délai de 3 mois suivant sa désignation. L'ouverture d'un compte bancaire séparé est une prestation incluse dans le forfait du contrat de syndic conformément au décret du 25 mars 2015.

Les comptes appartiennent au syndicat des copropriétaires[28]. Il en découle que le compte d'un syndicat ne peut pas faire l'objet d'une convention de fusion ou d'une compensation avec un autre compte. Les intérêts sont acquis au profit du syndicat. Dès réception, le syndic doit mettre à disposition du conseil syndical une copie des relevés bancaires sans pouvoir lui opposer le secret bancaire[29].

La loi *ALUR* avait cependant prévu une exception à cette obligation profitant aux syndicats ayant au maximum 15 lots de copropriété à usage de logements, de bureaux ou de commerces, qui pouvaient ainsi en être dispensés par un vote à la majorité de l'article 25 (ou 25-1) de la loi du 10 juillet 1965.

*Depuis le 1er janvier 2021, et en application des dispositions issues de l'ordonnance du 30 octobre 2019, cette dispense disparaît. Tous les syndicats des copropriétaires, quelle que soit leur taille, doivent être dotés d'un compte bancaire séparé.*

## B. LE COMPTE SÉPARÉ « FONDS TRAVAUX »

Le syndic doit également ouvrir un compte séparé rémunéré au nom du syndicat, sur lequel doivent être versées les cotisations au fonds de travaux. Son ouverture est comprise dans le forfait de rémunération du syndic prévu par son contrat.

À l'instar du compte principal, il ne doit pas faire l'objet d'une convention de fusion, ni d'une compensation avec un autre compte. Les intérêts sont acquis au syndicat. Ici aussi, la nullité du contrat de syndic est encourue s'il méconnaît ces obligations.

Le syndic doit également mettre à disposition du conseil syndical une copie des relevés de compte dès leur réception.

Sont autorisés les virements provenant du compte séparé principal (ou de droit commun).

En ce qui concerne les provisions « spéciales », jusqu'au 1er janvier 2017, le syndic devait, lors de sa désignation et tous les 3 ans, soumettre à l'assemblée une résolution à la majorité de l'article 25 pour constituer des provisions spéciales destinées à faire face aux travaux d'entretien ou de conservation des parties communes et des éléments d'équipement commun susceptibles d'être nécessaires dans les 3 années à échoir et non encore décidés par l'assemblée[30].

Le « fonds travaux » vise à se substituer à ce mécanisme.

27 Cass. 3e civ., 17 oct. 2012, n° 11-22130.
28 ANC, recomm. n° 2017-1, 10 mars 2017.
29 Cass. com., 24 mars 2015, n° 13-22597.
30 D. 1967, art. 35, 5°.

# Section 2 L'établissement du budget prévisionnel

## I. Le budget des dépenses courantes

Le budget prévisionnel est préparé par le syndic. Il est adopté lors de l'assemblée générale de l'exercice précédent, et ce au moins 6 mois avant le début de l'exercice comptable qui le concerne.

Il a pour objectif de couvrir les dépenses courantes d'administration, de fonctionnement et de maintenance des parties communes à venir. Les dépenses liées à des travaux excédant le simple entretien font l'objet d'un vote et d'un budget séparé. Le budget prévisionnel s'adopte à la majorité simple prévue à l'article 24 de la loi du 10 juillet 1965.

En pratique, il est généralement adopté après l'approbation des comptes de l'exercice écoulé, majoré de 3 % par poste, et ce pour tenir compte de l'inflation et d'une augmentation tarifaire usuelle.

L'établissement du budget prévisionnel d'une copropriété est un exercice subtil. Son syndic provisoire doit en premier lieu déterminer les postes de dépenses certaines (honoraires du syndic, assurance de la copropriété, eau, électricité, entretien et nettoyage). Ensuite, il doit déterminer le budget correspondant, en commençant par les postes qui sont connus (honoraires du syndic, primes d'assurances). Pour les autres postes de dépenses, le syndic doit faire une projection, par comparaison avec des copropriétés similaires confiées à son administration.

Par exemple, si le coût moyen d'une heure de nettoyage est de 33 € TTC, et qu'il est estimé que 10 heures sont nécessaires par semaine, le coût estimé est de 33 € x 10 h € 52 semaines = 17 160 €/an.

Les postes de dépenses les plus usuels sont :

– les frais d'administration (honoraires de syndic, assurance...) ;

– les contrats d'entretien (espaces verts, ascenseur, chaudière, climatisation collective, sécurité incendie...) ;

– les petits travaux d'entretien (*relamping*, maintenance...) ;

– les frais de fonctionnement (gardien, concierges) ;

– les fluides (eau, électricité).

Appliqué à chaque lot, ce budget permet de générer les appels de fonds des copropriétaires.

Si, à la suite de difficultés rencontrées par le syndicat des copropriétaires, le budget prévisionnel n'a pas été adopté dans les temps, c'est-à-dire avant le début de l'exercice comptable, le syndic, autorisé par l'assemblée générale, peut faire jusqu'à deux appels successifs de fonds de provisions trimestrielles égales à un quart du budget prévisionnel précédent, s'il existe un fonds de roulement. Si ce fonds n'existe pas, il peut réclamer jusqu'à la moitié.

L'assemblée peut décider de moduler le montant des appels de fonds en fonction des saisons et par exemple de tenir compte, dans un immeuble situé dans une station de ski, de la saison de chauffe.

Les dépenses exceptionnelles en cours d'exercice, notamment celles liées aux travaux urgents, qui par définition n'ont pas été budgétées, doivent faire l'objet d'une décision spécifique de la prochaine assemblée générale.

Depuis l'ordonnance du 30 octobre 2019, le conseil syndical, composé d'au moins trois membres, peut recevoir de l'assemblée générale délégation de prendre tout ou partie des décisions devant être prises à la majorité de l'article 24 de la loi du 10 juillet 1965, à l'exception de l'adoption du budget prévision, de l'approbation des comptes et de l'harmonisation des règlements de copropriété.

Pris en application de cette ordonnance, le décret du 2 juillet 2020[31] précise qu'un montant spécifique doit être alloué au conseil syndical *au sein du budget prévisionnel* voté chaque année pour permettre l'exercice de cette délégation de pouvoirs.

Pour assurer la pleine effectivité de cette nouvelle prérogative du conseil syndical, et depuis le 1er janvier 2021, un décret du 7 octobre 2020[32] est venu modifier le décret du 14 mars 2005. Il est désormais précisé que « le montant alloué au conseil syndical pour mettre en œuvre sa délégation de pouvoirs en application de l'article 21-2 de la loi du 10 juillet 1965 susvisée est inclus dans le budget prévisionnel, sauf lorsqu'il porte sur des dépenses non comprises dans ce budget ».

Assez logiquement, les annexes comptables prévues par ce même décret sont également modifiées. Ainsi, les annexes I et II du décret n° 2005-240 du 14 mars 2005 susvisé sont complétées, concernant le budget des dépenses courantes, par les lignes comptables suivantes :

– un compte *106 « Provisions pour travaux au titre de la délégation de pouvoirs accordée au conseil syndical »* est ajouté à l'annexe 1 ;

– un compte *65 « Montant alloué au conseil syndical pour l'exercice de sa délégation de pouvoirs (préciser la nature de chaque opération concernée) »* est ajouté à l'annexe 2.

## II. Les dépenses hors budget prévisionnel

Les dépenses qui ne concernent pas l'entretien courant et la simple maintenance relèvent des dépenses hors budget prévisionnel. Elles sont prévues à l'article 44 du décret du 17 mars 1967.

Il s'agit généralement des gros travaux (ravalement, remplacement d'une chaudière) adoptés en assemblée générale après consultation de plusieurs devis. On rappellera que, d'une manière générale, lorsque l'assemblée doit approuver un contrat, un devis ou un marché, le syndic doit notifier les conditions essentielles du ou des contrats en cas d'appel à la concurrence. Lorsqu'il s'agit de devis, la jurisprudence retient qu'il convient d'en présenter au moins deux, sauf si l'assemblée générale précédente en a exigé plus ou sauf impossibilité à trouver deux prestataires.

Ces travaux font l'objet d'appels de fonds exceptionnels dont les dates et montants sont décidés durant l'assemblée les adoptant.

Pour aider à financer certaines dépenses futures hors budget, il semble que rien n'interdise au syndicat, en sus du fonds travaux, de constituer un fonds de réserve travaux.

La délégation accordée par l'assemblée générale au conseil syndical depuis l'ordonnance du 30 octobre 2019 peut également porter sur de telles dépenses dépassant le simple budget prévisionnel.

Le décret du 2 juillet 2020 précise, à ce sujet, que lorsque la délégation de pouvoirs porte sur des dépenses pour travaux non comprises dans le budget prévisionnel, l'assemblée générale précise le *montant maximum alloué pour chacune d'elles*. Les sommes afférentes à ces dépenses sont *appelées selon les modalités décidées en assemblée générale*[33].

Le décret du 7 octobre 2020 vient une nouvelle fois modifier le décret du 14 mars 2005 et ses annexes en leur ajoutant les lignes comptables suivantes :

– un *compte 674 « Charges au titre de la délégation de pouvoirs accordée au conseil syndical en application de l'article 21-1 de la loi susvisée »* est ajouté à la rubrique « Charges pour travaux et autres opérations exceptionnelles » ;

– un *compte 706 « Provisions au titre de la délégation de pouvoirs accordée au conseil syndical »* est ajouté à la rubrique « Produits pour travaux et autres opérations exceptionnelles ».

31 D. n° 2020-834, 2 juill. 2020.
32 D. n° 2020-1219, 7 oct. 2020.
33 L. 1965, art. 14-2, I, al. 2.

# Section 3 Les opérations d'enregistrement des factures et des appels de fonds

## I. La comptabilité en partie double et l'utilisation du plan comptable des copropriétés

### A. L'ENREGISTREMENT COMPTABLE

L'article 1er de l'arrêté du 14 mars 2005 relatif aux comptes du syndicat des copropriétaires prévoit que les écritures comptables sont passées selon le système dit « en partie double ». « Dans ce système, tout mouvement ou variation enregistré dans la comptabilité est représenté par une écriture qui établit une équivalence entre ce qui est porté au débit et ce qui est porté au crédit des différents comptes affectés par cette écriture ».

L'article 3 de ce même arrêté précise que les opérations doivent être enregistrées « toutes taxes comprises » (TTC) dans les comptes dont l'intitulé correspond à leur nature. Le montant et le taux des taxes sont indiqués lorsqu'un ou plusieurs copropriétaires ont déclaré être assujettis à la taxe sur la valeur ajoutée (TVA), ou si le contrat de syndic le prévoit. Lorsque la taxe apparaît, les copropriétaires soumis à la TVA peuvent alors déduire la taxe indiquée sur le relevé des charges.

*Le syndicat des copropriétaires n'est pas, en principe et pour tout ce qui relève de sa gestion courante, redevable de la TVA*, sauf imposition mentionnée à tort ou de façon inexacte[34].

Selon l'article 4 de l'arrêté du 14 mars 2005, tout enregistrement comptable doit comporter un libellé permettant une identification de la pièce justificative qui l'appuie, notamment la date et le numéro de facture, la date et la référence du paiement, la période de l'appel de fonds et son objet. La date à laquelle le paiement est intervenu doit être mentionnée sur les factures, mémoires et situations.

L'article 5 impose, quant à lui, que les documents comptables soient établis sans altération et sans blanc. Une écriture erronée doit être annulée par une écriture contraire. À cette fin, une procédure de clôture destinée à figer la chronologie et à garantir l'intangibilité des enregistrements est mise en œuvre à la date d'arrêté des comptes.

### B. RÈGLES GÉNÉRALES DE FONCTIONNEMENT DES COMPTES

#### 1. Exclusivité du plan comptable

L'article 8 de l'arrêté du 14 mars 2005 prévoit que les classes de comptes et comptes retenus par les règles spécifiques sont les seuls utilisables par le syndic pour l'enregistrement des opérations effectuées par le syndicat. Ainsi, les règles du plan comptable général des entreprises ne peuvent pas être appliquées pour détailler les comptes retenus par le plan comptable.

34 Rép. min. n° 33323 : JOAN 18 janv. 1988, p. 226 – Rép. min. n° 37526 : JOAN 2 mai 1988, p. 1866.

## 2. Possibilité de subdivision

Ce même article autorise, lorsque les comptes prévus par la nomenclature ne suffisent pas pour enregistrer distinctement toutes ses opérations, l'ouverture de toute subdivision nécessaire.

## 3. Interdiction des compensations

L'article 9 de l'arrêté du 14 mars 2005 interdit strictement toute compensation entre les comptes dont le solde est débiteur et les comptes dont le solde est créditeur. Cependant, cette stricte interdiction a été modérée par l'ordonnance du 30 octobre 2019 qui consacre, en cas de vente d'une partie commune, la *compensation de plein droit entre la part revenant à un copropriétaire et la dette de charges de copropriété qu'il est susceptible de devoir*.

## 4. Nomenclature et écritures comptables courantes

L'article 6 de l'arrêté du 14 mars 2005 prévoit que la nomenclature des comptes est constituée par la liste des comptes classés, numérotés et définis par une terminologie et des règles de fonctionnement.

L'article 7 fixe la répartition des comptes :

*Classe 1 Provisions, avances, subventions et emprunts*

10 Provisions et avances :

102 Provisions pour travaux décidés

103 Avances

1031 Avances de trésorerie

1032 Avances travaux au titre de l'article 18, 6e alinéa de la loi susvisée

1033 Autres avances

106 Provisions pour travaux au titre de la délégation de pouvoirs accordée au conseil syndical

12 Solde en attente sur travaux et opérations exceptionnelles

13 Subventions :

131 Subventions accordées en instance de versement

*Classe 4 Copropriétaires et tiers*

40 Fournisseurs :

401 Factures parvenues

408 Factures non parvenues

409 Fournisseurs débiteurs

42 Personnel :

421 Rémunérations dues

43 Sécurité sociale et autres organismes sociaux :

431 Sécurité sociale

432 Autres organismes sociaux

44 État et collectivités territoriales :

441 État et autres organismes – subventions à recevoir

442 État – impôts et versements assimilés

443 Collectivités territoriales – aides

45 Collectivité des copropriétaires :

450 Copropriétaire individualisé
Si l'assemblée générale en décide la création, les sous-comptes suivants :
450-1 Copropriétaire – budget prévisionnel
450-2 Copropriétaire – travaux de l'article 14-2 de la loi susvisée et opérations exceptionnelles
450-3 Copropriétaire – avances
450-4 Copropriétaire – emprunts
459 Copropriétaire – créances douteuses
46 Débiteurs et créditeurs divers :
461 Débiteurs divers
462 Créditeurs divers
47 Compte d'attente :
471 Compte en attente d'imputation débiteur
472 Compte en attente d'imputation créditeur
48 Compte de régularisation :
486 Charges payées d'avance
487 Produits encaissés d'avance
49 Dépréciation des comptes de tiers :
491 Copropriétaires
492 Personnes autres que les copropriétaires

*Classe 5 Comptes financiers*
50 Fonds placés :
501 Compte à terme
502 Autre compte
51 Banques, ou fonds disponibles en banque pour le syndicat :
512 Banques
514 Chèques postaux
53 Caisse

*Classe 6 Comptes de charges*
60 Achats de matières et fournitures :
601 Eau
602 Électricité
603 Chauffage, énergie et combustibles
604 Achats produits d'entretien et petits équipements
605 Matériel
606 Fournitures
61 Services extérieurs :
611 Nettoyage des locaux
612 Locations immobilières
613 Locations mobilières
614 Contrats de maintenance
615 Entretien et petites réparations

616 Primes d'assurances

62 Frais d'administration et honoraires :

621 Rémunérations du syndic sur gestion copropriété

6211 Rémunération du syndic

6212 Débours

6213 Frais postaux

622 Autres honoraires du syndic

6221 Honoraires travaux

6222 Prestations particulières

6223 Autres honoraires

623 Rémunérations de tiers intervenants

624 Frais du conseil syndical

63 Impôts – taxes et versements assimilés :

632 Taxe de balayage

633 Taxe foncière

634 Autres impôts et taxes

64 Frais de personnel :

641 Salaires

642 Charges sociales et organismes sociaux

643 Taxe sur les salaires

644 Autres (médecine du travail, mutuelles, etc.)

65 Montant alloué au conseil syndical pour l'exercice de sa délégation de pouvoirs (préciser la nature de chaque opération concernée)

66 Charges financières des emprunts, agios ou autres :

661 Remboursement d'annuités d'emprunt

662 Autres charges financières et agios

67 Charges pour travaux et opérations exceptionnelles :

671 Travaux décidés par l'assemblée générale

672 Travaux urgents

673 Études techniques, diagnostic, consultation

674 « Charges au titre de la délégation de pouvoirs accordée au conseil syndical en application de l'article 21-1 de la loi susvisée »

677 Pertes sur créances irrécouvrables

678 Charges exceptionnelles

68 Dotations aux dépréciations sur créances douteuses

*Classe 7 Comptes de produits*

70 Appels de fonds :

701 Provisions sur opérations courantes

702 Provisions sur travaux de l'article 14-2 et opérations exceptionnelles

703 Avances

704 Remboursements d'annuités d'emprunts

706 Provisions au titre de la délégation de pouvoirs accordée au conseil syndical

71 Autres produits :

711 Subventions

712 Emprunts

713 Indemnités d'assurances

714 Produits divers (dont intérêts légaux dus par les copropriétaires)

716 Produits financiers

718 Produits exceptionnels

78 Reprises de dépréciations sur créances douteuses

## II. Règles spéciales d'utilisation des comptes

Les règles particulières de fonctionnement des comptes sont contenues à l'article 10 de l'arrêté du 14 mars 2005. Elles sont les suivantes.

### A. CLASSE 1 PROVISIONS, AVANCES, SUBVENTIONS ET EMPRUNTS

Le compte 102 « Provisions pour travaux » est utilisé pour enregistrer les sommes appelées pour financer les travaux décidés par l'assemblée générale en attendant le paiement des travaux correspondants, conformément au vote de l'assemblée générale des copropriétaires.

Il est crédité des provisions appelées par le débit du compte 450 « Copropriétaire individualisé » ou, s'il a été créé, du sous-compte 450-2 « Copropriétaires – travaux de l'article 14-2 et opérations exceptionnelles ». Il est débité par le crédit du compte 702 « Provisions pour travaux » au fur et à mesure de la réalisation des travaux.

Le compte 103 « Avances » est utilisé pour enregistrer les sommes réservées prévues au règlement de copropriété ou décidées par l'assemblée générale pour faire face aux dépenses courantes imprévues (compte 1031 « Avances de trésorerie ») et les sommes à valoir sur les travaux au titre de l'article 18, 6e alinéa de la loi n° 65-557 du 10 juillet 1965 (compte 1032).

Les comptes 1031, 1032 et 1033 sont crédités par le débit du compte 450 « Copropriétaire individualisé » ou, s'il a été créé, du sous-compte 450-3 « Copropriétaires – avances ».

Lorsque les travaux sont décidés et que leur financement est en partie réalisé par imputation des sommes figurant en avance pour travaux au compte 1032, le compte 1032 est débité du montant affecté à ce financement par le crédit du compte 102.

Lorsque les sommes figurant au compte 1031 ou éventuellement celles du compte 1033 sont utilisées en règlement de dépenses courantes ou imprévues, le compte 703 est crédité par le débit du compte 1031 ou du compte 1033, selon le cas, des sommes effectivement affectées au règlement de ces dépenses dans la limite du solde disponible de ces comptes.

Le compte 12 reçoit le solde des opérations sur travaux ou opérations exceptionnelles qui ne peuvent pas être clôturées en fin d'exercice.

Ce compte est débité en fin d'exercice par le crédit des comptes de charges pour travaux de l'article 14-2 et opérations exceptionnelles intéressés. Il est crédité à l'ouverture de l'exercice suivant par le débit des mêmes comptes.

Ce compte est crédité en fin d'exercice par le débit des comptes de produits sur travaux de l'article 14-2 et opérations exceptionnelles. Il est débité à l'ouverture de l'exercice suivant par le crédit de ces mêmes comptes.

Son solde et son détail apparaissent dans l'annexe n° 5 « État des travaux de l'article 14-2 et opérations exceptionnelles votés non encore clôturés à la fin de l'exercice ». Son solde est repris dans l'annexe n° 1 « État financier ».

Le compte 131 « Subvention accordée en instance de versement » est utilisé pour enregistrer, en fonction de leur origine, les subventions sur travaux notifiées au cours de l'exercice.

Il est crédité, au moment de la notification de la décision accordant la subvention, du montant de la participation accordée, par le débit, selon l'origine des fonds, du compte 441 « État – autres organismes – subventions à recevoir » ou du compte 443 « Collectivités territoriales – aides ».

La constatation en produit au compte 711 est effectuée au fur et à mesure de la réalisation de la charge qu'elle couvre.

## B. CLASSE 4 COPROPRIÉTAIRES ET TIERS

Les comptes de la classe 4 enregistrent les créances et les dettes afférentes au budget prévisionnel du syndicat ainsi que celles relatives aux opérations hors budget prévisionnel. Par extension, ils enregistrent les écritures de régularisation des charges et des produits.

Le compte 40 « Fournisseurs » comprend trois comptes : 401 « Factures parvenues », 408 « Factures non parvenues » et 409 « Fournisseurs débiteurs ».

Le compte 401 « Factures parvenues » enregistre les factures et mémoires d'achats de biens et services du budget prévisionnel ainsi que les factures, mémoires et situations des travaux de l'article 14-2 et opérations exceptionnelles sans distinguer la nature des opérations. La nature des opérations est précisée par le libellé de l'écriture qui indique le compte de charges concerné.

Le compte 401 est crédité du montant des factures, mémoires, situations, parvenus avant la clôture de l'exercice, par le débit des comptes de charges concernés.

Le compte 408 « Factures non parvenues » enregistre le montant de fournitures réceptionnées, de prestations de services effectués ou de travaux réalisés au cours de l'exercice et dont la facture n'a pas été reçue au cours de l'exercice.

Le compte 409 « Fournisseurs débiteurs » enregistre les avances et acomptes versés sur commande. Il est débité du montant des avances et acomptes versés par le crédit d'un compte de trésorerie.

Le compte 45 « Collectivité des copropriétaires » regroupe l'ensemble des comptes 450 « Copropriétaire individualisé ».

Si l'assemblée générale le décide, le compte 450 est ventilé en quatre sous-comptes : 450-1 « Copropriétaire – budget prévisionnel », 450-2 « Copropriétaire – travaux de l'article 14-2 et opérations exceptionnelles », 450-3 « Copropriétaire – avances » et 450-4 « Copropriétaire – emprunts ».

Le compte 450 enregistre les créances et le cas échéant les dettes du syndicat à l'encontre de chacun des copropriétaires. Le libellé de l'écriture précise le nom du copropriétaire.

Le compte 450 « Copropriétaire individualisé » ou, s'il a été créé, le sous-compte 450-1 « Copropriétaire – budget prévisionnel » est débité du montant des provisions appelées par le crédit du compte 701 « Provisions sur opérations courantes ». Lors des règlements, il est crédité par le débit du compte de trésorerie. À l'arrêté des comptes, il est débité ou crédité de l'excédent ou de l'insuffisance sur opérations courantes par la contrepartie du compte 701.

Le compte 459 « Copropriétaire – créances douteuses » est débité par le crédit du compte 450 concerné au moment où la créance est considérée comme douteuse par le syndic.

Le compte 47 « Compte d'attente » doit être soldé à la fin de l'exercice, ou à défaut justifié ligne à ligne.

Le compte 48 « Compte de régularisation » comprend deux comptes 486 « Charges constatées d'avance » et 487 « Produits encaissés d'avance ». Les charges ou produits se rapportant en totalité ou en partie à l'exercice suivant sont à inscrire dans ces comptes pour les montants correspondants.

Le compte 49 « Dépréciation des comptes de tiers » comprend deux comptes : 491 « Copropriétaires » et 492 « Personnes autres que les copropriétaires ». Ils enregistrent les montants qu'il est nécessaire de provisionner et qui correspondent aux sommes qui sont estimées définitivement perdues. Le montant à provisionner, pour le compte 491, résulte de la décision de l'assemblée générale de procéder à la saisie immobilière.

Le compte 49 « Dépréciation des comptes de tiers » est crédité par le débit du compte 68 « Dotation aux dépréciations sur créances douteuses » et il est débité par le crédit du compte 78 « Reprise de dépréciation sur créances douteuses ».

### C. CLASSE 5 COMPTES FINANCIERS

L'enregistrement comptable des emprunts se limite à traiter les flux de trésorerie correspondants. Les écritures sont les suivantes.

À réception des fonds empruntés, le compte 712 « Emprunt » est crédité par le débit du compte 51 « Banques, établissements financiers et assimilés » avec le libellé « Emprunt travaux ».

Préalablement au paiement de l'annuité dont le montant s'entend du capital et des intérêts :

– le compte 450 « Copropriétaire individualisé » ou, s'il a été créé, le sous-compte 450-4 « Copropriétaire – emprunt » est débité par le crédit du compte 704 « Remboursement des annuités d'emprunts » ;

– le compte 450 « Copropriétaire individualisé » ou, s'il a été créé, le sous-compte 450-4 « Copropriétaire – emprunts » est crédité par le débit du compte 51 au moment du paiement par les copropriétaires des sommes appelées en couverture des annuités d'emprunt.

Au moment du paiement des annuités d'emprunt :

Le compte 661 « Remboursement d'annuités d'emprunt » est débité de la totalité du montant de l'annuité par le crédit du compte 51 « Banques ».

Le montant des annuités restant dû à la clôture de l'exercice au titre de l'emprunt est porté sur l'état financier[35].

## Section 4 Le calcul des appels de fonds

# I. Charges générales

Le calcul des appels de fonds correspondant à chaque copropriétaire se réalise par une simple application à chaque montant de poste de dépenses (ou catégorie de postes de dépenses) de sa quote-part de charges.

35 D. n° 2005-240, 14 mars 2005 relatif aux comptes du syndicat des copropriétaires, ann. 1.

La formule permettant de déterminer le montant d'un appel de fonds trimestriel est donc :

*Budget annuel/Millièmes de la copropriété x Quote-part du copropriétaire/4.*

| **Charges générales** | **Syndicat des copropriétaires : la copropriété « Copro »** | | | |
|---|---|---|---|---|
| ***Poste*** | ***Montant (€)*** | ***Millièmes généraux*** | ***Millièmes lot A*** | ***Lot A (€)*** |
| Honoraires du syndic | 2 750 | 1 000 | 41 | 113 |
| Assurance de l'immeuble | 3 000 | 1 000 | 41 | 123 |
| Eau | 1 200 | 1 000 | 41 | 49 |
| Électricité | 2 300 | 1 000 | 41 | 94 |
| Entretien des parties communes | 8 500 | 1 000 | 41 | 349 |
| Petits travaux | 750 | 1 000 | 41 | 31 |
| **Total** | **18 500** | 1 000 | 41 | 759 |
| | | | **Appel trimestriel** | **253** |

# II. Travaux

Le mécanisme est identique au calcul des appels de fonds trimestriel.

Par exemple, si, dans une copropriété de trois bâtiments faisant de la toiture une charge spéciale à chaque bâtiment, des travaux de réfection des toitures ont été votés pour 300 000 € (200 000 € pour le bâtiment A et 100 000 € pour le bâtiment B), le copropriétaire dont l'appartement se situe dans le bâtiment B et représentant 100/1 000 ne se verra appeler que sa quote-part de réfection de la toiture de son bâtiment, soit : (100 000/1 000) x 100 = 10 000 €.

Néanmoins, un tel calcul n'est pas applicable en matière de travaux d'amélioration, c'est-à-dire tous les travaux consistant à créer une partie commune ou un équipement commun n'existant pas à l'origine de la copropriété, pour lesquels, aux termes de l'article 30 de la loi du 10 juillet 1965, le coût est réparti « en proportion des avantages qui résulteront des travaux envisagés ».

Par ailleurs, et en application de l'article 10 de la loi du 10 juillet 1965, le coût des travaux affectant les équipements communs de la copropriété est réparti entre les copropriétaires en fonction de l'utilité objective que présente cet équipement pour chacun d'entre eux.

# III. Avance de trésorerie

Le syndic est autorisé, en vertu de l'article 35 du décret du 17 mars 1967, à appeler au copropriétaire, en vertu du règlement de copropriété, l'avance permanente de trésorerie, ou « fonds de roulement », destinée à faire face aux dépenses imprévues et aux impayés. Elle est réglée lors de l'achat du lot. Son principe et son montant sont prévus dans le règlement de copropriété ou adoptés en assemblée générale à la majorité de l'article 26 de la loi du 10 juillet 1965. Cette avance permanente ne peut dépasser 1/6e du budget prévisionnel. Elle doit être remboursée au vendeur en cas de vente de son lot.

Les sommes mises en réserve ne peuvent être affectées aux dépenses courantes de la copropriété et constituent une épargne permettant d'anticiper les difficultés pouvant être connues dans le futur par la copropriété.

# Section 5 L'information comptable des copropriétaires

## I. Les récapitulatifs individuels de charges de copropriété

La régularisation comptable des charges de l'exercice écoulé correspond à la différence entre les dépenses réelles de la copropriété et le budget prévisionnel voté en N – 2, sur la base duquel les appels de fonds ont été versés par les copropriétaires.

À la fin de chaque exercice, le comptable de la copropriété réalise une clôture d'exercice.

La différence entre le montant des dépenses réelles et le montant des provisions permet de déterminer si le copropriétaire est créditeur ou débiteur.

Le récapitulatif individuel permet de s'en assurer. Le tableau suivant en donne un exemple.

| **Lot A** | **Débit (€)** | **Crédit (€)** |
|---|---|---|
| Reddition des comptes 2018 | 934 | |
| Appels de fonds – 1 | | 190 |
| Appels de fonds – 2 | | 190 |
| Appels de fonds – 3 | | 190 |
| Appels de fonds – 4 | | 190 |
| Total | 934 | 759 |
| Solde | 176 | |
| | Solde dû par le copropriétaire | **176** |
| **Lot A** | **Débit (€)** | **Crédit (€)** |
| Reddition des comptes 2018 | 657 | |
| Appels de fonds – 1 | | 190 |
| Appels de fonds – 2 | | 190 |
| Appels de fonds – 3 | | 190 |
| Appels de fonds – 4 | | 190 |
| Total | 657 | 759 |
| Solde | | 102 |
| | Solde au copropriétaire | **102** |

# II. Les annexes comptables devant être joints à la convocation

Pour assurer la parfaite information des copropriétaires, les différents éléments comptables de la copropriété sont présentés sous la forme de cinq annexes devant impérativement être jointes à la convocation à l'assemblée générale devant statuer sur les comptes auxquels ils se rapportent.

Ces annexes, présentées sous forme de tableaux, traitent :

– de l'état financier après répartition pour un exercice donné ;

– du compte de gestion général de l'exercice clos réalisé et du budget prévisionnel de l'exercice N + 2 ;

– du compte de gestion pour opérations courantes de l'exercice clos réalisé et du budget prévisionnel de l'exercice N + 2 ;

– du compte de gestion pour travaux de l'article 14-2 et opérations exceptionnelles hors budget prévisionnel de l'exercice clos réalisé ;

– de l'état des travaux de l'article 14-2 et opérations exceptionnelles votées non encore clôturées à la fin de l'exercice.

*L'annexe 1 est l'état financier après répartition.* Il fait apparaître la situation financière du syndicat après répartitions des charges. Il comprend :

– l'état des dettes et des créances ;

– la situation de trésorerie, faisant apparaître le montant des emprunts restant dus à la clôture ;

– la situation financière et de trésorerie ; à gauche se trouvent les créances du syndicat, à droite ses dettes.

Il permet de préciser la position des comptes de copropriétaires de façon plus claire. Il distingue les copropriétaires débiteurs de sommes courantes, ceux classés en créances douteuses et les créditeurs.

Une liste individualisée indique le nom des copropriétaires et les montants concernés.

*L'annexe 2 est le compte de gestion général et du budget prévisionnel.* Il s'agit d'un document de synthèse faisant apparaître les comptes sous la forme purement comptable pour les deux budgets de charges courantes à voter N + 1 et N + 2 ainsi que pour l'approbation des comptes, les comptes de l'exercice N – 1, le budget N et les comptes de l'exercice N, comprenant en tout 5 colonnes pour les charges d'opérations courantes et 5 colonnes pour les produits des opérations courantes, soit 10 colonnes.

Ce document permet de comparer les exercices et donne une information sur les soldes de chacun des exercices.

*L'annexe 3 est le compte de gestion analytique.* Il est établi en fonction des clés de répartition propres au règlement de copropriété de chaque immeuble et fait ressortir le solde net à répartir dans chaque clé. Chaque copropriétaire peut calculer le montant des charges qui lui est réclamé en appliquant ses tantièmes propres à chaque clé.

*L'annexe 4 est le compte de gestion analytique des opérations exceptionnelles.* Il présente les comptes des travaux réalisés et terminés à la clôture de l'exercice comparés aux budgets votés et aux provisions déjà appelées, détaillé par travaux.

*L'annexe 5 présente, quant à lui, les travaux non clôturés.* Il retranscrit l'impact comptable et financier sur la copropriété des travaux hors budget prévus par l'article 14-2 de la loi du 10 juillet 1965 et toujours en cours de réalisation ou de paiement.

## III. La consultation des comptes par les copropriétaires et leurs locataires

Comme nous l'avons vu, le principe est posé par l'article 18-1 de la loi du 10 juillet 1965 et l'article 9-1 du décret du 17 mars 1967[36] : *pendant le délai s'écoulant entre la convocation et la tenue de l'assemblée, le syndic doit proposer aux copropriétaires, a minima, une journée durant laquelle ils peuvent venir consulter les pièces justificatives des charges.*

Cette période de consultation et ses modalités doivent être *précisées dans la convocation et non plus votées en assemblée.*

Les pièces doivent alors être *classées par type de charges* et copies doivent être fournies à simple demande.

La réception des copropriétaires doit avoir lieu pendant les heures d'ouverture et au lieu habituel de réception par le syndic.

Lorsqu'il entend consulter ces pièces, le copropriétaire peut se faire assister d'un des membres du conseil syndical. Depuis le décret du 27 juin 2019[37], il peut également se faire assister par son locataire ou l'autoriser à consulter, en ses lieu et place, les pièces justificatives des charges dites « locatives et récupérables »[38].

Si ces modalités n'étaient pas respectées, la sanction devrait être la nullité des résolutions dites « comptables ».

36 Modifié par D. 2015-1907, 30 déc. 2015 et D. n° 2019-650, 27 juin 2019.
37 D. n° 2019-650, 27 juin 2019.
38 L. n° 89-462, 6 juill. 1989, art. 23.

Chapitre 3

# LA GESTION DU PERSONNEL DE LA COPROPRIÉTÉ

Selon l'article 31 du décret du 17 mars 1967, il entre dans les missions du syndic d'engager, de fixer et de modifier le contrat de travail et de congédier le personnel du syndicat des copropriétaires. *Il n'en demeure pas moins que l'employeur est le syndicat des copropriétaires et non le syndic*[1]*, les copropriétaires ou le conseil syndical.*

L'assemblée générale, outre les stipulations du règlement de copropriété, est donc seule compétente pour fixer le nombre et la catégorie des emplois[2].

Cette frontière ne doit pas être franchie ; le syndic excéderait les pouvoirs qui lui ont été confiés s'il recrutait du personnel supplémentaire sans accord préalable de l'assemblée.

Par ailleurs, il engage sa responsabilité si le syndicat des copropriétaires se voit condamné du fait de la mauvaise rédaction du contrat de travail, d'irrégularités dans l'embauche d'un concierge ou de violations du droit du travail[3]. Il doit donc être particulièrement vigilant dans l'exercice de cette mission et respecter les conventions collectives nationales propres à chacune des catégories de ses employés, outre les textes plus généraux en matière de droit du travail.

Les gardiens et concierges représentent le tiers des employés des copropriétés. Ils sont régis par la convention collective nationale des gardiens, concierges et employés d'immeuble (CCNG).

## Section I La réglementation sur le personnel de la copropriété

### I. Le Code du travail

Le Code du travail, tout d'abord, et plus particulièrement ses articles L. 771-1 à L. 771-9, régit le travail des concierges et employés d'immeubles à usage d'habitation.

Pour l'article L. 771-1 de ce code, « Sont considérées comme concierges, employés d'immeubles ou femmes de ménage d'immeubles à usage d'habitation, toutes personnes salariées par le propriétaire ou par le principal locataire et qui, logeant dans l'immeuble au titre d'accessoire du contrat de travail, sont chargées d'assurer sa garde, sa surveillance et son entretien ou une partie de ces fonctions. »

1 Cass. soc., 19 oct. 2011, n° 09-68272.

2 D. 1967, art. 31.

3 CA Paris, pôle 4, 2e ch., 10 avr. 2013.

# II. La CCNG

La CCNG date du 11 décembre 1979 et est applicable depuis le 16 mai 1981.

Son article 1er précise qu'elle concerne le personnel chargé d'assurer la garde, la surveillance et l'entretien, ou une fraction de ces fonctions, des immeubles ou ensembles immobiliers, de leurs abords et dépendances, et ce, que ces immeubles soient voués à l'habitation, à un usage commercial ou professionnel, et qu'ils soient placés sous le régime de la copropriété ou donnés en location.

Sont exclus de son application le personnel relevant de la fonction publique territoriale et les salariés dépendant d'autres conventions collectives.

Les jardiniers, par exemple, dépendent ainsi de la convention collective nationale des jardiniers et jardiniers-gardiens de propriétés privées.

Reprenant les principes posés par l'article 31 du décret du 17 mars 1967, la CCNG précise clairement, dans son article 1er, que l'employeur est le syndicat des copropriétaires et que le syndic a pour mission de gérer et administrer le personnel en sa qualité de mandataire du syndicat.

Il est particulièrement recommandé au syndic, dans les rapports qu'il peut entretenir avec le personnel de la copropriété, de systématiquement préciser qu'il agit « au nom et pour le compte du syndicat ».

# III. Le contrat de travail

Dans sa mission de gestion du personnel, qu'il peut déléguer, le syndic est amené à rédiger et publier des annonces d'embauche, à procéder aux entretiens d'embauche, et à établir le contrat de travail du ou des candidats qu'il a sélectionnés.

Il est donc obligé de suivre des règles formelles et substantielles s'appliquant aux contrats de travail.

Le contrat de travail doit être établi par écrit et un de ses exemplaires remis au salarié.

Son contenu doit clairement préciser les fonctions du salarié, ses conditions de travail, sa classification professionnelle, son coefficient hiérarchique, le montant de ses appointements, le lieu de travail et, pour le personnel logé, l'évaluation du salaire en nature.

Il précise en outre les différentes tâches à effectuer et leurs fréquences.

Ce contrat peut être à durée déterminée (CDD) comme à durée indéterminée (CDI). Il peut prévoir une période d'essai, au cours de laquelle le contrat peut être rompu à tout moment sans préavis.

Attention, depuis le 1er juillet 2009[4], si une période d'essai est prévue au contrat de travail dans le cas particulier des gardiens et concierges (CCNG), tel que défini dans la CCNG, cette période est fixée à *2 mois maximum non renouvelables*.

Le contrat de travail peut être modifié dans le nombre de tâches rémunérées ou dans la répartition du temps de travail, lorsque l'organisation de la copropriété le nécessite. Si le syndicat entend diminuer le nombre de tâches rémunérées et ainsi réduire la rémunération du salarié, son accord est nécessaire. S'il entend modifier le temps de travail :

– dans le cadre du contrat à temps complet, il s'agit d'un simple exercice du pouvoir de direction de l'employeur, mais l'employé peut s'y opposer sans que cela soit considéré comme une faute ;

4 L. n° 2008-596, 25 juin 2008.

– dans le cadre d'un contrat à temps partiel, l'employeur ne peut modifier à son bon vouloir la répartition du temps de travail. Un délai de prévenance d'au moins 7 jours doit être respecté[5].

Ce changement d'horaires ne peut être imposé s'il n'est pas compatible avec :

– des obligations familiales impérieuses ;

– un enseignement scolaire ;

– une autre activité professionnelle[6].

Si le changement d'horaires est accepté par le salarié, un avenant au contrat de travail doit être rédigé par le syndic, sauf si une clause permettant la modification des horaires existe déjà dans ce contrat.

## Section 2 L'organisation du travail des concierges, gardiens et employés d'immeuble

# I. Les deux catégories de personnel

La CCNG distingue deux catégories d'emplois :

– les employés d'immeubles (catégorie A) ;

– les gardiens concierges (catégorie B).

La catégorie A constitue le régime de droit commun dans lequel le salarié travaille dans un cadre horaire de 169 heures mensuelles maximum pour un temps complet. L'organisation du temps de travail doit être précisée dans le contrat de travail. Le salaire est donc fonction du nombre d'heures effectuées mensuellement. Ces salariés ne sont généralement pas logés.

La catégorie B est un régime dérogatoire englobant les personnes employées pour des tâches précises. Le travail n'est, ainsi, pas décompté en heures, mais par « unités de valeur » (UV), déterminées selon un barème.

Chaque tâche se voit attribuer par la CCNG un nombre d'UV.

Ces gardiens peuvent travailler à service (et non à temps) partiel, permanent ou complet.

Un gardien à *service (et non à temps)* partiel peut, en dehors de ses tâches prévues par son contrat de travail, gérer son temps comme il l'entend. Il est ainsi libre de s'absenter à toute heure. Ses tâches sont limitées au nettoyage des parties communes, à l'entretien de l'immeuble, à la gestion des déchets et à la distribution du courrier.

Un gardien à service permanent doit au surplus assurer une permanence de jour. Ses UV sont comprises entre 3 400 et 9 000.

Un gardien à service complet totalise 10 000 UV et doit rester dans la copropriété (même dans la loge qui lui est affectée) pendant des horaires précisément définis.

S'agissant des UV, l'annexe 1 de la CCNG dresse un tableau précis faisant correspondre pour chaque tâche un certain nombre d'UV.

Par exemple :

– surveillance de la chaufferie : 100 UV ;

– distribution du courrier dans les boîtes aux lettres : 12 UV ;

– distribution du courrier à domicile = 30 UV.

5 C. trav., art. L. 3123-21.
6 C. trav., art. L. 3123-24.

La jurisprudence est très stricte sur cette scission du personnel des copropriétés. Il a ainsi été jugé que le salarié qui travaille sans horaire précis et qui bénéficie d'un logement accessoire au contrat de travail relevait de la catégorie B, même si son contrat de travail comporte des références horaires[7].

# II. La rémunération

La CCNG garantit un salaire minimal correspondant au niveau de qualification de l'employé. Il existe six niveaux de qualification affectés de coefficients.

Le barème des salaires minimaux est révisé annuellement.

Une rémunération minimum est garantie par le salaire de base et d'éventuels salaires complémentaires.

Cette rémunération doit tenir compte de la valeur du salaire en nature (logement de fonction).

En pratique, pour obtenir le salaire mensuel contractuel (salaire, salaire en nature logement et en nature complémentaire éventuel inclus), il faut additionner :

– le salaire de base x le taux d'emploi : Horaire mensuel contractuel/169 ou Nombre d'UV/10 000

– avec le salaire complémentaire x le taux d'emploi et éventuellement la prime d'ancienneté (3 % du salaire de base par tranche de 3 années de service).

Par ailleurs, les salariés justifiant d'une présence intégrale durant l'année civile perçoivent en décembre une gratification égale au salaire mensuel brut appelé « 13e mois ».

À noter que l'article 33 de la CCNG précise que les salariés qui ont accompli 25 années au service du même employeur ont droit à une prime égale à la rémunération globale brute mensuelle contractuelle acquise à la date anniversaire.

*Le coût salarial d'un employé de la copropriété est une charge commune générale de la copropriété.* Il se répartit donc entre tous les copropriétaires (ou certains d'entre eux en cas de parties communes spéciales) au prorata de leurs tantièmes de charge.

# III. Le logement

Les employés répondant de la catégorie B (les gardiens d'immeuble), qui ne dépendent pas d'un horaire fixe, se voient attribuer un logement de fonction généralement dénommé « loge ».

L'attribution de cette loge est un avantage en nature profitant au salarié. Le calcul de cet avantage se fait en fonction de la surface exclusivement réservée à l'habitation (60 m² maximum).

Cette loge est généralement une partie commune de la copropriété.

Ainsi, son entretien courant est à la charge du syndicat. Celui-ci doit par exemple refaire les peintures et papiers peints après 5 à 7 années d'occupation par le salarié. Les frais de chauffage, d'abonnements et de fourniture d'eau chaude, gaz et électricité restent à la charge du salarié.

Le logement fourni par le syndicat doit répondre aux critères de décence posés par le décret du 30 janvier 2002[8].

7 Cass. soc., 21 sept. 2017.
8 L., 6 juill. 1989, art. 2.

## IV. Le temps de travail et les congés

Une journée de travail ne peut pas excéder 13 heures, dont 4 heures de temps de repos pris en une ou deux fois.

Lorsque le salarié bénéficie d'une journée complète de repos, le temps de repos peut être réduit à 3 heures dans une amplitude de 13 heures, pour les salariés de catégorie B à service complet.

Pendant les heures de repos, le salarié est autorisé à s'absenter pour des motifs personnels ou familiaux.

Le repos hebdomadaire minimal du personnel de catégorie B à service complet est d'un jour et demi consécutif (samedi après-midi + dimanche ou dimanche + lundi matin).

Le contrat de travail prévoit les heures d'ouverture de la loge, qui doivent respecter l'amplitude diminuée des heures de repos.

Concernant les congés, l'employé d'immeuble a droit à 2,5 jours ouvrables de congés par mois de travail effectif (du 1er juin de l'année N – 1 au 31 mai de l'année N).

Durant ces congés payés, le salarié perçoit sa rémunération habituelle, sans déduction du salaire en nature s'il est logé.

Les dates de départ en congés payés doivent être fixées d'un commun accord entre le syndic et l'employé.

Au-delà des congés payés, le salarié a droit à des congés pour événements personnels :

- 6 jours consécutifs pour son mariage ;
- 1 jour pour le mariage de son enfant ;
- 2 jours en cas de décès du conjoint ou d'un ascendant ou descendant ;
- 3 jours en cas de naissance ou d'adoption.

# Section 3 Le licenciement et la suppression du poste

## I. La réglementation du licenciement

Les règles de licenciement applicables aux concierges et gardiens d'immeuble, à l'instar des autres métiers, ont été réformées par l'ordonnance n° 2017-1387 du 22 septembre 2017[9] et le décret n° 2017-1398 du 25 septembre 2017[10].

La CCNG n'ayant pas prévu de règles dérogatoires au droit commun, les règles classiques s'appliquent alors.

Le syndic doit dont respecter le calendrier suivant :

- convocation à l'entretien préalable par courrier recommandé AR ou remis en main propre contre émargement ;
- respect d'un délai de 5 jours ouvrables entre cette convocation et l'entretien ;
- tenue de l'entretien préalable ;
- respect d'un délai de 2 jours ouvrables avant l'envoi d'un courrier recommandé AR notifiant le licenciement.

---

9 JO 23 sept. 2017, texte n° 33.
10 JO 26 sept. 2017, texte n° 24.

# II. Les différents motifs de licenciement

La lettre de licenciement doit contenir « l'énoncé du ou des motifs invoqués par l'employeur », motifs devant être précis, c'est-à-dire reposer sur des griefs matériellement vérifiables. L'absence d'énonciation d'un motif précis équivaut à une absence de motif, rendant ainsi le licenciement sans cause réelle et sérieuse, et donc condamnable.

Depuis la réforme de 2017, les motifs visés dans la lettre de licenciement peuvent, après notification, être précisés par l'employeur. Ainsi, l'article R. 1232-13 du Code du travail précise que :

– le salarié a la possibilité, dans les 15 jours suivant la notification du licenciement, de demander à l'employeur des précisions sur les motifs énoncés dans la lettre de licenciement ;

– l'employeur souhaitant apporter des précisions dispose quant à lui de 15 jours pour le faire, par lettre recommandée avec avis de réception ou par lettre remise en main propre contre décharge, à compter de la demande du salarié ;

– l'employeur peut aussi, de sa propre initiative, préciser les motifs de licenciement, dans le même délai et les mêmes formes.

Les motifs de licenciement d'un employé d'immeuble sont assez classiques :

– licenciement pour faute simple, c'est-à-dire justifiée par une cause réelle et sérieuse[11] ;

– licenciement pour faute grave, lorsque les faits commis par le salarié empêchent son maintien dans la copropriété ;

– licenciement pour faute lourde, lorsque le salarié veut délibérément nuire à son employeur ;

– licenciement pour cause de maladie ou d'accident ;

– licenciement pour inaptitude.

Le licenciement économique en copropriété est sujet à débat jurisprudentiel. En effet, le syndicat des copropriétaires ne saurait être assimilé à une entreprise[12]. S'il peut être admis, ce n'est que dans le cas où la copropriété est en difficulté financière avérée et qu'elle ne peut ainsi pourvoir à son équilibre financier[13]. Il convient donc d'user de ce motif avec une certaine parcimonie, et ce d'autant plus que la procédure propre au licenciement économique ne s'applique que partiellement au syndicat des copropriétaires. Ainsi, il n'a normalement pas l'obligation de procéder au reclassement de son salarié[14].

# III. Le calcul des indemnités de licenciement

L'employé démissionnaire n'a droit à aucune indemnité[15].

Par contre, le licenciement permet d'obtenir, sous certaines conditions, une indemnité. Depuis le 27 septembre 2017, l'indemnité légale de licenciement a été augmentée. Elle est désormais due aux salariés justifiant de 8 mois d'ancienneté ininterrompue chez le même employeur[16]. Son montant est égal à un quart de mois de salaire par année jusqu'à 10 ans (au lieu de 1/5e) et à un tiers de mois de salaire par année d'ancienneté à partir de 10 ans.

11 C. trav., art. L. 1232-1.
12 Cass. soc., 1er févr. 2017, n° 15-26853.
13 L. 1965, art. 29-1.
14 Cass. soc., 1er févr. 2017, n° 15-26853.
15 CA Versailles, 21 nov. 2012, RG n° 12/00425.
16 C. trav., art. L. 1234-9.

Le salaire à retenir pour calculer l'indemnité est le plus avantageux entre le 12e de la rémunération des 12 derniers mois précédant le licenciement (ou de l'ensemble des mois si l'ancienneté est inférieure à un an) et le tiers des 3 derniers mois, les primes et gratifications annuelles ou exceptionnelles étant alors retenues *prorata temporis*.

La CCNG prévoit une indemnité conventionnelle, due à compter d'un an d'ancienneté, qui est égale à 1/5e de mois par année de service sur la totalité des années de service. S'y ajoutent[17] :

– après 7 années d'ancienneté, une majoration de 2/15e de mois par année de service calculée au-delà de la 7e année ;

– après 19 années d'ancienneté, une majoration supplémentaire de 1/10e de mois par année de service calculée au-delà de la 19e année.

Le montant de l'indemnité légale est à comparer avec l'indemnité conventionnelle, puisque le mode de calcul le plus avantageux au salarié doit être retenu.

# IV. Rôle du syndic dans le licenciement

Le syndic n'a normalement pas l'obligation de solliciter l'accord de l'assemblée générale pour licencier un des employés du syndicat. Il est en effet seul maître de son choix[18].

Le règlement de copropriété peut en décider autrement.

Depuis une décision de 2010, la Cour de cassation semble admettre que *la violation d'une telle clause du règlement est susceptible d'entacher la validité de la procédure de licenciement*[19] en le rendant « sans cause réelle et sérieuse ».

Il lui est tout de même recommandé de faire valider son choix par une assemblée générale. L'assemblée n'est pas dans l'obligation de suivre son choix, elle peut aller jusqu'à réintégrer un concierge pourtant licencié par le syndic[20].

La coordination entre les règles issues du droit du travail et le recours à l'assemblée générale pour valider le principe du licenciement peut être délicate à mettre en œuvre. Néanmoins, dans l'hypothèse où le règlement de copropriété oblige le syndic à faire voter le principe du licenciement par le syndicat des copropriétaires, se pose la problématique de la régularité de la procédure de licenciement. En effet, le Code du travail prévoit qu'avant toute notification du licenciement, l'employeur doit convoquer à un entretien préalable le salarié pour l'entendre sur les griefs qui lui sont reprochés avant de faire connaître au salarié la décision finale. *À défaut, la procédure est irrégulière et permet au salarié d'obtenir, sous réserve de la justification d'un préjudice, une somme pouvant aller au maximum jusqu'à un mois de salaire à titre de dommages et intérêts*. Le caractère irrégulier de la procédure ne remet néanmoins pas en cause le caractère fondé du licenciement, dans la mesure où des éléments permettent de justifier les manquements reprochés.

En pratique, il est donc dangereux de faire voter préalablement le principe du licenciement en assemblée générale sous la forme d'une résolution très sommaire telle que « le syndicat des copropriétaires autorise le licenciement de Monsieur/Madame X... ».

---

17 CCNG, art. 16.

18 Cass. soc., 12 oct. 2011, n° 10-1090.

19 Cass. ass. plén., 5 mars 2010, nos 08-42843 et 08-42844.

20 CA Versailles, 20 févr. 2012.

Dans l'hypothèse où le salarié aurait connaissance du procès-verbal d'assemblée générale, il pourrait s'en servir devant le conseil de prud'hommes pour indiquer que le principe du licenciement a été d'ores et déjà arrêté avant même l'entretien préalable, rendant son licenciement irrégulier.

Afin de prévenir une telle difficulté, deux possibilités s'offrent aux syndics :

– la *tenue de deux assemblées générales* :

- dans le cadre d'une première assemblée générale, le syndicat des copropriétaires peut voter l'autorisation de convoquer le salarié en vue d'un entretien préalable dans le cadre d'un « éventuel » licenciement,
- dans le cadre d'une seconde assemblée générale, qui se tient nécessairement après l'entretien préalable, le syndicat des copropriétaires autorise le syndic à procéder au licenciement de son salarié.

*Cette voie est celle qui permettrait au syndic de protéger au mieux sa responsabilité dans le cadre de la mise en place du licenciement du salarié ;*

– la *tenue d'une seule et unique assemblée générale* : il est également possible d'envisager une rédaction particulière du procès-verbal d'assemblée générale d'une seule et unique assemblée générale, qui pourrait être rédigé de la manière suivante :

« Au vu des nombreuses fautes commises par Monsieur/Madame X dans le cadre de l'exécution de ses fonctions contractuelles, le syndicat des copropriétaires envisage le licenciement de son salarié pour insuffisance professionnelle et/ou pour faute simple. Il autorise donc le syndic à convoquer Monsieur/Madame X à un entretien préalable en vue d'un éventuel licenciement et autorise le syndic à procéder au licenciement de Monsieur/Madame X dans l'hypothèse où les observations de ce dernier ne seraient pas suffisantes pour remettre en question le licenciement envisagé. »

## V. La suppression du poste de gardien

Dans un souci d'abaissement des charges de copropriété, il est fréquent que les copropriétaires souhaitent supprimer le poste de gardien et le remplacer par des entreprises prestataires de services (nettoyage, entretien espaces verts...).

La loi *ALUR* du 24 mars 2014 a modifié l'article 26 de la loi du 10 juillet 1965 qui dispose désormais :

« Art. 26. – Sont prises à la majorité des membres du syndicat représentant au moins les deux tiers des voix les décisions concernant [...]

c) La suppression du poste de concierge ou de gardien et l'aliénation du logement affecté au concierge ou au gardien lorsqu'il appartient au syndicat. Les deux questions sont inscrites à l'ordre du jour de la même assemblée générale.

Lorsqu'en vertu d'une clause du règlement de copropriété la suppression du service de conciergerie porte atteinte à la destination de l'immeuble ou aux modalités de jouissance des parties privatives, la suppression du poste de concierge ou de gardien et l'aliénation du logement affecté au concierge ou au gardien lorsqu'il appartient au syndicat ne peuvent être décidées qu'à l'unanimité [...] ».

Ainsi, la suppression d'un poste de concierge, lorsqu'il participe au standing de l'immeuble, est de nature à porter atteinte à la destination de l'immeuble et à compromettre les modalités de jouissance des lots telles que prévu dans le règlement de copropriété. Elle ne peut donc être décidée qu'avec le *consentement de tous les copropriétaires*[21].

---

21 Cass. 3e civ., 21 mars 2000, n° 98-17587.

Si par contre, il apparaît qu'il n'y a pas de telles atteintes, notamment parce que les services de substitution mis en place confèrent des avantages équivalents, cette suppression peut être décidée par la majorité des copropriétaires représentant les deux tiers des voix de la copropriété[22].

Si le poste de concierge est supprimé, les copropriétaires peuvent alors décider de vendre ou louer sa loge aux mêmes conditions de majorité de l'article 26.

Rappelons que depuis le 1er juin 2020, l'article 26-1 permet sous certaines conditions de voter à nouveau et immédiatement des questions n'ayant pas obtenu la majorité de l'article 26 à la majorité moindre de l'article 25.

22 L. 1965, art. 26.

Chapitre 4

# LE CONTENTIEUX DE LA COPROPRIÉTÉ ET LE RECOUVREMENT DE CHARGES

## Section I L'action syndicale

L'article 15 de la loi du 10 juillet 1965 dispose que « le syndicat a qualité pour agir en justice, tant en demandant qu'en défendant, même contre certains des copropriétaires ; il peut notamment agir, conjointement ou non avec plusieurs de ces derniers, en vue de la sauvegarde des droits afférents à l'immeuble ».

Le syndicat peut donc agir en justice conformément à son objet défini à l'article 14 de la loi, à savoir la conservation de l'intégrité matérielle et juridique de la copropriété et des parties communes[1].

Il lui incombe également de s'assurer du respect des stipulations du règlement de copropriété et des décisions des assemblées générales.

Il peut ainsi introduire une action en justice dans le but de :

– réclamer la restitution d'une cour commune appropriée par un copropriétaire ;

– recouvrer les charges communes ;

– faire cesser un empiètement sur des couloirs parties communes ;

– faire cesser des travaux affectant les parties communes réalisés sans autorisation de l'assemblée ;

– obtenir d'un copropriétaire qu'il respecte les stipulations du règlement de copropriété relatives aux conditions d'usage des parties privatives et communes ;

– s'opposer à un changement d'affectation des parties privatives d'un lot contraire à la destination de l'immeuble ;

– faire cesser une atteinte aux parties communes commise par un tiers à la copropriété[2].

Du fait de son objet, le syndicat a qualité exclusive pour défendre judiciairement les actions relatives aux parties communes. Il est ainsi seul à avoir à qualité pour défendre en justice contre une action tendant à la destruction des parties communes. *Cette action doit être dirigée contre le syndicat représenté par son syndic et non contre le syndic en son nom personnel*[3].

1 Cass. 3e civ., 20 nov. 1996, n° 94-20605.
2 Cass. 3e civ., 17 janv. 2007, n° 05-19313.
3 Cass. 3e civ., 30 juin 1993, n° 91-18696.

Il est également naturellement défendeur dans les actions ayant pour objet :

– la contestation de décisions prises en assemblée générale ;

– de voir réputées non écrites des clauses du règlement de copropriété ;

– la révision judiciaire ou la nullité de la répartition des charges...

La spécificité de son objet a permis à la jurisprudence de lui reconnaître qualité à agir en justice lorsque :

– les parties privatives et les parties communes sont collectivement touchées par un trouble ou un désordre[4] ;

– un trouble de jouissance est ressenti par tous les copropriétaires ; on parle alors de « *trouble collectif* »[5] ;

– un dommage a pour origine les parties communes et affecte les parties privatives[6].

Depuis une décision du 11 mai 2017, la jurisprudence a admis que le syndicat des copropriétaires pouvait également agir à l'encontre d'un ou plusieurs copropriétaires sur le fondement d'un *trouble anormal de voisinage*. L'action du syndicat à l'encontre des copropriétaires auteurs de troubles n'en est que plus simple, la seule exigence étant alors de démontrer l'existence d'un trouble excédant les inconvénients normaux de voisinage et non d'une faute[7].

Le rôle d'employeur du syndicat peut aller jusqu'à lui imposer d'agir pour la protection de ses salariés[8].

## Section 2 La représentation du syndicat en justice

# I. Compétence de principe du syndic

Le syndicat est une personne morale. Il ne peut donc agir en justice que par l'intermédiaire de son représentant physique : son syndic.

L'article 18 de la loi du 10 juillet 1965 confère ainsi au syndic une compétence exclusive en la matière[9]. Mais encore faut-il que le syndic soit en exercice[10]. Ainsi, si le mandat du syndic ou la résolution l'habilitant à agir en justice sont judiciairement annulés, il est considéré comme dépourvu d'habilitation.

Il ne faut néanmoins pas écarter les cas dans lesquels le syndicat des copropriétaires est représenté par un administrateur (judiciaire, provisoire, *ad hoc*) ou un syndic judiciaire qui, sauf mention contraire de l'ordonnance le désignant, a également vocation à le représenter en justice.

D'une manière générale, sont considérées comme irrecevables les actions en justice intentées par le syndicat des copropriétaires représenté par toute autre personne, notamment le président du conseil syndical[11].

4 Cass. 3e civ., 14 févr. 1990, n° 88-18962.
5 Cass. 3e civ., 19 nov. 1997, n° 96-10827.
6 Cass. 3e civ., 11 mai 2005, n° 04-11504.
7 Cass. 3e civ., 11 mai 2017, n° 16-14339.
8 Cass. soc., 20 sept. 2018, n° 17-10901.
9 Cass. 3e civ., 17 avr. 1991, n° 89-12569.
10 CA Aix-en-Provence, 4e ch. A, 15 oct. 2010, n° 08/22335.
11 Cass. 3e civ., 9 déc. 1998, n° 97-12455.

Retenons cependant que depuis l'ordonnance du 30 octobre 2019 et son décret du 2 juillet 2020, en cas de carence ou d'inaction du syndic, le président du conseil syndical, *sur délégation expresse de l'assemblée générale*, exerce une action contre le syndic, en réparation du préjudice subi par le syndicat des copropriétaires. Lorsque la copropriété n'a pas de conseil syndical, cette action peut être exercée par un ou plusieurs copropriétaires représentant au moins un quart des voix de tous les copropriétaires.

## II. L'habilitation à agir du syndic

Le pouvoir d'initiative du syndic s'agissant des actions en justice est strictement encadré par les dispositions de l'article 55 du décret du 17 mars 1967.

Aux termes de cet article, le syndic ne peut agir en justice au nom du syndicat que s'il y a été précisément autorisé par une décision de l'assemblée générale statuant à la majorité de l'article 24. On peut imaginer que le conseil syndical puisse recevoir une délégation générale lui permettant d'habiliter le syndic à agir en justice[12] dès que cela s'avérerait nécessaire. L'habilitation du syndic ne découlerait donc pas d'une décision d'assemblée, mais d'une décision du conseil syndical.

Une telle autorisation, pour être valable, se doit d'indiquer :

– la procédure autorisée ;

– la ou les personnes visées ;

– l'objet de la demande.

S'agissant de l'*objet de la demande*, l'habilitation doit être précise[13]. Une autorisation conférée pour agir sur un fondement précis ne permet pas au syndic d'engager une procédure visant à engager une autre action en justice[14]. En outre, lorsque l'habilitation à agir vise un *type de procédure précis* (référé, fond, administrative, civile...), cette autorisation doit être scrupuleusement respectée et ne permet pas au syndic d'intenter un autre type de procédure[15].

La même logique s'applique s'agissant des *personnes concernées* par l'habilitation. Une autorisation désignant précisément une personne ne permet pas au syndic d'élargir le champ de l'action à d'autres personnes éventuellement impliquées[16]. Le syndic autorisé à agir contre le maître d'œuvre ne peut pas agir contre les autres intervenants à l'opération de construire.

En tout état de cause, les lacunes ou imprécisions de l'autorisation ne peuvent être comblées par les explications données aux copropriétaires ou par le contenu de l'assignation[17].

La jurisprudence se montre néanmoins souple sur l'appréciation de ces différents critères.

En l'absence d'autorisation, la demande du syndic est irrecevable et l'action du syndicat vouée à l'échec[18]. En effet, le défaut d'autorisation du syndic d'agir en justice au nom du syndicat des copropriétaires constitue une irrégularité de fond, qui a pour conséquence, en application de l'article 117 du Code de procédure civile, d'entraîner la nullité de l'assignation et l'irrecevabilité de l'action. Cette irrégularité relève des compétences du juge de la mise en état, puisqu'il ne s'agit pas d'une fin de non-recevoir.

12 L. 1965, art. 21-1 et s. nouveaux.
13 Cass. 3e civ., 31 janv. 1996 : RDI 1996, p. 282.
14 CA Paris, pôle 4e ch., 15 déc. 2010 : Administrer oct. 2011, p. 65.
15 Cass. 3e civ., 17 nov. 2004 : Bull. civ. III, n° 200.
16 CA Paris, 19e ch., 19 mars 2008 : Loyers et copr. 2008, n° 203.
17 Cass. 3e civ., 4 déc. 1996 : Loyers et copr. 1997, comm. 54.
18 Cass. 3e civ., 21 févr. 1995 : D. 1998, somm. p. 277.

La conséquence du défaut d'une telle habilitation est grave. La demande en justice, irrecevable et nulle, n'interrompt pas les *délais de prescription*[19] – ce qui peut avoir de fâcheuses conséquences, notamment en droit de la construction.

La régularisation *a posteriori* de cette habilitation est possible, mais délicate, et nécessite la plus grande prudence. Elle doit tout d'abord intervenir avant qu'une décision définitive n'ait été rendue[20] et avant l'expiration des délais prévus à l'action[21].

*Le syndic doit donc être particulièrement vigilant concernant ce mandat à agir.*

Cette vigilance a été néanmoins relativisée par un décret du 27 juin 2020[22], qui a modifié le texte de l'article 55 en lui ajoutant que « *seuls les copropriétaires auront la possibilité de se prévaloir de l'exception de nullité de l'absence d'habilitation du syndic à agir en justice* ».

Les tiers à la copropriété, tels que les assureurs, les promoteurs ou les entrepreneurs, ne peuvent plus se prévaloir d'une telle irrégularité.

Dans une décision récente, la Cour de cassation a rappelé que le décret du 27 juin 2019 n'était appelé à régir les exceptions de nullité tirées du défaut d'autorisation donnée au syndic pour agir en justice au nom du syndicat des copropriétaires que si celles-ci ont été présentées à compter du 29 juin 2019[23].

Poursuivant, l'article 55 prévoit néanmoins certains cas pour lesquels une telle habilitation donnée par l'assemblée n'est *pas nécessaire*. Il s'agit :

– de la mise en œuvre des voies d'exécutions forcées (saisie-attribution, saisie-vente, exception faite de la saisie immobilière, qui nécessite une autorisation préalable) ;

– des mesures conservatoires (désignation d'un huissier par voie de requête, prise d'hypothèque judiciaire…) ;

– des demandes relevant des pouvoirs du juge des référés[24] ;

– des défenses aux actions intentées contre le syndicat ;

– des actions en recouvrement de créance du syndicat, notamment les charges dues par les copropriétaires.

S'agissant très précisément de la *liquidation d'une astreinte judiciairement prononcée*, il a été jugé qu'une telle demande ne constituait pas une voie d'exécution forcée ; une *autorisation préalable* est nécessaire[25], sauf dans l'hypothèse où le juge des référés s'est réservé dans son ordonnance le pouvoir de liquider l'astreinte qu'il a prononcée[26].

Le syndic n'a également pas besoin d'habilitation particulière pour formuler, dans le cadre d'une procédure, une *demande reconventionnelle connexe à la demande principale*[27]. Si ce lien de connexité n'existe pas, le syndic doit se faire habiliter par l'assemblée[28].

Le syndic peut également librement exercer tous les *appels en garantie* qu'il estime nécessaires, et ce sans habilitation préalable[29].

19 Cass. 3e civ., 30 avr. 2002 : Loyers et copr. 2002, comm. 212.
20 Cass. 3e civ., 12 nov. 2003 : Loyers et copr. 2004, comm. 37.
21 Cass. 3e civ., 13 déc. 2018, n° 17-20123.
22 D. n° 2019-650, 27 juin 2019.
23 Cass. 3e civ., 25 mars 2021, n° 20-12244.
24 CPC, art. 834, 835 et 145.
25 Cass. 3e civ., 26 mars 2003, n° 01-15385.
26 Cass. 3e civ., 10 févr. 2011 : Ann. loyers 2011, p. 1701.
27 Cass. 3e civ., 21 mai 2003 : Administrer nov. 2003.
28 Cass. 3e civ., 4 déc. 2002 : Bull. civ. III, n° 249.
29 CA Paris, pôle 4, ch. 2, 7 mai 2014 : Administrer oct. 2014.

Enfin, le syndic peut engager, sans habilitation préalable, toutes les *voies de recours*, notamment l'appel, des procédures dans lesquelles il a été défendeur. Ainsi, si le syndicat a été demandeur à la première instance, le syndic doit se faire habiliter afin d'interjeter appel, et ce même si certaines jurisprudences tendent à considérer que « l'habilitation donnée aux fins de saisir une juridiction s'entend également de l'exercice de ses voies de recours »[30].

Quel que soit le motif de l'action en justice, le syndic doit en rendre compte à la prochaine assemblée générale et doit en aviser, par courrier AR ou LRE, chaque copropriétaire[31]. À défaut, il engage sa responsabilité[32].

## Section 3 Les actions individuelles des copropriétaires

L'article 15 de la loi du 10 juillet 1965 ne cantonne pas au seul syndicat le soin d'assurer la sauvegarde des droits afférents à l'immeuble, puisqu'il dispose que ce dernier peut agir conjointement avec un ou des copropriétaires ; ceux-ci peuvent alors faire valoir les préjudices qu'ils subissent. Cet article va même jusqu'à préciser que « tout copropriétaire peut néanmoins exercer seul les actions concernant la propriété ou la jouissance de son lot, à charge d'en informer le syndic ».

Il est de jurisprudence constante que « chaque copropriétaire a le droit d'exiger la *cessation d'une atteinte aux parties communes* sans être astreint à démontrer qu'il subit un préjudice personnel et distinct de celui dont souffre la collectivité des membres du syndicat »[33].

Par ailleurs, cette même jurisprudence reconnaît qu'en matière de *violation du règlement de copropriété*, « un copropriétaire peut engager une action individuelle contre un autre copropriétaire sans qu'il ait à justifier d'un préjudice, le règlement de copropriété ayant le caractère d'un contrat »[34].

Il en découle qu'en présence d'atteintes aux parties communes ou violations du règlement de copropriété perpétrées par un copropriétaire, tout copropriétaire a qualité pour agir en justice à son encontre sans pour autant avoir à justifier d'un préjudice personnel[35].

*Assez logiquement, tout copropriétaire est également recevable à agir afin de protéger la propriété ou les modalités de jouissance de son lot.*

Tel est le cas d'actions visant à :

– faire cesser une activité contraire au règlement de copropriété ;

– interdire un changement d'affectation contraire à la destination de l'immeuble ;

– faire cesser un trouble dépassant les inconvénients normaux du voisinage ;

– obtenir la reconstruction d'un mur partie commune détruit irrégulièrement par un autre copropriétaire[36].

Précisons qu'un copropriétaire, sauf s'il éprouve un préjudice qui lui est propre, n'a *pas qualité pour agir afin de faire cesser une atteinte aux parties communes commise par un tiers à la copropriété*, seul le syndicat pouvant engager une telle action (par exemple l'action d'un copropriétaire contre le locataire d'un autre copropriétaire)[37].

---

30 Cass. 3e civ., 15 déc. 1993, n° 91-20130.
31 D. 1967, art. 59.
32 CA Paris, 23e ch. 1, 29 mars 2000, n° 2000-111154.
33 Cass. 3e civ., 26 nov. 2003 : Bull. civ. II, n° 210.
34 Cass. 3e civ., 29 mars 2011, n° 10-16487.
35 Cass. 3e civ., 14 janv. 2016, n° 14-25538.
36 Cass. 3e civ., 18 juin 2008, n° 07-17406.
37 Cass. 3e civ., 15 nov. 2018, n° 17-13514.

Attention, un copropriétaire n'est pas recevable à agir individuellement en vue de la sauvegarde des *parties communes spéciales dans lesquelles il n'a aucun droit*[38].

Lorsqu'il agit individuellement, le copropriétaire n'est pas totalement libre. En effet, l'article 51 du décret du 17 mars 1967 lui impose « copie de toute assignation délivrée par un copropriétaire qui, en vertu de l'article 15 (alinéa 2) de la loi du 10 juillet 1965, exerce seul les actions concernant la propriété ou la jouissance de son lot, [...] adressée par l'huissier au syndic par lettre recommandée avec demande d'avis de réception ». Néanmoins, la portée de cette obligation est limitée, puisque l'action de ce copropriétaire « n'est pas sanctionnée d'irrecevabilité en cas d'inaccomplissement »[39].

## Section 4 Compétence juridictionnelle

Même s'il fait régulièrement référence au tribunal judiciaire, le statut de la copropriété ne lui attribue pas une compétence matérielle exclusive.

Toute personne voulant agir en justice sur la base de ce statut doit tenir compte du montant ou de la nature de l'affaire pouvant attribuer compétence à une autre juridiction.

Par exemple, un copropriétaire voulant se prévaloir des dispositions des articles 46, 47 ou 49 du décret et des articles 19-2 ou 29-1 de la loi doit ainsi saisir le président du tribunal judiciaire.

La compétence territoriale est, quant à elle, clairement fixée par le statut, et plus particulièrement par l'article 61-1 du décret du 17 mars 1967, selon lequel tous les litiges nés de l'application du statut de la copropriété sont de la compétence de la juridiction du lieu de la situation de l'immeuble. Le tribunal du domicile du défendeur n'est jamais compétent. Une clause du règlement en stipulant autrement doit être réputée non écrite[40].

## Section 5 Le recouvrement de charges de copropriété

Les copropriétaires doivent participer aux *charges entraînées par les services collectifs et les éléments d'équipement commun* en fonction de l'utilité que ces services et éléments présentent à l'égard de chaque lot.

Ils sont tenus de *participer aux charges relatives à la conservation, à l'entretien et à l'administration des parties communes* proportionnellement aux valeurs relatives des parties privatives comprises dans leurs lots.

Il s'agit d'une *obligation d'ordre public* qui impose à chaque copropriétaire le paiement régulier de sa quote-part dans les charges communes afférentes à l'immeuble.

Cette obligation a pour objet d'assurer le bon fonctionnement de la copropriété, dont le syndicat pourrait par exemple, faute de fonds, renoncer à engager des dépenses nécessaires.

*Le statut de la copropriété ne prévoyant pas de solidarité entre les copropriétaires*, le syndic doit donc être particulièrement vigilant s'agissant du paiement des charges de copropriété et entamer toutes les procédures utiles pour éviter de mettre le syndicat en difficulté.

---

38 Cass. 3e civ., 19 nov. 2014, n° 13-18925.

39 CA Paris, 23e ch., 17 nov. 1995 : Loyers et copr. mars 1996.

40 TGI Marseille, 16 déc. 1976 : Ann. loyers 1978, p. 100.

# I. La phase amiable

La politique actuelle en matière de justice tend à promouvoir la résolution amiable des litiges.

Le décret du 11 mars 2015 applicable au 1er avril 2015 avait modifié les articles 56 et 58 du Code de procédure civile relatifs aux mentions obligatoires dans l'acte introductif d'instance. Il en ressortait que toute saisine d'une juridiction par voie de requête, de déclaration ou d'assignation devait préciser les diligences entreprises en vue de parvenir à une résolution amiable du litige, sauf justification d'un motif légitime tenant à l'urgence ou à la matière considérée, en particulier lorsqu'elle intéresse l'*ordre* public[41].

Le choix du mode de règlement amiable était laissé aux partis ; il pouvait s'agir de rechercher une solution au litige existant par le biais d'une négociation directe, d'une médiation, d'une conciliation ou d'une procédure participative.

Le recours à une tentative préalable de résolution des litiges s'est institutionnalisé avec la nouvelle réforme de la procédure civile portée par le décret du 11 décembre 2019[42].

Depuis le 1er janvier 2020, l'article 54 du Code de procédure civile dispose qu'à peine de nullité, la demande initiale en justice doit notamment *énumérer les diligences entreprises en vue d'une résolution amiable du litige ou la justification de la dispense d'une telle tentative lorsqu'elle doit en être obligatoirement précédée.*

L'article 750-1 de ce même code, lui aussi issu du décret du 11 décembre 2019, nous apprend qu'au-delà de certaines actions précisément définies par les articles R. 211-3-4 et R. 211-3-8 du Code de l'organisation judiciaire (action en bornage, distance des plantations...), *l'action en justice tendant au paiement d'une somme n'excédant pas 5 000 € doit obligatoirement être précédée, à peine d'irrecevabilité pouvant être soulevée d'office par le juge, d'une tentative de conciliation menée par un conciliateur de justice, d'une tentative de médiation ou d'une tentative de procédure participative.*

Il peut être fait échec à cette nouvelle obligation si :

– une des parties au moins sollicite l'homologation d'un accord... ;

– l'absence de recours à l'un de ces modes de résolution amiable est justifiée par un motif légitime tenant :

- soit à l'urgence manifeste,
- soit aux circonstances de l'espèce rendant impossible une telle tentative ou nécessitant qu'une décision soit rendue non contradictoirement,
- soit à l'indisponibilité de conciliateurs de justice entraînant l'organisation de la première réunion de conciliation dans un délai manifestement excessif au regard de la nature et des enjeux du litige.

Les procédures en recouvrement de créance de charges de copropriété d'un montant inférieur à 5 000 € doivent donc être précédées d'une tentative de conciliation, de médiation ou de procédure participative.

Cette nouvelle obligation ne dispense cependant pas le syndic de ces courriers de rappels et de mise en demeure.

41 D. n° 2015-282, art. 18 et 19.
42 D. n° 2019-1333, 11 déc. 2019.

En effet, le syndic doit suivre un calendrier devenu plus précis suite à la loi *ÉLAN* du 23 novembre 2018 :

– il doit expédier au copropriétaire débiteur *une ou plusieurs lettres de rappel* pour tenter un recouvrement amiable. Il lui est alors rappelé la date de paiement et que, à défaut de paiement, une procédure de recouvrement peut être lancée à son encontre ;

– si ce simple rappel est infructueux, le syndic de copropriété doit alors procéder à une *mise en demeure du copropriétaire défaillant par lettre recommandée* avec accusé de réception, par recommandé électronique ou acte d'huissier. Cette mise en demeure doit faire état des sommes dues et des sommes à devoir sur l'exercice en cours ;

– si cette mise en demeure reste infructueuse pendant un délai de 30 jours, le syndic peut alors agir en justice ou, le cas échéant, entreprendre une conciliation ou une médiation. En effet, les charges courantes impayées votées dans le cadre du budget prévisionnel ainsi que les provisions pour charges à venir sont exigibles si le propriétaire ne régularise pas sa situation dans les 30 jours.

Si le copropriétaire souhaite trouver une solution amiable au litige de charges, un échéancier de paiement peut ainsi être proposé et un protocole d'accord régularisé.

# II. La préparation de la phase judiciaire

## A. LA PREUVE DE LA CRÉANCE DU SYNDICAT

Le syndic doit, préalablement aux poursuites judiciaires, préparer minutieusement son dossier. Il appartient en effet au syndicat qui poursuit un copropriétaire en paiement de charges d'*apporter la preuve que celui-ci est effectivement débiteur des sommes réclamées*[43].

Les juridictions chargées de rendre des décisions en matière de recouvrement de charges impayées de copropriété sont particulièrement exigeantes envers les syndicats de copropriétaires.

À ce titre, et pour pouvoir établir le caractère certain, liquide et exigible de ladite créance, le syndicat est tenu de produire, sur les années concernées[44] :

– une preuve de la propriété du copropriétaire débiteur (matrice cadastrale et titre) ;

– les convocations aux assemblées générales des copropriétaires portant approbation des arrêtés de compte et adoptant le budget prévisionnel ;

– les accusés de réception de ces convocations ;

– les procès-verbaux desdites assemblées portant approbation des arrêtés de compte et adoptant le budget prévisionnel avec les accusés de réception de leur envoi au débiteur ;

– la justification de la capacité du syndic à agir en disposant d'un mandat valide (contrat de syndic en cours et procès-verbal de l'assemblée générale l'ayant désigné) ;

– les documents comptables (attention, un simple relevé informatique a été jugé insuffisant) ;

– les décomptes de répartition des charges ;

– un état récapitulatif de la créance depuis sa naissance[45] ;

– le règlement de copropriété établissant la ventilation des charges (un extrait paraît suffisant).

---

43 Cass. 3e civ., 7 avr. 2004 : Administer août-sept. 2004, p. 35.

44 Cass. 3e civ., 25 janv. 2007 : AJDI 2007, p. 397.

45 CA Paris, 1er avr. 1998.

La Cour de cassation a rappelé, dans des décisions récentes, que la *notification des sommes dues au copropriétaire n'est pas un préalable obligatoire au recouvrement*[46]. Seule peut être exigée, dans le cadre d'une procédure fondée sur l'article 19-2 de la loi du 10 juillet 1965, une mise en demeure préalable restée infructueuse pendant 30 jours.

Ces décisions ont le mérite de rappeler que seule l'approbation des comptes du syndic par l'assemblée générale rend certaine, liquide et exigible la créance du syndicat des copropriétaires relative à chaque quote-part de charges. La justification de la créance est suffisante du fait de la *production des procès-verbaux des assemblées générales ayant approuvé les comptes et voté les budgets des exercices pour lesquels les charges sont réclamées*, des décomptes et situations de comptes individuels de charge établis lot par lot.

*La production des appels de fonds, pourtant exigée par certaines juridictions, n'est donc pas nécessaire.*

## B. LES DÉFENSES DU COPROPRIÉTAIRE DÉBITEUR

À partir du moment où la créance du syndicat est justifiée, le copropriétaire ne peut, pour la contester, invoquer des circonstances étrangères à l'exigibilité de sa dette. Ainsi, les charges restent exigibles durant l'instance en nullité de l'approbation des comptes, laquelle demeure exécutoire tant qu'elle n'a pas été annulée[47] ou encore indépendamment de l'action en cours contestant la régularité de la procédure en recouvrement des charges[48].

Néanmoins, si le copropriétaire débiteur apporte la preuve que les sommes réclamées ne lui incombent pas, la demande du syndicat est alors irrecevable[49].

Une question délicate se pose lorsque le syndic poursuit en justice le recouvrement de charges en application d'une répartition incluse dans le règlement de copropriété qui serait irrégulière, car contraire aux dispositions de l'article 10 de la loi du 10 juillet 1965. Rappelons que le syndic est obligé d'appliquer une clause du règlement tant qu'elle n'a pas été réputée non écrite par un juge ou par l'assemblée et qu'ainsi une nouvelle répartition de charges n'a pas été adoptée[50].

Le copropriétaire poursuivi devrait pouvoir se prévaloir devant le tribunal de l'exception d'illégalité de cette répartition pour tenir en échec la demande de paiement.

## C. LE NOUVEAU DÉLAI DU RECOUVREMENT DE CHARGE

Jusqu'au 24 novembre 2018, l'article 42 de la loi du 10 juillet 1965 prévoyait que le délai de prescription des actions personnelles (notamment en recouvrement de charges de copropriété) était de 10 années.

La loi *ÉLAN* opère ici une réforme importante.

Ainsi, *le délai de prescription des actions personnelles nées de l'application du statut de la copropriété est désormais de 5 ans*, les dispositions de l'article 2224 du Code civil étant désormais applicables en la matière.

Ces dispositions étant d'application immédiate, le délai de prescription passe donc à 5 années pour les dettes et actions personnelles nées au 23 novembre 2018. Les actions exercées avant l'entrée en vigueur de cette loi, quel qu'en soit le stade de la procédure, restent soumises à l'ancien délai de 10 années.

46 Cass. 3e civ., 11 mai 2017, n° 15-2523 ; Cass. 3e civ., 8 mars 2018, n° 17-15959.
47 Cass. 3e civ., 19 juin 2007.
48 Cass. 3e civ., 7 janv. 2004.
49 Cass. 3e civ., 25 sept. 2007.
50 Cass. 3e civ., 9 juill. 2020, n° 19-12599.

Ajoutons que pour les dettes et créances nées avant l'entrée en vigueur de la loi *ÉLAN*, le nouveau délai court au jour de l'entrée en vigueur de cette même loi, sans toutefois que la durée totale ne puisse dépasser le délai de prescription prévu par la loi ancienne[51].

Quelques exemples paraissent nécessaires afin d'illustrer ces propos :

– premier exemple : un syndic souhaite recouvrer une créance de charges de copropriété née en 2011. Sous l'empire de la loi ancienne, le délai étant de 10 ans, l'action serait donc prescrite en 2021. Sous l'empire de la loi nouvelle, pour cette même créance, le délai pour agir est de 5 ans. L'action court à compter du 23 novembre 2018 et se prescrirait donc en 2023. Il faut toutefois retirer 2 années à ce délai, puisque le délai pour agir ne peut dépasser l'ancienne prescription, soit 10 années :

- de 2011 à 2023 = 12 ans,
- 2023 – 2 ans = 10 ans (ancien délai de prescription à ne pas dépasser).

*L'action se prescrit donc en 2021 ;*

– second exemple : un syndic souhaite recouvrer une créance de charges de copropriété née en 2016. Sous l'empire de l'ancienne loi, le délai était de 10 ans ; l'action aurait alors été prescrite en 2026. Avec la loi nouvelle, l'action étant de 5 années et courant à compter du 23 novembre 2018, *le syndic peut donc agir jusqu'en 2023*.

Une fois ces pièces collectées, le syndic peut alors entamer la phase judiciaire en coordination avec le conseil de la copropriété. Il existe cependant certaines procédures pouvant être directement entamées par ses soins ou par l'intermédiaire d'un huissier de justice.

# III. L'action judiciaire

Plusieurs types d'actions sont envisageables en matière de recouvrement de charges de copropriété.

## A. LA PROCÉDURE SIMPLIFIÉE DE RECOUVREMENT DES PETITES CRÉANCES (MOINS DE 4 000 €)

La demande est portée devant un huissier de justice pour une créance de moins de 4 000 €. L'huissier invite alors le débiteur à participer à cette procédure. Soit un accord est trouvé et un titre exécutoire est délivré par l'huissier, soit le débiteur refuse implicitement ou explicitement de participer à l'accord proposé et la procédure s'arrête là.

## B. LA PROCÉDURE D'INJONCTION DE PAYER

La demande de procédure d'injonction de payer est portée devant le président du tribunal judiciaire du lieu de situation de l'immeuble.

Le syndic représentant le syndicat doit rédiger une requête, qui précise :

– pour les personnes physiques, les nom, prénoms, profession, domicile, nationalité, date et lieu de naissance du demandeur ;

– le nom et domicile de la personne contre laquelle la demande est formée, ou, s'il s'agit d'une personne morale, de sa dénomination et de son siège social ;

– l'objet de la demande ;

51 C. civ., art. 2222.

– le montant de la somme réclamée avec le décompte des différents éléments de la créance et le fondement de celle-ci.

La demande doit être accompagnée de toutes les pièces justificatives prouvant le caractère liquide, certain et exigible de la créance du syndicat. Cette procédure ne permet pas l'éventuel octroi de dommages-intérêts.

Au vu de la requête adressée par le syndic au greffe du tribunal, le juge, s'il l'estime fondée, prend une ordonnance d'*injonction* de payer, laquelle doit ensuite être signifiée par exploit d'huissier au copropriétaire débiteur. Il ne s'agit pas d'une procédure contradictoire, le copropriétaire débiteur disposant d'un délai d'*un mois* suivant la signification de l'ordonnance pour former opposition. À défaut, *le syndic dispose alors d'un délai d'un mois pour demander au juge la formule exécutoire de son ordonnance*.

L'*ordonnance* produit alors tous les effets d'un jugement contradictoire non susceptible d'appel ; elle doit être signifiée au débiteur en vue de sa mise à exécution, comme toute décision judiciaire. En revanche, en cas d'opposition de la part du débiteur formée devant le tribunal judiciaire ou de proximité, *l'affaire est jugée dans les conditions de droit commun*.

Attention, ces informations restent applicables *jusqu'au 1er septembre 2021*. En effet, la loi de programmation et de réforme de la justice du 23 mars 2019 a confié à une juridiction nationale le traitement dématérialisé des injonctions de payer. Cette juridiction est un tribunal judiciaire spécialement désigné par décret qui devient seul compétent pour l'ensemble des requêtes en injonction de payer en matière civile. La procédure est entièrement dématérialisée et reste gratuite pour les créances allant jusqu'à 10 000 €[52].

## C. LA PROCÉDURE DE RÉFÉRÉ-PROVISION

Cette procédure permet au syndicat d'obtenir une provision dans la limite du montant non sérieusement contestable de la dette alléguée. En application de l'article 835 du Code de procédure civile, la demande est portée devant le président du tribunal judiciaire ou, dans certains cas pour les créances inférieures à 10 000 €, le juge des contentieux de la protection.

*Il ne s'agit pas d'une procédure au fond*. Elle ne permet donc pas de poursuivre une saisie immobilière, pourtant seule réelle garantie de bon paiement.

L'action en recouvrement de charges intentée devant le juge des référés par un syndicat de copropriétaires est recevable, *dans la mesure où la créance du syndicat contre le copropriétaire n'est pas sérieusement contestable*.

Il est vain pour le copropriétaire de prétendre que la répartition des dépenses et travaux n'est pas conforme à l'*état descriptif de division*, puisque *cet état n'a pas valeur contractuelle*. La contestation élevée sur ce chef ne rend donc pas son obligation à paiement sérieusement contestable.

De même, l'allégation selon laquelle le règlement de copropriété contiendrait une erreur sur la détermination des charges attachées à son lot est inopérante, car *la force obligatoire du règlement de copropriété ne saurait être remise en cause devant le juge des référés*[53].

52 COJ, art. L. 211-17 et L. 211-18.
53 CA Toulouse, 22 mars 1999.

## D. LA PROCÉDURE AU FOND PAR-DEVANT LE TRIBUNAL OU PÔLE DE PROXIMITÉ (CRÉANCE INFÉRIEURE À 10 000 €) ET LE TRIBUNAL JUDICIAIRE (CRÉANCE SUPÉRIEURE À 10 000 €)

Cette procédure est la plus classique ; le juge peut en effet apprécier tous les points du droit et rendre un jugement permettant de poursuivre en saisie immobilière.

Néanmoins, la récente réforme de la justice en a bouleversé les arcanes, puisque la dichotomie entre tribunal de grande instance (TGI) et tribunal d'instance (TI) a disparu.

Il convient désormais de distinguer :

– le *tribunal judiciaire pôle de proximité ou tribunal de proximité (TP) dans les villes hors siège du tribunal judiciaire* et pour les litiges inférieurs à 10 000 € ;

– le *tribunal judiciaire (TJ)* pour tous les litiges supérieurs à 10 000 €.

Notons que si le copropriétaire débiteur est commerçant, le tribunal de commerce peut également être saisi.

Cette procédure permet au syndicat de demander, outre le paiement des provisions ou charges non acquittées, la *condamnation du débiteur à des dommages-intérêts en réparation du préjudice causé au syndicat du fait de la défaillance fautive du copropriétaire*.

Malheureusement, ce type de procédure peut être long.

## E. LA PROCÉDURE ACCÉLÉRÉE AU FOND BASÉE SUR L'ARTICLE 19-2 DE LA LOI DU 10 JUILLET 1965

Il s'agit de la plus grande nouveauté de la loi *ÉLAN*.

Cette procédure existait depuis les années 2000[54]. Qualifiée par la pratique d'« action en déchéance du terme », elle permettait, par le biais d'une procédure dite « comme en matière de référé » (adoptant la forme des procédures en référé mais dont la décision, dite « au fond », est revêtue de l'autorité de la chose jugée), après une mise en demeure restée infructueuse pendant 30 jours d'un copropriétaire débiteur d'une ou plusieurs provisions du budget, d'obtenir le paiement de l'intégralité de sa part dudit budget.

Cette action était nécessairement limitée dans son champ d'application, puisqu'elle ne permettait que le recouvrement des échéances futures du budget prévisionnel, laissant ainsi la question des charges antérieures à l'appréciation des juges plus classiquement saisis.

La loi *ÉLAN*, consciente des atouts de cette procédure, l'a modernisée dans un objectif de célérité des procédures en recouvrement de charges. Gardant sa forme, elle en a étendu l'objet à « *l'intégralité des sommes dues et restant dues au titre du budget prévisionnel et du fonds travaux, ainsi [qu'aux] sommes restant dues au titre des exercices précédents après approbation des comptes [qui] seront immédiatement exigibles* ».

Ainsi, le propriétaire qui ne paye pas, à sa date d'exigibilité, une provision du budget prévisionnel voté peut désormais, après mise en demeure par lettre recommandée avec demande d'avis de réception restée sans effet pendant *30 jours*, être condamné par le président du tribunal judiciaire, saisi par une « procédure accélérée au fond »[55], à payer non seulement le trimestre échu, mais également les trimestres restant à échoir, et aussi les *charges non réglées et issues des exercices précédents, ou encore celles découlant de travaux votés hors budget*.

54 L. n° 2000-1208, 13 déc. 2000 (loi *SRU*).

55 Anciennement « comme en matière de référé ».

Cette procédure suit donc un processus rapide en permettant au syndicat d'obtenir une décision au fond pouvant permettre la saisie immobilière.

Attention, la mise en demeure est un préalable obligatoire et doit être minutieusement établie en prévoyant une ventilation des sommes dues par type de dettes (budget, charges non réglées, fonds travaux) et par exercice. À terme, cette « nouvelle » procédure a vocation à devenir la procédure en recouvrement de charges de copropriété.

# IV. La condamnation du copropriétaire débiteur

Au terme de cette procédure, le copropriétaire débiteur peut se voir condamner à payer non seulement les charges de copropriétés impayées, celles à venir dûment votées, mais également des intérêts de retard au taux légal ou des indemnités complémentaires prévues par une clause pénale contenue dans le règlement de copropriété.

## A. LES DOMMAGES ET INTÉRÊTS

Le syndic est fondé à demander également la condamnation du débiteur à des dommages-intérêts en réparation du préjudice causé au syndicat du fait de la défaillance fautive du copropriétaire.

L'octroi de dommages-intérêts est subordonné à la *justification du préjudice supporté par le syndicat du fait de la mauvaise foi du copropriétaire redevable des charges* ; ils ne peuvent être accordés pour le seul motif qu'en s'abstenant de payer les charges qui leur incombaient, les débiteurs avaient contraint les autres copropriétaires à faire l'avance des fonds correspondants et leur avaient ainsi causé un préjudice[56].

Le retard de paiement aboutit généralement dans la condamnation aux intérêts au taux légal.

Cependant, la Cour de cassation, dans une décision du 12 juillet 2018, a rappelé que les *manquements systématiques et répétés d'un copropriétaire à son obligation essentielle à l'égard du syndicat des copropriétaires de régler les charges de copropriété* étaient constitutifs d'une *faute* qui causait à la collectivité des copropriétaires, privée de sommes importantes nécessaires à la gestion et à l'entretien de l'immeuble, un *préjudice financier*, direct et certain, distinct de celui compensé par les intérêts moratoires[57].

## B. LES FRAIS EXPOSÉS PAR LE SYNDICAT DANS LE CADRE DU RECOUVREMENT

La loi n° 2000-1208 du 13 décembre 2000 puis la loi n° 2006-872 du 13 juillet 2006 ont complété la loi du 10 juillet 1965 par l'article 10-1 ainsi rédigé :

« Par dérogation aux dispositions du deuxième alinéa de l'article 10, sont *imputables au seul copropriétaire concerné* :

a) les *frais nécessaires* exposés par le syndicat, notamment les frais de mise en demeure, de relance et de prise d'hypothèque, à compter de la mise en demeure pour le recouvrement d'une créance justifiée à l'encontre d'un copropriétaire, ainsi que les droits et émoluments des actes d'huissiers de justice et le droit de recouvrement ou d'encaissement à la charge du débiteur ».

56 Cass. 3e civ., 25 juin 1985.
57 Cass. 3e civ., 12 juill. 2018, n° 17-21518.

L'article 10-1 semble donc conférer au syndicat de copropriété le pouvoir d'agir d'office, sans autorisation judiciaire, pour récupérer les frais de précontentieux. Toutefois, il ne peut tenir en échec le droit, pour le copropriétaire débiteur, de contester le montant des sommes qui lui seraient imputées, et ce notamment en considération de leur caractère non nécessaire.

Cette position se retrouve dans la rubrique 9 du contrat type de syndic, posé par le décret du 26 mars 2015 modifié par le décret du 2 juillet 2020, qui prévoit des stipulations relatives « aux frais imputables aux seuls copropriétaires » comprenant de tels frais de recouvrement. Néanmoins, gardons en mémoire que les copropriétaires sont tiers au contrat de syndic qui unit le syndicat à son syndic. Ainsi, ces frais de recouvrement ne peuvent être mis à la charge d'un copropriétaire débiteur en vertu des dispositions du contrat de syndic, car *les rapports entre le syndicat et ses membres sont régis uniquement par le règlement de copropriété*[58].

En application de l'article 10-1 de la loi du 10 juillet 1965, le copropriétaire débiteur est condamné à supporter « *les frais nécessaires exposés par le syndicat* » pour le recouvrement d'une créance justifiée[59].

Les frais nécessaires de recouvrement remboursables au syndicat sont ceux exposés à compter de la mise en demeure, qui n'entrent ni dans les dépens (frais d'huissier) ni dans les prévisions de l'article 700 du Code de procédure civile (frais d'avocat)[60].

Ceux visés au « notamment » du texte de l'article 10-1 présentent sans doute ce caractère de nécessité, sous réserve qu'ils ne soient pas engagés inconsidérément par le syndic. Il s'agit donc :

– de la mise en demeure ;

– des frais de relance ;

– de la sommation d'avoir à payer[61] ;

– des frais de dossier de saisie immobilière...

L'ordonnance du 30 octobre 2019 est venue étendre la liste des frais pouvant être imputables au seul copropriétaire concerné. L'article 10-1 de la loi met désormais à la charge du copropriétaire concerné non seulement les frais découlant de l'état daté, mais aussi, désormais, l'ensemble des prestations effectuées par le syndic à son profit, notamment :

– les frais d'opposition sur mutation ;

– les frais de délivrance de documents sur support papier[62] ;

– les astreintes relatives à des mesures ou travaux prescrits par l'autorité administrative compétente ayant fait l'objet d'un vote en assemblée générale et qui n'ont pu être réalisés en raison de la défaillance du copropriétaire.

Il est donc possible de les adjoindre, le cas échéant, aux demandes formées lors de la procédure en recouvrement.

Il est à noter que dans une *réponse ministérielle du 12 mars 2021*[63], le garde des Sceaux semble avoir tranché la question de l'imputation des frais de recouvrement rendus nécessaires par le recouvrement de charges impayées. Saisi de cette question, le ministère de la Justice devait en effet considérer que « les frais du recouvrement engagés sans titre par une copropriété à l'encontre d'un copropriétaire demeurent en principe à la charge de celle-ci mais *sont imputés directement et exclusivement au copropriétaire dans le cadre de la répartition des charges* ».

58 Cass. 3e civ., 5 mars 2009.

59 Cass. 3e civ., 7 oct. 2009 : Juris-Data, n° 2009-049791.

60 CA Paris, pôle 4, 9e ch., 4 févr. 2010, n° 2010-003103.

61 CA Versailles, 4e ch., 8 juill. 2020, n° 18/05361.

62 D. 1967, ann. 1, Contrat type de syndic, art. 9.2 et 9.3.

63 Rép. min. n° 13904 : JO Sénat 12 mars 2021, p. 1640.

*La question s'est, par ailleurs, posée de savoir si les honoraires du syndic perçus au titre du recouvrement des charges entraient dans le champ d'application de l'article 10-1*. La jurisprudence se prononce par la négative[64] : l'activité du syndic pour engager le recouvrement des sommes dues par un copropriétaire constitue un acte élémentaire d'administration de la copropriété faisant partie de ses fonctions de base.

Ces frais ne sont nécessaires au sens de l'article 10-1 de la loi que s'ils sortent de la gestion courante du syndic, qu'ils traduisent des diligences réelles, inhabituelles et nécessaires propres à permettre au syndicat des copropriétaires de recouvrer une créance justifiée à l'encontre d'un copropriétaire défaillant.

*In fine*, en cas de contestation, il appartient au juge d'apprécier souverainement ce caractère de nécessité[65].

# V. Les voies d'exécution et sûretés légales

Le syndicat des copropriétaires dispose de différentes sûretés afin de garantir le recouvrement de ses charges :

- l'hypothèque légale ;
- le privilège mobilier ;
- le privilège immobilier ;
- l'opposition sur le prix de vente d'un lot de copropriété.

Toutes ces sûretés ont été modifiées par l'ordonnance du 30 octobre 2019.

L'ensemble de ces garanties peut être mis en jeu au cours d'une saisie immobilière, arme redoutable à disposition du syndicat créancier.

## A. L'HYPOTHÈQUE LÉGALE

### 1. Principe

L'hypothèque légale se définit comme une garantie prévue par un texte de loi et constituée sur un bien immobilier. Elle permet à un créancier de se prémunir et de se protéger face à l'éventuelle défaillance de son débiteur. Sa validité dépend notamment de son inscription aux services de publicité foncière.

L'article 19 de la loi du 10 juillet 1965 permet au syndicat des copropriétaires de garantir les créances exigibles de toute nature qu'il a contre un copropriétaire par une *hypothèque légale sur son lot*. Sont ainsi garanties les provisions, les charges et les quotes-parts des travaux de toute nature non prévues dans le budget ou d'amélioration en paiement différé, mais également toutes les sommes dont le syndicat pourrait être créancier. L'hypothèque légale du syndicat *ne peut frapper d'autres biens du débiteur en dehors de l'immeuble où il est copropriétaire*.

Ce même article précise que sont exclues de la garantie offerte par l'hypothèque légale garantie les créances exigibles *depuis plus de 5 ans*. Précisons néanmoins que si l'hypothèque a été prise dans le respect de la condition du délai des 5 ans, elle peut alors produire ses effets même au-delà de ce délai.

64 CA Paris, 23, ch. B, 3 mai 2007, n° 2007-335164.
65 Cass. 3e civ., 14 déc. 2010, n° 10-10725.

L'hypothèque ne peut plus être inscrite après la publication de la vente du lot concerné, de la mise en œuvre d'une procédure collective à l'encontre du copropriétaire défaillant ou de la publication d'un commandement sur saisie.

## 2. Mécanisme

L'inscription d'une hypothèque, sa mainlevée ou sa radiation sont des initiatives du syndic qui, depuis l'ordonnance du 30 octobre 2019, n'a besoin d'aucune autorisation préalable de l'assemblée générale[66].

L'inscription de l'hypothèque légale ne se fait qu'après mise en demeure restée infructueuse d'avoir à payer une dette devenue exigible. Cette mise en demeure peut être faite par courrier AR ou LRE, voire par huissier, cette dernière forme n'étant plus imposée depuis le décret du 21 octobre 2015[67]. Cette mise en demeure n'est pas exigée en matière de travaux d'amélioration payés par annuités[68].

Elle ne peut produire ses effets qu'une fois inscrite au service de la publicité foncière (SPF) compétent, dans les conditions énoncées aux articles 2425 et suivants du Code civil.

L'hypothèque prend rang du jour de son inscription aux services de la publicité foncière. Avant de procéder à l'inscription, le syndic doit donc se renseigner sur la situation hypothécaire du lot du copropriétaire débiteur. L'existence d'inscriptions antérieures ôterait vraisemblablement une partie de l'intérêt à celle de l'hypothèque légale du syndicat (sous réserve, il est vrai, de l'existence du privilège spécial immobilier).

*L'hypothèque inscrite confère au syndicat le droit d'être payé par préférence sur le montant du prix de vente du lot grevé.*

L'inscription de l'hypothèque constitue un acte de recouvrement prescrit par la loi en tant que l'article 19 de la loi du 10 juillet 1965 assortit les créances du syndicat sur les copropriétaires d'une hypothèque légale que le syndic a qualité pour faire inscrire ; par suite, le coût de l'inscription doit être imputé au copropriétaire débiteur, en application de l'article 10-1 de la loi.

*Sa mainlevée peut être amiable ou judiciaire.* Ainsi, dès que les sommes garanties ont été réglées, le copropriétaire débiteur est légitime à en obtenir la mainlevée[69], qui peut être accordée amiablement par le syndic sans autorisation préalable de l'assemblée.

Soulignons que le syndic qui n'inscrit pas une hypothèque en temps utile est susceptible d'engager sa responsabilité vis-à-vis du syndicat.

## 3. Formalités préalables

L'inscription d'une hypothèque légale impose au syndic de recueillir certaines informations essentielles :

– un extrait de matrice cadastrale au nom du propriétaire à l'encontre duquel l'inscription est prise avec l'adresse du bien (qui permet de commander une fiche d'immeuble) ;

– une fiche d'immeuble sur le bien concerné par l'inscription (qui permet de commander le titre de propriété, car y figurent les références du titre de propriété à commander) ;

– le titre de propriété, indispensable à la prise de l'inscription, car y est mentionnée l'identité complète du ou des propriétaires ainsi que le descriptif complet du bien.

---

66 L. 1965, art. 19, al. 2.

67 D. 1967, art. 64.

68 L. 1965, art. 3.

69 Cass. 3e civ., 26 juin 2002 : Bull. civ. III, n° 151.

## B. LE PRIVILÈGE MOBILIER DU SYNDICAT

L'article 19, alinéa 5 de la loi du 10 juillet 1965 précise que les créances de toute nature du syndicat des copropriétaires à l'encontre de chaque copropriétaire sont également garanties par le privilège prévu à l'article 2332, 1° du Code civil en faveur du bailleur.

En application de ce texte, le syndicat peut obtenir paiement de sa créance sur les biens meubles garnissant les lots du copropriétaire débiteur. Ce privilège ne peut s'appliquer si les lots font l'objet d'une location meublée. Il n'est soumis à aucune formalité particulière[70].

L'assiette de ce privilège mobilier a été modifiée par l'ordonnance du 30 octobre 2019. Depuis le 1er juin 2020, elle porte sur tous les meubles du copropriétaire et sur les loyers dus par le locataire.

Il en résulte une véritable extension du privilège mobilier qui permet désormais au syndicat, par préférence à un créancier ordinaire et sans formalité, de se dédommager sur les meubles garnissant les lieux appartenant au copropriétaire, mais également sur les sommes dues par le locataire à son bailleur ainsi que sur les redevances dues par le locataire accédant au vendeur dans le cadre du contrat de location-accession.

## C. LE PRIVILÈGE IMMOBILIER SPÉCIAL

Dans sa rédaction applicable depuis le 1er juin 2020, l'article 19-1 de la loi du 10 juillet 1965 dispose que les créances de toute nature du syndicat à l'encontre de chacun des copropriétaires sont garanties par un privilège immobilier spécial prévu à l'article 2374 du Code civil.

Ce privilège spécial permet au syndicat des copropriétaires d'obtenir le règlement de créances de toute nature, notamment un arriéré de charges en cas de mutation à titre onéreux du ou des lots appartenant au copropriétaire débiteur.

Il ne peut intervenir que dans le cadre d'une vente amiable ou judiciaire du ou des lots du copropriétaire débiteur. Ce privilège spécial ne peut donc pas être mis en œuvre en cas de succession ou de cession de part d'une société propriétaire du lot.

À l'instar de l'hypothèque légale, ce privilège immobilier spécial ne peut être invoqué que dans le cadre de la vente d'un ou de lots de copropriété ; les autres biens immobiliers du copropriétaire hors la copropriété ne sont donc pas visés[71].

Lorsque le copropriétaire est propriétaire de plusieurs lots, et qu'il ne vend qu'un seul lot, ce privilège ne s'applique que pour les charges afférentes au lot vendu, et non pour l'ensemble des charges dues par les lots[72].

Cette vente doit être suivie d'une opposition formée par le syndic sans aucune formalité de publicité foncière particulière, contrairement à l'hypothèque légale. Ce privilège ne vaut ainsi que si l'opposition a été régulièrement formée.

Le jeu de ce privilège spécial est particulier, puisqu'il ne s'étend qu'aux créances de l'année en cours et des 4 dernières années.

L'article 2374 du Code civil opère au sein de cette période une dichotomie entre :

– les *créances relatives à l'année courante et aux 2 dernières années échues* : le syndicat dispose d'un superprivilège et passe avant tous les autres créanciers, y compris le vendeur et le prêteur de deniers ;

70 T. com. Grasse, 6 oct. 1986 : Administrer mai 1987.
71 Cass. 3e civ., 15 févr. 2006, n° 04/19095.
72 Cass. 3e civ., 15 mai 2002 : Bull. civ. III, n° 103.

– les *créances relatives aux 2 années antérieures à cette période* : privilège en concours avec le vendeur et le prêteur de deniers. Dans ce cas, le montant disponible, issu de la vente, est réparti entre les créanciers en proportion du montant de leurs créances.

L'ordonnance du 30 octobre 2019 étend donc les créances garanties par le privilège immobilier du syndicat à toutes les créances garanties par l'hypothèque du syndicat sur le lot, ce qui permet notamment de garantir certains frais imputables au seul copropriétaire en application de l'article 10-1 de la loi du 10 juillet 1965.

## D. L'OPPOSITION SUR LE PRIX DE VENTE D'UN LOT

### 1. Principe

La mise en jeu du privilège immobilier spécial du syndicat des copropriétaires ne nécessite aucune inscription auprès des services de la publicité foncière ; néanmoins, et aux termes de l'article 20 de la loi du 10 juillet 1965, il est intimement lié à une formalité particulière : l'opposition sur le prix de vente.

Ce droit d'opposition a été édicté dans l'intérêt du syndicat afin de lui permettre de récupérer, lors de la vente d'un lot à titre onéreux, les créances définitives (certaines, liquides et exigibles) à cette date que le copropriétaire vendeur n'aurait pas encore acquittées. En effet, l'acquéreur n'est pas légalement tenu de les supporter, l'obligation au paiement ayant un caractère personnel.

Les formalités de l'article 20 de la loi sont applicables à toute vente, qu'elle soit volontaire ou sur adjudication après saisie immobilière.

La procédure d'opposition n'est évidemment pas exclusive de toute autre action devant permettre au syndicat de recouvrer les charges impayées lors d'une vente ; le syndic conserve donc toujours la faculté d'engager sans attendre l'aliénation une procédure devant l'une des juridictions compétentes.

Il serait néanmoins regrettable que le syndic n'use pas de cette faculté d'opposition lors de la vente d'un lot, compte tenu des garanties particulières qu'elle offre pour le syndicat ; *son abstention engagerait d'ailleurs sa responsabilité*.

### 2. Modalités

Pour sa validité, l'opposition du syndic formée pour les créances du syndicat *doit, à peine de nullité, être notifiée dans le délai de 15 jours à compter de la notification de l'avis de mutation* et *par acte extrajudiciaire*, une lettre simple ou recommandée n'ayant aucune valeur[73].

À défaut, le notaire rédacteur de l'acte de cession peut valablement procéder au versement du prix entre les mains du vendeur. Si l'avis n'est pas notifié par le notaire au syndic, il peut faire opposition à tout moment[74].

En cas de vente judiciaire, l'opposition mentionnant les causes et le montant de la créance est signifiée à l'avocat du créancier poursuivant, c'est-à-dire du syndicat des copropriétaires, ou à son syndic.

Dans son contenu, l'article 20 de la loi précise que l'opposition doit en même temps énoncer le montant et les « causes de la créance », et ce à peine de nullité.

Pour l'application du texte, les articles 5-1 et 5-2 du décret du 17 mars 1967 précisent les informations à fournir relativement à la réalité des créances du syndicat susceptibles de justifier l'opposition et la mise en œuvre du privilège immobilier du syndicat.

73 CA Aix-en-Provence, 19 avr. 1988 : JCP N 1989, n° 41 – Cass. 3e civ., 18 déc. 1996, n° 94-18754.
74 Cass. 3e civ., 18 juill. 2001 : Bull. civ. III, n° 99.

*Pour la validité de l'opposition, le syndic doit donc énoncer le montant et les causes de chaque créance exigible du syndicat à l'égard du copropriétaire-vendeur ; cette créance se trouve alors garantie par le privilège spécial immobilier du syndicat.*

### 3. Effets de l'opposition

Destinée à la sauvegarde des intérêts du syndicat, l'opposition emporte un double effet :

– en tant que mesure conservatoire, elle bloque le prix de vente entre les mains du notaire à hauteur de la créance de la copropriété ;

– elle entraîne la mise en œuvre du privilège spécial immobilier accordé au syndicat.

Les suites de l'opposition formée par le syndic au nom du syndicat sont les suivantes :

– *soit le vendeur accepte le prélèvement de la créance du syndicat* sur le montant du prix de cession, auquel cas le notaire verse la somme correspondant à l'opposition entre les mains du syndic ;

– *soit le vendeur, ou l'un de ses éventuels créanciers, n'est pas d'accord sur la réalité ou le quantum de la créance du syndicat et la conteste judiciairement dans les 3 mois de sa constitution.* Tant que la décision judiciaire n'est pas intervenue, le syndic ne peut exiger du notaire le transfert des fonds correspondant au montant de son opposition. À défaut de contestation dans le délai de 3 mois, le notaire se libère des sommes retenues.

## E. LA SAISIE IMMOBILIÈRE DU LOT DE COPROPRIÉTÉ

Tout créancier muni d'un titre exécutoire peut engager une procédure de saisie immobilière pour obtenir le paiement d'une créance quelle qu'elle soit.

Le syndicat est un créancier particulier. En effet, l'article 55 du décret du 17 mars 1967 nous le rappelle, le syndic doit être habilité par l'assemblée générale afin d'exercer une saisie immobilière. L'article 11, I, 11° de ce même décret précise à ce sujet que le projet de résolution concernant une habilitation à donner au syndic en matière de saisie doit mentionner la saisie elle-même, le montant de la mise à prix et le montant des sommes estimées comme définitivement perdues. Ces deux dernières sommes étant indicatives, elles n'engagent pas le syndicat et son syndic.

### 1. Préalables à la saisie

Le syndic doit au préalable solliciter auprès du service de la publicité foncière une fiche d'immeuble afin de connaître l'état des créanciers éventuellement inscrits sur le bien ainsi que les références du titre de propriété, qu'il faut également commander pour avoir le descriptif complet du bien saisi ainsi que l'identité complète du propriétaire.

### 2. Le commandement de payer valant saisie immobilière (CPCE, art. R. 321-2)

L'huissier présente un commandement de payer au débiteur mentionnant l'obligation de payer la somme due dans les 8 jours. Ce commandement de payer vaut saisie du bien. Dès lors, le débiteur ne peut plus le vendre (ni le donner, ni percevoir des loyers). Il doit être publié au fichier immobilier dans les 2 mois de sa délivrance[75].

75 CPCE, art. R. 321-6.

## 3. L'assignation à comparaître

Dans les 2 mois qui suivent cette publication, le débiteur est assigné à comparaître par le ou les créanciers à une audience d'orientation devant le juge de l'exécution du tribunal judiciaire[76]. S'il y a des créanciers inscrits, il faut leur dénoncer le commandement et les assigner à comparaître également, et ce dans les 5 jours de la délivrance de l'assignation[77].

Un cahier des conditions de la vente doit être déposé dans les 5 jours de la délivrance de l'assignation auprès du greffe des ventes[78]. Les créanciers ont alors 2 mois pour déclarer leur créance auprès du greffe des ventes[79].

## 4. L'audience d'orientation

À l'audience d'orientation, le juge prend connaissance des remarques et éventuelles contestations des parties (débiteur et créanciers). Le débiteur peut demander la vente amiable du bien saisi.

Au terme de l'audience, le juge détermine la suite de la procédure :

– soit en autorisant la vente amiable du bien saisi[80] ;

– soit en ordonnant sa vente forcée[81] ;

– soit en mettant fin, en suspendant ou en interrompant la procédure de saisie, notamment en cas de surendettement[82].

## 5. La vente amiable

Le débiteur peut demander au juge la vente amiable du bien à l'audience. Cette vente n'est possible que si elle est formellement autorisée par le juge.

Le juge fixe alors le prix minimum du bien, dans le respect des conditions économiques du marché. Il fixe la date de l'audience permettant de faire le point, dans les 4 mois au plus tard. Dans l'attente de cette audience, le débiteur doit accomplir les démarches nécessaires à la vente du bien[83].

Lors de l'audience suivante, si le débiteur justifie d'un compromis de vente, un délai de 3 mois supplémentaires peut lui être accordé pour conclure l'acte authentique de vente du bien saisi.

Au terme de ces 3 mois, si le juge constate que les conditions fixées pour la vente amiable sont remplies, celle-ci est définitive. Faute d'acheteur, ou si les conditions fixées par le juge pour la vente ne sont pas remplies, le juge ordonne alors la vente forcée du bien.

## 6. La vente forcée

Le juge fixe la date de l'audience d'adjudication (vente aux enchères) du bien dans un délai compris entre 2 et 4 mois. Durant cette période, l'annonce de la vente forcée fait l'objet de publicité (publication dans des journaux d'annonces légales, affichage d'un avis devant le bien saisi…).

Il s'agit d'informer le plus grand nombre d'enchérisseurs possible. Cette démarche est effectuée par le créancier poursuivant. Le créancier fixe le montant de la mise à prix du bien immobilier.

---

76 CPCE, art. R. 322-4 et R. 322-5.
77 CPCE, art. R. 322-6.
78 CPCE, art. R. 322-10.
79 CPCE, art. R. 322-12.
80 CPCE, art. R. 322-15 et s.
81 CPCE, art. R. 322-26 et s.
82 CPCE, art. R. 322-16.
83 CPCE, art. R. 322-25.

À défaut d'enchères, le créancier (syndicat des copropriétaires) est déclaré adjudicataire d'office à ce montant.

Lors de l'audience d'adjudication, toute enchère est portée par un avocat qui intervient au nom du potentiel acquéreur[84]. La dernière enchère emporte l'adjudication.

Toute personne peut faire une surenchère dans les 10 jours suivant l'audience d'adjudication, par l'intermédiaire d'un avocat[85]. Cette surenchère est *a minima* égale à 10 % du prix principal de la vente, et entraîne la fixation d'une audience de surenchère.

Au terme de l'audience, un jugement d'adjudication est rendu. Après expiration des délais de recours, la somme récoltée au terme de la dernière enchère est répartie entre les créanciers. Après remboursement, le juge met fin à la procédure de saisie.

À défaut pour l'adjudicataire de régler les sommes dont il est redevable, le bien est remis en vente sur réitération des enchères[86].

84 CPCE, art. R. 322-39.
85 CPCE, art. R. 322-50.
86 CPCE, art. R. 322-66 et s.

Chapitre 5

# LA CONSERVATION DES ARCHIVES DU SYNDICAT

Les archives du syndicat sont son ADN, son histoire et permettent aux copropriétaires comme au syndic d'assurer de la pérennité de la vie collective en copropriété. Leur transmission est une étape importante de la vie de la copropriété.

## Section I Les archives du syndicat

Sans en dresser une liste exhaustive, l'article 33 du décret du 17 mars 1967 guide les copropriétaires et leur syndic sur les éléments devant constituer les archives de la copropriété.

Font ainsi partie des archives du syndicat[1] :

– le règlement de copropriété ;

– l'état de répartition des charges ;

– l'EDD ;

– le carnet d'entretien de l'immeuble ;

– les registres des procès-verbaux des assemblées générales et leurs pièces annexes ;

– les documents comptables de la copropriété ;

– le diagnostic technique global s'il en existe un ;

– toutes conventions, pièces, correspondances, plans, documents relatifs à l'immeuble et au syndicat ;

– une liste à jour de tous les copropriétaires comprenant les lots leur appartenant, leur nom et leur adresse, et précisant s'il s'agit d'indivision ou de démembrement de la propriété et, si le copropriétaire est une personne morale, sa forme, l'identité de son représentant et son siège social. Cette liste tient compte en outre de la législation sur les mesures de protection (curatelle, tutelle...) ;

– la fiche synthétique de la copropriété.

Notons que ces documents font partie des éléments accessibles depuis l'espace sécurisé en ligne de la copropriété[2]. Cette nouvelle accessibilité devrait réduire les difficultés liées à leur communication.

1 D. 1967, art. 33.
2 D. n° 2019-502, 23 mai 2019.

Dans le cas très particulier des copropriétés neuves, il est souvent difficile pour le syndicat représenté par son syndic d'obtenir du promoteur/constructeur les pièces et éléments relatifs à l'opération de construire. Ces documents nécessaires à une saine administration des premières années de la copropriété doivent obligatoirement être transmis. Le syndic ne doit donc pas hésiter à les réclamer, voire à engager la procédure idoine en cas de résistance. Il peut en aller de sa responsabilité[3].

## Section 2 La conservation des archives du syndicat

### I. Une mission incombant au syndic

L'ordonnance du 30 octobre 2019 a modifié l'article 18 de la loi du 10 juillet 1965 sur le sujet. Il appartient au syndic de détenir les archives du syndic ; il en a l'obligation. Cette mission, qui entre dans sa charge de gestion administrative de la copropriété, est comprise dans le forfait de son contrat type fixé par le décret du 26 mars 2015.

Néanmoins, s'il y est autorisé par l'assemblée générale à la majorité de l'article 25 de la loi du 10 juillet 1965, le syndic peut externaliser cette mission et ainsi confier les archives du syndicat à un prestataire extérieur.

L'assemblée générale doit alors accepter de confier les archives du syndicat des copropriétaires à une entreprise spécialisée à ses frais. Cette décision de faire appel à un prestataire extérieur ne peut donner lieu à aucune rémunération complémentaire au profit du syndic. Même déléguée, cette mission demeure une partie de son contrat, et donc de son forfait.

Bien au contraire, lorsqu'il délègue cette mission, le décret du 26 mars 2015 prévoit que ses honoraires doivent diminuer.

Le Conseil d'État[4] est venu préciser qu'« En cas de réintégration des prestations [conservation des archives] au forfait de gestion courante, ce dernier se trouve rehaussé à due concurrence des sommes qui en avaient été déduites dans un premier temps ».

### II. Le délai de conservation des archives du syndicat

En l'absence de texte propre aux archives du syndicat des copropriétaires, la Commission sur la copropriété recommandait de conserver les documents relatifs à l'immeuble et au syndicat pendant les délais requis par des textes spécifiques, ou pendant les délais de prescription applicables à certaines actions judiciaires.

Il en découle que l'application de l'article 33 du décret du 17 mars 1967 doit tenir compte de ces différents délais prévus par des textes pouvant être extérieurs au statut de la copropriété.

Ainsi :

– l'article 16 du Code de commerce, applicable au syndic commerçant, prévoit que les documents comptables et les pièces justificatives doivent être conservés pendant 10 ans ;

– l'article R. 143-2 du Code du travail et l'article L. 243-12 du Code de la sécurité sociale imposent que les livres de paie soient conservés pendant 5 ans à compter de leur date de clôture ;

---

3 CA Paris, 19e ch., 17 janv. 1979 : D. 1980, p. 155.

4 CE, 5 oct. 2016, n° 390465.

– l'article L. 244-3 du Code de la sécurité sociale prévoit un délai de conservation de 3 années pour les documents relatifs aux charges sociales ;

– la loi du 10 juillet 1965 prévoit des délais spécifiques de prescription pour l'action en révision de la répartition des charges, laquelle doit être intentée dans un délai de 5 ans à compter de la publication du règlement de copropriété ou dans un délai de 2 ans à compter de la première mutation du lot à titre onéreux[5] ;

– les actions personnelles, nées de l'application de cette loi, entre copropriétaires ou entre un copropriétaire et le syndicat, se prescrivent par 5 ans[6] ;

– la responsabilité civile du syndic peut être engagée pendant un délai de 5 années, que ce soit sur la base du mandat l'unissant au syndicat que sur une éventuelle relation délictuelle l'opposant à un copropriétaire[7].

## Section 3 La transmission et la communication des archives du syndicat

### I. La communication aux copropriétaires

Selon l'alinéa 2 de l'article 33, le syndic doit remettre aux copropriétaires des copies ou extraits des procès-verbaux des assemblées générales, ainsi que des copies des annexes de ces procès-verbaux.

La jurisprudence retient que font partie des annexes des procès-verbaux les feuilles de présence, les pouvoirs, les convocations et avis de réception de celles-ci[8] et, désormais, les bulletins de vote par correspondance ainsi que les procès-verbaux des décisions du conseil syndical lorsque ce dernier bénéficie d'une délégation de pouvoirs[9].

Le syndic n'a pas à se faire juge de l'opportunité de la demande qui lui est faite et doit y faire droit[10]. À défaut, il peut y être contraint judiciairement et engage sa responsabilité. Cette production doit être gratuite[11].

S'agissant des autres pièces détenues par le syndic, notamment les documents techniques et les pièces justificatives de charges de copropriété, ce dernier doit également les communiquer à simple demande. Néanmoins, la délivrance de copie se fait *aux frais du copropriétaire en formulant la demande*.

Assez logiquement, la jurisprudence retient que le syndic *peut se refuser à communiquer des pièces qui sont normalement en la possession du demandeur*[12]. Cette obligation issue de l'article 33 du décret a nécessairement été impactée par les nouvelles dispositions issues de la loi *ALUR* du 24 mars 2014 modifiée par le décret du 23 mai 2019 imposant à tous les syndicats des copropriétaires de disposer, *depuis le 1er juillet 2020*, d'un extranet contenant les différents documents relatifs à la copropriété. La demande de copies de pièces, normalement accessibles et imprimables depuis le site sécurisé de la copropriété, demeure-t-elle opportune ?

5 L. 1965, art. 12.
6 L. 1965, art. 42, al. 1er.
7 C. civ., art. 1992 et 1240.
8 Cass. 3e civ., 28 févr. 2006 : Administrer mai 2006, p. 49.
9 L. 1965, art. 21-1 et s.
10 Cass. 3e civ., 18 déc. 2001 : Administrer 2001, p. 43.
11 CA Paris, 23e ch. A, 23 janv. 2002 : AJDI 2002 p385.
12 CA Paris, 23e ch. B, 30 nov. 2000 : Dossier CSAB n° 92.

Le syndic peut également se refuser à communiquer des documents ayant un caractère confidentiel ou pouvant porter préjudice à la copropriété ou un de ses membres. Il a ainsi été jugé que le contrat de travail d'un employé du syndicat n'avait pas à être communiqué à tous les copropriétaires[13].

Rappelons néanmoins que si les copropriétaires peuvent se voir refuser l'accès à certaines pièces de la copropriété, le conseil syndical, lui, peut obtenir copie de l'ensemble des pièces détenues par le syndic[14] et dispose même, depuis la loi *ÉLAN* et ses différents décrets d'application, d'un pouvoir de contrainte sur son syndic. En effet, le syndic qui ne donne pas suite à la demande du conseil syndical de prendre connaissance ou copie de toutes pièces ou tout document, toutes correspondances ou tous registres se rapportant à l'administration de la copropriété s'expose, passé un mois, à une pénalité de 15 € par jour de retard.

D'un point de vue procédural, la production forcée de pièces demandée au juge s'analyse indiscutablement en une injonction de faire qui peut être assortie d'une astreinte.

*Une production forcée ne saurait être exigée si son exécution est impossible, soit par la force majeure, soit par une cause étrangère*[15].

Ainsi, et suivant cette logique, l'article 1221 du Code civil pose que, dans l'hypothèse où il est avéré que l'exécution de l'obligation en cause est impossible, le créancier ne peut en demander l'exécution forcée en nature.

Un syndic ne peut ainsi être contraint à communiquer des pièces qu'il ne détient pas, mais encore faut-il qu'il démontre qu'il ne les détient pas du fait d'un élément qui lui est extérieur (dégâts des eaux, destruction…) ou qu'il en a sollicité la production à la personne les détenant (ancien syndic, promoteur…) et que cette dernière ne s'est pas exécutée.

## II. La transmission des archives au nouveau syndic

L'article 18-2 de la loi du 10 juillet 1965 modifié par l'ordonnance du 30 octobre 2019 précise qu'à compter de la cessation de ses fonctions, le syndic sortant doit remettre à son successeur (nouveau syndic ou administrateur) :

– *dans le délai de 15 jours* la situation de la trésorerie, les références des comptes bancaires du syndicat et les coordonnées de la banque. Le délai d'un mois initialement prévu par l'article 18-2 a été raccourci et le transfert des fonds rendu inutile du fait de l'obligation généralisée, depuis le 1er janvier 2021, d'ouverture d'un compte bancaire séparé ;

– *dans le délai d'un mois* l'ensemble des documents et archives ainsi que l'ensemble des documents dématérialisés sur un support numérique téléchargeable ;

– *dans le délai de 2 mois* l'état des comptes copropriétaires ainsi que celui des comptes du syndicat après apurement et clôture.

13 Cass. 3e civ., 8 juill. 2015, n° 14-12072.

14 D. 1967, art. 26, al. 3.

15 CA Lyon, 8e ch., 27 mars 2012, n° 11/00236, destruction des documents souillés par des excréments d'oiseaux et l'humidité.

Ces documents et archives étant « portables et quérables », il appartient à l'ancien syndic de les adresser à son successeur[16] sans se faire juge de l'opportunité de ce transfert[17]. Il ne peut être cependant contraint à transmettre des pièces qui n'ont jamais été en sa possession[18], à charge pour lui de démontrer qu'il ne les a jamais eues[19].

La transmission de ces documents est nécessairement accompagnée d'un bordereau les listant précisément, dont copie est remise au conseil syndical[20]. Ce bordereau doit être méticuleusement établi car il constitue la preuve des documents transmis, et donc détenus, par le syndic ; il lui permet, le cas échéant, de rapporter la preuve de sa non-détention de certaines pièces.

Si les archives ont été confiées à un prestataire extérieur, le syndic sortant doit, dans le délai d'un mois, informer le prestataire du changement de syndic en lui communiquant les coordonnées du nouveau représentant de la copropriété[21].

Le syndic sortant ne peut, sous couvert de non-paiement de certaines de ses factures, opérer un droit de rétention des pièces et archives du syndicat[22].

Si le syndic sortant ne respecte pas les délais sus-évoqués et ne transmet pas spontanément les archives et documents de la copropriété à son successeur, il peut y être contraint judiciairement.

L'ordonnance du 30 octobre 2019 a modifié le processus judiciaire permettant d'aboutir à une telle contrainte.

Une mise en demeure doit, tout d'abord, lui être adressée (par LRAR, LRE ou par acte d'huissier) par le nouveau syndic ou le président du conseil syndical. Cette mise en demeure est un préalable obligatoire sans lequel la demande judiciaire serait irrecevable.

Cette mise en demeure doit rester infructueuse pendant un délai de 8 jours.

À l'issue de ce délai, le nouveau syndic de la copropriété peut demander au président du tribunal judiciaire du lieu de situation de l'immeuble, *par le biais d'une procédure en référé classique*, de condamner le syndic sortant à opérer une remise des pièces sous astreinte[23], outre une éventuelle provision à valoir sur des dommages et intérêts devant réparer le préjudice potentiellement subi[24].

Cette action en justice peut être intentée par le nouveau syndic[25] comme par le syndicat[26].

---

16 Cass. 3e civ., 3 nov. 2011.
17 CA Paris, 14e ch. A, 18 janv. 2006 : AJDI 2006.
18 CA Paris, 1re ch., 24 juin 2005 : AJDI 2005, p. 843.
19 Cass. 3e civ., 3 nov. 2011, n° 10-21009.
20 D. 1967, art. 33-1.
21 L. 1965, art. 18-2, al. 1er ; D. 1967, art. 33-2.
22 CA Paris, 23e ch. A, 23 juin 1999 : Dossier CSAB n° 138.
23 CA Aix-en-Provence, 4e ch. A, 11 juin 2010.
24 CA Paris, 23e ch. B, 27 févr. 2009, n° 2009-376247.
25 Cass. 3e civ., 16 sept. 2015, n° 14-22419.
26 Cass. 3e civ., 3 nov. 2011, n° 10-21009.

Chapitre 6

# LA DIVISION DE LA COPROPRIÉTÉ

La vie de la copropriété peut être jalonnée d'événements affectant son intégrité physique et juridique. Ainsi, le statut de la copropriété prévoit qu'il est possible, sous certaines conditions très strictes, de diviser une copropriété. Initialement prévu pour faciliter l'administration de copropriétés importantes, le processus de scission peut néanmoins être appliqué à toutes les copropriétés composées de plusieurs bâtiments.

Antérieurement à la loi *SRU* du 13 décembre 2000, toute scission devait être juridiquement appréhendée comme un acte de partage soumis fiscalement au droit de partage de 2,5 % sur la valeur des parties partagées. L'article 85 de la loi *SRU* a abrogé cette obligation en ajoutant au Code général des impôts un article 749 A. La division de copropriétés n'en est donc devenue que plus attractive.

La scission (division) de copropriété est prévue par l'article 28 de la loi du 10 juillet 1965. Cet article a un caractère impératif, puisqu'il figure parmi les dispositions d'ordre public de cette loi. S'il est présent depuis la première rédaction de la loi du 10 juillet 1965, il a été remanié à plusieurs reprises. Sa rédaction actuelle est issue de l'article 32 de l'ordonnance du 30 octobre 2019. Il offre la possibilité au « *propriétaire d'un ou plusieurs lots correspondant à un ou plusieurs bâtiments* » ou « *aux propriétaires dont les lots correspondent à un ou plusieurs bâtiments* » de retirer lesdits bâtiments de la copropriété afin qu'ils constituent une propriété ou une copropriété séparée.

Quelle qu'ait été sa version, ce processus, afin d'être viable, doit remplir un certain nombre de conditions et critères.

## Section I Les critères matériels conditionnant la possibilité du retrait

Pour qu'il y ait scission, il faut tout d'abord que la copropriété à diviser se compose de plusieurs bâtiments *matériellement et techniquement séparables*[1].

La notion de bâtiments semble être la même que celle évoquée pour la création de syndicat secondaire. Il faut donc comprendre que la division d'une copropriété n'est possible qu'en présence de bâtiment physiquement indépendant et séparable. Ainsi, on ne peut envisager une scission en présence de bâtiments étroitement imbriqués[2].

Il faut au surplus que la division du sol soit possible. La scission présuppose la possibilité de réaliser la division effective d'un sol indivis. Ainsi, constatant que l'article 28, II, alinéa 3 prévoyait que le sol n'a pas à être totalement divisé (les parties qui ne peuvent être divisées pouvant être gérées

1 Santacreu M., « Scission de copropriété », Ann. loyers 1979, p. 1199.
2 CA Bordeaux, 1re ch. B, 16 janv. 2006 : Loyers et copr. 2006, comm. 140.

dans une structure commune issue de la scission), le rapporteur du 103e Congrès des notaires a pu en conclure qu'il ne s'*agissait pas d'une division cadastrale, mais d'une division matérielle avec l'individualisation d'une propriété ou d'une copropriété sur le sol divisé*[3].

Il semble en découler que *le bénéficiaire d'un droit de jouissance exclusive d'un terrain commun ne peut demander la scission*[4].

Ce processus aboutit donc à diviser l'assiette foncière initiale en créant de nouvelles unités foncières. Ceci suppose que l'implantation des bâtiments rende cette opération possible.

Notons néanmoins que la division du sol implique de pouvoir détacher la gestion de la ou des nouvelles parcelles du reste de l'ensemble.

En d'autres termes, le sort des équipements communs desservant l'ensemble, à la condition qu'ils profitent également à la parcelle objet de la scission, doit être réglé de telle sorte :

– soit que la parcelle soit autonome ;

– soit que leur propriété soit partagée ;

– soit enfin, pour les éléments ne pouvant être partagés, qu'ils soient confiés à une association syndicale libre ou une union de syndicats, ou encore organisés par le biais de servitudes.

## Section 2 Les conditions formelles nécessaires à la scission de copropriété

L'article 28 de la loi du 10 juillet 1965 prévoit, depuis la réforme qui lui a été imposée par la loi *SRU* du 13 décembre 2000, qu'un propriétaire unique peut demander le retrait d'un ou plusieurs lots composant un ou plusieurs bâtiments.

Ce même article envisage, plus classiquement, l'hypothèse dans laquelle les propriétaires dont les lots correspondent à un ou plusieurs bâtiments en demandent le retrait. Dans de telles circonstances, un premier vote en assemblée générale spéciale à ce ou ces bâtiments à la majorité des voix de tous les copropriétaires[5] est nécessaire.

En tout état de cause, l'assemblée générale du syndicat des copropriétaires doit approuver cette scission en statuant à la majorité des voix de tous les copropriétaires composant la copropriété, qu'ils soient ou non représentés à l'assemblée, ce qui excluait ainsi formellement l'application de l'article 25-1 permettant de recourir, en cas de refus, à une moindre majorité. Depuis le 1er juin 2020, la passerelle de l'article 25-1 a été modifiée et permet désormais son application généralisée lorsque « l'assemblée n'a pas décidé à la majorité des voix de tous les copropriétaires en application de l'article 25 ou d'une autre disposition ».

L'article 28 semble donc depuis cette date pouvoir profiter de cette passerelle.

Une fois ce principe voté, l'assemblée générale doit, en statuant à la même majorité, se prononcer sur les conditions matérielles, juridiques et financières nécessitées par cette division. Rien n'impose qu'un vote en deux temps soit programmé[6].

Pour que la scission devienne effective, il ne suffit évidemment pas que l'assemblée en décide le principe ; encore faut-il adopter un certain nombre de mesures d'ordre matériel, juridique et financier nécessaires à la constitution de la nouvelle copropriété, à savoir :

3 Becque-Deverre C., rapport 4e Commission « La vie de l'immeuble divisé », 103e Congrès des notaires, 2007, nos 4524 et s., p. 1012.

4 Cass. 3e civ., 4 juill. 1990, n° 88-19088 ; Cass. 3e civ., 15 févr. 2018, n° 16-27858.

5 L. 1965, art. 25.

6 CA Paris, 23e ch. B, 11 mars 2004 : Administrer mai 2004, p. 47.

– le partage des parties communes de la copropriété initiale et l'accomplissement des formalités de publicité foncière ;

– l'établissement de nouveaux états descriptifs de division-règlements de copropriété ;

– la fixation des nouvelles répartitions des charges ;

– le transfert des ouvrages et équipements collectifs restant d'intérêt commun à un organisme autonome chargé d'en assurer la gestion ;

– les modalités financières de la scission, c'est-à-dire le coût fiscal, les frais d'établissement des plans de divisions, voire le paiement d'une éventuelle soulte s'il subsiste une inégalité dans la répartition des communs[7].

Pour que de telles mesures puissent être votées, encore faut-il, en application de l'article 11 du décret du 17 mars 1967, que l'assemblée générale soit saisie des projets de nouveau règlement de copropriété, d'état descriptif de division et de répartitions des charges pour se prononcer valablement sur la division.

À l'issue du processus de scission, le syndicat des copropriétaires vote, à la majorité de l'article 24 de la loi du 10 juillet 1965, les adaptations du règlement initial de copropriété et de l'état descriptif de division rendus nécessaires par la division.

Ces conditions formelles sont strictement contrôlées par le juge qui, de jurisprudence constante, accorde – une fois n'est pas coutume en copropriété – une *valeur cruciale et fondamentale au principe même de la scission*.

Ainsi, au-delà du simple contrôle du caractère abusif d'un éventuel refus, la jurisprudence sacralise l'accord de principe donné par le syndicat des copropriétaires sur le principe de la scission.

Il a été jugé que :

– si l'assemblée avait autorisé le principe du retrait en application de l'article 28 de la loi, *le tribunal peut condamner le syndicat à entreprendre les formalités nécessaires à la régularisation de l'acte de scission et décider qu'à défaut le jugement vaut acte de scission*[8] ;

– si le syndicat des copropriétaires se refuse de façon abusive à approuver l'acte modificatif du règlement de copropriété, il engage sa responsabilité et peut être condamné à des dommages et intérêts au profit des demandeurs à la scission[9].

Une fois réalisée, la scission aboutit à la dissolution du syndicat des copropriétaires et à la création d'un ou plusieurs nouveaux syndicats des copropriétaires.

La loi *ALUR* du 24 mars 2014 a organisé la liquidation du syndicat d'origine en spécifiant que :

– les créances du syndicat initial sur les copropriétaires anciens et actuels et les hypothèques du syndicat initial sur les lots des copropriétaires sont transférées de plein droit aux syndicats issus de la division auquel le lot est rattaché ;

– les dettes du syndicat initial sont réparties entre les syndicats issus de la division à hauteur du montant des créances du syndicat initial sur les copropriétaires transférées aux syndicats issus de la division.

En application de l'article 29-1, I, alinéa 4 de la loi du 10 juillet 1965, la personnalité morale du syndicat d'origine subsiste tant que sa liquidation n'est pas terminée.

Si, à l'issue de la scission, plusieurs éléments communs subsistent et sont utiles aux nouveaux syndicats ou propriétés, le recours à une union de syndicats peut être envisagé.

7 C. civ., art. 883.

8 TGI Nanterre, 22 oct. 2003 : Administrer mai 2004, p. 48.

9 CA Paris, pôle 4, 2e ch., 9 mai 2012, n° 10/04182.

4

# LE SUIVI TECHNIQUE DE L'IMMEUBLE


1 - L'assurance de l'immeuble et du syndicat ........................ 269

2 - La sécurité et l'amélioration de l'immeuble en copropriété .. 279

Le syndic doit administrer et assurer la conservation de l'immeuble. Pour mener à bien cette mission, il doit être à même de savoir prendre les mesures techniques nécessaires pour gérer le bâti.

Le rôle du syndic est donc ici de veiller à la souscription et à la mise en œuvre des assurances, mais aussi de s'assurer du respect des normes sécuritaires, notamment par la réalisation de diagnostics obligatoires.

Chapitre I

# L'ASSURANCE DE L'IMMEUBLE ET DU SYNDICAT

L'assurance en copropriété concerne tant les parties communes que les parties privatives.

Ces assurances sont principalement des assurances immobilières dont l'objet est de couvrir les dommages affectant les biens appartenant à l'assuré et ceux causés aux biens d'autrui si la responsabilité civile de l'assuré est mise en cause.

L'article 9-1 de la loi du 10 juillet 1965[1] dispose que chaque copropriétaire a l'obligation d'assurer contre les risques de responsabilité civile le ou les lots dont il est propriétaire, qu'il soit copropriétaire occupant ou non occupant. Le syndicat des copropriétaires est, lui, tenu de s'assurer contre les risques de responsabilité civile dont il doit répondre.

## Section I Les assurances obligatoires pour le syndicat et les copropriétaires

## I. L'assurance multirisque copropriété

### A. PRINCIPE

L'article 9-1 étant d'ordre public, le syndicat a donc l'obligation de *s'assurer contre les risques de responsabilité civile*, et ainsi de garantir les dommages causés aux tiers ou aux copropriétaires par les parties et équipements communs de la copropriété.

Les exemples sont nombreux :

- dégâts des eaux en provenance d'une canalisation partie commune fuyarde ;
- effondrement d'un mur partie commune sur l'immeuble voisin ;
- incendie...

À côté de cette responsabilité civile, l'objet du syndicat est la conservation de l'immeuble et l'administration des parties communes. Le syndic doit pourvoir à la conservation, à la garde et à l'entretien dudit immeuble. Il est donc nécessaire que le syndicat souscrive une *assurance couvrant la garantie dommages à l'immeuble*.

Enfin, depuis l'*ordonnance du 30 octobre 2019*, lorsque le conseil syndical reçoit de l'assemblée générale délégation de prendre tout ou partie des décisions relevant de l'article 24, ses membres doivent voir leurs responsabilités civiles assurées.

1 Ajouté par L. n° 2014-366, 24 mars 2014 (loi *ALUR*).

## B. TYPES DE CONTRAT

Généralement, ces deux garanties sont prévues dans un contrat dit « multirisque » que le syndic doit soumettre à l'assemblée générale à la majorité de l'article 24. Une lecture précise du projet de contrat d'assurance est essentielle, car le défaut de garantie peut avoir des conséquences fâcheuses pour le syndicat, qui n'hésitera pas à se retourner contre son syndic en cas d'insuffisance des garanties[2].

Le principe d'une telle assurance est simple : *si elle permet de rembourser les dommages résultant du sinistre, elle ne prend jamais en charge les causes.*

Même si chaque compagnie d'assurance dispose de son propre type de contrat multirisque copropriété, on y retrouve généralement les mêmes garanties, à savoir :

– la garantie incendie, explosion, implosion, chute de foudre et dégâts occasionnés par la lutte contre l'incendie ;

– la garantie électrique (dégâts subis par les équipements tels que les antennes, les paraboles, les transformateurs...) ;

– la garantie tempêtes, grêle et neige ;

– la garantie dégâts des eaux ;

– la garantie catastrophes naturelles, technologiques et actes de terrorisme.

Peuvent s'y adjoindre des garanties facultatives telles que :

– le bris de glace ;

– le vol ;

– la garantie défense et recours ;

– la protection juridique.

Les contrats prévoient généralement des clauses d'exclusion de garanties ; il s'agit notamment :

– des frais de dégorgement non consécutifs à un dégât des eaux ;

– du défaut d'entretien permanent imputable à l'assuré...

Ce dernier motif d'exclusion de garantie est celui le plus généralement invoqué par les assureurs. Les syndicats des copropriétaires ne sont pas pour autant démunis et certaines précisions s'imposent.

*En effet, pour qu'un refus de garantie fondé sur un défaut d'entretien permanent imputable à l'assuré puisse être admis, encore faut-il que la clause d'exclusion de garantie de la compagnie soit claire, formelle et limitée*[3].

La jurisprudence considère que les clauses d'exclusion de garantie fondées sur le défaut d'entretien permanent ou le défaut de travaux indispensables ne sont pas conformes aux dispositions de l'article L. 113-1 du Code des assurances. En effet, le caractère imprécis de ces clauses ne permet pas à l'assuré de connaître l'étendue exacte des obligations qui lui incombent ni l'étendue de la garantie. Dès lors, ces clauses doivent être déclarées nulles.

La notion de « défaut permanent d'entretien et de réparations indispensables » prévue par un contrat d'assurance comme cause d'exclusion de garantie est ainsi considérée comme non définie, et donc contraire à l'article L. 11361 du Code des assurances[4].

2 CA Nancy, 23 mai 2016 : AJDI 2016, p. 846.

3 Cass. 1re civ., 29 oct. 1984, n° 83-14464.

4 Cass. 1re civ., 30 janv. 1997, n° 95-18746.

Plus récemment, la Cour de cassation a retenu que « la clause excluant la garantie de l'assureur de la copropriété en cas de défaut d'entretien ou de réparation caractérisé et connu de l'assuré ne se référant pas à des critères précis et à des hypothèses limitativement énumérées n'était pas formelle et limitée »[5].

Ainsi, un contrat d'assurance prévoyant une clause imprécise et générale de refus de garantie pour défaut d'entretien ne peut pas être opposable au syndicat des copropriétaires ; l'assureur lui doit garantie, et ce même si un défaut d'entretien est à l'origine du sinistre.

La vétusté ou le mauvais entretien d'un immeuble ne peuvent justifier que l'assureur se décharge de son obligation de garantie en arguant du caractère non accidentel du dommage. L'assureur doit alors démontrer l'existence d'une faute intentionnelle ou dolosive de l'assuré[6].

# II. L'assurance dommages-ouvrage

## A. PRINCIPE

Créée par la loi *Spinetta* du 4 janvier 1978, l'assurance dommages-ouvrage est une assurance obligatoire souscrite par le maître d'ouvrage (la personne qui fait construire ou réaliser des travaux importants) lorsqu'il fait réaliser des travaux pouvant engendrer des *dommages couverts par la garantie décennale*[7], *c'est dire des dommages « qui compromettent la solidité de l'ouvrage ou qui, l'affectant dans l'un de ses éléments constitutifs* ou l'un de ses éléments d'équipement, *le rendent impropre à sa destination »*.

Il s'agit donc d'une assurance prise lors de la réalisation de travaux importants pouvant avoir un impact sur la solidité du bien, son habitabilité, son usage et sa jouissance. Il s'agit la plupart du temps de travaux de construction ou de travaux de gros œuvre assimilés à de la construction.

Cette assurance est une assurance de préfinancement devant être souscrite avant l'ouverture du chantier et qui, lorsqu'un sinistre survient, rembourse, *sans aucune franchise*, les travaux de réparation nécessaires. Elle s'occupe par la suite de récupérer les fonds qu'elle a avancés auprès de l'entreprise de construction responsable.

Elle intervient donc sans recherche de responsabilité (l'assureur dommages-ouvrage exerce ensuite des recours contre les constructeurs responsables au titre de leur assurance de responsabilité civile décennale).

En principe, la garantie dommages-ouvrage commence à courir un an après la réception des travaux, à l'expiration de la garantie de parfait achèvement. Elle peut toutefois être mise en œuvre avant la réception ou dans l'année de parfait achèvement, en cas de défaillance du constructeur.

L'assurance dommages-ouvrage peut être mise en jeu par :

– *le propriétaire du bien assuré au jour de la survenance du sinistre* ;

– *le vendeur d'immeubles à construire en cas de dommages avant réception* ;

– *l'acquéreur de l'immeuble, même si la déclaration de sinistre a été effectuée avant la vente.*

Attention, cette assurance étant une assurance de préfinancement de travaux, si les fonds versés étaient employés à d'autres fins, le syndic et le syndicat engageraient leurs responsabilités. Il est donc essentiel de conserver la preuve (facture) de l'utilisation de ces fonds[8].

5 Cass. 3e civ., 26 sept. 2012, n° 11-19117.
6 Cass. 1re civ., 13 nov. 2002, n° 99-15808.
7 C. civ., art. 1792.
8 Cass. 3e civ., 21 nov. 2001, n° 00-14728.

## B. MISE EN ŒUVRE

Dès la constatation du sinistre, le syndic représentant le syndicat, si le sinistre affecte les parties communes, ou le copropriétaire, si le sinistre affecte ses parties privatives, doit le *déclarer à l'assureur dommages-ouvrage*.

Pour que la *déclaration de sinistre* soit *constituée*, l'annexe II de l'article A. 243-1, A, 2° du Code des assurances prévoit que celle-ci doit comporter au moins les *renseignements suivants* :

– le numéro du contrat d'assurance et, le cas échéant, celui de l'avenant ;

– le nom du propriétaire de la construction endommagée ;

– l'adresse de la construction endommagée ;

– la date de réception ou, à défaut, la date de la première occupation des locaux ;

– la date d'apparition des dommages ainsi que leur description et localisation ;

– *si la déclaration survient pendant la période de parfait achèvement* au sens de l'article 1792-6 du Code civil, la *copie de la mise en demeure effectuée au titre de la garantie de parfait achèvement*.

Les délais de gestion des sinistres sont strictement encadrés par le Code des assurances, notamment par l'article L. 242-1 :

– dès réception de la déclaration de sinistre, *l'assureur a 10 jours pour informer l'assuré* que celle-ci n'est pas réputée constituée et réclamer les renseignements manquants (par exemple, si le sinistre survient en période de garantie de parfait achèvement, la copie des mises en demeure faites auprès des entreprises concernées) ;

– à réception de la déclaration de sinistre constituée, *l'assureur doit désigner un expert et dispose d'un délai de 60 jours pour notifier sa décision quant à la mobilisation des garanties* (refus ou engagement de la garantie) en se basant sur le rapport préliminaire d'expertise (qui doit être communiqué à l'assuré). Si ce délai n'est pas respecté, *l'assuré peut engager les travaux de réparation après en avoir informé l'assureur*. Ce dernier est tenu de prendre en charge les coûts, indépendamment de savoir si la garantie était effectivement acquise ou pas ;

– *en cas d'acceptation de la mise en jeu des garanties, l'assureur dispose d'un délai total de 90 jours* à compter de la réception de la déclaration de sinistre pour proposer une indemnité afin de remédier aux désordres, en se basant sur le rapport définitif d'expertise ;

– si l'expert rencontre des difficultés exceptionnelles dues à la nature ou à l'importance du sinistre, *l'assureur peut proposer à l'assuré la fixation d'un délai supplémentaire pour l'établissement de son offre d'indemnité (proposition fondée et motivée, qui doit être acceptée par l'assuré et dont le délai ne peut excéder 135 jours à compter de la notification de son accord sur le principe de la mise en jeu des garanties)* ;

– une fois la proposition d'indemnité émise, l'assuré peut soit l'accepter, soit la contester. S'il l'accepte, l'assureur dispose alors d'un délai de *15 jours pour régler l'indemnité*.

# III. Les assurances obligatoires pour les copropriétaires

À l'instar du syndicat, et depuis la loi *ALUR* du 24 mars 2014, l'article 9-1 de la loi du 10 juillet 1965 oblige les copropriétaires, *qu'ils soient ou non occupants*, à souscrire une assurance couvrant les risques de responsabilité civile compris dans une *assurance multirisque habitation*.

Cette assurance couvre les garanties incendies, dégâts des eaux, bris de glace, tempête/grêle/neige, vol et dégradation. Cette assurance couvre donc la responsabilité civile du copropriétaire et les dommages affectant son ou ses lots.

Par ailleurs, le copropriétaire peut être amené et/ou autorisé à faire réaliser des travaux affectant le gros œuvre de l'immeuble. De tels travaux entrent dans le champ de la garantie décennale et doivent donc être couverts par l'*assurance dommages-ouvrage* souscrite par le copropriétaire.

## Section 2 La coordination des assurances multirisques du syndicat et des copropriétaires

Les sinistres que peut subir un immeuble en copropriété pouvant affecter tant les parties privatives que les parties communes, il est particulièrement fréquent qu'ils portent sur les deux concomitamment. La mise en jeu des assurances peut s'avérer complexe tant il est vrai que peuvent concourir sur un même lot de copropriété l'assurance de la copropriété, l'assurance du copropriétaire non occupant et enfin celle de son locataire.

Logiquement, lorsque le sinistre a pour origine les parties communes et que les dommages immobiliers portent exclusivement sur celles-ci, le contrat d'assurance de la copropriété doit être mis en jeu.

Si le sinistre a pour origine les parties communes et que les dommages affectent une ou des parties privatives, ces dommages relèvent, pour leur indemnisation, de l'assurance de la copropriété, et ce même si les ouvrages ou équipements affectés appartiennent au copropriétaire.

Les sinistres doivent donc être déclarés à l'assurance de l'immeuble par le syndic, soit sur son initiative, soit à la demande du propriétaire en cause.

Ce mécanisme ne s'applique pas en matière de dégâts des eaux et incendie, où une convention inter-assurance spécifique dénommée « IRSI » prévoit un processus particulier.

### I. Convention IRSI

Faisant suite à la convention d'indemnisation directe et de renonciation de recours en cas de dégâts des eaux (CIDRE) et depuis le 1er juin 2018, une nouvelle convention inter-assureurs d'indemnisation et de recours des sinistres immeubles (IRSI) s'applique aux sinistres dégâts des eaux et incendies pour un montant inférieur à 5 000 € HT.

La convention d'indemnisation des dégâts des eaux dans la copropriété (CIDE-COP ; cf. *infra*) continue à s'appliquer pour les sinistres en copropriété pour un montant supérieur à 5 000 € HT.

Ainsi, depuis le 1er juin 2018, la nouvelle convention IRSI prévoit :

– la désignation d'un seul assureur chargé de la gestion du sinistre dans sa globalité ;

– l'organisation des modalités de recherche de fuite ;

– une simplification de l'évaluation du dommage et de l'expertise ;

– la désignation de l'assureur qui doit prendre en charge les dommages ;

– un encadrement des recours entre assureurs.

Le nouveau mode de fonctionnement qu'elle prévoit est le suivant :

– *si les dommages, y compris les frais, d'un local sinistré sont inférieurs à 1 600 € HT*, l'assureur de ce local gère et indemnise la totalité du sinistre. L'expertise n'est obligatoire qu'en cas de sinistres répétitifs, ou si la responsabilité d'un tiers à l'immeuble est engagée. En cas de sinistre affectant un lot en copropriété loué, par exemple, l'assureur du locataire gère et indemnise ainsi ce sinistre. Cependant, lorsque le local privatif sinistré est vacant, l'assureur du copropriétaire non occupant est gestionnaire du sinistre. Enfin, quand le local sinistré est commun, l'assureur de l'immeuble est nommé gestionnaire ;

– *si les dommages affectant le local sinistré sont compris entre 1 600 et 5 000 € HT*, l'assureur de ce local gère le sinistre et a l'obligation de mandater un expert pour compte commun de l'ensemble des assurances. Son rapport est opposable aux divers assureurs et c'est à l'assureur du bien sinistré de prendre en charge le sinistre et son indemnisation, à charge pour lui de se retourner ensuite vers les autres assureurs pour récupérer le coût incombant à chacun selon un barème de répartition inter-assurance.

*Les modalités de fonctionnement et de prise en charge de la recherche de fuite sont intégrées dans la nouvelle convention*. En effet, le coût de la recherche de fuite initiée par le gestionnaire est payé par lui, mais pas les éventuelles réparations. Cependant, si les occupants du bien sinistré procèdent à une recherche de fuite avant la déclaration ou réalisent des investigations afin d'éviter l'aggravation du sinistre, ces frais restent à charge de leur propre assureur.

## II. Convention CIDE-COP

Depuis le 1er juin 2018, cette convention CIDE-COP a vocation à s'appliquer pour les *sinistres en copropriété d'un montant supérieur à 5 000 € HT et qui affectent les embellissements, le mobilier ou les parties immobilières privatives ou communes*.

Cette convention s'applique :

– aux *fuites, ruptures, engorgements, débordements ou renversements* des conduites d'eau non enterrées, des installations de chauffage central, des appareils à effet d'eau (machines à laver, etc.), de récipients (bacs à plantes, baignoires d'enfant, etc.), de vidanges, chéneaux et gouttières, etc. ;

– aux *infiltrations à travers les toitures* ;

– aux *infiltrations par les joints étanchéité* au pourtour des installations sanitaires et au travers des carrelages.

En sont strictement exclus :

– les recherches de fuite ;

– les dégâts d'eau dus à des ruptures de canalisations enterrées ;

– les infiltrations à travers les façades.

Dans le mécanisme prévu par cette convention, la compagnie d'assurances indemnise directement son assuré non responsable. Cette convention CIDE-COP ne peut jouer que si les deux compagnies d'assurances y ont adhéré.

# Section 3 Le rôle du syndic

## I. La souscription du contrat d'assurance

Le syndic souscrit les contrats d'assurance au nom du syndicat. Il est tenu de soumettre au vote de l'assemblée générale, à la majorité de l'article 24 de la loi du 10 juillet 1965, la question de souscrire un contrat d'assurance contre les risques de responsabilité civile[9].

9 L. 1965, art. 18.

Préalablement à ce vote, il doit consulter le conseil syndical lorsque le montant de la prime excède le montant déterminé s'agissant de sa consultation et de la mise en concurrence. Le syndic doit particulièrement faire attention à l'entendue des garanties souscrites ; il lui est ainsi recommandé de les faire voter en assemblée, car, rappelons-le, si le syndic souscrit à un contrat d'assurance dont les garanties sont insuffisantes, il engage sa responsabilité[10].

Une difficulté survient lorsque l'assemblée refuse de souscrire à une assurance pourtant légalement obligatoire.

Il appartient en effet au syndic d'assurer l'immeuble et le syndicat contre les divers risques ; à défaut, il pourrait voir sa responsabilité engagée[11].

Cette assurance étant obligatoire, si le syndic se heurte à un refus de l'assemblée générale, il peut souscrire l'assurance et ainsi passer outre ce refus[12]. Le syndic doit mettre tous les moyens en œuvre pour assurer l'immeuble[13]. Il peut donc contracter l'assurance de sa seule autorité au nom et pour le compte du syndicat des copropriétaires[14].

Il est par ailleurs recommandé au syndic devenu mandataire d'un immeuble non assuré de pourvoir, dans les plus brefs délais, à cette assurance sans attendre la prochaine assemblée ou l'avis du conseil syndical, en recourant par exemple à un contrat de courte durée.

Cette obligation est d'autant plus sensible s'agissant de l'assurance dommages-ouvrage. Pour rappel, le défaut de souscription d'une telle assurance, lorsqu'elle est obligatoire, est lourdement sanctionné. Le Code des assurances prévoit ainsi une peine pouvant aller jusqu'à 6 mois d'emprisonnement et 75 000 € d'amende. Les copropriétaires, toujours prompts à ne pas engager de frais, rejettent régulièrement la souscription de cette assurance pour des travaux devant pourtant être couverts.

Le syndic doit donc veiller à souscrire une telle assurance lorsque le syndicat procède à des travaux soumis à garantie décennale ; à défaut, il pourrait voir sa responsabilité engagée[15].

À l'inverse, la responsabilité pénale du syndic ne saurait être recherchée si la non-souscription de cette assurance résultait d'un refus de l'assemblée générale ou du conseil syndical[16]. Si le syndicat passe outre ce refus, et souscrit à une telle assurance au nom et pour le compte du syndicat, ce dernier ne peut le lui reprocher[17].

## II. Le paiement de la prime d'assurance

Une fois l'assurance souscrite, le syndic se doit de répartir le coût de la prime d'assurance.

*La prime d'assurance étant une charge générale,* elle est donc répartie entre tous les copropriétaires au prorata de leurs tantièmes de charges générales[18].

Ce principe s'applique même en cas de surprime due à une activité particulière d'un des copropriétaires. Ainsi, dans un immeuble ou un lot accueille un établissement de nuit, l'assureur peut réclamer une surprime, du fait de cette activité, à la copropriété. La jurisprudence estime que l'as-

10 Cass. 3e civ., 25 janv. 1994, n° 92-16203.
11 Cass. 3e civ., 8 juin 1982 : Defrénois 1983, n° 384.
12 C. assur., art. L. 112-1.
13 Cass. 3e civ., 23 nov. 2017, n° 16-22053.
14 C. assur., art. L. 112-1.
15 CA Paris, 23e ch. B, 18 mai 2000 : Loyers et copr. 2000, comm. 258.
16 T. corr. Marseille, 13 déc. 1999 : JCP N 1999, p. 1548.
17 CA Paris, pôle 4, 25 janv. 2017 : Administrer avr. 2017, p. 43.
18 Cass. 3e civ., 4 juin 2009, n° 08-14889.

surance étant une charge d'administration de l'immeuble, la surprime doit être supportée par tous les copropriétaires[19]. Par conséquent, un règlement de copropriété ne peut pas mettre à la charge du copropriétaire une surprime imputable à son activité[20].

Le calcul de la prime d'assurance de la copropriété est un exercice précis. L'assureur doit prendre en compte l'ensemble des caractéristiques de l'immeuble telles que son année de construction, ses caractéristiques physiques et techniques, l'affectation des lots et la destination de l'immeuble (existence de locaux commerciaux, activités exercées...), surface développée, hauteur et nombre d'étages, sinistralité (nombre de sinistres déclarés dans les 3 dernières années...).

## III. La gestion des sinistres

Le syndic, en tant que représentant du syndicat, doit tout d'abord déclarer le sinistre survenu à l'assureur de la copropriété dans les plus brefs délais. Ces délais diffèrent en fonction du type de sinistre :

– dans les 5 jours en général ;

– dans les 48 heures pour les vols ;

– dans les 10 jours de l'arrêté préfectoral pour les catastrophes naturelles...

Une fois ce sinistre déclaré, si l'assureur ne remplit pas ses obligations, le syndicat représenté par son syndic doit engager une action en justice avant la fin de ce délai afin de l'interrompre. S'il ne le fait pas, le syndicat peut perdre son droit à indemnisation et la responsabilité du syndic peut être engagée.

Le droit des assurances prévoit un délai de prescription assez bref de 2 années[21]. L'article L. 114-1 du Code des assurances prescrit en effet que « Toutes actions dérivant d'un contrat d'assurance sont *prescrites par deux ans à compter de l'événement qui y donne naissance* ».

Ce délai de prescription peut être suspendu ou interrompu « par une des causes ordinaires d'interruption de la prescription et par la désignation d'experts à la suite d'un sinistre. L'interruption de la prescription de l'action peut, en outre, résulter de l'envoi d'une lettre recommandée avec accusé de réception adressée par l'assureur à l'assuré en ce qui concerne l'action en paiement de la prime et par l'assuré à l'assureur en ce qui concerne le règlement de l'indemnité »[22].

Tant l'assurance multirisque que l'assurance dommages-ouvrage sont concernées par cette prescription. Le syndic doit donc être particulièrement vigilant et ainsi éviter que les recours contre l'assureur de la copropriété se prescrivent.

En résumé, d'une manière générale, le syndicat assuré perd son droit à indemnisation :

– si son syndic ne déclare pas le sinistre dans le délai de 2 ans ;

– en cas de renonciation à expertise de l'assurance, s'il s'écoule 2 années entre la survenance du sinistre et l'envoi de la facture d'indemnisation ;

– s'il s'écoule 2 années après le début d'une expertise sans pour autant obtenir de proposition d'indemnisation ;

– s'il s'écoule 2 années entre la proposition d'indemnisation et le règlement.

---

19 Cass. 3e civ., 6 sept. 2011, n° 10-18972 ; Cass. 3e civ., 23 mai 2013, n° 12-16217.

20 Cass. 3e civ., 8 sept. 2016, n° 15-17000.

21 C. assur., art. L. 114-1.

22 C. assur., art. L. 114-2.

Les négligences du syndic dans sa mission de gestion des assurances de la copropriété engagent sa responsabilité ; tel est le cas, par exemple, d'un défaut de déclaration à l'assureur en cas de sinistre[23].

23 CA Paris, pôle 4, 21 janv. 2010.

# LA SÉCURITÉ ET L'AMÉLIORATION DE L'IMMEUBLE EN COPROPRIÉTÉ

Les parties communes et équipements communs de l'immeuble en copropriété peuvent être source d'exposition aux risques d'atteinte aux biens et aux personnes.

L'administration d'un immeuble en copropriété impose donc le respect d'un ensemble d'obligations sécuritaires permettant la prévention de telles atteintes.

Les textes de loi ont ainsi rendu obligatoires un certain nombre de diagnostics permettant au syndic et aux copropriétaires d'avoir une parfaite connaissance de leur immeuble et des travaux à y réaliser.

Par ailleurs, ces textes ont imposé des normes et contrôles standards relatifs à la sécurité incendie et aux ascenseurs.

## Section I Les diagnostics techniques

### I. Le diagnostic de performance énergétique (DPE) et l'audit énergétique

Les articles L. 134-1 et suivants du Code de la construction et de l'habitation ont imposé la réalisation d'un diagnostic de performance énergétique (DPE) dans les bâtiments équipés d'un système de chauffage ou de refroidissement collectif, et ce avant le *31 décembre 2016*.

Ce DPE, qui doit être entendu comme un « document qui comprend la quantité d'énergie effectivement consommée ou estimée pour une utilisation standardisée du bâtiment », s'est donc imposé aux copropriétés équipées de tels systèmes de chauffage ou de refroidissement collectifs.

Dans les immeubles en copropriété de plus de *50 lots* et dont le permis de construire est antérieur à 2001, ce DPE a été remplacé par un audit énergétique, examen plus minutieux de cette consommation énergétique, mais aussi bien plus coûteux pour les copropriétaires.

Ce diagnostic ou cet audit s'inscrit dans une volonté d'économie d'énergie impulsée par le Grenelle II de l'environnement[1].

1 L. n° 2010-788, 12 juill. 2010.

Ce texte a imposé un nouvel article 24-4 ajouté à la loi du 10 juillet, qui dispose :

« Pour tout immeuble équipé d'une installation collective de chauffage ou de refroidissement, le syndic inscrit à l'ordre du jour de l'assemblée générale des copropriétaires qui suit l'établissement d'un DPE [...] ou d'un audit énergétique [...] la question d'un plan de travaux d'économie d'énergie ou d'un contrat de performance énergétique.

Avant de soumettre au vote de l'assemblée générale un projet de conclusions d'un tel contrat, le syndic procède à une mise en concurrence de plusieurs prestataires et recueille l'avis du conseil syndical.

Un décret en Conseil d'État fixe les conditions d'application du présent article. »

Le cheminement qui découle de cet article est simple : le syndic a pour obligation de porter à l'ordre du jour de l'assemblée générale qui suit directement l'établissement du DPE ou de l'audit une question portant sur le vote d'un plan de travaux d'économie d'énergie ou d'un contrat de performance énergétique. Mais préalablement à cette assemblée générale, il doit mettre en concurrence des entreprises pour obtenir des devis relatifs aux travaux d'économie d'énergie ou au contrat de performance énergétique, puis en référer au conseil syndical pour obtenir son avis.

Le syndic a donc fort à faire dès l'établissement du DPE ou de l'audit, au risque de voir sa responsabilité engagée.

À compter du 1er juillet 2021[2], le DPE va évoluer jusqu'à devenir un nouveau DPE. Sa durée de validité est désormais décennale[3]. Par ailleurs, il *devient pleinement opposable et dispose donc de la même portée juridique que les autres diagnostics immobiliers* (plomb, électricité...), exception faite de ses préconisations en matière de *travaux, qui ne conservent qu'une simple valeur indicative*.

Son contenu s'appuie sur une *méthode de calcul unifiée pour tous les logements* basée sur leurs *caractéristiques physiques (bâti, qualité de l'isolation, système de chauffage...).* Cette méthode prend également en considération des paramètres nouveaux permettant au DPE d'assurer une meilleure information en matière de performance énergétique, tels que les consommations énergétiques en matière d'éclairage et d'auxiliaires, la mise à jour des scénarios météorologiques, la prise en compte des équipements les plus récents...

Les résultats qu'il fixe en fonction de deux facteurs : la *consommation d'énergie primaire* et les *émissions de gaz à effet de serre*.

Ce nouveau DPE, qui concerne essentiellement les logements, intéresse également les immeubles collectifs, puisque le projet de loi « Climat et Résilience » propose de rendre obligatoire l'élaboration d'un diagnostic technique global (DTG) et d'un plan pluriannuel de travaux (PPT) en copropriété pour les immeubles dont le permis de construire a été déposé avant le 1er janvier 2013. Ce DTG inclut, et rend donc obligatoire, un DPE à l'échelle de la copropriété, et ce même si elle n'est pas équipée d'un système de chauffage ou de refroidissement collectif. Il faudra attendre la promulgation de la loi pour savoir si ces propositions seront retenues *in extenso*.

## II. Le dossier technique amiante (DTA)

L'amiante est un matériau qui a été utilisé pendant des décennies comme isolant. Suite à des études, il a été déclaré hautement cancérigène, notamment pour les personnes qui ont été à son contact pendant de longues durées. Son utilisation est donc strictement interdite depuis 1997.

2 D. n° 2020-1609, 17 déc. 2020.
3 D. n° 2020-1610, 17 déc. 2020.

En application des articles R. 1334-1 et suivants du Code de la santé publique[4], dans tous les immeubles en copropriété dont le permis de construire a été délivré avant le 1er juillet 1997, un diagnostic de recherche systématique d'amiante dans les parties communes a été rendu obligatoire. Ce diagnostic porte sur les flocages, calorifugeages, faux plafonds et autres matériaux susceptibles de contenir de l'amiante, à l'intérieur comme à l'extérieur. S'il s'avère positif, ce diagnostic doit préciser la localisation de l'amiante et son état de conservation.

Le dossier technique amiante (DTA) doit être tenu à jour par le syndic. Il intègre les éléments relatifs aux matériaux et produits contenant de l'amiante qui ont été découverts à l'occasion de travaux ou d'opérations d'entretien.

Lorsque de l'amiante est présent dans l'immeuble, un contrôle doit être organisé tous les 3 ans. Si un risque pour la santé des occupants de l'immeuble existe, le diagnostiqueur doit préconiser des travaux permettant d'y remédier. Le syndicat des copropriétaires doit alors voter et entreprendre ces travaux de retrait ou de confinement dans les meilleurs délais, au risque de se voir civilement et pénalement responsable.

En l'absence d'amiante, ce diagnostic est d'une validité illimitée.

Il est communiqué aux occupants de l'immeuble qui en font la demande. Sa fiche récapitulative[5], informant sur la présence d'amiante dans les parties communes comme privatives, doit être *annexée au compromis de vente*. Le candidat acquéreur d'un lot en copropriété est donc informé de son contenu.

## III. Le constat de risque d'exposition au plomb (CREP)

Le plomb a été utilisé dans la composition des peintures jusque dans les années 1950. Il est démontré que s'il est ingéré ou inhalé, il peut être à l'origine de maladies particulièrement graves. Ainsi, pour les immeubles affectés en tout ou en partie à l'habitation construits avant le 1er janvier 1949, un constat de risque d'exposition au plomb (CREP) devait être établi avant le 12 août 2008 sur les parties communes de l'immeuble[6]. Ce constat porte exclusivement sur les revêtements.

Si ce constat révèle la présence de plomb à des concentrations supérieures au seuil légal, le syndic doit en avertir les copropriétaires. Il doit ainsi mettre à l'ordre du jour de l'assemblée générale la question de la réalisation de travaux visant à supprimer le risque d'exposition au plomb. De tels travaux sont votés à la majorité de l'article 25 de la loi du 10 juillet 1965.

À défaut, le syndicat engage à nouveau sa responsabilité civile, voire pénale.

Le CREP est joint au carnet d'entretien de l'immeuble.

## IV. Le diagnostic termites

Lorsqu'une copropriété est située en zone à risque termites, c'est-à-dire faisant l'objet d'un plan de prévention des risques, le syndicat des copropriétaires à l'obligation de faire réaliser un diagnostic « termites ».

4 Modifiés par le D. n° 2011-629, 3 juin 2011.
5 Dont le contenu a été fixé par A., 21 déc. 2012, NOR : AFSP1243362A.
6 CSP, art. L. 1334-8, al. 3.

Ce diagnostic termites se déroule obligatoirement au niveau de ses parties communes. Le diagnostiqueur émet alors un rapport dont le contenu, en cas de présence de termites, doit être connu de la mairie de la commune.

Le syndic a l'obligation de le communiquer aux occupants de la copropriété et aux copropriétaires. Il doit l'annexer au carnet d'entretien de l'immeuble.

Ce document est valable pendant 6 mois.

# V. Le diagnostic technique global (DTG)

## A. CHAMP D'APPLICATION

Conformément aux articles L. 731-1 à L. 731-5 du Code de la construction et de l'habitation issus de la loi *ALUR* du 24 mars 2014 et en vigueur depuis le 1er janvier 2017, afin d'assurer l'information des copropriétaires sur la situation générale de l'immeuble et, le cas échéant, aux fins d'élaboration d'un plan pluriannuel de travaux, l'assemblée générale des copropriétaires se prononce sur la question de faire réaliser par un tiers, disposant de compétences précisées par décret, un diagnostic technique global pour tout immeuble à destination partielle ou totale d'habitation relevant du statut de la copropriété.

La décision de réaliser ce diagnostic ainsi que ses modalités de réalisation sont approuvées dans les conditions de majorité de l'article 24 de la loi du 10 juillet 1965.

Ainsi, depuis le 1er janvier 2017, le syndic doit inscrire à l'ordre du jour de l'assemblée générale la question de savoir si les copropriétaires entendent faire réaliser un diagnostic technique global de leur immeuble en vue de faire réaliser un plan pluriannuel de travaux.

La réalisation de ce diagnostic n'est obligatoire que :

– pour toute mise en copropriété d'un immeuble construit depuis plus de 10 ans ;

– pour les immeubles ayant fait l'objet d'une procédure en insalubrité, si l'Administration en fait la demande.

Son emploi était donc plus que relatif, les copropriétaires n'étant pas enclins à engager ce genre de dépense, sauf lorsqu'elle est obligatoire.

Depuis les travaux préparatoires à la loi *ÉLAN*, la question de rendre obligatoire la réalisation d'un DTG et d'un plan pluriannuel de travaux pour les immeubles ayant plus de 10 années est au cœur des débats. Si la loi *ÉLAN* n'y a pas donné suite, le projet de loi « Climat et Résilience », appelé à être prochainement adopté, propose de rendre obligatoire l'élaboration d'un diagnostic technique global (DTG) et d'un plan pluriannuel de travaux en copropriété pour les immeubles dont le permis de construire a été déposé avant le 1er janvier 2013. La volonté d'« améliorer » l'immeuble en copropriété, tant physiquement qu'énergétiquement, devient une réalité. Ces nouvelles dispositions suivraient la tendance connue en copropriété depuis le Grenelle II de l'environnement[7] et la loi *ALUR*[8]. Il faudra néanmoins attendre la promulgation de la loi pour connaître l'étendue de ces nouvelles obligations.

---

7 L. n° 2010-788, 12 juill. 2010.

8 L. n° 2014-366, 24 mars 2014.

## B. CONTENU

Le DTG doit préciser les éléments suivants :

– une analyse de l'état apparent des parties communes et des équipements communs ;

– un état de la situation du syndicat des copropriétaires au regard de ses obligations légales et réglementaires ;

– une analyse des améliorations possibles concernant la gestion technique et patrimoniale de l'immeuble (état de l'immeuble) ;

– un DPE ou un audit énergétique ;

– une évaluation sommaire du coût ainsi que la liste des travaux nécessaires à la conservation de l'immeuble (notamment sur les 10 prochaines années).

Le contenu du DTG doit être présenté à l'assemblée générale suivant son établissement.

Si ce DTG fait état de travaux devant nécessairement être réalisés, le syndic de copropriété doit inscrire à l'ordre du jour de cette même assemblée générale la question de l'élaboration d'un plan pluriannuel de travaux ainsi que les conditions générales de sa mise en œuvre.

Si, par contre, le DTG ne laisse apparaître aucune nécessité de travaux pour les 10 prochaines années, le syndicat est dispensé de la constitution du fonds travaux, pourtant obligatoire pour cette période[9].

## C. RÉALISATION DU DTG

Un décret du 28 décembre 2016 est venu préciser les compétences dont devait justifier la personne devant réaliser ce diagnostic[10]. Selon ce texte, le diagnostiqueur doit ainsi être un tiers à la copropriété et peut être une personne physique, une personne morale ou un groupement doté de la personnalité juridique.

Ses employés, les membres de son groupement ou lui-même doivent posséder les compétences requises sur :

– les modes constructifs traditionnels et contemporains, tant en gros œuvre qu'en second œuvre ;

– les bâtiments, les produits de construction, les matériaux de construction, les équipements techniques ;

– les pathologies du bâtiment et de ses équipements ;

– la thermique des bâtiments et les possibilités d'amélioration énergétique et de réhabilitation thermique ainsi que leurs impacts potentiels, notamment acoustiques ;

– la terminologie technique et juridique du bâtiment, dans son acception par l'ensemble des corps d'état, en rapport avec l'ensemble des domaines de connaissance mentionnés ci-dessus ;

– les textes législatifs et réglementaires traitant de l'habitat et de la construction, en particulier les normes de sécurité et d'accessibilité et le règlement sanitaire départemental, ainsi que les notions juridiques de la copropriété et les relations légales ou contractuelles entre le syndicat des copropriétaires et les prestataires d'entretien des équipements communs ;

– la gestion financière des copropriétés permettant d'analyser les contrats d'entretien et d'estimer la capacité d'investissement du syndicat et des copropriétaires ;

– les équipements nécessaires au bon déroulement de la mission.

9 L. 1965, art. 14-2.
10 D. n° 2016-1965, 28 déc. 2016.

En outre, ce tiers a plusieurs obligations à savoir :

– justifier d'un diplôme supérieur bac + 3 ou équivalent dans le domaine des techniques du bâtiment ou de l'immobilier ;

– avoir une assurance responsabilité civile professionnelle ;

– attester de son impartialité et de son indépendance vis-à-vis du syndic, du syndicat et des fournisseurs d'énergie.

# Section 2 La sécurité incendie

Les normes en matière de sécurité incendie diffèrent selon la taille de l'immeuble. Assez logiquement, plus l'immeuble est de grande hauteur, plus les normes sont drastiques. Il convient ainsi de distinguer entre les immeubles classiques, les immeubles de moyenne hauteur (IMH), les immeubles de grande hauteur (IGH) et les immeubles de très grande hauteur (ITGH).

## I. Les immeubles classiques

Un arrêté du 31 janvier 1986 pose les bases de la réglementation en matière de sécurité incendie.

Cet arrêté impose différents équipements obligatoires.

### A. LES EXTINCTEURS

Aux termes de cette réglementation, la pose d'extincteur est obligatoire dans :

– la cage d'escalier des immeubles de plus de 50 m de hauteur lorsqu'ils sont à destination exclusive d'habitation et de plus de 28 m pour les autres immeubles. L'obligation est de mettre à disposition un extincteur par cage d'escalier. Les copropriétés qui souhaitent s'équiper alors qu'elles n'en ont pas l'obligation doivent voter la pose d'extincteurs en assemblée générale à la majorité de l'article 25 de la loi du 10 juillet 1965 ;

– les chaufferies, quel que soit leur mode d'alimentation. Il convient néanmoins de préciser que si le système de chauffage est au fioul, il est fait obligation de poser deux extincteurs dans la chaufferie. Si le local de stockage du fioul est différent de la chaufferie, il faut ajouter un extincteur sur le lieu de stockage. S'il s'agit d'un système de *chauffage à gaz*, un extincteur à poudre polyvalente doit être posé dans la chaufferie ; l'extincteur doit être accompagné d'un panneau précisant « Ne pas utiliser sur flamme gaz ». Si le système de chauffage est à charbon, il faut et il suffit de poser un extincteur dans la chaufferie ;

– les parkings. Les textes imposent un extincteur par tranche de quinze places de voiture et une caisse de sable à chaque niveau de parking. Si le parking dépasse trois niveaux, des dispositifs d'extinction automatique doivent obligatoirement être installés.

### B. LES BLOCS-PORTES COUPE-FEU

Il est obligatoire d'installer des blocs-portes coupe-feu dans les parties communes des immeubles :

– dont la demande de permis de construire a été déposée avant le 5 mars 1987 ;

– et dont le plancher bas du logement le plus haut est situé au minimum à 28 m au-dessus du sol.

Cette même réglementation prévoit que ces blocs-portes doivent séparer les locaux propres aux ordures des autres parties du bâtiment lorsque ces locaux ne s'ouvrent pas sur l'extérieur du bâtiment ou sur des coursives ouvertes.

Afin d'être réglementaires et pour garantir la sécurité des personnes, les portes de ces blocs-portes doivent être munies de ferme-porte. Elles doivent s'ouvrir sans clé de l'intérieur, dans le sens de la sortie en venant de ces locaux.

## C. LES BLOCS DE SECOURS

L'arrêté du 31 janvier 1986 recommande la pose de blocs secours. Ces blocs de secours ou blocs autonomes d'éclairage de sécurité (BAES) sont des sources lumineuses d'évacuation qui ont pour objectif d'éclairer et d'indiquer les sorties dans tous types de bâtiments en cas d'évacuation d'urgence du bâtiment ou lors d'une panne de l'éclairage principal.

## D. LES PLANS D'ACCÈS

Dans tous les immeubles dont la demande de permis de construire est antérieure au 5 mars 1987, il est impératif d'afficher les plans des sous-sols et du rez-de-chaussée ainsi que les consignes à respecter en cas d'incendie :

– dans les halls d'entrée ;

– près des accès aux escaliers et aux ascenseurs.

Ils doivent notamment permettre de repérer les vannes de coupure de gaz et l'emplacement des commandes de désenfumage s'il en existe.

Cet affichage doit être fait selon un modèle normalisé[11], qui précise notamment :

« En prévention, n'encombrez pas les paliers et les circulations.

Appelez ou faites appeler les sapeurs-pompiers (le 18 ou le 112).

N'entrez jamais dans la fumée. Toutefois, si vous êtes dans la fumée, mettez-vous un mouchoir devant le nez, baissez-vous, l'air frais est près du sol.

Ne prenez jamais l'ascenseur, prenez les escaliers.

Adaptez votre comportement à la situation :

1. Si l'incendie se déclare chez vous et que vous ne pouvez pas l'éteindre immédiatement :

– évacuez les lieux ;

– fermez la porte de votre appartement ;

– sortez par l'issue la plus proche.

2. Si l'incendie est au-dessous ou sur votre palier :

– restez chez vous ;

– fermez la porte de votre appartement et mouillez-la ;

– manifestez-vous à la fenêtre.

3. Si l'incendie est au-dessus :

– sortez par l'issue la plus proche. »

11 A., 5 févr. 2013.

# II. Les immeubles de grande hauteur (IGH/ ITGH) et de moyenne hauteur (IMH)

Un arrêté du 30 décembre 2011 est venu fixer les règles de sécurité en matière de construction des immeubles de grande hauteur ainsi que leur protection contre les risques d'incendie et de panique.

Parallèlement à cette réglementation, la loi *ÉLAN*[12], voulant renforcer les normes de sécurité dans les immeubles, a consacré une nouvelle notion : l'immeuble de moyenne hauteur (IMH), en prévoyant que « les travaux qui conduisent à la création, à l'aménagement, à la modification ou au changement de destination d'un immeuble de moyenne hauteur ou d'un immeuble de grande hauteur doivent être conformes aux règles de sécurité fixées, pour chacun de ces types d'immeubles, par décret en Conseil d'État ». Ces règles ont été fixées par un décret du 16 mai 2019[13].

Ce nouveau décret, qui concerne essentiellement la sécurité incendie, précise que les dispositions en la matière applicables aux immeubles de grande hauteur le sont aussi désormais aux immeubles de moyenne hauteur[14]. Il prévoit néanmoins certaines règles propres aux IMH[15].

## A. LES NOTIONS D'IGH, D'IMH ET D'ITGH

Les articles R. 122-2 et R. 122-30 du Code de la construction et de l'habitation disposent que :

– sont des *IMH, les immeubles à usage d'habitation* compris entre 28 et 50 m de hauteur[16] ;

– sont des *IGH*, les immeubles de plus de 50 m de hauteur à usage d'habitation et de plus de 28 m de hauteur pour les autres destinations (bureaux...) ;

– sont des *ITGH*, tous les immeubles de plus de 200 m de hauteur.

Parmi les IGH, des sous-catégories tenant compte de la taille et de la destination de l'immeuble ont été prévues.

Les IGH sont ainsi classés[17] en :

– GHA : immeubles à usage d'habitation ;

– GHO : immeubles à usage d'hôtel ;

– GHR : immeubles à usage d'enseignement ;

– GHS : immeubles à usage de dépôt d'archives ;

– GHU : immeubles à usage sanitaire ;

– GHW 1 : immeubles à usage de bureaux, répondant aux conditions fixées par le règlement prévu à l'article R. 122-4 du Code de la construction et de l'habitation et dont la hauteur du plancher bas tel qu'il est défini à l'article R. 122-2 du même code est comprise entre 28 et 50 m ;

– GHW 2 : immeubles à usage de bureaux dont la hauteur du plancher bas tel qu'il est défini ci-dessus est supérieure à 50 m ;

---

12 L. n° 2018-1021, 23 nov. 2018 portant évolution du logement, de l'aménagement et du numérique.

13 D. n° 2019-461, 16 mai 2019 relatif aux travaux de modification des immeubles de moyenne hauteur.

14 L'article 1er du décret modifie le Code de la construction et de l'habitation en remplaçant à l'article R. 122-1 les mots « immeubles de grande hauteur » par les mots « immeubles de grande et de moyenne hauteur ».

15 CCH, art. R. 122-30 et s.

16 Différence entre la hauteur entre le sol et le plancher bas du dernier niveau de l'immeuble.

17 CCH, art. R. 122-5.

– GHZ : immeubles à usage mixte. La classe GHZ groupe les immeubles de grande hauteur répondant à plusieurs des usages indiqués ci-dessus. Ils peuvent contenir en outre, dans les conditions précisées par le règlement précité, des établissements assujettis aux dispositions relatives à la protection contre les risques d'incendie et de panique dans les établissements recevant du public (ERP).

L'établissement de ces catégories a tenu compte des plus hauts niveaux pouvant être atteints par les engins des services publics de secours et de lutte contre l'incendie.

Du fait de leur taille et de l'inaccessibilité des derniers étages par les services de secours, des mesures de protection spécifiques doivent être prévues en termes d'emplacement, de conditions d'utilisation et de principes de sécurité.

## B. LES MESURES DE SÉCURITÉ RELATIVES AUX IGH

### 1. Le service de sécurité unique

Le syndicat des copropriétaires d'un IGH doit constituer et maintenir en permanence un service de sécurité unique protégeant l'ensemble des locaux de l'immeuble.

La taille et le niveau de qualification des agents de sécurité incendie composant ce service de sécurité incendie et d'assistance à personnes (SSIAP) dépendent du type d'IGH. Des exercices périodiques d'évacuation peuvent même être imposés.

Certaines missions types de ce service sont identiques pour tous les IGH :

– assurer la permanence au poste central de sécurité ;

– effectuer des rondes régulières ;

– organiser l'évacuation ;

– mettre en œuvre les moyens de premiers secours ;

– rendre compte de la situation au poste central de sécurité ;

– organiser des exercices d'évacuation ;

– déclencher l'alarme et l'alerte.

### 2. Le système incendie obligatoire

La réglementation sur les IGH précise que ces immeubles doivent être équipés d'un système de détection automatique avec alarme, d'un système d'extinction automatique de type sprinkler, et de dispositifs d'alertes phoniques (téléphone sans cadran, interphone) permettant de donner l'alerte.

### 3. Maintenance de l'IGH et de ses systèmes de sécurité

La réglementation en matière d'IGH impose que le syndicat des copropriétaires fasse réaliser régulièrement, par des organismes certifiés, une vérification technique de ses installations.

Une vérification annuelle est ainsi exigée pour :

– les équipements électriques et d'éclairage des parties communes ;

– les dispositifs de sécurité ;

– les moyens d'extinction ;

– les moyens de liaisons phoniques et les moyens de télécommunication de sécurité ;

– les installations d'appareils de cuisson ou de réchauffage destinés à la restauration, de chauffage et de cuisine...

### 4. Règles particulières au IMH

Les immeubles de moyenne hauteur doivent être construits de façon que la disposition des locaux, les structures, les matériaux et l'équipement des bâtiments d'habitation puissent permettre la protection des habitants contre l'incendie[18].

Ainsi, les logements doivent être isolés des locaux qui, du fait de leur destination ou de leur nature, seraient susceptibles de constituer un danger d'incendie ou d'asphyxie.

La conception de l'IMH doit permettre à ses occupants, en cas d'incendie, de quitter l'immeuble sans secours extérieur, ou de recevoir un tel secours. Les installations, aménagements et dispositifs mécaniques, automatiques ou non, mis en place pour permettre la protection des habitants des immeubles doivent être entretenus et vérifiés de telle manière que le maintien de leurs caractéristiques et leur parfait fonctionnement soient assurés jusqu'à destruction desdits immeubles. Les propriétaires sont tenus d'assurer l'exécution de ces obligations d'entretien et de vérification. *Ils doivent pouvoir en justifier, notamment par la tenue d'un registre*.

S'agissant des *travaux affectant les IMH*, les travaux de rénovation des façades, hors simple ravalement, doivent respecter les prescriptions de l'article R. 122-31 du Code de la construction et de l'habitation. Ils doivent ainsi, au-delà des prescriptions génériques sus-évoquées, permettre d'éviter la *propagation d'un incendie* par la façade, quelle qu'en soit l'origine.

Le *système de façade* issu de cette rénovation doit permettre l'intervention en sécurité des secours et répondre à l'une des deux obligations suivantes[19] :

– soit être constitué de *matériaux pratiquement incombustibles* et permettre de *neutraliser l'effet du tirage thermique* s'il comporte des vides constructifs ;

– soit être constitué de *matériaux pratiquement incombustibles*, à l'exception d'un *sous-ensemble protégé par un écran thermique*. Dans ce cas, l'efficacité de ce système de façade est appréciée par un laboratoire agréé en réaction et en résistance au feu.

Ces mesures concernant les IMH et leur modification s'appliquent à toutes les déclarations préalables ou demandes de permis de construire déposées depuis le 1er janvier 2020.

## Section 3 La sécurité des ascenseurs

# I. Dispositifs de sécurité

Les lois des 2 juillet et 1er août 2003 ont imposé l'installation de certains dispositifs de sécurité visant notamment les équipements des immeubles en copropriété, tels que les ascenseurs ou les portes automatiques. Un triple calendrier organisant leur pose avait été prévu.

Les articles R. 125-1-1 et suivants du Code de la construction et de l'habitation fixent la liste exacte des dispositifs devant être installés et le calendrier de leur installation.

Ces dispositifs techniques et la date de leur installation étaient :

– avant le 31 décembre 2010 :

- des serrures munies de dispositifs de contrôle de la fermeture et du verrouillage des portes palières,

18 CCH, art. R. 122-30.
19 CCH, art. R. 122-33.

• des dispositifs empêchant ou limitant les actes susceptibles de porter atteinte au verrouillage de la porte palière, lorsque cela est nécessaire,

• un système de détection de présence des personnes destiné à les protéger contre le choc des portes coulissantes lors de leur fermeture,

• un dispositif de clôture des gaines empêchant l'accès à ces gaines et aux éléments de déverrouillage des serrures des portes palières,

• un parachute de cabine et limiteur de vitesse en descente dans un ascenseur électrique,

• un dispositif destiné à éviter toute chute en gaine lorsque la cabine est immobilisée en dehors de la zone de déverrouillage,

• un dispositif de commande de manœuvre d'inspection et d'arrêt de la cabine en vue de protéger le personnel d'intervention opérant sur le toit de cabine, en gaine ou en cuvette,

• des dispositifs permettant au personnel d'intervention d'accéder sans danger aux locaux de machines ou de poulies,

• un système de verrouillage des portes et portillons destiné à la visite technique de la gaine et de la cuvette ainsi que des portes de secours, avec commande automatique de l'arrêt de l'ascenseur lors de l'ouverture de ces portes et portillons par le personnel d'intervention ;

– avant le 3 juillet 2004 :

• un système de téléalarme entre cabine et service d'intervention,

• un système de prévention des risques de chute libre pour les ascenseurs hydrauliques,

• un système de contrôle de l'arrêt et du maintien à niveau de la cabine pour assurer, notamment, l'accessibilité des personnes handicapées ou à mobilité réduite pour les ascenseurs réalisés avant le 31 décembre 1982,

• une protection avec marquage ou signalisation pour protéger le personnel d'intervention contre les risques de contact avec des composants ou conducteurs nus sous tension ;

– avant le 3 juillet 2018 : un système de contrôle de l'arrêt et du maintien à niveau de la cabine pour assurer, notamment, l'accessibilité des personnes handicapées ou à mobilité réduite pour les ascenseurs réalisés après le 1er janvier 1983.

La loi de « mobilisation pour le logement » du 25 mars 2009[20] a fixé au *30 juillet 2021* la date butoir pour opérer toutes ces modifications sécuritaires.

## II. Contrôle technique et entretien

Tous les 5 ans, les ascenseurs doivent subir un contrôle technique relatif à leur état de fonctionnement et à la sécurité des personnes[21].

Le contrôleur technique doit remplir certaines obligations, notamment :

– être couvert par une assurance responsabilité civile professionnelle ;

– présenter des garanties d'indépendance vis-à-vis des entreprises d'installation et d'entretien d'ascenseurs.

Par ailleurs, l'article R. 125-2 du Code de la construction et de l'habitation impose un entretien régulier effectué par un professionnel.

20 L. n° 2009-323, 25 mars 2009.

21 CCH, art. L. 125-2-3 et R. 125-2-4.

Une visite doit ainsi être réalisée toutes les 6 semaines afin de contrôler le fonctionnement de l'ascenseur et de réaliser les réglages nécessaires. Un examen du bon état des câbles doit être réalisé tous les 6 mois et une vérification du parachute doit être effectuée annuellement.

Ces différentes interventions font l'objet de rapports de mission qui sont annexés au carnet d'entretien de l'ascenseur.

Ce carnet d'entretien est conservé par le syndic en sa qualité de représentant du syndicat des copropriétaires. Il est l'une des composantes du carnet d'entretien de l'immeuble.

L'obligation d'entretien et de protection de la sécurité des usagers incombe au syndicat des copropriétaires, dont il peut avoir à répondre devant l'autorité publique[22] ou devant le juge des référés près le tribunal judiciaire compétent[23].

22 CCH, art. L. 129-1 à L. 129-7.

23 CCH, art. 125-2-8.

# 5

# LES COPROPRIÉTÉS À GESTION PARTICULIÈRE


1 - Les copropriétés en difficulté .......... 293
2 - Les petites copropriétés : des statuts particuliers .......... 313
3 - Les résidences services et de tourisme en copropriété .......... 317
4 - Les copropriétés neuves .......... 327

# LES COPROPRIÉTÉS EN DIFFICULTÉ

En France, 15 % des copropriétés sont considérées comme fragiles.

10 % d'entre elles font face à de graves difficultés nécessitant une procédure lourde de rétablissement voir d'expropriation.

Face à ce constat qui n'a cessé d'évoluer, plusieurs textes se sont succédé, notamment la loi du 25 mars 2009[1], la loi *ALUR* du 24 mars 2014 et son décret du 17 août 2015[2]. Plus récemment, la loi du 27 janvier 2017[3], la loi *ÉLAN* du 23 novembre 2018 et son ordonnance du 30 octobre 2019 ont renforcé les mécanismes dotant désormais la loi du 10 juillet 1965 face aux copropriétés en difficulté.

Ces textes prévoient trois axes principaux :

– les copropriétés en pré-difficulté et la prévention ;

– les copropriétés en difficultés avérées ;

– les mesures alternatives ou complémentaires (plan de sauvegarde, division en volume, administration provisoire renforcée).

## Section I La prévention et les copropriétés en pré-difficulté

### I. La prévention des difficultés physiques et financières

Afin de prévenir les difficultés financières et physiques de la copropriété, la loi *ALUR* a mis en place plusieurs outils d'information à disposition des copropriétaires, des syndics et des pouvoirs publics.

Le repérage de copropriétés fragiles commence par le registre d'immatriculation des copropriétés tenu par l'ANAH. Les informations contenues dans ce registre permettent de dresser une cartographie des copropriétés fragiles.

Ce registre étant mis à jour par les syndics, cette cartographie peut être suivie en temps quasi réel.

1 L. n° 2009-323, 25 mars 2009 de mobilisation pour le logement et la lutte contre l'exclusion.

2 D. n° 2015-999, 17 août 2015.

3 L. n° 2017-86, 27 janv. 2017.

D'autres mécanismes assurent ce devoir de prévention et d'information :

– l'information des copropriétaires et de l'acquéreur par le biais de la communication obligatoire d'un état daté, du règlement de copropriété et des 3 derniers procès-verbaux des assemblées générales ;

– l'opposition lors de la vente des lots prévue par l'article 20 de la loi du 10 juillet 1965 et l'accélération de la libération des fonds détenus par le notaire organisée par la loi *ALUR* du 24 mars 2014 (dans les 3 mois de l'opposition régulière, en cas d'absence de contestation) ;

– la création du compte séparé obligatoire pour toutes les copropriétés ;

– la généralisation de la procédure accélérée de recouvrement des charges en copropriété[4] ;

– le diagnostic technique global (DTG) dont l'objectif est de dresser l'état physique, juridique et financier de l'immeuble ;

– la création et l'utilisation du fonds travaux devant inciter les copropriétaires à réaliser des travaux au sein de leur copropriété...

Malheureusement, ces outils et mécanismes peuvent ne pas suffire, la loi *ALUR* a donc créé une procédure d'alerte basée sur un mandataire *ad hoc* à la mission particulière.

# II. Les copropriétés en pré-difficulté et le mandataire ad hoc

La loi du 25 mars 2009[5] a ajouté des articles 29-1 A et 29-1 B à la loi du 10 juillet 1965 qui prévoient le recours, dans certaines circonstances, à un mandataire ad hoc. Cette procédure a été, par la suite, modernisée par la loi *ALUR* du 24 mars 2014 et plus récemment par le décret du 18 septembre 2019[6].

## A. LES COPROPRIÉTÉS CONCERNÉES

Une copropriété est considérée comme étant en pré-difficulté dès lors que, à la clôture des comptes, le taux d'impayés atteint :

- 25 % pour les copropriétés comprenant jusqu'à 200 lots de copropriété ;
- 15 % pour les copropriétés de plus de 200 lots de copropriété.

Ce pourcentage est calculé sur la base des sommes exigibles au titre du budget prévisionnel et des dépenses liées aux travaux hors budget[7].

Les sommes devenues exigibles dans le mois précédant la date de clôture de l'exercice ne sont pas considérées comme des impayées.

## B. PROCÉDURE DE RECOURS AU MANDATAIRE *AD HOC*

Si le niveau des impayés atteint 15 % ou 25 %, selon le nombre de lots, des charges exigibles, le syndic de copropriété doit en informer le conseil syndical sans délai.

Cette information doit présenter l'état des impayés avant répartition à la date de la clôture de l'exercice comptable. Elle doit être adressée sans délai à chaque membre du conseil syndical.

4 L. 1965, art. 19-2.
5 L. n° 2009-323, 25 mars 2009.
6 D. n° 2019-966, 18 sept. 2019.
7 D. 1967, art. 44 et 45 ; L. 1965, art. 14-1 et 14-2.

Le syndic dispose alors d'un délai d'un mois à compter de la clôture des comptes pour déposer une requête auprès du tribunal judiciaire du lieu de situation de l'immeuble afin de solliciter la désignation d'un mandataire *ad hoc*.

S'il n'agit pas dans ce délai, le tribunal peut être saisi directement par :

– les copropriétaires représentant ensemble au moins 15 % des voix de la copropriété ;

– un créancier dont les factures restent impayées depuis au moins 6 mois et après un commandement de payer resté infructueux ;

– le préfet ou le procureur de la République ;

– le président de l'établissement public de coopération intercommunale (EPCI) compétent en matière d'habitat ou le maire de la commune où est situé l'immeuble ;

– le président du conseil syndical depuis l'ordonnance du 30 octobre 2019.

Lorsqu'il n'est pas saisi par le syndic, le président du tribunal judiciaire est saisi par le biais d'une assignation dite « de procédure accélérée au fond »[8].

Dans le cas d'une saisine effectuée par le syndic, des copropriétaires ou un créancier du syndicat, ces derniers doivent informer le représentant de l'état dans le département, le maire de la commune ou le président de l'organe délibérant de l'EPCI en lui adressant copie de la requête ou de l'assignation[9].

Le demandeur à la désignation doit rapporter la preuve de l'état du syndicat des copropriétaires en produisant notamment, à l'appui de sa demande, les procès-verbaux des dernières assemblées, les convocations contenant les annexes financières...

## C. DÉSIGNATION ET MISSION DU MANDATAIRE *AD HOC*

Le président du tribunal judiciaire désigne par ordonnance un mandataire *ad hoc* dont il détermine les missions et la rémunération.

Le mandataire peut être[10] :

– un administrateur judiciaire ;

– une personne physique ou morale dotée d'une expérience de 3 ans en gestion de copropriété (ou dans le conseil des syndicats de copropriétaires) et d'un diplôme juridique de niveau master 2. Ces personnes ne doivent néanmoins pas avoir perçu dans les 5 dernières années de rétribution ou paiement du syndic, du syndicat ou des créanciers à l'origine de la procédure. Ils ne doivent pas, non plus, l'avoir conseillé.

S'il l'estime nécessaire, le président du tribunal judiciaire peut entendre toute personne de son choix avant de statuer[11].

Une fois désigné, le mandataire *ad hoc* doit, sans délai, porter à la connaissance des copropriétaires l'ordonnance le désignant par le biais d'une remise contre émargement, d'un courrier RAR ou d'un courrier recommandé électronique qui doit reproduire les dispositions de l'article 490 du Code de procédure civile (voies de recours possibles)[12].

Il est à noter que dans son ordonnance, le juge doit préciser et motiver l'imputation des frais découlant de la mission de ce mandataire *ad hoc*. Ces frais peuvent être imputés au syndicat ou au demandeur, ou être partagés entre eux. Ainsi, il est fréquent que lorsque la demande émane du syndic, celui-ci en assume au moins une partie, le mandataire devant l'assister dans sa mission.

8 CPC, art. 481-1 et 839.
9 D. 1967, art. 61-5.
10 L. 1965, art. 29-1 C.
11 D. 1967, art. 61-7.
12 D. 1967, art. 61-9.

Le montant de la rémunération du mandataire *ad hoc* est forfaitairement fixé par un arrêté conjoint du ministre de la Justice et du ministre chargé du logement en date du 8 octobre 2015[13]. Cet arrêté prévoit un barème tenant compte du nombre de lots de la copropriété avec pour précision qu'au-delà de 500 lots, c'est le président du tribunal judiciaire qui fixe la rémunération du mandataire *ad hoc*.

La désignation de ce mandataire ne met pas fin au contrat du syndic en place. Il agit à ses côtés.

Le mandataire *ad hoc* a pour *mission générale* :

– d'analyser la situation financière de la copropriété ;

– de vérifier l'état de l'immeuble afin d'assurer la sécurité des copropriétaires et des locataires ;

– de mener toute action de médiation et de négociation entre les parties ;

– d'élaborer des préconisations pour rétablir l'équilibre financier.

Le mandataire peut se faire assister à ses frais, sur autorisation du juge, de tout tiers de son choix pour mener à bien la mission qui lui a été confiée[14].

*Le syndic est tenu de fournir au mandataire désigné l'ensemble des documents nécessaires à la réalisation de sa mission dans les 15 jours suivant la notification qui lui est faite de l'ordonnance le désignant.*

## D. LE RAPPORT DU MANDATAIRE *AD HOC* ET SA CONSULTATION

À l'issue de sa mission, le mandataire *ad hoc* doit établir un rapport[15] présentant l'état juridique, physique et financier de l'immeuble. Ce document dresse donc panorama :

– de l'organisation juridique et foncière de la copropriété ;

– de la situation technique de l'immeuble (analyse des charges courantes, des travaux et opérations exceptionnels et des diagnostics notamment) ;

– du fonctionnement des instances de la copropriété ;

– de l'ensemble des comptes (impayés, dettes et créances non recouvrées...) ;

– des contentieux en cours et des contrats souscrits[16].

Dans le cadre de l'exécution de sa mission, le mandataire peut avoir recours à la négociation ou à la médiation avec les différentes parties en cause.

Ce rapport contient, *in fine*, des préconisations et un calendrier des actions à mettre en œuvre pour redresser la copropriété, et ce par ordre de priorité.

Il doit ainsi prévoir des outils ou solutions permettant :

– des améliorations du fonctionnement, de l'organisation de la copropriété et du recouvrement des charges et impayés ;

– des améliorations de l'état de l'immeuble ;

– des réductions de charge de copropriété ;

– une estimation sommaire des dépenses et recettes envisagées dans le cadre de ces actions est jointe au rapport.

Ce rapport, prévoyant observations et recommandations, doit être remis au tribunal dans un délai de 3 mois. Le juge peut, en cas de difficultés, renouveler une fois ce délai. Le mandataire dispose donc, au maximum, d'un délai de 6 mois pour mener à bien sa mission.

13 A., 8 oct. 2015, NOR : JUSC1517480A : JO 11 oct. 2015, p. 18922.
14 D. 1967, art. 61-10.
15 L. 1965, art. 29-1 B.
16 D. 1967, art. 61-12.

Une fois établi et transmis au tribunal, ce rapport doit ensuite être communiqué par le greffe dudit tribunal au syndic de copropriété, au conseil syndical, et au maire de la commune de l'immeuble concerné ou au préfet.

Les copropriétaires doivent pouvoir consulter le rapport. Le syndic doit donc les en informer individuellement par courrier RAR, par remise contre émargement, ou par voie électronique après accord du copropriétaire préalablement informé de cette possibilité.

Une copie du rapport peut, alors, être remise, à ses frais, à tout copropriétaire qui en formule la demande[17].

## E. LES SUITES DU RAPPORT

Les projets de résolutions nécessaires à la mise en œuvre des préconisations du rapport du mandataire *ad hoc* doivent être débattus au cours d'une assemblée générale qui doit se tenir :

– *dans les 6 mois suivant la remise du rapport* si aucune mesure d'urgence n'est préconisée ;

– *dans les 3 mois suivant la remise du rapport* si des mesures d'urgence sont prévues.

Le syndic est alors tenu de convoquer une assemblée générale « spéciale » si aucune assemblée n'est déjà prévue dans le délai imparti. À l'inverse, si une assemblée générale était déjà prévue, le syndic doit inscrire obligatoirement à l'ordre du jour les projets de résolutions nécessaires à la mise en œuvre du rapport.

Le procès-verbal de l'assemblée générale qui s'est tenue doit ensuite être *notifié par le syndic dans les 6 mois suivant la remise du rapport aux auteurs de la saisine, au président du tribunal judiciaire ainsi qu'au mandataire ad hoc*.

Si une telle notification n'intervient pas, et pour éviter que la situation de la copropriété ne s'aggrave, le mandataire *ad hoc* ou les auteurs de la saisine peuvent saisir, à nouveau le président du tribunal judiciaire compétent par une procédure accélérée au fond afin que ce dernier :

– enjoigne au syndic de convoquer l'assemblée ;

– désigne, si cela est possible, un administrateur provisoire dit « copropriété en difficulté » prévu par l'article 29-1 de la loi du 10 juillet 1965.

# Section 2 Les copropriétés en difficulté et l'administrateur provisoire

Lorsque l'équilibre financier du syndicat des copropriétaires est gravement compromis ou s'il est incapable de pourvoir à la conservation de l'immeuble, l'article 29-1 de la loi du 10 juillet 1965 a prévu que le président du tribunal judiciaire compétent pouvait désigner un administrateur provisoire afin de rétablir le fonctionnement normal de la copropriété.

## I. Hypothèses de la désignation

L'article 29-1 de la loi du 10 juillet 1965 a prévu 3 situations *alternatives* permettant la désignation d'un administrateur provisoire :

– l'équilibre financier du syndicat est gravement compromis ;

– le syndicat est dans l'impossibilité de pouvoir à la conservation de l'immeuble ;

– en cas d'expropriation ou de dissolution du syndicat afin de liquider ses dettes.

17 D. 1967, art. 61-11.

## A. SUR L'ÉQUILIBRE FINANCIER GRAVEMENT COMPROMIS

Cette expression fait principalement référence à un déficit de l'apport contributif des copropriétaires au paiement des charges. En effet, un règlement régulier et suffisant des provisions et charges constitue le soutien indispensable à la réalisation de la mission du syndicat. Si la situation financière du syndicat est obérée, il ne peut plus faire face aux dépenses ordinaires et nécessaires.

Ainsi, l'équilibre financier est gravement compromis *lorsque la trésorerie du syndicat ne permet pas de faire face à des dépenses exceptionnelles et imprévues imposées par des dispositions réglementaires ou législatives*[18].

## B. SUR L'INCAPACITÉ DE POURVOIR À LA CONSERVATION DE L'IMMEUBLE

Outre des problèmes financiers pouvant être à l'origine de cette impossibilité, d'autres facteurs peuvent expliquer l'impuissance du syndicat à mener à bien l'une de ses missions essentielles qu'est la conservation de l'immeuble[19].

Les termes de l'article 29-1 de la loi du 10 juillet 1965 font état d'une « impossibilité » d'assurer la conservation de l'immeuble.

Cette formulation est assez compréhensive et englobe à la fois les empêchements d'ordre juridique ou matériel.

Il en est ainsi, par exemple :

– de l'impossibilité de prendre une décision en assemblée générale (démobilisation des copropriétaires non occupants, conflits empêchant une majorité de se dégager, faible taux de participation aux assemblées...) ;

– de l'insuffisance chronique de ressources dont souffre le syndicat...

Tel est le cas d'un immeuble dont les finances sont obérées et dont l'ascenseur n'est plus entretenu[20] ou encore d'un immeuble sans ressource subissant une injonction administrative d'entamer des travaux supprimant la présence de plomb dans ses parties communes[21].

## C. SUR LA LIQUIDATION DES DETTES DU SYNDICAT

Le 4e alinéa de l'article 29-1, I prévoit qu'un administrateur provisoire peut, également, être désigné afin de liquider les dettes d'un syndicat en cours de dissolution ou d'expropriation.

Jusqu'à la loi *ALUR*, la question de la liquidation d'un syndicat des copropriétaires demeurait source de difficultés. Cette loi a donc créé une procédure spécifique en de telles circonstances. Pour permettre l'accomplissement d'une telle mission, cet article précise que la personnalité morale du syndicat subsiste pour les besoins de sa liquidation[22].

Précisons que lorsqu'un administrateur provisoire a été désigné pour une telle liquidation, les dispositions relatives à la procédure d'apurement des dettes d'un syndicat lui sont applicables sous réserve des modalités suivantes :

– l'avis publié au *Bulletin officiel des annonces civiles et commerciales (BODACC)* précise la mission de l'administrateur provisoire ;

– le délai de déclaration des créances est de 4 mois.

18 Capoulade P., Roux J.-M., *Prévenir et redresser les copropriétés en difficultés*, 2018, Edilaix.

19 L. 1965, art. 14.

20 CA Nancy, 1re ch. civ., 12 juin 2018, n° 16/02429.

21 CA Paris, pôle 1, ch. 3, 3 sept. 2013, n° 12/18948.

22 Sur la procédure applicable, D. 1967, art. 62-28.

# II. Modalités de la désignation de l'administrateur provisoire

L'article 29-1 énumère limitativement les personnes pouvant saisir le président du tribunal judiciaire compétent aux fins de désignation d'un administrateur provisoire.

Les personnes pouvant le saisir sont :

– des copropriétaires représentant ensemble au moins 15 % des voix du syndicat ;

– le syndic ;

– le maire de la commune du lieu de situation de l'immeuble ;

– le président de l'EPCI compétent en matière d'habitat ;

– le représentant de l'État dans le département ;

– le procureur de la République ;

– le mandataire *ad hoc* prévu par les articles 29-1 A et 29-1 B.

Précisons que le président du conseil syndical ne dispose pas de cette qualité. Par contre, l'administrateur provisoire désigné en application de l'article 47 du décret du 17 mars 1967 peut engager une telle procédure[23].

Il est essentiel que, préalablement à l'introduction d'une telle procédure, le syndicat soit représenté ; à défaut, il convient préalablement d'appliquer les dispositions des articles 46 et 47 du décret du 17 mars 1967[24]. Le syndic dont le mandat est échu n'a ainsi pas qualité pour former une telle demande[25].

La forme de la demande diffère en fonction de la qualité du demandeur.

Ainsi, le syndic, l'administrateur provisoire désigné en application de l'article 47 du décret du 17 mars 1967 peuvent saisir le président du tribunal judiciaire du lieu de situation de l'immeuble par simple requête accompagnée des pièces justifiant de la situation du syndicat[26]. Le syndic n'a pas besoin d'obtenir l'accord préalable de l'assemblée[27].

Les autres demandeurs doivent saisir le président du tribunal judiciaire par la voie d'une assignation délivrée au syndicat selon la « procédure accélérée au fond ».

Le procureur de la République, alerté par exemple par des copropriétaires représentant moins de 15 % des voix du syndicat, saisit le président du tribunal judiciaire par requête lequel fait convoquer par son greffe le syndicat représenté par son syndic à comparaître[28].

Toute demande ayant pour objet la désignation d'un administrateur provisoire prévu à l'article 29-1 doit, à peine de nullité de la désignation[29], être communiquée au procureur de la République en précisant, s'il y a lieu la date et le lieu de l'audience.

23 CA Paris, pôle 1, ch. 2, 7 mars 2019, n° 18/19539.
24 CA Besançon, 1re ch. civ. A, 21 mai 2014, n° 13/02197.
25 CA Paris, 14e ch. A, 21 oct. 1998 : Loyers et copr. 1999, n° 78.
26 D. 1967, art. 62-2.
27 D. 1967, art. 55.
28 D. 1967, art. 61-1-1.
29 Cass. 3e civ., 23 janv. 2013, n° 09-13398.

## A. DÉCISION FIXANT LA MISSION DE L'ADMINISTRATEUR PROVISOIRE

À l'instar du mandataire *ad hoc*, lorsque le juge désigne l'administrateur provisoire du syndicat des copropriétaires, il peut confier cette mission à :

– un administrateur judiciaire ;

– une personne physique ou morale dotée d'une expérience de 3 ans en gestion de copropriété (ou dans le conseil des syndicats de copropriétaires) et d'un diplôme juridique de niveau master 2.

Il ne peut pas, par contre, désigner le syndic en place[30]. À l'inverse, rien ne s'oppose à ce que soit désigné administrateur provisoire, le mandataire *ad hoc* nommé en application des articles 29-1 A et 29-1 B ou l'administrateur provisoire désigné en application de l'article 47 du décret du 17 mars 1967 (carence de syndic), ces derniers ayant nécessairement une connaissance étendue de la problématique[31].

Si l'administrateur provisoire doit exécuter personnellement la mission qui lui est confiée, il peut toutefois, lorsque le bon déroulement de la mission le requiert, *se faire assister par un tiers désigné par le président du tribunal judiciaire sur sa proposition et rétribué sur sa rémunération*. L'ancien syndic peut se faire désigner de la sorte[32].

S'agissant la rémunération de cet administrateur provisoire et à l'inverse du mandataire *ad hoc* précédemment étudié, le juge n'a pas, dans son ordonnance à fixer sa rémunération. Celle-ci est prévue par un décret du 17 août 2015[33].

La décision qui désigne l'administrateur fixe sa mission et sa durée, qui *ne peut être inférieure à 12 mois*[34]. Le président du tribunal judiciaire peut, à tout moment, proroger la mission de l'administrateur provisoire sur simple requête de ce dernier[35].

Copie de cette décision doit être adressée, par l'administrateur provisoire, aux copropriétaires dans le mois de son prononcé par remise contre émargement, courrier RAR ou courrier recommandé électronique si le copropriétaire l'a expressément accepté[36]. Leurs éventuelles voies de recours commencent à courir à compter de cette information. Le greffe du tribunal judiciaire doit également en adresser une copie au procureur de la République, au représentant de l'État dans le département, au maire de la commune, au président de l'EPCI chargé de l'habitat.

L'administrateur est chargé de prendre les mesures nécessaires au rétablissement du fonctionnement normal de la copropriété et, partant, du syndicat.

Le président du tribunal judiciaire lui confie, pour ce faire, *tous les pouvoirs du syndic, et tout ou partie des pouvoirs de l'assemblée générale des copropriétaires, à l'exception de ceux prévus aux a et b de l'article 26, et du conseil syndical*. L'administrateur hérite donc de l'ensemble des pouvoirs normalement dévolus aux autres organes de la copropriété exception faite des pouvoirs lui permettant de réaliser des actes d'acquisition, de disposition et de modification du règlement de copropriété. Le juge peut néanmoins, suivant la demande argumentée de l'administrateur, lui accorder la réalisation de tels actes s'ils s'avéraient nécessaires au rétablissement de la copropriété.

Le conseil syndical et l'assemblée générale, convoqués et présidés par l'administrateur provisoire, continuent à exercer ceux des autres pouvoirs qui ne seraient pas compris dans la mission de l'administrateur provisoire.

30 L. 1965, art. 29-1, I, al. 2.

31 TGI Paris, ord. réf., 7 sept. 2017, n° 17/54068.

32 Cass. 3e civ., 9 nov. 2017, n° 15-10807.

33 D. n° 2015-999, 17 août 2015.

34 D. 1967, art. 62-5.

35 Cass. 3e civ., 9 nov. 2017, n° 15-10807.

36 D. 1967, art. 62-5.

*Le mandat du syndic en place cesse de plein droit sans indemnité*. Le juge ne peut donc décider de faire œuvrer ces deux professionnels de concert pour le rétablissement de la copropriété[37].

Les décisions prises par l'administrateur provisoire sont immédiatement exécutoires et ne relèvent pas de l'article 42, alinéa 2 de la loi du 10 juillet 1965. Ainsi, lorsqu'il s'est vu octroyer les pouvoirs de l'assemblée, ses décisions ne sauraient être contestées sur la base de cet article[38] et ne sont susceptibles d'aucun recours[39]. Il doit néanmoins dans sa prise de décision, sauf urgence, recueillir l'avis du conseil syndical et, s'il le souhaite des copropriétaires[40].

Ainsi, il en découle que l'approbation des comptes par l'administrateur provisoire rend exigibles les charges correspondant aux exercices approuvés et les appels de fonds afférents aux budgets prévisionnels adoptés[41].

Pour lui permettre d'accomplir sa mission, l'ancien syndic doit, en application de l'article 18-2 de la loi du 10 juillet 1965 lui transmettre les archives et documents de la copropriété[42].

## B. LES EFFETS DE L'ADMINISTRATION PROVISOIRE

### 1. Suspension et interdiction des poursuites

L'article 29-3 de la loi du 10 juillet 1965 dispose que l'ordonnance de désignation de l'administrateur provisoire emporte la suspension de l'exigibilité des créances du syndicat, autres que publiques et sociales, antérieures à la décision, et ce *pour une période de 12 mois*. Le juge peut, après avoir été saisi par une procédure accélérée au fond, proroger cet effet jusqu'à 30 mois.

Cette désignation entraîne également la suspension des poursuites et l'interdiction de toute action en justice de la part des créanciers pour des dettes antérieures à la décision de désignation.

L'action en justice doit alors avoir pour objet la condamnation du syndicat au paiement d'une somme d'argent ou la résolution d'un contrat pour défaut de paiement.

Sont également arrêtées ou interdites :

– les procédures d'exécution intentées par les créanciers du syndicat si elles visent des créances ayant une origine antérieure à la décision désignant l'administrateur ;

– les procédures de distribution n'ayant pas produit d'effet attributif au jour de la décision désignant l'administrateur.

### 2. Suspension des stipulations contractuelles

Sont également suspendues par la désignation de l'administrateur, les stipulations contractuelles prévoyant :

– la résolution de plein droit du contrat (par exemple le contrat de l'ascensoriste ou d'autres prestataires) ;

– des majorations ou pénalités de retard[43].

À l'inverse, l'administrateur provisoire peut saisir par une procédure accélérée au fond le président du tribunal judiciaire dans le but d'entendre prononcée la résiliation ou ordonnée la poursuite de contrat, et ce afin d'éviter que la copropriété ne se retrouver paralysée et prise en otage par ses prestataires.

37 CA Paris, 23e ch. B, 29 janv. 2004.
38 CA Aix-en-Provence, 10 sept. 2020, n° 19/06842.
39 CA Paris, pôle 4, ch. 2, 20 juin 2012, n° 2012-021596.
40 D. 1967, art. 62-7.
41 CA Paris, pôle 4, ch. 2, 23 oct. 2019, n° 16/0321 ; Cass. 3e civ., 18 févr. 2021, n° 20-14720.
42 TGI Paris, 8 févr. 2018, n° 18/50736.
43 L. 1965, art. 29-3, I, al. 6.

## 3. Mesures de publicité

La loi *ALUR* a créé au sein du décret du 17 mars 1967 une sous-section 5 intitulée « De la procédure d'apurement des dettes et de la liquidation du syndicat ». Celle-ci précise tout d'abord les « Formalités de publicité permettant le recensement des créances »[44].

Ainsi, dans le délai de 2 mois suivant sa nomination, l'administrateur provisoire doit effectuer certaines mesures de publicité permettant aux créanciers de préserver leur créance.

*Un avis de la décision de sa désignation est adressé par l'administrateur provisoire pour insertion au BODACC.*

Cette insertion doit préciser :

– l'indication du nom du syndicat concerné, de son adresse, de son numéro d'immatriculation et de la date de l'ordonnance qui l'a désigné administrateur provisoire ;

– son nom et son adresse et comporte l'avis aux créanciers d'avoir à déclarer leurs créances entre ses mains et le délai imparti pour cette déclaration ;

– le délai pendant lequel l'exigibilité des créances est suspendue.

Ce même avis est publié dans un journal d'annonces légales du département du lieu de situation de l'immeuble et l'administrateur provisoire doit informer par tout moyen les créanciers connus d'avoir à lui déclarer leurs créances.

## 4. Déclaration des créances

À compter de la publication de l'ordonnance au *BODACC*, les créanciers peuvent déclarer leurs créances à l'administrateur provisoire pendant 3 mois[45]. Le créancier qui n'a pas déclaré sa créance pendant ce délai légal est forclos.

Cette déclaration de créance doit être faite par courrier RAR adressé à l'administrateur. Ce courrier doit préciser :

– l'identité du créancier et de son représentant ;

– le montant de la créance due au jour de la décision et l'indication des sommes à échoir avec le calendrier des échéances ;

– les éléments de preuve établissant la créance (titre, contrat…) ;

– les modalités de calculs des intérêts ;

– l'éventuel privilège ou sûreté bénéficiant à la créance ;

– juridiction saisie en cas de litige en cours sur la créance.

Après vérification, l'administrateur provisoire établit et publie une liste des créances déclarées. Cette liste est déposée au greffe du tribunal compétent et une insertion est publiée au *BODACC* à son propos.

En cas de discussion sur la créance, l'administrateur en informe le créancier concerné par courrier RAR. Le créancier dispose alors d'un délai de 30 jours pour lui répondre. À défaut de réponse dans ce délai, le créancier est forclos à discuter sa créance.

L'administrateur informe, sans délai et par courrier RAR, les créanciers dont la créance n'est pas retenue.

Les créanciers disposent alors d'un délai de 2 mois courant à compter de la publication au *BODACC* de la liste pour en contester le contenu auprès du président du tribunal judiciaire du lieu de situation de l'immeuble.

---

44 D. 1967, art. 62-16 et 62-17.

45 D. 1967, art. 62-18.

*Les créances non déclarées régulièrement ne sont pas pour autant éteintes*. L'article 29-4 de la loi du 10 juillet 1965 prévoit une action en relevé de forclusion pouvant être exercée dans le délai de 6 mois suivant la publication de la décision désignant l'administrateur provisoire. En cas de relevé de forclusion, le créancier dispose d'un nouveau délai d'un mois pour inscrire sa créance.

## 5. Plan d'apurement des dettes

Suite à cette liste, l'administrateur doit établir un plan d'apurement des dettes du syndicat d'une durée de 5 ans prorogeable[46].

Ce plan d'apurement doit impérativement comporter :

– une première partie comprenant un état des dettes, précisant notamment les créances déclarées, ainsi qu'une évaluation du montant des créances irrécouvrables ;

– une deuxième partie précisant la trésorerie prévisionnelle du syndicat sur la durée du plan d'apurement des dettes, prenant notamment en compte les dépenses liées à la préservation de l'immeuble et, si cela apparaît nécessaire, les dépenses concourant à la réduction des charges et au respect du plan d'apurement ;

– une troisième partie préconisant l'échéancier des appels de fonds auprès des copropriétaires et les échéanciers détaillés par créancier.

Le projet d'échéancier (global et détaillé) est notifié par courrier RAR ou par remise contre émargement à chacun des créanciers l'échéancier global. À l'occasion de cette communication, l'administrateur peut inviter les créanciers à accorder des remises de dettes ou à accepter des délais de paiement supérieurs à la durée du plan.

Ces derniers font connaître à l'administrateur provisoire leurs observations, dans un délai de 2 mois à compter de l'envoi qui leur a été fait du projet d'échéancier[47], par courrier RAR ou par lettre remise contre émargement.

*L'administrateur provisoire établit alors un plan d'apurement définitif* et le dépose alors au greffe du tribunal judiciaire compétent. Il le notifie à chacun des créanciers par courrier RAR ou par lettre remise contre émargement. Ce courrier doit rappeler aux créanciers la possibilité qui leur est offerte de saisir le juge d'une contestation dans un délai de 2 mois par reproduction de l'article 29-5, II, alinéa 3 de la loi du 10 juillet 1965.

L'administrateur doit également porter ce plan à la connaissance des copropriétaires par remise contre émargement, par courrier RAR, ou par courrier recommandé électronique.

Sont impérativement joints en annexe[48] à ce plan d'apurement définitif :

– la liste des travaux à engager nécessaires au redressement financier de la copropriété et à la préservation de l'immeuble ;

– la liste indicative des mesures de gestion et des procédures de recouvrement amiable ou contentieuse des impayés envisagées pour permettre le respect du plan d'apurement ;

– les observations du conseil syndical et des créanciers ;

– les accords de remise des dettes des créanciers ainsi que les délais de paiement octroyés par ces derniers ;

– un état détaillé des impayés des copropriétaires identifiant les créances irrécouvrables au sens de l'article 62-29 ;

46 D. 1967, art. 62-22, 62-23 et 62-24.
47 D. 1967, art. 62-23.
48 D. 1967, art. 62-25.

– l'inventaire des biens cessibles du syndicat ;

– le cas échéant, le projet de convention avec un ou plusieurs opérateurs[49] ou la convention signée.

L'article 62-26 du décret du 17 mars 1967 et l'article 29-5 de la loi du 10 juillet 1965 disposent que les créanciers doivent adresser leurs contestations par courrier RAR au greffe du tribunal judiciaire ou les y déposer contre récépissé *dans un délai de 2 mois*.

Le président du tribunal statue alors sur chacune des contestations après avoir entendu ou dûment appelé le créancier intéressé. Sa décision n'est pas susceptible de recours.

Le président du tribunal arrête alors le plan à la demande de l'administrateur provisoire.

Sa décision, exécutoire de plein droit, est notifiée par le greffier aux créanciers, ainsi qu'à l'administrateur provisoire. Elle est communiquée au ministère public et portée à la connaissance des copropriétaires selon les modalités prévues par l'article 62-5 du décret du 17 mars 1967.

Après mise en place du plan, si la situation financière du syndicat évolue, la loi du 10 juillet 1965 offre la possibilité de proroger ou modifier le plan d'apurement initial par décision du président du tribunal judiciaire saisi par voie de requête par le syndicat des copropriétaires, des copropriétaires représentant au moins 15 % des voix, les créanciers, le syndic ou l'administrateur provisoire[50].

La requête ayant pour objet une modification ou la prorogation du plan d'apurement des dettes doit comporter le projet de plan d'apurement. Le projet de plan modifié est notifié par courrier RAR par le greffe du tribunal au syndic ou à l'administrateur provisoire et, le cas échéant, à chacun des créanciers affectés par le projet de modification. Les créanciers concernés disposent alors d'un délai de 15 jours, à compter de l'envoi de cette lettre, pour faire valoir leurs observations. Le président du tribunal judiciaire statue sur la requête et modifie, le cas échéant le plan. Ce plan modifié est notifié par le greffe dans les mêmes conditions que le plan initial.

### 6. Effacement des dettes du syndicat et créances irrécouvrables

Aux termes de l'article 29-7 de la loi du 10 juillet 1965, les créances irrécouvrables du syndicat sont :

– les créances à l'encontre d'un copropriétaire dont les dettes ont été effacées par jugement ;

– les créances dues par un copropriétaire à l'égard duquel une procédure de liquidation judiciaire a été ouverte et clôturée pour insuffisance d'actif ;

– en cas de liquidation de succession vacante ou non réclamée, les créances dues par un copropriétaire décédé lorsque ni la vente du lot, ni l'actif successoral n'en permettent le paiement.

Si le syndicat ne dispose pas d'actifs, l'administrateur provisoire peut solliciter du juge l'effacement partiel des dettes du syndicat correspondant au montant de ces créances irrécouvrables. Le juge peut alors librement effacer tout ou partie des dettes du syndicat.

## C. LE RAPPORT DE L'ADMINISTRATEUR PROVISOIRE

L'administrateur provisoire doit rendre compte de sa mission au président du tribunal judiciaire par écrit à la demande de ce dernier et au moins annuellement. Notons que cette obligation est satisfaite la première année de sa mission si l'administrateur dépose, en l'absence de mandataire ad hoc, un rapport intermédiaire préconisant, à l'issue des premiers 6 mois de la mission, les mesures nécessaires au redressement de la situation financière du syndicat[51].

49 L. 1965, art. 29-11.

50 L. 1965, art. 29-5 ; D. 1967, art. 62-27.

51 L. 1965, art. 29-1, I.

En cours de mission, il peut également établir des pré-rapports qu'il doit déposer au greffe du tribunal judiciaire. Si un pré-rapport est établi, avant la fin de la mission de l'administrateur, le greffe de la juridiction en adresse copie au procureur de la République et au président du conseil syndical.

Le rapport final doit être déposé au greffe du tribunal judiciaire, lequel en adresse copies au procureur de la République, au syndic désigné, au président du conseil syndical, ou, à défaut à chacun de ces membres, et *s'ils en font la demande*, au préfet, au maire de la commune et au président de l'EPCI[52]. Les observations des personnes auxquelles ces documents ont été adressés doivent être formulées au plus tard à l'expiration d'un délai d'un mois à compter de leur réception.

En tout état de cause, le syndic informe les copropriétaires par courrier RAR, par remise contre émargement ou par courrier recommandé électronique qu'ils peuvent prendre connaissance des rapports et pré-rapports émis par l'administrateur provisoire[53].

## Section 3 Les mesures alternatives ou complémentaires

Lorsque le syndicat des copropriétaires est victime de graves difficultés, le législateur a mis à disposition du juge, de la personne publique compétente et éventuellement de l'administrateur provisoire un arsenal de procédures exorbitantes de droit commun. Parmi celles-ci, on retrouve principalement le plan de sauvegarde, la division en volume et l'administration provisoire renforcée.

## I. La création de syndicats secondaires et la division de la copropriété

L'article 29-8 de la loi du 10 juillet 1965 offre au juge, si la gestion et le fonctionnement normal de la copropriété ne peuvent être rétablis autrement, la possibilité de constituer un ou plusieurs syndicats secondaires[54] ou de diviser la copropriété[55].

La demande doit être formulée par l'administrateur provisoire à l'appui d'un rapport faisant état de l'avis du conseil syndical et précisant :

– les conditions matérielles, juridiques et financières rendues nécessaires par l'emploi de ces outils ;

– un projet de répartition des parties communes, des règlements de copropriété et états descriptifs de division ;

– un état des créances et dettes du syndicat, et leur répartition ;

– un plan d'apurement des dettes pour chacun des syndicats créés.

L'administrateur provisoire peut être amené à solliciter du juge une scission dite « en volumes » de la copropriété. Dans ce cas, le juge statue au vu des conclusions d'un expert désigné par ses soins et après avis du maire et du président de l'EPCI. *L'expert doit démontrer que la copropriété peut être divisée en volumes sans parties communes indivises et pouvant être gérée de manière autonome.*

52 L. 1965, art. 29-2, al. 2.
53 D. 1967, art. 62-12 et 62-13.
54 L. 1965, art. 27.
55 L. 1965, art. 28.

Ces outils initialement prévus pour faciliter la gestion de grandes copropriétés nécessitaient une démarche volontaire des copropriétaires réunis en assemblée générale. La loi *ALUR* du 24 mars 2014 permet au juge de passer outre cet accord et ainsi d'imposer cet éclatement de la copropriété devant faciliter son rétablissement.

De tels outils ont, par exemple, été employés par le juge dans le cas d'une petite copropriété dans laquelle l'opposition entre deux copropriétaires ne permettait pas la désignation d'un syndic, l'établissement de compte du syndicat... la division s'imposait alors[56].

En tout état de cause, le rôle du juge est essentiel. En effet, il lui appartient de :

– se prononcer sur la nécessité de telles démarches ;

– autoriser l'administrateur provisoire à faire réaliser des travaux nécessaires à la création de syndicats secondaires ou à une division du syndicat ;

– homologuer les nouveaux règlements de copropriété ;

– dissoudre le syndicat initial dans le cas d'une scission ;

– autoriser l'administrateur provisoire à céder à titre gratuit à la commune ou à l'EPCI des équipements collectifs, ou des parcelles de terrain non bâti dont l'entretien et la gestion sont onéreux[57].

## II. Le plan de sauvegarde des copropriétés dégradées

L'article 615-1 du Code de la construction et de l'habitation dispose que lorsqu'un groupe d'immeubles ou un ensemble immobilier déterminé, à usage d'habitation ou à usage mixte professionnel, commercial et d'habitation, *soumis au régime de la copropriété* est confronté à de graves difficultés sociales, techniques et financières résultant notamment de complexités juridiques ou techniques et risquant à terme de compromettre leur conservation, le représentant de l'État dans le département peut, à son initiative ou sur proposition du maire de la commune, du président de l'EPCI compétent en matière d'habitat, d'associations d'habitants, d'associations de propriétaires ou de copropriétaires ou de l'administrateur provisoire mentionné à l'article 29-1 de la loi du 10 juillet 1965, *confier à une commission qu'il constitue le soin d'élaborer un diagnostic de la situation et de proposer un plan de sauvegarde destiné à résoudre les difficultés du groupe d'immeubles bâtis ou de l'ensemble immobilier concerné.*

Cette commission doit obligatoirement comprendre des représentants des copropriétaires et des locataires des immeubles concernés, et l'administrateur provisoire.

Le plan établi doit déterminer, pour une période de 5 années, les mesures nécessaires pour :

– redresser la situation financière de la copropriété ;

– permettre l'information des occupants de l'immeuble afin de restaurer les relations sociales ;

– clarifier et simplifier les règles de structure et d'administration du groupe d'immeubles bâtis ou de l'ensemble immobilier ;

– clarifier et adapter le statut des biens et équipements à usage public ;

– réaliser ou faire réaliser par un tiers des travaux de conservations de l'immeuble ou tendant à la réduction des charges de fonctionnement ;

– organiser la mise en place de mesures d'accompagnement.

56 CA Paris, pôle 1, ch. 3, 3 mai 2016, n° 1/00179.
57 L. 1965, art. 29-9.

Ce plan de sauvegarde est établi sur la base des engagements souscrits par des collectivités publiques, des organismes publics ou des personnes privées concernées[58].

Pour permettre sa pleine efficacité, il est nécessaire que le plan de sauvegarde soit compatible avec la mission de l'administrateur car il peut, par exemple, être amené à signer toute convention financière en vue de l'attribution de subventions publiques au syndicat des copropriétaires[59].

Le juge peut par ailleurs, si la demande lui est formulée par l'administrateur provisoire ou des copropriétaires représentant 15 % des voix du syndicat, suspendre le versement des cotisations au fonds travaux.

Si ce plan de sauvegarde est approuvé par le représentant de l'État dans le département et après avis du maire et du président de l'EPCI compétent sur les questions d'habitat, il doit être adressé au syndic ou à l'administrateur provisoire.

Si la copropriété n'est pas dotée d'un administrateur provisoire, le syndic en exercice doit inscrire à l'ordre du jour de la prochaine assemblée générale qui doit intervenir dans les 6 mois de l'approbation, les mesures préconisées par le plan de sauvegarde.

À défaut de réunion de l'assemblée générale (ou en cas de rejet des mesures du plan de sauvegarde et si les difficultés du groupe d'immeubles bâtis ou de l'ensemble immobilier compromettent la conservation de l'immeuble), le maire ou le président de l'EPCI compétent en matière d'habitat peuvent saisir le juge aux fins de nommer un administrateur provisoire en application de l'article 29-1 de la loi du 10 juillet 1965. Si le plan s'avère inefficace, ces mêmes personnes ainsi que l'administrateur judiciaire peuvent saisir le juge afin de déclarer l'état de carence de la copropriété et ainsi initier des procédures d'expropriation[60].

# III. L'administration provisoire renforcée

Lorsque la situation financière de la copropriété ne permet pas de réaliser les travaux nécessaires pour la conservation et la mise en sécurité de l'immeuble, la protection des occupants, la préservation de leur santé et la réduction des charges de copropriété, l'article 29-11 de la loi du 10 juillet 1965, ajouté par la loi *ALUR* du 24 mars 2014, permet le recours à une *administration provisoire renforcée* qui permet à l'administrateur provisoire désigné en vertu de l'article 29-1 de cette même loi, de conclure, avec différents opérateurs compétents, des conventions visant la réalisation et le financement de ces travaux.

Les modalités de recours à cette procédure et sa mise œuvre sont prévues par les articles 62-30 à 62-35 du décret du 17 mars 1967.

## A. PROCÉDURE ABOUTISSANT À L'ADMINISTRATION RENFORCÉE

Le maire, le président de l'EPCI compétent en matière d'habitat, le préfet ou l'administrateur provisoire déjà désigné[61] peuvent saisir, par le biais d'une requête, le président du tribunal judiciaire compétent. Cette requête doit être accompagnée d'un dossier mentionnant les raisons justifiant ce placement sous administration provisoire renforcée et les aides et mesures d'accompagnement publiques mobilisées dans le cadre de cette procédure.

58 CCH, art. L. 615-2.
59 L. 1965, art. 29-10, al. 2 et 3.
60 CCH, art. L. 615-1, IV.
61 L. 1965, art. 29-11.

## B. LA CONVENTION AVEC L'OPÉRATEUR

L'article 29-11 de la loi du 10 juillet 1965 autorise l'administrateur provisoire à conclure, au nom et pour le compte du syndicat des copropriétaires, une convention pour une durée déterminée avec un ou plusieurs opérateurs compétents en vue notamment de leur confier à ces certaines missions concourant au redressement de la copropriété, notamment la maîtrise d'ouvrage d'un programme de travaux défini par l'administrateur et la mise au point du plan de financement.

Le contenu minimum de cette convention a été arrêté par l'article 62-31 du décret du 17 mars 1967. Il s'agit de :

– la liste des études juridiques, financières et techniques nécessaires pour définir le contenu des travaux et effectuer les choix techniques en résultant ;

– le calendrier prévisionnel des études, du choix des prestataires et des travaux ;

– la nature des travaux envisagés et l'enveloppe financière prévisionnelle associée ;

– en cas de division, les plans sommaires avant et après scission ;

– les modalités d'organisation de la maîtrise d'ouvrage :

• les modalités de choix et de réalisation des travaux ainsi que les modalités d'information du conseil syndical et des copropriétaires sur ces décisions,

• les missions pour lesquelles l'opérateur est mandaté, notamment en ce qui concerne la préparation, la consultation et le choix des maîtres d'œuvre, des entrepreneurs et fournisseurs ainsi que la conclusion et la gestion des contrats en résultant,

• les modalités de compte rendu à l'administrateur provisoire et au conseil syndical,

• les modalités d'information des résidents, notamment sur les aides financières mobilisables en lien avec les dispositifs publics d'accompagnement. L'opérateur ne peut exercer directement une mission de maîtrise d'œuvre ou réaliser directement des travaux ;

– les modalités financières de l'opération (que la convention mentionne *a minima*) :

• le plan de financement prévisionnel global de l'opération tenant compte des aides publiques contractualisées ou confirmées et faisant apparaître le reste à charge pour le syndicat des copropriétaires,

• la rémunération de l'opérateur à la charge du syndicat des copropriétaires (fixée selon les règles définies par l'article 62-32) ainsi que l'échéancier de versement de cette rémunération et la quote-part de rémunération due par chaque copropriétaire,

• l'organisation de la gestion comptable et administrative des opérations de travaux,

• les modalités de préparation des dossiers de demande de subvention et leur mobilisation,

• le cas échéant, les modalités de préfinancement de l'opération par l'opérateur dans l'attente du versement des subventions publiques et des versements du syndicat,

• en cas de division, la répartition de la rémunération de l'opérateur entre les syndicats de copropriétaires créés par la division conformément au I de l'article 29-12 de la loi du 10 juillet 1965 ;

– les modalités de la gestion des contentieux avec l'ensemble des prestataires et les modalités de souscription et de gestion des contrats d'assurance ;

– les modalités d'indemnisation de l'opérateur qui a engagé des fonds en cas de résiliation anticipée prononcée par le juge[62] ;

62 L. 1965, art. 29-12, II.

– les modalités de passation des avenants rendus nécessaires pour la réalisation de travaux supplémentaires autorisés par le juge ou décidés par l'assemblée générale[63] ou pour la bonne exécution de la convention dès lors que ceux-ci ne bouleversent pas l'économie générale de la convention et respectent les objectifs de la convention.

Une fois cette convention établie, ses signataires peuvent saisir conjointement, par requête, le président du tribunal judiciaire pour l'homologuer. La décision portant homologation est notifiée aux parties et communiquée par l'administrateur provisoire aux personnes que le président a désignées dans son ordonnance[64].

## C. LA RÉMUNÉRATION DU OU DES OPÉRATEURS

Selon l'article 62-32 du décret du 17 mars 1967, la rémunération de l'opérateur est calculée par application d'un pourcentage sur le montant des travaux hors taxes. Si la convention prévoit un préfinancement des dépenses, la rémunération de l'opérateur intègre alors également le remboursement des avances et frais financiers supportés par l'opérateur pour l'accomplissement de cette mission.

Cette rémunération de l'opérateur est versée selon un échéancier s'étalant sur la durée de la convention et peut être supérieure à la durée d'exécution des études et travaux, sans pour autant pouvoir être supérieure à la durée de la convention.

L'échéancier peut prévoir une rémunération progressive dans le temps si la convention prévoit une phase d'études pour la finalisation des travaux et dans l'attente de la passation par l'opérateur de l'ensemble des contrats nécessaires à la réalisation de l'opération afin d'en déterminer le coût définitif.

*La rémunération est à la charge du syndicat des copropriétaires et distincte de la rémunération de l'administrateur provisoire.*

## D. LA PERCEPTION DES SUBVENTIONS PUBLIQUES

Aux termes de l'article 62-34 du décret du 17 mars 1967, si des subventions publiques ou privées pour la rénovation des parties communes et, le cas échéant, des parties privatives d'intérêt collectif *peuvent être accordées à titre individuel à des copropriétaires*, l'administrateur provisoire ou l'opérateur peut être le mandataire de ces copropriétaires.

Si le mandat le prévoit expressément, ces subventions peuvent être versées directement à l'opérateur sur un compte spécifique dont les relevés sont mis à la disposition du mandant.

Conformément aux dispositions des articles 1984 et suivants du Code civil, ce mandat suppose l'acceptation des mandataires.

L'opérateur doit rendre compte de l'usage de la subvention selon les modalités prévues par le mandat.

Lorsque la subvention est *accordée au syndicat des copropriétaires*, l'opérateur peut être mandaté par l'administrateur provisoire pour solliciter et percevoir la subvention qui est versée sur un compte spécifique dont les relevés sont mis à la disposition de l'administrateur provisoire.

En tout état de cause, le mandat peut être intégré à la convention ou faire l'objet d'un acte séparé. Il prévoit les modalités de compte rendu de l'usage de la subvention par l'opérateur.

63 L. 1965, art. 29-12.
64 D. 1967, art. 62-33.

## Section 4 La carence du syndicat des copropriétaires

Si malgré ces différents mécanismes et procédures, le syndicat des copropriétaires d'un immeuble à usage principal d'habitation est, en raison de graves difficultés financières ou de gestion et de l'importance des travaux à effectuer, dans l'incapacité d'assurer la conservation de l'immeuble ou la sécurité et la santé[65] des occupants, il peut être déclaré en état de carence[66].

### I. Déroulement de la procédure

Le maire de la commune du lieu de situation de l'immeuble, le président de l'EPCI compétent en matière d'habitat, ou après accord de ces derniers, le représentant de l'état dans le département, le syndic de l'immeuble, l'administrateur provisoire de l'article 29-1 ou des copropriétaires représentant au moins 15 % des voix du syndicat peuvent saisir le président du tribunal judiciaire, par voie de requête ou par une assignation suivant la procédure accélérée au fond.

Le président du tribunal judiciaire peut désigner un ou plusieurs experts devant notamment constater la nature et l'importance des travaux à mettre en œuvre ainsi que le déséquilibre financier du syndicat[67]. Le syndicat des copropriétaires et l'auteur de la saisine sont informés du résultat de cette expertise.

En fonction des éléments communiqués par l'auteur de la saisine et des éventuelles conclusions de cette expertise, le président du tribunal judiciaire peut rendre une décision déclarant l'état de carence et désignant, au besoin, un liquidateur au syndicat des copropriétaires.

Cette décision est notifiée au représentant de la copropriété (syndic ou administrateur provisoire), à l'auteur de la saisine, au maire, au président de l'EPCI ainsi qu'au représentant de l'état dans le département et est affichée sur la façade de l'immeuble.

Les copropriétaires peuvent individuellement former tierce opposition visant la rétractation ou la réformation de l'ordonnance du président du tribunal judiciaire déclarant l'état de carence du syndicat[68].

### II. L'expropriation

Cet immeuble étant en état de carence, sa réhabilitation ou sa destruction s'impose.

Un dossier visant une expropriation au profit de la commune, de l'EPCI ou tout autre organisme ayant vocation en matière d'habitat, d'un concessionnaire d'une opération d'aménagement[69] ou d'une société de construction dans laquelle l'état détient la majorité du capital est établi.

Le préfet prend alors une déclaration d'utilité publique et un arrêté de cessibilité.

Les copropriétaires sont indemnisés par référence aux valeurs déterminées par les domaines, ladite indemnité devant nécessairement prendre en compte le montant des travaux nécessaires à la conservation de l'immeuble mentionnés dans le rapport d'expertise et, le cas échéant, le coût des travaux prescrits par des arrêtés d'insalubrité ou de péril.

65 Apport de L. n° 2014-366, 24 mars 2014 (loi *ALUR*).
66 CCH, art. L. 615-10.
67 CCH, art. L. 615-6, al. 1er.
68 Cass. 3e civ., 28 janv. 2015, n° 13-19080.
69 C. urb., art. L. 300-4.

Voulant proposer de nouveaux remèdes aux copropriétés en difficulté, la loi *ALUR* a introduit jusqu'en 2024, à titre expérimental, la possibilité d'expropriation des seules parties communes[70]. Les copropriétaires deviennent alors de simples propriétaires de biens privatifs et peuvent utiliser les parties et équipements anciennement collectifs moyennant le versement d'une redevance mensuelle. Le statut de la copropriété cesse, à défaut de parties communes, de s'appliquer.

Cette solution permet aux opérateurs publics de prendre en main les parties et équipements communs sources de déséquilibres financiers et de difficultés.

**70** CCH, art. L. 615-10.

# LES PETITES COPROPRIÉTÉS : DES STATUTS PARTICULIERS

Appliquant à la lettre les objectifs de la loi *ÉLAN* qui souhaitait « moderniser le modèle de la copropriété en tenant compte des caractéristiques des immeubles, de leur destination et de leur taille », l'ordonnance du 30 octobre 2019 vient créer littéralement deux nouveaux statuts de la copropriété :

– un statut propre aux petites copropriétés de moins de 5 lots à usage de logements, de bureaux ou de commerces OU aux copropriétés dont le budget prévisionnel sur trois exercices consécutifs ne dépasse pas 15 000 € ;

– un statut pour les copropriétés composées de deux copropriétaires.

Le décret du 2 juillet 2020[1] en fixe les modalités d'application pratique.

## Section I Les petites copropriétés

L'ordonnance du 30 octobre 2019 vient de créer littéralement un statut propre aux petites copropriétés en ajoutant après l'article 41-7 de la loi du 10 juillet 1965 un nouveau chapitre IV *ter*.

Les règles fixées par ce nouveau chapitre visent les copropriétés de moins de 5 lots à usage de logements, de bureaux ou de commerces OU les copropriétés dont le budget prévisionnel sur trois exercices consécutifs ne dépasse pas 15 000 €[2].

Les petites copropriétés répondant à ces prérequis sont désormais soumises aux règles suivantes :

– elles ne sont pas obligées de constituer un conseil syndical ;

– elles peuvent recourir aux modalités du syndicat coopératif ;

– elles ne sont pas tenues à une comptabilité en partie double ; leurs engagements peuvent être constatés en fin d'exercice ;

*– les copropriétaires peuvent prendre, à l'unanimité, des décisions hors assemblée par le biais de consultations écrites ou de réunions.*

Même si le principe de l'annualité de l'assemblée est préservé, le sacro-saint formalisme du processus décisionnel en copropriété semble donc abandonné.

Le décret du 2 juillet 2020 ajoute trois nouveaux articles 42-3 à 42-5 (section V bis) au décret du 17 mars 1967 et vient ainsi poser le cadre de cette nouvelle « consultation des copropriétaires dans les petites copropriétés ».

1 D. n° 2020-834, 2 juill. 2020 pris pour l'application de l'ord., n° 2019-1101, 30 oct. 2019 portant réforme du droit de la copropriété.

2 L. 1965, art. 41-8 à 41-12 nouveaux.

Le syndic doit organiser la consultation du syndicat *dans les 21 jours suivant la demande adressée par un copropriétaire*.

Les décisions prises sont valables dès que tous les copropriétaires composant le syndicat ont chacun exprimé leur vote, soit :

– par présence physique, y compris dans le cadre d'une délégation de vote ;

– par visioconférence, audioconférence ou tout autre moyen de communication électronique ;

– par courrier, sur support papier ou électronique.

Le copropriétaire qui a participé à la consultation par visioconférence ou audioconférence doit *confirmer le sens de son vote par tout moyen dans les 48 heures qui suivent la réunion*. À défaut, la décision n'est pas valablement prise.

Chaque décision prise par voie de consultation doit être consignée sur un procès-verbal établi et signé par le syndic, comportant le sens du vote de chaque copropriétaire, la signature des copropriétaires présents et la *confirmation des copropriétaires ayant participé par visioconférence ou audioconférence*.

Ce procès-verbal est annexé au registre des procès-verbaux des assemblées générales.

## Section 2 Les copropriétés composées de deux copropriétaires

Souvent qualifiées d'enfer collectif, les copropriétés composées de deux copropriétaires posent de nombreuses difficultés tant il est vrai que le statut de la copropriété, rigide, leur est difficilement applicable. La copropriété à deux est souvent synonyme de blocage dans le processus de prise de décision.

# I. Les apports de l'ordonnance du 30 octobre 2019

L'ordonnance du 30 octobre 2019 a créé des dispositions qui leur sont propres, rapprochant ces copropriétés à deux du régime de l'indivision prévu par le Code civil[3].

Pour y remédier, il est prévu :

– une *dérogation à la règle de réduction des voix prévue à l'article 22 de la loi du 10 juillet 1965 lorsque les décisions à prendre relèvent de la majorité de l'article 24*[4]. Ces décisions peuvent alors être prises selon la volonté du seul copropriétaire majoritaire ;

– les *décisions, hors gestion courante, relevant de la majorité de l'article 25 peuvent être prises par un seul copropriétaire* si ce dernier dispose, *a minima*, des deux tiers des voix de la copropriété ;

– les autres décisions ne peuvent être prises que selon un consentement unanime ;

– *chaque copropriétaire peut prendre seul les mesures rendues nécessaires par la conservation de l'immeuble même si elles ne sont pas urgentes*. Il peut exiger de l'autre copropriétaire le remboursement des dépenses exposées à cette occasion ;

– à l'exception des décisions relevant de l'article 26 de la loi, toutes les décisions précédemment évoquées peuvent être prises hors la tenue d'une assemblée ;

3 L. 1965, chap. IV *ter*, sect. 2 nouvelle.

4 L. 1965, art. 41-16 nouveau.

– *le formalisme de la convocation à l'assemblée générale est considérablement allégé*. Ainsi, lorsque les questions évoquées ne relèvent pas du consentement unanime des deux copropriétaires, *la convocation préalable n'est pas nécessaire*. Par ailleurs, chaque copropriétaire peut convoquer l'autre en lui notifiant les points objets de l'ordre du jour. L'autre copropriétaire peut agrémenter cet ordre du jour en informant simplement son voisin ;

– pour permettre la contestation d'une éventuelle décision irrégulière, une dérogation à l'article 42 de la loi du 10 juillet 1965 est prévue[5]. Si la décision est prise hors assemblée par un seul copropriétaire, le point de départ du délai de recours est la *notification de la décision prise à l'autre copropriétaire*. La décision prise ne peut alors être exécutée qu'après l'épuisement du délai de recours de 2 mois[6] ;

– pour éviter l'abus et le conflit d'intérêts, *chacun des deux copropriétaires*, qu'il soit syndic ou non, ou si le syndic est défaillant, *peut poursuivre son voisin en paiement des provisions sur charges de copropriété*[7] ;

– *un mécanisme est prévu pour pallier le blocage* d'une décision nécessitant l'accord des deux copropriétaires[8]. Ainsi, le copropriétaire le plus diligent peut saisir le juge afin d'être autorisé à passer seul un acte nécessitant l'accord de l'autre copropriétaire, *si l'intérêt commun est en péril* ;

– *l'aliénation d'une partie commune, dans l'intérêt commun, peut être autorisée judiciairement au copropriétaire disposant au moins des deux tiers des tantièmes*.

## II. Les précisions apportées par le décret du 2 juillet 2020

Le décret du 2 juillet 2020 apporte les précisions nécessaires permettant une application pratique de ce nouveau statut offert aux copropriétés à deux.

Sept nouveaux articles (42-6 à 42-12) sont ainsi ajoutés au décret du 17 mars 1967 :

– chaque copropriétaire peut intenter une *action en paiement des provisions sur charges prévue à l'article 19-2 de la loi du 10 juillet 1965* ;

– les décisions ou mesures prises par les deux copropriétaires ou par l'un d'entre eux sont *portées à la connaissance de la personne qui exerce tout ou une partie des missions de syndic sans être copropriétaire* ;

– toutes les mesures conservatoires et les décisions pouvant être prises par un seul des deux copropriétaires doivent être *notifiées, à peine d'inopposabilité, à l'autre copropriétaire*. Cette notification doit préciser la nature de la décision et, le cas échéant, son coût, justifié par des devis ou contrats ;

– les décisions prises au cours d'une réunion rassemblant les copropriétaires hors assemblée ou prises par un seul copropriétaire doivent être *consignées par écrit et versées au registre des procès-verbaux des assemblées générales* ;

– la contestation d'une décision prise par l'un des copropriétaires n'est possible que devant le tribunal judiciaire ;

5 L. 1965, art. 41-19 nouveau.
6 L. 1965, art. 41-19.
7 L. 1965, art. 41-15.
8 L. 1965, art. 41-21.

– lorsqu'un copropriétaire non-syndic perçoit des revenus ou expose des frais au titre de l'administration et de la gestion de la copropriété, il doit tenir un *état des dépenses et créances* laissé à la disposition de l'autre copropriétaire auquel il annexe toutes pièces permettant de justifier la nature et le montant de chaque dépense et créance, ainsi que la réalité de leur paiement ;

– lorsque le président du tribunal judiciaire est saisi pour prescrire ou autoriser toutes les mesures urgentes que requiert l'intérêt commun, *il statue selon la procédure accélérée au fond*.

Chapitre 3

# LES RÉSIDENCES SERVICES ET DE TOURISME EN COPROPRIÉTÉ

Les résidences services ou copropriétés avec services peuvent être définies comme des résidences offrant un cadre de vie adapté, notamment aux personnes âgées ou étudiants, en leur proposant la possibilité de bénéficier d'un appui au quotidien par la fourniture de services (blanchisserie, repas, ménage, surveillance, aide, loisirs...).

La difficulté tenait initialement au fait qu'il était manifeste que la fourniture de services n'entrait pas dans l'objet du syndicat des copropriétaires tel qu'il est prévu par l'article 14 de la loi du 10 juillet 1965. Une intervention du législateur était donc souhaitable.

La loi n° 2006-872 du 13 juillet 2006 portant engagement national pour le logement, dite « loi *ENL* », leur a tout d'abord donné un statut particulier en ajoutant à la loi du 10 juillet 1965 des articles 41-1 à 41-5 regroupés en un nouveau chapitre IV *bis* intitulé « Résidences services ».

Les modalités pratiques de ces nouveaux textes avaient été prévues par le décret du 20 avril 2010[1] qui avait, pour sa part, ajouté des articles 39-2 à 39-7 au décret du 17 mars 1967.

Ce régime a, par la suite, été profondément modifié par la loi du 28 décembre 2015 dite « d'adaptation de la société au vieillissement »[2]. Les nouveaux textes issus de cette loi n'avaient vocation à s'appliquer que 6 mois après sa promulgation et ne demeuraient qu'optionnels, sauf pour certaines dispositions (mise en place d'un conseil des résidents[3], pour les copropriétés dont les règlements avaient été publiés avant le 29 juin 2016).

Ainsi, sont amenés à coexister deux régimes des résidences services :

- les résidences encore soumises à la loi *ENL* du 13 juillet 2006 ;
- les résidences soumises à la loi du 28 décembre 2015.

Afin de faciliter la transition et d'unifier le régime des résidences services, le syndic des résidences dont le règlement a été publié avant le 29 juin 2016 doit, chaque année, proposer à l'ordre du jour de l'assemblée générale une mise en conformité de ses stipulations avec les nouveaux textes. Une telle décision est prise à la majorité de l'article 26 de la loi du 10 juillet 1965.

1 D. n° 2010-391, 20 avr. 2010.
2 L. n° 2015-1176, 28 déc. 2015.
3 L. 1965, art. 41-7.

## Section I Les résidences soumises à la loi du 13 juillet 2006

# I. Principe de l'élargissement de l'objet du syndicat

L'article 41-1 de la loi du 10 juillet 1965, ajouté par la loi du 13 juillet 2006, prévoyait que le règlement de copropriété pouvait étendre l'objet d'un syndicat de copropriétaires à la fourniture aux occupants de l'immeuble de services spécifiques, tels que la restauration, la surveillance, l'aide ou encore les loisirs.

En étaient spécifiquement exclus les services de soins ou d'accompagnement exclusivement liés à la personne qui relèvent des établissements médicalisés répondant de l'article L. 312-1 du Code de l'action sociale et des familles[4].

Ces services pouvaient être pris en charge directement pas le syndicat ou confiés à une société tierce, par le biais d'une convention, qui les gérait à la place du syndicat des copropriétaires. Cette convention devait impérativement préciser :

– sa durée ;

– les conditions de son renouvellement et de sa dénonciation ;

– les modalités de la surveillance de son exécution par le conseil syndical ;

– les conditions de communication par le prestataire des documents relatifs à cette exécution ;

– l'objet et les conditions financières du ou des services ;

– les conditions matérielles et financières d'occupation des locaux[5].

# II. Fonctionnement des résidences services soumises à la loi du 13 juillet 2006

Les règles de fonctionnement de ces résidences services sont particulières et dérogent quelque peu au droit « classique » de la copropriété :

– le conseil syndical est ainsi un organe essentiel dont la constitution est obligatoire ; il n'existe donc pas de dérogation à l'obligation d'instituer un conseil syndical[6] ;

– le conseil peut recevoir une délégation de l'assemblée pour prendre les décisions relatives à la gestion courante des services spécifiques ;

– si le conseil ne reçoit pas de délégation à cet effet, le conseil syndical donne obligatoirement son avis sur le projet de convention passé avec un tiers pour la fourniture des services et contrôle le suivi et l'exécution de la convention.

S'agissant des *charges découlant des services fournis*, l'article 41-3 de la loi du 10 juillet 1965 dispose qu'elles doivent être considérées comme des charges de copropriété entraînées par les services collectifs[7]. Elles sont donc réparties en fonction du critère de l'utilité objective. À ce titre,

4 Cass. 3e civ., 1er déc. 2016, n° 15-12114.
5 D. 1967, art. 39-2-1.
6 L. 1965, art. 41-2.
7 L. 1965, art. 10-1.

les charges de fonctionnement de ces services doivent donc être intégrées au budget prévisionnel de la copropriété et ne peuvent être recouvrées que par le syndicat des copropriétaires et non par le prestataire titulaire de la convention[8].

*La suppression de services* est prévue par l'article 41-4 de la loi du 10 juillet 1965. Aux termes de cet article, cette suppression est décidée par l'assemblée générale à la majorité de l'article 26 de la loi du 10 juillet 1965.

*Cette suppression peut être motivée par une difficulté financière* connue par le syndicat des copropriétaires. Dans de telles circonstances, si l'équilibre financier d'un ou de plusieurs services est gravement compromis, et après que l'assemblée générale se soit prononcée, l'article 41-5 de la loi du 10 juillet 1965 permet à des copropriétaires représentant au moins 15 % des voix du syndicat de saisir le président du tribunal judiciaire compétent. Ce dernier, statuant dans le cadre d'une procédure accélérée au fond[9], peut prononcer la suspension ou la suppression du ou des services menacés. Cette procédure est diligentée contre le syndicat des copropriétaires et, le cas échéant, contre le tiers fournissant le service. Le président du conseil syndical peut être entendu par le juge[10] et la décision rendue est portée à la connaissance des copropriétaires par le syndic, dans le mois de son rendu, par courrier RAR, courrier recommandé électronique ou remise contre émargement[11].

## Section 2 Les résidences soumises à la loi du 28 décembre 2015

La loi du 28 décembre 2015 et son décret du 26 octobre 2016 prévoient donc un nouveau régime applicable aux résidences dont le règlement a été publié après le 29 juin 2016 et aux résidences anciennes décidant de l'adopter.

Ce nouveau statut des résidences services prévoit des changements majeurs :

– une distinction entre les services dont peuvent bénéficier l'ensemble des copropriétaires (services spécifiques non individualisables) et ceux choisis individuellement par les copropriétaires (services spécifiques individualisables) est opérée pour clarifier la facturation ;

– la mise à la disposition des prestataires de parties communes pour la fourniture de ces services est encadrée et doit faire l'objet d'une convention, renouvelable, consentie à titre gratuit pour 5 ans au maximum ;

– l'interdiction de confier la fourniture de services à un prestataire ayant un lien avec le syndic ou l'un de ses proches pour éviter tout conflit d'intérêts ;

– un conseil des résidents, consulté pour avis sur les besoins de création ou de suppression de services est créé.

### I. Les services individualisables et non individualisables

Si le nouvel article 41-1 prévoit toujours que le règlement de copropriété peut étendre l'objet du syndicat à la fourniture aux résidents de l'immeuble de services spécifiques, il précise qu'un décret énonce la liste de ces services et que ces services, bénéficiant par nature à l'ensemble des

8 Cass. 3e civ., 20 oct. 2016, n° 15-17947.
9 CPC, art. 481-1 et 839.
10 D. 1967, art. 39-6.
11 D. 1967, art. 39-7.

résidents, doivent nécessairement être non individualisables. Les occupants de logements en copropriété peuvent donc bénéficier de services collectifs au sein de leur résidence avec la possibilité d'opter pour la fourniture complémentaire de certaines prestations.

De prime abord, la loi du 28 décembre 2015 est venue, à nouveau, rappeler que le statut de la copropriété est incompatible avec l'octroi de services de soins ou d'aide et d'accompagnement exclusivement liés à la personne. Ces services sont, en effet, fournis exclusivement par des établissements et des services sociaux et médico-sociaux ou par des établissements, des services ou des professionnels de santé relevant du Code de la santé publique.

## A. LES SERVICES SPÉCIFIQUES NON INDIVIDUALISABLES

À l'instar de l'ancien régime, le syndicat des copropriétaires doit, pour bénéficier de services collectifs, modifier son règlement pour étendre son objet à la fourniture de prestations ou de services à destination de l'ensemble des copropriétaires. La liste des services dits « collectifs » s'est considérablement réduite.

En effet, le décret du 26 octobre 2016[12] a précisé qu'étaient considérés comme des services non individualisables :

– l'accueil personnalisé et permanent des résidents et de leurs visiteurs ;

– la mise à disposition d'un personnel spécifique attaché à la résidence, le cas échéant complétée par des moyens techniques permettant d'assurer une veille continue quant à la sécurité des personnes et la surveillance des biens ;

– le libre accès aux espaces de convivialité et aux jardins aménagés.

Le syndicat de copropriétaires *ne peut donc plus, comme c'était le cas auparavant, fournir des services comme la restauration ou les loisirs*. Au surplus, tous les services, même non individualisables, doivent nécessairement être fournis en exécution de conventions conclues avec des tiers[13]. Précisons que ne peuvent être prestataires de service le syndic, ses préposés, son conjoint, son partenaire de pacs, son concubin, ses parents et alliés jusqu'au 3e degré inclus, ou encore les entreprises dans lesquelles ces personnes exerceraient une fonction de direction ou de contrôle ou dont elles seraient préposées[14].

La convention devant être obligatoirement conclue entre le syndicat et chaque prestataire répond également au formalisme prévu par l'article 39-2-1 du décret du 17 mars 1967.

*Les charges relatives aux services non individualisables* sont réparties en application de l'article 10, alinéa 1er de la loi, c'est-à-dire selon le critère de l'utilité objective présentée par le service pour le lot. Les charges de fonctionnement de ces services constituent des dépenses courantes, au sens de l'article 14-1, pour l'établissement du budget prévisionnel[15].

*Les décisions relatives à la création ou à la suppression* de ces services sont prises à la double majorité de l'article 26 de la loi du 10 juillet 1965 avec, depuis le 1er juin 2020, un recours possible à la passerelle prévue par l'article 26-1. Lorsque les copropriétaires souhaitent supprimer un tel service, un rapport, présentant l'utilité de ce service pour les résidents et les conséquences financières de sa suppression, doit être dressé et communiqué aux copropriétaires dans la convocation à l'assemblée devant statuer sur cette suppression[16].

---

12 D. n° 2016-1446, 26 oct. 0216.

13 L. 1965, art. 41-1.

14 L. 1965, art. 41-6.

15 L. 1965, art. 41-1-2.

16 D. 1967, art. 39-4 ; L. 1965, art. 41-1, al. 3.

*Cette suppression peut être judiciairement ordonnée* par le président du tribunal judiciaire compétent, si l'équilibre financier du ou des services spécifiques non individualisables est gravement compromis ou si le déséquilibre financier du ou des services compromet l'équilibre financier de la copropriété. Le juge, statuant par une procédure accélérée au fond, est saisi par des copropriétaires représentant a minima 15 % des voix du syndicat et peut décider de la suspension ou de la suppression de ces services. L'instance est diligentée contre le syndicat des copropriétaires et, le cas échéant, contre le tiers qui fournit le ou les services, et doit impérativement être précédée de la tenue d'une assemblée devant se prononcer sur cette question. Le juge peut entendre, s'il l'estime nécessaire, le président du conseil syndical.

### B. LES SERVICES SPÉCIFIQUES INDIVIDUALISABLES DITS « SERVICES À LA CARTE »

L'assemblée générale, sur proposition du conseil syndical, doit choisir les prestataires appelés à fournir les services spécifiques individualisables[17]. Cette décision doit être prise à la majorité de l'article 25 de la loi du 10 juillet 1965, avec un possible recours à la passerelle prévue par l'article 25-1.

Afin de permettre ces prestations de service, le règlement de copropriété peut prévoir que *certaines des parties communes de la copropriété leur sont spécifiquement affectées*. Les conditions d'utilisation de ces parties communes font l'objet d'une convention à titre gratuit de prêt à usage ou commodat d'une durée maximale de 5 années renouvelable[18]. Cette convention doit être soumise à l'assemblée générale, qui statue sur son sort à la majorité de l'article 25 de la loi du 10 juillet 1965 avec un possible recours à la passerelle de l'article 25-1.

La durée des contrats de prestation de services conclus avec chaque copropriétaire ne doit *pas excéder celle de la convention de mise à disposition des parties communes*[19].

Notons que le conseil syndical peut recevoir de l'assemblée délégation de prendre ces décisions[20] et, plus largement, de veiller à la gestion courante des services « à la carte ». Par ailleurs, les modifications du règlement de copropriété emportant désaffection de certaines parties communes à ces services se prennent à la majorité de l'article 26 de la loi du 10 juillet 1965 et entraînent *résiliation de plein droit des conventions de prêt et de fourniture de services conclues avec les prestataires*[21].

À l'instar des services non individualisables, la loi du 28 décembre 2015 interdit au syndic et à ses proches d'être prestataires de services individualisables.

La loi du 28 décembre 2015 ne précise pas le *mode de répartition des dépenses entraînées par ces services individualisés*. Ne constituant pas des charges de copropriété, elles sont réglées directement par chaque utilisateur.

## II. Le conseil des résidents

Grande innovation de ce nouveau régime légal, le conseil des résidents est une instance consultative devant relayer les demandes et propositions et ainsi assurer la communication entre les résidents et les copropriétaires[22].

17 L. 1965, art. 41-1.
18 L. 1965, art. 41-3.
19 L. 1965, art. 41-4.
20 L. 1965, art. 41-6.
21 L. 1965, art. 41-5.
22 L. 1965, art. 41-7.

Ce conseil des résidents est composé de personnes demeurant au sein de la résidence au moins 8 mois de l'année (copropriétaires, locataires, occupants à titre gratuit...). Peuvent également en faire partie les titulaires d'un droit d'occupation réel ou personnel et leur conjoint ou partenaire d'un pacs du titulaire qui n'occupent pas leur logement à titre principal pour obligation professionnelle ou raison de santé.

Le compte rendu des réunions du conseil des résidents des 3 années précédentes est remis à toute personne intéressée préalablement à la signature d'un contrat de bail d'habitation ou à la cession d'un lot dans la résidence.

Pour permettre de remplir son objet, le conseil des résidents doit se réunir :

– avant la tenue de l'assemblée générale des copropriétaires à l'initiative du syndic. Ce dernier leur communique alors l'ordre du jour de l'assemblée ;

– sur demande adressée au syndic par des résidents représentant au moins 30 % du nombre total des lots d'habitation composant la résidence.

Le syndic a pour obligation de fournir un local et d'informer les membres du conseil des lieu, date et heure de la réunion, et ce au moins un mois à l'avance par un affichage à l'emplacement, visible et accessible prévu à cet effet au sein de la résidence.

*Le formalisme de ces réunions et du fonctionnement du conseil est simple :*

– *un secrétaire de séance est désigné*. Ce dernier doit établir un compte rendu de la séance cosigné par le syndic. Ce dernier adresse ce compte rendu aux résidents et aux copropriétaires en même temps et selon les mêmes modalités que l'ordre du jour de la prochaine assemblée générale : courrier recommandé avec accusé de réception (RAR), courrier recommandé électronique (RE)... ;

– le *conseil est présidé par un résident élu au scrutin secret à la majorité des votants*. En cas de partage des voix, le candidat le plus âgé est déclaré élu. Le syndic préside en cas de carence[23].

L'ordre du jour de la prochaine assemblée générale est communiqué par le syndic au conseil des résidents par affichage à l'emplacement dédié au moins 7 jours avant la réunion du conseil, après anonymisation des documents contenant des informations à caractère personnel.

Le syndic communique au conseil des résidents les comptes rendus de l'assemblée générale ainsi que toutes les informations relatives aux services fournis dans la résidence, afin qu'il émette un avis notamment sur le besoin de créer ou de supprimer un service.

## Section 3 Les résidences de tourisme

Au sein de ces résidences services, les résidences de tourisme occupent une place particulière.

L'article D. 321-1 du Code du tourisme définit les résidences de tourisme comme « un établissement commercial d'hébergement classé, faisant l'objet d'une exploitation permanente ou saisonnière. Elle est constituée d'un ou plusieurs bâtiments d'habitation individuels ou collectifs regroupant, en un ensemble homogène, des locaux d'habitation meublés et des locaux à usage collectif. Les locaux d'habitation meublés sont proposés à une clientèle touristique qui n'y élit pas domicile, pour une occupation à la journée, à la semaine ou au mois. Elle est dotée d'un minimum d'équipements et de services communs. Elle est gérée dans tous les cas par une seule personne physique ou morale ».

Ces résidences de tourisme sont donc gérées par un exploitant unique qui, par mutualisation, propose des services et des équipements communs (entretien des chambres, fourniture du linge de toilette et de lit, restauration, réception...) à une clientèle touristique qui n'élit pas domicile dans la résidence.

23 D. 1967, art. 39-9.

Depuis le 1er juillet 2019, ces résidences de tourisme sont classées dans 5 catégories allant de 1 à 5 étoiles. Les critères de classement ont été actualisés par un arrêté du 10 avril 2019 fixant les normes et cette procédure de classement.

Comme le dispose l'article D. 321-2 du Code du tourisme, ces résidences peuvent être placées sous le statut de la copropriété tel qu'il est fixé par la loi du 10 juillet 1965. Néanmoins, certaines précisions s'imposent. Ainsi, en application de ce même article, toute résidence de tourisme classée doit être administrée et gérée par une unique personne physique ou morale.

Le règlement de copropriété doit expressément mentionner cette obligation. À la différence des règles s'imposant pour les résidences services classiques, chaque copropriétaire est tenu de conclure un contrat (bail commercial généralement) d'une durée de 9 années, avec la société d'exploitation. Nous sommes donc dans une relation tripartite unissant le copropriétaire, le syndicat et l'exploitant.

# I. La destination des résidences de tourisme en copropriété

Le règlement de copropriété doit stipuler, dans ses clauses relatives à la destination de l'immeuble, que ce dernier a une destination principale d'habitation et constitue une résidence de tourisme classée au sens des articles D. 321-1 et D. 321-2 du Code du tourisme.

Le déclassement de la résidence ou la cessation de cette activité sont à l'origine d'un important contentieux. Il est ainsi fréquent de croiser d'anciennes résidences de tourisme dans lesquelles cette activité ne peut plus être exercée faute d'exploitant ou d'aménagements idoines. Les copropriétaires imaginent alors pouvoir habiter, louer ou revendre classiquement leurs lots.

La Cour de cassation l'a clairement rappelé dans un arrêt du 19 octobre 2011[24], « le règlement de copropriété ne peut être modifié en ses stipulations relatives à la destination de l'immeuble que par une décision de l'assemblée générale prise à l'unanimité ».

Il est donc fortement recommandé aux rédacteurs des règlements de telles copropriétés d'ajouter à la clause concernant la destination de l'immeuble, les conséquences d'une absence de classement en résidence de tourisme ou de la cessation de cette activité, et ainsi de prévoir, dans de telles hypothèses, une destination alternative à l'immeuble.

À défaut, la résidence peut se retrouver dans une situation de blocage la conduisant à de graves difficultés physiques et financières.

# II. Droit des copropriétaires sur leurs lots

Le règlement de copropriété doit également contenir une stipulation rappelant l'obligation qu'ont les copropriétaires de donner à bail commercial leur bien pendant une durée minimum de 9 ans.

Durant toute cette période, les copropriétaires/bailleurs bénéficient d'un droit à l'information sur l'activité au sein de la résidence[25].

En effet, l'exploitant d'une résidence de tourisme classée doit tenir des comptes d'exploitation et les communiquer aux propriétaires qui en font la demande. Par ailleurs, chaque année, il doit communiquer à l'ensemble des propriétaires un bilan de l'année écoulée précisant les taux de

24 Cass. 3e civ., 19 oct. 2011, n° 10-20634.
25 C. tourisme, art. L. 321-2.

remplissage obtenus, les événements significatifs de l'année ainsi que le montant et l'évolution des principaux postes de dépenses et de recettes de la résidence. Les copropriétaires bénéficient, comme tout propriétaire, de ce droit à l'information.

À l'issue de cette période de 9 années, les copropriétaires peuvent à nouveau disposer de leur lot. Ils peuvent ainsi décider de ne plus le donner à bail commercial ou de poursuivre la relation contractuelle sous réserve de l'accord de la société d'exploitation.

Attention, la décision d'un ou de plusieurs copropriétaires de ne pas poursuivre leur engagement avec la société d'exploitation ou le non-renouvellement de certains contrats par la société d'exploitation n'implique pas nécessairement la fin de l'activité de résidence de tourisme.

Le décret du 16 mars 2015[26] fixe effectivement le seuil de 70 % de lots de copropriété à usage d'habitation meublé donnés à bail à 55 % pour les résidences de tourisme exploitées depuis plus de 9 ans dont le classement arrive à échéance et celles non classées répondant aux caractéristiques des résidences de tourisme. Notons que la Cour de cassation a jugé que les copropriétaires qui avaient retiré la gestion de leur lot à la société d'exploitation n'étaient plus tenus de participer aux frais de réception dans le hall d'accueil, ce service étant un service commercial distinct des services qui profitent à tous les copropriétaires[27].

## III. Le sort des locaux à usage collectif

Il découle de la nature même de résidence de tourisme que certaines parties de l'immeuble soient affectées à l'usage collectif et aux services communs[28] (réception client, garderie, activités sportives et de restauration...).

Il appartient au règlement de copropriété d'en déterminer l'affectation et les conditions de leur jouissance. La nature juridique de ces parties de l'immeuble en copropriété a été sujette à discussion. Fallait-il en faire des lots de copropriété cédés à l'exploitant commercial, avec le risque que ces équipements et locaux collectifs ne soient plus entretenus dès que cet exploitant aurait perdu intérêt dans la commercialité de la résidence ? Ou, comme le préconisait la Cour de cassation, fallait-il créer un droit de jouissance privatif particulier conférant ainsi la nature de parties communes auxdits locaux et équipements ?

La loi *ALUR*[29] du 24 mars 2014 a apporté, par son article 58, une réponse claire en précisant que, pour les *résidences de tourisme construites à partir du 1er juillet 2014*, « les locaux à usage collectif composés d'équipements et de services communs au sens de l'article D. 321-1 du Code du tourisme, *ne peuvent faire l'objet d'un lot distinct vendu à un copropriétaire et font l'objet d'une propriété indivise du syndicat des copropriétaires* ».

Concernant les *résidences de tourisme construites avant le 1er juillet 2014*, si ces locaux à usage collectif font l'objet d'un lot appartenant à un copropriétaire et qu'ils ne sont pas entretenus, entraînant un déclassement de la résidence ou l'impossibilité de la commercialiser, l'assemblée générale peut saisir le tribunal judiciaire aux fins de voir prononcer un état de carence ou de constater l'abandon.

26 D. n° 2015-298, 16 mars 2015.

27 Cass. 3e civ., 18 févr. 2015, n° 13-27104.

28 C. tourisme, art. D. 321-1.

29 L. n° 2014-366, 24 mars 2014.

L'entretien de ces locaux peut alors être temporairement confié par le juge au syndicat des copropriétaires. Le copropriétaire, qui en est propriétaire, reste alors redevable des charges engagées par le syndicat. Si la carence du propriétaire est avérée, le juge peut constater l'abandon et ces locaux à usage collectif peuvent devenir propriété indivise du syndicat des copropriétaires après paiement d'une juste et préalable indemnité fixée par le juge et versée au précédent propriétaire. Ces locaux ne peuvent plus être cédés par le syndicat sous forme de lot.

Chapitre 4

# LES COPROPRIÉTÉS NEUVES

La promotion immobilière en France connaît un véritable essor. Avec plus de 350 000 nouveaux lots édifiés en 2018, l'outil le plus utilisé actuellement est la vente en l'état futur d'achèvement (VEFA). Malheureusement, les autres statistiques sont moins glorieuses et tiennent notamment aux procédures judiciaires entamées suite à la livraison des parties communes et parties privatives.

Appréhender un immeuble neuf en copropriété nécessite pour le syndic et ses occupants d'avoir de solides connaissances en droit de la construction et de l'assurance construction. Par ailleurs, une copropriété neuve n'est pas une copropriété comme les autres ; l'accompagner dans ses premiers pas est une tâche impliquant, la plupart du temps, de créer les éléments et les documents rythmant sa vie.

## Section I La notion de vente d'immeuble à construire et la VEFA

### I. Notions générales

Pour l'article 1601-1 du Code civil, « La vente d'immeuble à construire est celle par laquelle le vendeur s'oblige à édifier un immeuble dans un délai déterminé par le contrat. Elle peut être conclue à terme ou en l'état futur d'achèvement. » Elle s'oppose à la vente clé en main, puisque l'acquéreur achète sur plan une partie de l'immeuble que le vendeur lui promet de construire.

Parmi les différentes formes de ventes d'immeuble à construire, on trouve la vente en l'état futur d'achèvement, usuellement dénommée « VEFA ».

L'article 1601-3 du Code civil[1] en pose une définition : « La vente en l'état futur d'achèvement est le contrat par lequel le vendeur transfère immédiatement à l'acquéreur ses droits sur le sol ainsi que la propriété des constructions existantes. Les ouvrages à venir deviennent la propriété de l'acquéreur au fur et à mesure de leur exécution ; l'acquéreur est tenu d'en payer le prix à mesure de l'avancement des travaux. Le vendeur conserve les pouvoirs de maître de l'ouvrage jusqu'à la réception des travaux. »

La particularité de la VEFA tient au fait que la propriété du sol et des constructions existantes sont transférées à l'acquéreur le jour de la vente réalisée par acte authentique.

La propriété de l'ouvrage à construire est transférée au fur et à mesure de son exécution en application de la théorie de l'accession[2]. En contrepartie, et après un premier versement acquitté à

1 Repris au CCH, art. L. 261-3.
2 C. civ., art. 552.

la conclusion de la vente, l'acquéreur paye le prix de l'ouvrage, par tranches, au fur et à mesure de la réalisation des travaux. Le transfert des risques ne se fait pas à la vente, mais à la livraison de l'ouvrage.

Il en découle que le vendeur – généralement la SCI ou la société civile de construction-vente (SCCV) créée pour l'occasion par la société de promotion immobilière – reste le maître d'ouvrage jusqu'à la réception des travaux ; il peut ainsi choisir les entrepreneurs, passer avec eux les contrats de louage d'ouvrage nécessaires, surveiller les travaux et exiger leur conformité au contrat...

La VEFA implique de distinguer deux événements clés de cette opération : la réception de l'ouvrage et la livraison des parties privatives et communes.

## II. La réception de l'ouvrage

L'article 1792-6 du Code civil la définit ainsi : « La réception est l'acte par lequel le maître de l'ouvrage déclare accepter l'ouvrage avec ou sans réserve. Elle intervient à la demande de la partie la plus diligente, soit à l'amiable, soit à défaut, judiciairement. Elle est, en tout état de cause, prononcée contradictoirement ».

La réception de l'ouvrage est essentielle, car :

– elle met fin aux relations contractuelles ;

– elle opère le transfert des risques de la chose de l'entrepreneur vers le maître de l'ouvrage ;

– elle purge les désordres apparents non réservés à la réception ;

– elle constitue le point de départ des garanties de la construction (garantie de parfait achèvement, garanties biennale et décennale) ;

– elle fait courir le délai de prescription de l'action relative aux désordres intermédiaires.

Cette réception peut être expresse, tacite ou judiciaire.

La réception tacite, qui n'est pas prévue par l'article 1792-6, est une création jurisprudentielle. Elle relève du pouvoir souverain des juges du fond et s'analyse en une volonté non équivoque du maître d'ouvrage de recevoir l'ouvrage, laquelle est établie dès qu'il y a eu prise de possession de l'ouvrage et paiement de l'intégralité des travaux[3].

La réception expresse fait usuellement l'objet d'un procès-verbal contresigné par l'entrepreneur et le maître d'ouvrage. Dans le cadre d'une VEFA d'un immeuble en copropriété, cette réception et donc la signature de ce procès-verbal réunira la plupart du temps le vendeur d'immeuble à construire (Société civile immobilière - SCI - ou Société civile de construction vente - SCCV de promotion immobilière) avec les différents entrepreneurs intervenus.

## III. La livraison des parties privatives et communes

La livraison est l'acte par lequel le vendeur de l'immeuble à construire transfère la possession, et donc la garde, l'entretien et la responsabilité de l'immeuble :

– soit à l'acquéreur, pour les parties privatives ;

– soit au syndicat des copropriétaires par l'intermédiaire de son syndic, pour les parties communes.

3 Cass. 3e civ., 18 avr. 2019, n° 18-13734.

Si le vendeur d'immeuble à construire s'est réservé le rôle de syndic provisoire de l'immeuble, il se livre donc à lui-même les parties communes de la copropriété naissante.

L'évidence du conflit d'intérêts rend cette situation hautement discutable.

Il s'agit donc du moment consacrant la prise de possession de l'ouvrage. Généralement, cette livraison suit la réception de l'ouvrage par le vendeur d'immeuble à construire. En outre, cette livraison fait généralement l'objet d'un procès-verbal contresigné par les deux parties.

Ces deux événements ne doivent pas être confondus, car ils n'ont pas les mêmes conséquences juridiques.

## Section 2 Les garanties légales visant les désordres de construction

Le droit commun de la construction prévoit que les constructeurs doivent au maître de l'ouvrage trois garanties :

– la garantie de parfait achèvement[4] ;

– la garantie biennale de bon fonctionnement[5] ;

– la garantie décennale[6].

Parallèlement, le vendeur d'immeuble à construire doit une garantie à son acquéreur : la garantie des vices et défauts de conformité apparents[7].

### I. La garantie de parfait achèvement

Pendant l'année qui suit la réception des travaux, le maître de l'ouvrage bénéficie d'une garantie de parfait achèvement. Cette garantie impose à l'entreprise qui a réalisé les travaux de réparer tous les désordres signalés au cours de l'année qui suit la réception des travaux.

La mise en jeu de cette garantie impose que les désordres soient signalés, et ce, quelles que soient leur importance et leur nature, à l'entreprise concernée, par le biais :

– de réserves mentionnées au procès-verbal de réception, pour les désordres apparents ;

– d'une notification écrite postérieure envoyée par lettre recommandée avec avis de réception, pour les désordres apparus ultérieurement.

Suite à cette dénonciation, le délai permettant d'effectuer les réparations est fixé d'un commun accord entre l'entreprise et le maître de l'ouvrage. Si le marché de travaux fait référence à la norme AFNOR NF P 03-001 sur les marchés privés, la reprise doit intervenir :

– dans les 90 jours de la réception, pour les désordres dénoncés à cette occasion ;

– dans les 60 jours de la notification faite à l'entrepreneur, pour les autres.

La levée des réserves est alors prononcée dès que les travaux de reprises ont été constatés contradictoirement ou judiciairement.

Si l'entreprise n'intervient pas dans le délai fixé, ou si elle demeure muette, l'article 1792-6, alinéa 4 du Code civil permet au maître de l'ouvrage de confier l'exécution des travaux de reprise à une entreprise tierce. Cette démarche ne nécessite pas une autorisation judiciaire préalable.

4 C. civ., art. 1792-6, al. 2 ; CCH, art. L. 111-19, al. 2.
5 C. civ., art. 1792-6.
6 C. civ., art. 1792 et 1792-2.
7 C. civ., art. 1642 et 1648-1.

Néanmoins, et si le maître de l'ouvrage entend obtenir juste indemnisation, il paraît souhaitable de saisir le tribunal préalablement, et ce avant l'expiration du délai d'une année. Le délai de garantie de parfait achèvement étant un délai de forclusion, il ne peut être interrompu que par une demande en justice ou une reconnaissance expresse de responsabilité.

## II. La garantie biennale de bon fonctionnement

Pendant les 2 ans qui suivent la réception des travaux, le maître d'ouvrage bénéficie de la garantie de bon fonctionnement (aussi appelée « garantie biennale »). Cette garantie impose à l'entreprise qui a réalisé les travaux de réparer ou remplacer les éléments d'équipement qui ne fonctionnent pas correctement pendant ces 2 années.

Cette garantie vise tous les éléments d'équipement qui peuvent être dissociables, et donc enlevés sans dégrader le bâti (par exemple un ballon d'eau chaude, des volets, des panneaux solaires, un portail électrique...). Aucun seuil de gravité du dommage n'est requis afin de permettre son application.

Pour la mettre en jeu, il est nécessaire, dès l'apparition du dysfonctionnement d'un équipement dissociable, d'adresser sans attendre une lettre RAR à l'entreprise concernée :

– en indiquant les désordres ;

– en lui demandant d'intervenir à ses frais au plus vite (par exemple sous 8 jours).

L'assurance dommages-ouvrage peut éventuellement intervenir sur ce type de désordre. Cependant, cette garantie étant facultative, elle n'est pas obligatoirement prévue dans tous les contrats d'assurance dommages-ouvrage.

Si l'entreprise n'intervient pas dans le délai fixé, le maître de l'ouvrage doit saisir le tribunal avant la fin du délai de forclusion de 2 ans.

## III. La garantie décennale

Pendant les 10 ans qui suivent la réception des travaux, le maître de l'ouvrage bénéficie de la garantie décennale prévue par l'article 1792 du Code civil.

Cette garantie impose à l'entreprise de réparer les dommages survenus au cours des 10 années suivant la réception des travaux et vise des désordres qui :

– compromettent la solidité du bâti (par exemple un risque d'effondrement) ;

– compromettent la solidité d'un élément d'équipement indissociable (par exemple une plomberie encastrée, des radiateurs scellés aux murs...) ;

– ou qui le rendent inhabitable ou impropre à l'usage auquel il est destiné (par exemple un défaut d'étanchéité, des fissures importantes...).

Ces désordres doivent avoir été cachés à la réception ; il appartient au maître d'ouvrage d'en rapporter la preuve.

Cette garantie décennale joue également pour :

– les aggravations de dommages réservés à la réception, c'est-à-dire de dommages qui, bien que réservés, ne se révèlent qu'ultérieurement dans toute leur ampleur et toutes leurs conséquences ;

– les dommages causés aux existants par l'ouvrage de construction immobilière, à savoir des dommages causés par l'ouvrage ou les travaux aux ouvrages existants si les travaux neufs sont indissociables des existants[8] ;

– les dommages futurs, c'est-à-dire les désordres qui ne présentent pas un seuil de gravité décennale au moment de leur dénonciation, mais dont on sait, de façon certaine, qu'ils provoqueront un dommage de nature décennale avant l'expiration de la garantie légale ;

– les dommages évolutifs, qui concernent l'aggravation post-décennale d'un désordre décennal dénoncé dans le délai de garantie.

L'assurance dommages-ouvrage a pour vocation de préfinancer la réalisation des travaux permettant de remédier à ces désordres.

## IV. La garantie des vices et défauts de conformité apparents

Depuis la loi du 25 mars 2009[9], la non-conformité apparente rentre dans le cadre du régime des vices apparents prévus par les articles 1642-1 et 1648, alinéa 2 du Code civil et demeure une garantie propre aux contrats de vente d'immeuble à construire.

L'article 1642-1 du Code civil dispose :

« Le vendeur d'un immeuble à construire ne peut être déchargé, ni avant la réception des travaux, ni avant l'expiration d'un délai d'un mois après la prise de possession par l'acquéreur, des vices de construction ou des défauts de conformité alors apparents.

Il n'y a pas lieu à résolution du contrat ou à diminution du prix si le vendeur s'oblige à réparer. »

L'article 1648, quant à lui, dispose :

« L'action résultant des vices rédhibitoires doit être intentée par l'acquéreur dans un délai de deux ans à compter de la découverte du vice.

Dans le cas prévu par l'article 1642-1, l'action doit être introduite, à peine de forclusion, dans l'année qui suit la date à laquelle le vendeur peut être déchargé des vices ou des défauts de conformité apparents. »

Une lecture croisée de ces textes laisse apparaître que tout vice comme tout défaut de conformité apparent est couvert par cette garantie même s'il n'affecte pas gravement l'ouvrage ni le rend impropre à sa destination. Le vendeur d'immeuble à construire doit donc les garantir à son acheteur.

S'agissant du délai de la dénonciation des vices ou des défauts, la Cour de cassation a décidé que la recevabilité de l'action en garantie des vices apparents n'était pas subordonnée à une telle dénonciation dans le délai de l'article 1642-1 du Code civil, en retenant que « L'acquéreur est recevable pendant un an à compter de la réception des travaux ou de l'expiration du délai d'un mois après la prise de possession des ouvrages, à intenter contre le vendeur l'action en garantie des vices apparents, même dénoncés postérieurement à l'écoulement de ce délai d'un mois. »[10] Ces désordres peuvent donc être dénoncés dans le délai de 13 mois suivant la livraison.

8 Cass. 3e civ., 25 févr. 1998 : Bull. civ. III, n° 46.
9 L. n° 2009-323, 25 mars 2009.
10 Cass. 3e civ., 22 mars 2000 : Bull. civ. III, n° 63.

Attention, la jurisprudence admet l'aménagement, et donc la réduction conventionnelle, de ce délai de garantie, mais pas sa décharge complète[11].

À défaut de réaction positive du vendeur d'immeuble à construire, le syndicat (pour les parties communes) ou le copropriétaire (pour ses parties privatives et plus généralement son lot) doit saisir, à peine de forclusion, le tribunal dans l'année qui suit le plus tardif de ces deux événements : la réception ou l'expiration du délai d'un mois suivant la livraison.

Dans la stricte application de l'article 1642-1 du Code civil, cette garantie permet de solliciter judiciairement la résolution de la vente ou la diminution du prix, sauf si le vendeur s'engage à réparer le vice ou le défaut de conformité. L'acquéreur peut néanmoins toujours solliciter des dommages et intérêts compensant les reprises devenues nécessaires[12].

## Section 3 Les assurances obligatoires

Les assurances obligatoires en matière de construction sont :
– l'assurance dommages-ouvrage ;
– l'assurance de responsabilité décennale.

Il est important de souligner que ces assurances construction obligatoires ne couvrent pas :
– les non-façons ou travaux inexécutés ;
– les défauts de conformité qui n'affectent pas la solidité ou la destination de l'ouvrage ;
– les dommages antérieurs à la réception des travaux ou ceux qui ont fait l'objet de réserves à la réception ;
– les désordres extérieurs à l'ouvrage (tels que les aménagements intérieurs ou mobiliers) ni les troubles de jouissance ;
– les dommages aux ouvrages existants, sauf s'ils sont totalement incorporés dans l'ouvrage neuf.

### I. L'assurance de responsabilité décennale

L'assurance de responsabilité civile décennale est une assurance obligatoire pour tout entrepreneur qui garantit, pendant une période de 10 ans suivant la réception, le paiement des travaux de réparation de l'ouvrage (y compris les travaux de démolition, déblaiement, dépose ou démontage éventuellement nécessaires) sur lequel l'assuré (entrepreneur/constructeur) est intervenu, lorsque sa responsabilité est engagée dans le cadre de sa garantie décennale.

Toute personne physique ou morale qui réalise des travaux de construction doit souscrire une assurance de responsabilité civile décennale avant l'ouverture du chantier. Il peut s'agir de :
– l'architecte, l'entrepreneur, le maître d'œuvre, le technicien, ou toute autre personne liée au maître de l'ouvrage par un contrat de louage d'ouvrage ;
– toute personne qui vend un ouvrage qu'elle a construit, fait construire ou rénover ;
– le vendeur d'immeubles à construire...

En revanche, les sous-traitants ne sont pas tenus de souscrire une assurance de responsabilité civile décennale.

11 Cass. 3e civ., 15 févr. 2006 : Bull. civ. III, n° 36.
12 Cass. 3e civ., 2 mars 2005 : Bull. civ. III, n° 50.

Seuls trois cas d'exclusion de garantie sont admis par la réglementation :

– l'intention de frauder ou le fait intentionnel de l'assuré ;

– les effets de l'usure normale, du défaut d'entretien ou de l'usage anormal ;

– la cause étrangère (dommages volontaires causés par un tiers...).

Seuls sont garantis les travaux correspondants au secteur d'activité professionnelle déclaré par le constructeur à l'assureur.

## II. L'assurance dommages-ouvrage

L'assurance dommages-ouvrage est une assurance obligatoire devant être souscrite avant la réalisation d'un chantier d'importance. Elle couvre le paiement de tous les travaux nécessaires pour remédier efficacement aux désordres de nature décennale sans qu'aucune franchise ne s'applique. Cette assurance de préfinancement a été créée par la loi *Spinetta* du 4 janvier 1978[13].

Elle intervient sans recherche de responsabilité ; l'assureur dommages-ouvrage exerce ensuite des recours contre les constructeurs responsables au titre de leur assurance de responsabilité civile décennale. En principe, la garantie dommages-ouvrage commence à courir un an après la réception des travaux, à l'expiration de la garantie de parfait achèvement. Elle peut toutefois être mise en œuvre avant la réception ou dans l'année de parfait achèvement, en cas de défaillance du constructeur.

# Section 4 Les premiers pas de la copropriété

Depuis la loi *ÉLAN* du 23 novembre 2018, nous savons que pour les immeubles à bâtir, le fonctionnement du syndicat des copropriétaires prend effet dès la livraison du premier lot. Ainsi, le fonctionnement de la copropriété ne devient plein et entier qu'à compter de cet événement. Gardons en mémoire que le règlement ne peut pas prévoir que le statut de la copropriété s'applique au fur et à mesure de l'achèvement de l'immeuble[14]...

Ainsi, jusqu'à la livraison du premier lot, le promoteur constructeur demeure maître de l'ouvrage et seul responsable. Il lui revient donc de prendre l'initiative de la mise en copropriété, de la rédaction du règlement de copropriété et de l'établissement de l'état descriptif de division.

Préalablement à la première assemblée, il procède à la désignation d'un syndic dit « provisoire » qui doit, dans cette période intermédiaire séparant l'application du statut de la première assemblée, s'assurer du bon fonctionnement du syndicat.

## I. Le syndic provisoire

Pendant de nombreuses années, les promoteurs et vendeurs d'immeubles à construire désirant avoir affaire à un syndic peut-être plus « conciliant », notamment lors de la livraison des parties communes, faisaient désigner un syndic sans se soucier de l'avis des futurs copropriétaires.

Conscient de cette difficulté, le législateur a, dans la loi *ALUR* du 24 mars 2014, adopté une nouvelle rédaction de l'article 17, alinéa 2 de la loi du 10 juillet 1965 relatif à ce syndic dit « provisoire » : « Dans les cas où, avant la réunion de la première assemblée générale suivant la mise en

13 L. n° 78-12, 4 janv. 1978.
14 Cass. 3e civ., 30 juin 1998.

copropriété, un syndic provisoire a été désigné par le règlement de copropriété ou par tout autre accord des parties, ce syndic ne peut être maintenu que par décision de l'assemblée générale, après mise en concurrence préalable de plusieurs contrats de syndics effectuée par le conseil syndical, s'il en existe un, ou les copropriétaires. »

La désignation de ce syndic provisoire doit donc nécessairement être ratifiée lors de la première assemblée tenue dans l'année de naissance du syndicat, donc dans l'année de livraison du premier lot. Si tel n'est pas le cas, les fonctions de ce syndic provisoire cessent de plein droit et la copropriété se trouve en état de carence de syndic[15].

Ce premier syndic doit permettre à la « future » copropriété d'entrer en fonction. Certaines des dispositions du statut de la copropriété s'imposent donc à lui dès la livraison du premier lot de copropriété et avant la pleine effectivité du syndicat.

Il doit ainsi :

– établir et tenir la première liste des copropriétaires ;

– obtenir du promoteur les documents essentiels de la copropriété ;

– obtenir les clés des locaux communs ;

– fixer le budget de la copropriété à venir ;

– convoquer la première assemblée générale.

## A. LA PREMIÈRE LISTE DES COPROPRIÉTAIRES

L'article 6 du décret du 17 mars 1967 précise qu'il appartient au syndic de tenir à jour la liste des copropriétaires. Cette liste est établie à partir de la notification faite par le notaire au syndic des transferts de propriété.

Dans le cadre d'un immeuble neuf, la difficulté réside dans le fait que l'acte constatant le transfert de propriété mentionne généralement l'adresse des copropriétaires au jour de la signature de la vente d'immeuble à construire, c'est-à-dire avant la construction de l'immeuble. Le premier syndic ne dispose, le plus souvent, que d'une liste des copropriétaires remises par le promoteur qu'il doit s'efforcer de mettre à jour.

Ce premier syndic doit donc inviter les copropriétaires – notamment ceux emménageant dans l'immeuble – à lui notifier leur nouvelle adresse, en application de l'article 65, alinéa 1er du décret du 17 mars 1967.

## B. LES DOCUMENTS DÉTENUS PAR LE PROMOTEUR

Par définition, la copropriété étant neuve, elle ne dispose pas d'archives et les documents lui donnant corps sont établis et détenus par le promoteur/constructeur.

Parmi ces multiples documents, on retrouve généralement :

– le règlement de copropriété ;

– l'état descriptif de division ;

– la référence de la police d'assurance dommages-ouvrage ;

– les documents d'urbanisme (permis de construire...) ;

– les procès-verbaux de réception de l'ouvrage ;

– la liste des entrepreneurs et intervenants à l'opération de construire, leurs adresses et les références de leurs assureurs ;

15 L. 1965, art. 17 ; D. 1967, art. 47.

– les plans et documents techniques de construction : notice descriptive, cahier des clauses administratives particulières (CCTP), cahier des clauses administratives générales (CCAG), plans, documents techniques d'exécution (DTE), dossier des ouvrages exécutés (DOE)...

Ces documents sont essentiels à la copropriété et doivent impérativement être transmis au premier syndic. À défaut, le syndicat ne peut que difficilement envisager de mettre en jeu les garanties obligatoires dues par les constructeurs. On peut, dès lors, mieux comprendre que le promoteur/constructeur ait certaines réticences à communiquer les documents relatifs à l'opération de construire.

Rappelons que si le syndic ne détient pas certains de ces documents, il a pour obligation d'en obtenir copie auprès de leurs détenteurs et peut ainsi réclamer, au besoin judiciairement, les plans de la copropriété au promoteur ou au constructeur[16].

## C. LES OBLIGATIONS BUDGÉTAIRES ET COMPTABLES

### 1. Le financement de la période transitoire

L'article 35 du décret du 17 mars 1967 modifié par le décret du 20 avril 2010[17] a prévu des dispositions permettant au syndic provisoire de gérer la période transitoire de la copropriété. Cet article invite en effet les rédacteurs du règlement de copropriété à prévoir dans ledit document une stipulation prévoyant une provision spécifique destinée à faire face aux charges induites par cette période transitoire. Si le règlement fixe le montant de cette provision, le syndic peut en exiger le versement, mais uniquement pour permettre de financer les dépenses de maintenance et d'administration des parties et équipements communs.

Si cette provision a été consommée ou si le règlement ne prévoit pas une telle stipulation, le syndic provisoire peut également faire de courtes avances et ainsi en demander remboursement aux copropriétaires sur production de justificatifs. Cette pratique doit cesser à la première assemblée.

### 2. L'ouverture d'un compte bancaire séparé au nom du syndicat

En application de l'ordonnance du 30 octobre 2019, toutes les copropriétés doivent être dotées depuis le 1er janvier 2021 d'un compte bancaire séparé. Le syndic provisoire doit donc procéder à cette ouverture et la faire ratifier, s'agissant notamment de l'établissement bancaire choisi, par la première assemblée.

### 3. L'arrêté des comptes de la période transitoire, leur approbation et l'établissement d'un budget prévisionnel

Le syndic provisoire, en prévision de la première assemblée, doit établir les comptes de la période transitoire qui cesse de plein droit un an après la livraison du premier lot. L'approbation de ces comptes doit être à l'ordre du jour de la première assemblée générale.

Il appartient également au premier syndic de préparer le budget prévisionnel du premier exercice de la copropriété. En l'absence de conseil syndical, ce budget est établi unilatéralement par le syndic provisoire qui en arrête la durée et les dates calendaires. Cette question doit également être soumise à la première assemblée.

### 4. La souscription des premiers contrats de la copropriété

Il appartient également au syndic provisoire de souscrire les premiers contrats permettant d'assurer la conservation de l'immeuble et l'administration des parties communes.

16 CA Paris, 17 janv. 1979 : D. 1980, p. 155, n° 46.
17 D. n° 2010-391, 20 avr. 2010.

Le syndic provisoire ainsi doit souscrire :

– le premier contrat d'assurance multirisque de la copropriété, et ce dès la livraison du premier lot ;

– les contrats de fournitures collectifs des fluides (eau, électricité...) ; il doit également veiller, à peine de voir engagée sa responsabilité, au transfert de tels contrats souscrits au nom du promoteur/constructeur ;

– les contrats de maintenance des équipements communs et de services collectifs (entretien d'ascenseurs, espaces verts, portes de garage...). Il est recommandé au syndic de ne pas souscrire de son propre chef des contrats prévoyant un engagement de longue durée afin de laisser le choix aux copropriétaires lors de la première assemblée. Des prestations ponctuelles paraissent plus propices à la période transitoire précédant cette première assemblée.

## II. La première assemblée et les premiers appels de fonds

Lors de sa préparation de la première assemblée générale d'une copropriété neuve construite par tranche, le syndic provisoire se trouve confronté à trois types de lots :

– les lots livrés ;

– les lots non achevés ;

– les lots transitoires, formés d'une partie privative constituée d'un droit de construire précisément défini quant aux constructions qu'il permet de réaliser et d'une quote-part de parties communes correspondante[18].

La question se pose légitiment de savoir qui doit être convoqué à ladite assemblée.

La jurisprudence la plus constante retient que les lots non encore bâtis doivent être convoqués aux assemblées de la copropriété au cours desquelles ils disposent d'un droit de vote plein et entier, et ce même si le règlement de copropriété en stipule autrement[19].

S'agissant du paiement des charges, il est indiscutable que les lots transitoires doivent participer aux charges de copropriété[20], qu'il s'agisse de charges générales d'administration[21] ou de charges liées aux équipements et services présentant une utilité pour le lot[22].

La participation aux charges de copropriété des lots non livrés par le promoteur est longtemps demeurée sujette à débat. Par un arrêt du 22 janvier 2014, la Cour de cassation a retenu, au visa de l'article 1601-3 du Code civil et de l'article R. 261-1 du Code de la construction et de l'habitation, que « l'acquéreur n'est tenu des charges de copropriété qu'à partir de l'achèvement des lots acquis ». Un copropriétaire n'est donc tenu au paiement des charges de copropriété qu'à partir du moment où son lot est achevé et qu'il peut en disposer conformément à son affectation et sa destination.

L'article R. 261-1 du Code de la construction et de l'habitation dispose que l'immeuble vendu est réputé achevé « lorsque sont exécutés les ouvrages et sont installés les éléments d'équipement qui sont indispensables à l'utilisation, conformément à sa destination ».

Le refus par un copropriétaire de prendre livraison de son lot du fait de quelques désordres esthétiques ne lui permet donc pas d'éviter le paiement des charges de copropriété liées à son lot, celui-ci étant achevé et livrable.

18 L. 1965, art. 1er modifié par L. n° 2108-1021, 23 nov. 2018.

19 Cass. 3e civ., 16 mai 2001, n° 99-17617.

20 Cass. 3e civ., 13 mai 1987, n° 85-15722.

21 Cass. 3e civ., 30 juin 1998, n° 96-20758.

22 Cass. 3e civ., 10 oct. 2007, n° 06-18122.

# 6

# ANNEXES

1 - Contrat type de syndic ................................................ 339
2 - Formulaire de bulletin de vote par correspondance ............ 355

# CONTRAT TYPE DE SYNDIC

(Contrat type prévu à l'article 18-1 A de la loi n° 65-557 du 10 juillet 1965 modifiée fixant le statut de la copropriété des immeubles bâtis et à l'article 29 du décret n° 67-223 du 17 mars 1967 pris pour son application, modifié par le décret n° 2015-342 du 26 mars 2015)

Entre les soussignés parties :

1. D'une part :

Le syndicat des copropriétaires de l'immeuble sis à l'adresse suivante

Numéro d'immatriculation...

Représenté pour le présent contrat par M/ Mme (nom de famille, prénom), agissant en exécution de la décision de l'assemblée générale des copropriétaires du

Titulaire d'un contrat d'assurance responsabilité civile souscrit le auprès de

et

2. D'autre part :

Le syndic désigné par l'assemblée générale en date du

(Rayer les mentions inutiles.)

(Personne physique)

M/ Mme (nom de famille, prénom), adresse du principal établissement

Exerçant en qualité de syndic professionnel/ bénévole/ coopératif

Immatriculé (e) au registre du commerce et des sociétés de sous le numéro et dont le numéro unique d'identification est (le cas échéant)

(Personne morale)

La société (forme, dénomination sociale)

Ayant son siège social à l'adresse suivante

Représentée par en qualité de

Immatriculée au registre du commerce et des sociétés de..., sous le numéro et dont le numéro unique d'identification est (le cas échéant)

(Mentions propres au syndic soumis à la loi n° 70-9 du 2 janvier 1970 modifiée réglementant les conditions d'exercice des activités relatives à certaines opérations portant sur les immeubles et les fonds de commerce) :

Titulaire de la carte professionnelle mention (préciser) n°, délivrée le par

Titulaire d'un contrat d'assurance responsabilité civile professionnelle souscrit le auprès de

Titulaire d'une garantie financière conformément à l'article 3 de la loi du 2 janvier 1970 précitée, souscrite le auprès de, dont l'adresse est

Autres mentions obligatoires requises par la réglementation applicable (le cas échéant) :

L'organisme d'habitation à loyer modéré (forme, dénomination)

Exerçant en tant que syndic de droit en application de l'article L. 443-15 du code de la construction et de l'habitation ;

Ayant son siège à l'adresse suivante

Représenté (e) par M/ Mme (nom de famille, prénom), en qualité de

Il a été convenu ce qui suit :

PRÉAMBULE

Le présent contrat de mandat est soumis aux dispositions de la loi du 10 juillet 1965 précitée et des textes pris pour son application, notamment le décret du 17 mars 1967.

Les articles 1984 et suivants du Code civil s'y appliquent de façon supplétive.

Le syndic professionnel est soumis aux dispositions de la loi du 2 janvier 1970, ci-dessus mentionnée, et au décret n° 72-678 du 20 juillet 1972 pris pour son application ainsi qu'au code de déontologie promulgué en application de l'article 13-1 de cette même loi.

Le syndic professionnel ne peut ni demander ni recevoir, directement ou indirectement, d'autres rémunérations, à l'occasion de la mission dont il est chargé au titre du présent contrat, que celles dont les conditions de détermination y sont précisées, y compris en provenance de tiers (article 66 du décret du 20 juillet 1972 précité).

1. Missions

Le syndicat confie au syndic qui l'accepte mandat d'exercer la mission de syndic de l'immeuble ci-dessus désigné. L'objet de cette mission est notamment défini à l'article 18 de la loi du 10 juillet 1965 précitée et par le présent contrat.

2. Durée du contrat

Le présent contrat est conclu pour une durée de (1).

Il prendra effet le et prendra fin le (2).

Il ne peut être conclu un nouveau contrat que par décision expresse de l'assemblée générale.

3. Résiliation du contrat à l'initiative du conseil syndical

Le contrat de syndic peut être résilié, à l'initiative du conseil syndical, par décision de l'assemblée générale des copropriétaires statuant à la majorité des voix de tous les copropriétaires (art. 25 de la loi du 10 juillet 1965) (3).

Cette résiliation du contrat doit être fondée sur une inexécution suffisamment grave reprochée au syndic.

Le conseil syndical notifie au syndic une demande motivée d'inscription de la question à l'ordre du jour de la prochaine assemblée générale, en précisant la ou les inexécutions qui lui sont reprochées.

La résiliation prend effet à la date déterminée par l'assemblée générale et au plus tôt un jour franc après la tenue de celle-ci.

4. Résiliation du contrat à l'initiative du syndic

La résiliation du contrat doit être fondée sur une inexécution suffisamment grave reprochée par le syndic au syndicat des copropriétaires.

Le syndic doit notifier son intention au président du conseil syndical, et à défaut à chaque copropriétaire, en précisant la ou les inexécutions reprochées par le syndic au syndicat des copropriétaires.

Il convoque dans un délai qui ne peut être inférieur à deux mois à compter de cette notification une assemblée générale, en inscrivant à l'ordre du jour la question de la désignation d'un nouveau syndic.

La résiliation prend effet au plus tôt un jour franc après la tenue de l'assemblée générale.

5. Nouvelle désignation du syndic

À la fin du présent contrat, l'assemblée générale des copropriétaires procède à la désignation du syndic de la copropriété. Un nouveau contrat, soumis à l'approbation de l'assemblée générale, est conclu avec le syndic désigné à nouveau ou avec le nouveau syndic.

Lorsqu'il est envisagé de désigner un nouveau syndic, il peut être mis fin au présent contrat, de manière anticipée et sans indemnité, dès lors que la question du changement de syndic et de la date de fin du présent contrat est inscrite à l'ordre du jour d'une assemblée générale convoquée dans les trois mois précédant le terme du présent contrat.

Le syndic qui ne souhaite pas être désigné à nouveau doit en informer le président du conseil syndical au moins trois mois avant la tenue de cette assemblée générale.

L'assemblée générale appelée à se prononcer sur cette désignation est précédée d'une mise en concurrence de plusieurs projets de contrat, qui s'effectue dans les conditions précisées à l'article 21 de la loi du 10 juillet 1965.

6. Fiche synthétique de copropriété et transmission de pièces au conseil syndical (4)

6.1. La fiche synthétique de la copropriété ;

En application de l'article 8-2 de la loi du 10 juillet 1965, le syndic établit une fiche synthétique de la copropriété regroupant les données financières et techniques essentielles relatives à la copropriété et à son bâti, dont le contenu est défini par décret. Le syndic met à jour la fiche synthétique de la copropriété chaque année.

Le syndic met cette fiche à disposition du copropriétaire qui en fait la demande dans le délai d'un mois. À défaut, il est tenu au paiement de la pénalité financière suivante : (montant fixé par décret) € par jour de retard.

Cette pénalité est déduite de la rémunération forfaitaire annuelle du syndic lors de l'établissement des comptes à clôturer et à soumettre à l'assemblée générale.

Ces dispositions ne sont pas applicables aux syndics administrant des immeubles à destination totale autre que d'habitation.

6.2. La transmission de pièces au conseil syndical

En application du septième alinéa de l'article 21 de la loi 10 juillet 1965, le conseil syndical peut prendre connaissance et copie, à sa demande, après en avoir donné avis au syndic, de toutes pièces ou documents, correspondances ou registres se rapportant à la gestion du syndic et, d'une manière générale, à l'administration de la copropriété.

En l'absence de transmission desdites pièces, au-delà du délai d'un mois à compter de la demande du conseil syndical, le syndic est tenu au paiement de la pénalité suivante : (montant fixé par décret) € par jour de retard.

Cette pénalité est déduite de la rémunération forfaitaire annuelle du syndic lors de l'établissement des comptes définitifs à clôturer et à soumettre à l'assemblée générale.

7. Prestations et modalités de rémunération du syndic professionnel

Les jours et heures ouvrables de référence pour la détermination des modalités de rémunération sont fixés comme suit :

Le lundi de... h à... h et de... h à... h ;

Le mardi de... h à... h et de... h à... h ;

Le mercredi de... h à... h et de... h à... h ;

Le jeudi de... h à... h et de... h à... h ;

Le vendredi de... h à... h et de... h à... h ;

Le samedi de... h à... h et de... h à... h.

Sauf en cas d'urgence, les démarches individuelles de chaque copropriétaire ou occupant de l'immeuble auprès du syndic s'effectuent aux jours et heures suivantes (accueil physique et/ ou téléphonique effectif) :

Accueil physique :

Le lundi de... h à... h et de... h à... h ;

Le mardi de... h à... h et de... h à... h ;

Le mercredi de... h à... h et de... h à... h ;

Le jeudi de... h à... h et de... h à... h ;

Le vendredi de... h à... h et de... h à... h ;

Le samedi de... h à... h et de... h à... h.

Accueil téléphonique :

Le lundi de... h à... h et de... h à... h ;

Le mardi de... h à... h et de... h à... h ;

Le mercredi de... h à... h et de... h à... h ;

Le jeudi de... h à... h et de... h à... h ;

Le vendredi de... h à... h et de... h à... h ;

Le samedi de... h à... h et de... h à... h.

La rémunération du syndic professionnel est déterminée de manière forfaitaire.

Toutefois, une rémunération spécifique peut être perçue en contrepartie des prestations particulières limitativement énumérées à l'annexe 2 du décret du 17 mars 1967 et dans les conditions stipulées au 7.2 du présent contrat (art. 18-1 A de la loi du 10 juillet 1965).

7.1. Le forfait

7.1.1. Contenu du forfait

Le forfait convenu entre les parties comprend toutes les prestations fournies par le syndic au titre de sa mission, à l'exclusion des prestations limitativement énumérées à l'annexe 2 du décret du 17 mars 1967. À ce titre, il effectue les visites et vérifications périodiques de la copropriété impliquées par la mission relative à l'administration, à la conservation, à la garde et à l'entretien de l'immeuble. Il est convenu la réalisation, au minimum, de visite (s) et vérifications périodiques de la copropriété, d'une durée minimum de XX heure (s), avec rédaction d'un rapport/ sans rédaction d'un rapport et en présence du président du conseil syndical/ hors la présence du président du conseil syndical (rayer les mentions inutiles). Une liste non limitative des prestations incluses dans le forfait est annexée au présent contrat.

Les frais de reprographie et les frais administratifs afférents aux prestations du forfait sont inclus dans la rémunération forfaitaire.

Ne donnent lieu à aucune rémunération supplémentaire et sont comprises dans la rémunération forfaitaire :

- les formalités de déclaration de sinistre concernant les parties communes et les parties privatives quand le sinistre a sa source dans les parties communes ;
- la gestion des règlements aux bénéficiaires.

7.1.2. Précisions concernant la tenue de l'assemblée générale annuelle

Les parties conviennent que l'assemblée générale annuelle sera tenue pour une durée de... heures à l'intérieur d'une plage horaire allant de... heures à... heures, par :

- le syndic ;
- un ou plusieurs préposé (s).

(Rayer les mentions inutiles.)

7.1.3. Prestations optionnelles qui peuvent être incluses dans le forfait sur décision des parties

Le forfait convenu entre les parties en vertu du présent contrat pourra expressément inclure l'une ou plusieurs des prestations ci-dessous :

(Si les parties conviennent de retenir une prestation, elles remplissent les mentions ci-dessous afin de préciser ses modalités d'exécution. Elles rayent les mentions inutiles.)

- la préparation, convocation et tenue de... assemblée (s) générale (s), autres que l'assemblée générale annuelle de... heures, à l'intérieur d'une plage horaire allant de... heures à... heures ;
- l'organisation de... réunion (s) avec le conseil syndical d'une durée de... heures, à l'intérieur d'une plage horaire allant de... heures à... heures.

7.1.4. Prestations qui peuvent être exclues des missions du syndic sur décision de l'assemblée générale des copropriétaires

En application de l'article 18 de la loi du 10 juillet 1965, l'assemblée générale des copropriétaires peut, par décision spéciale prise aux conditions précisées par cet article :

- dispenser le syndic d'offrir un accès en ligne sécurisé aux documents dématérialisés relatifs à la gestion de l'immeuble ou des lots gérés (6) ;
- confier les archives du syndicat des copropriétaires à une entreprise spécialisée aux frais du syndicat.

En cas de décision régulièrement adoptée par l'assemblée générale antérieurement à la conclusion du présent contrat, la prestation considérée n'est pas incluse dans le forfait.

7.1.5. Modalités de rémunération

La rémunération forfaitaire annuelle perçue par le syndic au titre du présent contrat s'élève à la somme de... € hors taxes, soit... € toutes taxes comprises.

Cette rémunération est payable :

- d'avance/ à terme échu (rayer la mention inutile) ;
- suivant la périodicité suivante (préciser le terme) :

Elle peut être révisée chaque année à la date du selon les modalités suivantes (optionnel).

Les dépassements des horaires et durées convenus pour la tenue des assemblées générales, réunions et visites/ vérifications périodiques incluses dans le forfait sont facturés selon le coût horaire mentionné au 7.2.1.

L'envoi des documents afférents aux prestations du forfait donne lieu à remboursement au syndic des frais d'affranchissement ou d'acheminement engagés.

Dans l'hypothèse où l'assemblée générale des copropriétaires a, en cours d'exécution du présent contrat et dans les conditions précisées à l'article 18 de la loi du 10 juillet 1965, décidé de confier les archives du syndicat à une entreprise spécialisée, le montant de sa rémunération forfaitaire annuelle hors taxes est imputé soit (rayer la mention inutile) :

- de la somme de € (que les parties conviennent de fixer dès à présent) ;

- de la somme toutes taxes comprises effectivement facturée au syndicat par le tiers auquel cette tâche aura été confiée (sur justificatif).

Dans l'hypothèse où l'assemblée générale des copropriétaires a, en cours d'exécution du présent contrat et dans les conditions précisées à l'article 18 de la loi du 10 juillet 1965, décidé de dispenser le syndic de son obligation de mise à disposition d'un service d'accès en ligne aux documents dématérialisés, le montant de sa rémunération forfaitaire annuelle est imputé soit (rayer la mention inutile) :

- de la somme de € (que les parties conviennent de fixer dès à présent),

- de la somme toutes taxes comprises éventuellement facturée au syndicat par le tiers auquel cette tâche aura été confiée (sur justificatif).

Le montant de l'imputation prévue au titre des deux derniers alinéas est calculé *prorata temporis* de la période restant à courir jusqu'à la date d'exigibilité de la rémunération.

7.2. Les prestations particulières pouvant donner lieu à rémunération complémentaire

7.2.1. Modalités de rémunération des prestations particulières

La rémunération due au syndic professionnel au titre des prestations particulières, à l'exception de celles citées au 7.2.5, est calculée pour chacune d'elles :

- soit en application du seul coût horaire ci-dessous, appliqué au prorata du temps passé :... €/ heure hors taxes, soit... €/ heure toutes taxes comprises ;

- soit en application du tarif forfaitaire total convenu par les parties, exprimé hors taxes et toutes taxes comprises.

La rémunération due au titre des prestations particulières s'entend hors frais d'envoi. L'envoi des documents afférents aux prestations particulières donne lieu à remboursement au syndic des frais d'affranchissement ou d'acheminement engagés.

7.2.2. Prestations relatives aux réunions et visites supplémentaires (au-delà du contenu du forfait stipulé aux 7.1.1 et 7.1.3)

| DÉTAIL DE LA PRESTATION | MODALITÉS DE TARIFICATION convenues |
| --- | --- |
| La préparation, la convocation et la tenue d'une assemblée générale supplémentaire de... heures, à l'intérieur d'une plage horaire allant de... heures à... heures | Le cas échéant, une majoration spécifique unique pour dépassement d'horaires convenus :... % |
| L'organisation d'une réunion supplémentaire avec le conseil syndical d'une durée de... heures, par rapport à celle (s) incluse (s) dans le forfait au titre du 7.1.3 | |
| La réalisation d'une visite supplémentaire de la copropriété avec rédaction d'un rapport/ sans rédaction d'un rapport et en présence du président du conseil syndical/ hors la présence du président du conseil syndical (rayer les mentions inutiles), par rapport à celle (s) incluse (s) dans le forfait au titre du 7.1.1 | |

7.2.3. Prestations relatives au règlement de copropriété et à l'état descriptif de division

| DÉTAIL DE LA PRESTATION | MODALITÉS DE TARIFICATION convenues |
| --- | --- |
| L'établissement ou la modification du règlement de copropriété à la suite d'une décision du syndicat prise en application de l'article 26 de la loi du 10 juillet 1965 (si l'assemblée générale décide, par un vote spécifique, de confier ces prestations au syndic) | (Nota.- Les parties peuvent convenir que le montant des honoraires sera fixé lors de la décision de l'assemblée générale.) |
| La publication de l'état descriptif de division et du règlement de copropriété ou des modifications apportées à ces actes | |

7.2.4. Prestations de gestion administrative et matérielle relatives aux sinistres

| DÉTAIL DE LA PRESTATION | MODALITÉS DE TARIFICATION convenues |
| --- | --- |
| Les déplacements sur les lieux | |
| La prise de mesures conservatoires | |
| L'assistance aux mesures d'expertise | |
| Le suivi du dossier auprès de l'assureur | |

Les prestations effectuées en dehors des jours et heures ouvrables et rendues nécessaires par l'urgence sont facturées (rayer la mention inutile) :

- sans majoration ;
- au coût horaire majoré de... %.

Toute somme versée par l'assureur au syndic au titre de la couverture des diligences effectuées par ce dernier dans le cadre du règlement d'un sinistre vient en déduction de la rémunération due en application du présent article.

7.2.5. Prestations relatives aux travaux et études techniques

Les travaux dont la liste est fixée à l'article 44 du décret du 17 mars 1967 peuvent faire l'objet d'honoraires spécifiques.

Ces honoraires concernent :

- les travaux de conservation ou d'entretien de l'immeuble, autres que ceux de maintenance ou d'entretien courant ;
- les travaux portant sur les éléments d'équipement communs, autres que ceux de maintenance ;
- les travaux d'amélioration, tels que la transformation d'un ou de plusieurs éléments d'équipement existants, l'adjonction d'éléments nouveaux, l'aménagement de locaux affectés à l'usage commun ou la création de tels locaux, l'affouillement du sol et la surélévation de bâtiments ;
- les études techniques, telles que les diagnostics et consultations ;
- d'une manière générale, les travaux qui ne concourent pas à la maintenance et à l'administration des parties communes ou à la maintenance et au fonctionnement des équipements communs de l'immeuble.

Les honoraires complémentaires éventuels sont votés lors de la même assemblée générale que les travaux concernés et aux mêmes règles de majorité (article 18-1 A de la loi du 10 juillet 1965).

Une telle rémunération fixée dans le projet de résolution soumis au vote de l'assemblée générale doit être exprimée hors taxes et toutes taxes comprises, en application du pourcentage du montant hors taxes des travaux, à un taux dégressif selon l'importance des travaux préalablement à leur exécution.

Le choix du prestataire par l'assemblée générale est précédé d'une mise en concurrence dans les conditions prévues au deuxième alinéa de l'article 21 de la loi du 10 juillet 1965 et à l'article 19-2 du décret du 17 mars 1967.

Les diligences entreprises par le syndic dans le cadre de la réalisation du diagnostic de performance énergétique collectif et de l'audit énergétique peuvent donner lieu à rémunération dans les conditions prévues au présent article.

7.2.6. Prestations relatives aux litiges et contentieux (hors frais de recouvrement visés au point 9.1)

| DÉTAIL DE LA PRESTATION | MODALITÉS DE TARIFICATION convenues |
|---|---|
| La mise en demeure d'un tiers par lettre recommandée avec accusé de réception | |
| La constitution du dossier transmis à l'avocat, à l'huissier de justice ou à l'assureur protection juridique (à l'exclusion des formalités visées au 7.2.4) | |
| Le suivi du dossier transmis à l'avocat | |

7.2.7. Autres prestations

| DÉTAIL DE LA PRESTATION | MODALITÉS DE TARIFICATION convenues |
|---|---|
| Les diligences spécifiquement liées à la préparation des décisions d'acquisition ou de disposition des parties communes | (Nota.-Les parties peuvent convenir que le montant des honoraires sera fixé lors de la décision de l'assemblée générale confiant au syndic les prestations concernées) |
| La reprise de la comptabilité sur exercice (s) antérieur (s) non approuvés ou non répartis (changement de syndic) | |
| La représentation du syndicat aux assemblées d'une structure extérieure (syndicat secondaire, union de syndicats, association syndicale libre) créée en cours de mandat ainsi qu'aux assemblées supplémentaires de ces mêmes structures si elles existaient antérieurement à la signature du présent contrat | |
| La constitution et le suivi du dossier d'emprunt souscrit au nom du syndicat en application de l'article 26-4 alinéa 1 et 2 de la loi du 10 juillet 1965 | |
| La constitution et le suivi d'un dossier de subvention accordé au syndicat | |
| L'immatriculation initiale du syndicat | |

8. Défraiement et réemunération du syndic non professionnel

Dans le respect du caractère non professionnel de leur mandat, le syndic bénévole et le syndic désigné en application de l'article 17-1 de la loi du 10 juillet 1965 peuvent percevoir le remboursement des frais nécessaires engagés outre une rémunération au titre du temps de travail consacré à la copropriété.

Les parties s'accordent à fixer la rémunération comme suit (rayer les mentions inutiles) :

- forfait annuel... €
- coût horaire... €/ h
- autres modalités (préciser) :

9. Frais et honoraires imputables aux seuls copropriétaires

Le coût des prestations suivantes est imputable au seul copropriétaire concerné.

| PRESTATIONS | DÉTAILS | TARIFICATION PRATIQUÉE exprimée HT et TTC |
|---|---|---|
| 9.1. Frais de recouvrement (art. 10-1 a de la loi du 10 juillet 1965) | Mise en demeure par lettre recommandée avec accusé de réception ;<br>Relance après mise en demeure ;<br>Conclusion d'un protocole d'accord par acte sous seing privé ;<br>Frais de constitution d'hypothèque ;<br>Frais de mainlevée d'hypothèque ;<br>Dépôt d'une requête en injonction de payer ;<br>Constitution du dossier transmis à l'auxiliaire de justice (uniquement en cas de diligences exceptionnelles) ;<br>Suivi du dossier transmis à l'avocat (uniquement en cas de diligences exceptionnelles). | |
| 9.2. Frais et honoraires liés aux mutations | Établissement de l'état daté ;<br>(Nota. - Le montant maximum applicable aux honoraires et frais perçus par le syndic pour l'établissement de l'état daté, fixé en application du décret prévu à l'article 10-1 b de la loi du 10 juillet 1965, s'élève à la somme de 380 € TTC<br>Opposition sur mutation (article 20 I de la loi du 10 juillet 1965). | |

| | | |
|---|---|---|
| 9.3 Frais de délivrance des documents sur support papier (art. 33 du décret du 17 mars 1967 et R. 134-3 du code de la construction et de l'habitation) | Délivrance d'une copie du carnet d'entretien ;<br>Délivrance d'une copie des diagnostics techniques ;<br>Délivrance des informations nécessaires à la réalisation d'un diagnostic de performance énergétique individuel mentionnées à l'article R. 134-3 du code de la construction et de l'habitation ;<br>Délivrance au copropriétaire d'une copie certifiée conforme ou d'un extrait de procès-verbal d'assemblée générale ainsi que des copies et annexes (hors notification effectuée en application de l'article 18 du décret du 17 mars 1967). | |
| 9.4. Préparation, convocation et tenue d'une assemblée générale à la demande d'un ou plusieurs copropriétaires, pour des questions concernant leurs droits ou obligations (art. 17-1 AA de la loi du 10 juillet 1965) | Établissement de l'ordre du jour ; élaboration et envoi de la convocation avec l'ordre du jour, des documents à joindre à la convocation et des projets de résolutions ; présence du syndic ou de son représentant à l'assemblée générale ;<br>établissement de la feuille de présence ;<br>émargement, vérification des voix et des pouvoirs ; rédaction et tenue du registre des procès-verbaux ; envoi et notification du procès-verbal comportant les décisions prises en assemblée générale des copropriétaires (opposant ou défaillant) et, le cas échéant, information des occupants de chaque immeuble de la copropriété des décisions prises par l'assemblée générale par affichage d'un procès-verbal abrégé dans les parties communes (article 44 de la loi n° 86-1290 du 23 décembre 1986). | |

10. Copropriété en difficulté

En application de l'article 29-1 de la loi l'article loi du 10 juillet 1965 fixant le statut de la copropriété des immeubles bâtis, la désignation d'un administrateur provisoire entraîne la cessation de plein droit sans indemnité du présent contrat.

11. Reddition de compte

La reddition de compte interviendra chaque année à la date ou selon la périodicité suivante :...

12. Compétence

Tous les litiges nés de l'exécution du présent contrat sont de la compétence de la juridiction du lieu de situation de l'immeuble.

Les parties élisent domicile aux fins des présentes, aux adresses ci-dessous :

Pour le syndic... Pour le syndicat...

Fait en deux exemplaires et signé ce jour, le... à...

Le syndicat Le syndic

*(1) Dans la limite de trois ans maximum (article 28 du décret du 17 mars 1967).*

*(2) Le contrat de syndic confié à l'organisme d'habitation à loyer modéré en application de l'article L. 443-15 du code de la construction et de l'habitation prend fin dans les conditions prévues par cet article. Le mandat de syndic confié par un syndicat coopératif prend fin dans les conditions prévues à l'article 41 du décret du 17 mars 1967.*

*(3) Le cas échéant, la majorité prévue à l'article 25-1 de cette loi est applicable.*

*(4) Conformément à l'article 54-IV de la loi n° 2014-366 du 24 mars 2014, la fiche synthétique doit être établie à compter du :*

*- 31 décembre 2016, pour les syndicats de copropriétaires comportant plus de 200 lots ;*

*- 31 décembre 2017, pour les syndicats de copropriétaires comportant plus de 50 lots ;*

*- 31 décembre 2018, pour les autres syndicats de copropriétaires.*

*(5) (supprimé)*

*(6) En application de l'article 18 de la loi du 10 juillet 1965, cette possibilité de dispense est applicable uniquement au syndic professionnel.*

## ANNEXE AU CONTRAT DE SYNDIC

## LISTE NON LIMITATIVE DES PRESTATIONS INCLUSES DANS LE FORFAIT

| | PRESTATIONS | DÉTAILS |
|---|---|---|
| I. - Assemblée générale | I-1° Préparation de l'assemblée générale. | a) Établissement de l'ordre du jour ;<br>b) Mise à disposition de tous les copropriétaires des différentes pièces comptables et justificatives dans les conditions prévues à l'article 18-1 de la loi du 10 juillet 1965. |
| | I-2° Convocation à l'assemblée générale | a) Élaboration et envoi de la convocation avec l'ordre du jour, des documents à joindre à la convocation et des projets de résolutions. |
| | I-3° Tenue de l'assemblée générale. | a) Présence du syndic ou de son représentant à l'assemblée générale suivant les stipulations prévues par le contrat au titre du forfait ;<br>b) Établissement de la feuille de présence, émargement, vérification des voix et des pouvoirs ;<br>c) Rédaction et tenue du registre des procès-verbaux. |

| | | |
|---|---|---|
| I. - Assemblée générale (suite) | I-4° Information relative aux décisions prises en assemblée générale. | a) Envoi et notification du procès-verbal comportant les décisions prises en assemblée générale aux copropriétaires (opposant ou défaillant) ;<br>b) Information des occupants de chaque immeuble de la copropriété des décisions prises par l'assemblée générale par affichage d'un procès-verbal dans les parties communes. |
| II. - Conseil syndical | II-5° Mise à disposition et communication au conseil syndical de toutes pièces ou documents se rapportant à la gestion du syndicat ou des lots gérés (notamment par accès en ligne sécurisé) ; | |
| | II-6° Recueil des avis écrits du conseil syndical lorsque sa consultation est obligatoire. | |
| III. - Gestion des opérations financières et comptabilité générale de la copropriété | III-7° Comptabilité du syndicat. | a) Établissement des comptes de gestion et des annexes du syndicat des copropriétaires, conformément à l'article 14-3 de la loi du 10 juillet 1965 ;<br>b) Établissement du budget prévisionnel, en collaboration avec le conseil syndical, conformément à l'article 14-1 de la même loi et au décret n° 2005-240 du 14 mars 2005 ;<br>c) Présentation des comptes en conformité avec la réglementation en vigueur. |
| | III-8° Comptes bancaires. | a) Ouverture d'un compte bancaire séparé ;<br>b) Ouverture d'un compte bancaire séparé destiné à recevoir les cotisations prévues à l'article 14-2 de la loi du 10 juillet 1965. |

| | | |
|---|---|---|
| III. - Gestion des opérations financières et comptabilité générale de la copropriété (suite) | III-9° Comptabilité séparée de chaque copropriétaire. | a) Tenue des comptes de chaque copropriétaire ;<br>b) Appel des provisions sur budget prévisionnel ;<br>c) Imputations des consommations individuelles de fluide ou d'énergie ;<br>d) Reconstitution des consommations, forfaits et régularisations sur compteurs en l'absence de relevé ;<br>e) Appels sur régularisations de charge ;<br>f) Appels des cotisations du fonds de travaux. |
| | III-10° Autres. | a) Vérification et paiement des factures des fournisseurs et prestataires ;<br>b) Recouvrement des créances auprès des tiers : relance par lettre simple avant mise en demeure ;<br>c) Calcul des intérêts légaux au profit du syndicat ;<br>d) Attestation de TVA aux fournisseurs et prestataires. |
| | III-11° Remise au syndic successeur. | a) Remise de l'état financier, des références des comptes bancaires du syndicat, des coordonnées de la banque, de l'état des comptes des copropriétaires et des comptes du syndicat. |
| IV. - Administration et gestion de la copropriété en conformité avec le règlement de copropriété | IV-12° Immatriculation du syndicat. | a) Mise à jour du registre d'immatriculation. |
| | IV-13° Documents obligatoires. | a) Élaboration et mise à jour de la fiche synthétique de copropriété ;<br>b) Gestion de tous les audits, diagnostics et dossiers obligatoires (à l'exclusion du diagnostic de performance énergétique collectif et de l'audit énergétique, qui peuvent faire l'objet d'honoraires spécifiques dans les conditions précisées au 7.2.5 du présent contrat) ;<br>c) Établissement et mise à jour du carnet d'entretien conformément au décret n° 2001-477 du 30 mai 2001 ;<br>d) Établissement et mise à jour de la liste des copropriétaires ;<br>e) Notification de l'exercice du droit de délaissement prévue au III de l'article 18 de la loi du 10 juillet 1965. |

| | | |
|---|---|---|
| IV. - Administration et gestion de la copropriété en conformité avec le règlement de copropriété (suite) | IV-14° Archives du syndicat et accès en ligne sécurisé aux documents dématérialisés. | a) Détention et conservation des archives, notamment les plans, le règlement de copropriété, l'état de répartition des charges, l'état de division, les procès-verbaux des assemblées générales, les diagnostics techniques, les contrats de travail des préposés du syndicat, les contrats d'assurance de l'immeuble et documents nécessaires pour leur mise en œuvre, les documents et décisions de justice relatifs à l'immeuble dont les délais de contestation ne sont pas révolus, les contrats d'entretien et de maintenance des équipements communs ainsi que toute pièce administrative (l'assemblée générale, statuant à la majorité de tous les copropriétaires, peut décider de confier les archives du syndicat des copropriétaires à une entreprise spécialisée aux frais du syndicat en application du I de l'article 18 de la loi du 10 juillet 1965) ;<br>b) Transmission des archives au syndic successeur ;<br>c) Élaboration et transmission au conseil syndical du bordereau récapitulatif des archives transmises au syndic successeur ;<br>d) Mise à disposition d'un accès en ligne sécurisé aux documents dématérialisés relatifs à la gestion de l'immeuble ou des lots gérés (sauf décision contraire de l'assemblée générale des copropriétaires statuant dans les conditions prévues à l'article 18 de la loi du 10 juillet 1965). |

| | | |
|---|---|---|
| IV. - Administration et gestion de la copropriété en conformité avec le règlement de copropriété (suite) | IV-15° Entretien courant et maintenance. | a) Visites de la copropriété et vérifications, selon les stipulations prévues au contrat ;<br>b) Gestion des travaux d'entretien courant et de maintenance visés à l'article 45 du décret du 17 mars 1967 ;<br>c) Vérifications périodiques imposées par les réglementations en vigueur sur les éléments d'équipement communs ;<br>d) Négociation, passation, suivi des marchés des prestataires et gestion des contrats à l'échéance dans le cadre du budget prévisionnel ;<br>e) Établissement et présentation à l'assemblée générale, au moins tous les trois ans, de la liste des travaux d'entretien et de conservation des parties communes et des éléments d'équipement commun nécessaires dans les trois années à échoir, en vue de la constitution de provisions spéciales ;<br>f) En vue de la consultation au cours d'une assemblée générale incluse dans le forfait, appel d'offres, étude des devis et mise en concurrence résultant de la demande d'une pluralité de devis ou de l'établissement d'un devis descriptif soumis à l'évaluation de plusieurs entreprises lorsque celle-ci est obligatoire dans le cadre des travaux de maintenance définis à l'article 45 du décret du 17 mars 1967. |
| V. - Assurances | V-16° Souscription des polices d'assurance au nom du syndicat soumise au vote de l'assemblée générale. | |
| | V-17° Déclaration des sinistres concernant les parties communes ou les parties privatives lorsque le dommage a sa source dans les parties communes. | |
| | V-18° Règlement des indemnités aux bénéficiaires. | |
| VI. - Gestion du personnel | VI-19° Recherche et entretien préalable. | |

| | | |
|---|---|---|
| VI. - Gestion du personnel (suite) | VI-20° Établissement du contrat de travail et de ses avenants éventuels. | |
| | VI-21° Gestion des procédures de rupture du contrat de travail. | |
| | VI-22° Paiement du salaire, tenue du livre des salaires, édition des bulletins de paies. | |
| | VI-23° Déclarations et paiement aux organismes fiscaux et sociaux. | |
| | VI-24° Attestations et déclarations obligatoires. | |
| | VI-25° Gestion des remplacements pendant les congés, arrêts maladie et maternité. | |
| | VI-26° Mise en place et mise à jour du document unique d'évaluation des risques pour la santé et la sécurité des travailleurs. | |
| | VI-27° Gestion de la formation du personnel du syndicat. | |
| | VI-28° contrôle d'activité du personnel du syndicat. | |

*Se reporter aux conditions d'application prévues aux II, III et IV de l'article 53 du décret n° 2020-834 du 2 juillet 2020.*

Annexe 2

# FORMULAIRE DE BULLETIN DE VOTE PAR CORRESPONDANCE

**FORMULAIRE DE VOTE PAR CORRESPONDANCE**

**Objet :**

ASSEMBLÉE GÉNÉRAL DES COPROPRIÉTAIRES du (des) immeubles(s) sis .. ... *(indiquer l'adresse du ou des immeubles)*

**Date et lieu :**

| | |
|---|---|
| Le ... | *(indiquer jour/mois/année)* |
| À ... | *(indiquer heure de la convocation)* |
| Adresse : | *(indiquer lieu de la réunion)* |

**Ce formulaire doit être adressé à** : .......... *(indiquer le nom, l'adresse postale et l'adresse électronique de l'organisateur de l'assemblé[1])*

**Avant la date limite de réception le** : .......

**Je soussigné (e) :** .... ... ........ ...... ... ... ... ... ... .... .... ... ... ... ... ... .

*(indiquer les nom et prénom du copropriétaire, de l'associ é ou, en cas d'indivision ou de démembrement du droit de propriété, les nom et prénom du mandataire commun),*

**domicilié (e) au :** .... ... ... ... ... ... ... ... ... ... ... ... ... ... ... ... ... ... ... ... ... ... ... ... ... ... ...... ... ... ... ... ...

*(indiquer l'adresse de son domicile),*

après avoir pris connaissance de l'ordre du jour et des documents annexés à la convocation ou mis à disposition sur le site en ligne sécurisé de la copropriété,

**souhaite émettre sur chacune des questions soumises à la délibération de l'assemblée générale des copropriétaires convoquée le** .... ***(date)*, à ...... *(adresse)*, à ...... *(heure)*** **le vote exprimé dans le tableau ci-joint** *(indiquer le nombre de pages).*

**Fait à ......................, le ......................**

(Signature du copropriétaire, de l'associé ou du mandataire commun)

*Attention: les zones grisées doivent être remplies par l'organisateur de l'assemblée*

*Tournez la page SVP*

*(à rappeler en en-tête de chaque page de vote)*

1 Syndic, président du conseil syndical, copropriétaire habilité judiciairement, administrateur provisoire ou administrateur *ad hoc* etc.

**Adresse du ou des immeubles :**

**Nom du copropriétaire/associé/mandataire commun :**

**Date de l'assemblée**

| IDENTIFICATION DE L'OBJET | QUESTIONS<br>*(suivant leur ordre de présentation à l'ordre du jour-identification de la question, par exemple : numéro et/ou, intitulé de la question, etc.)* | POUR* | CONTRE* | ABSTENTION * |
|---|---|---|---|---|
| ............ . | ............<br>*(identification de la question par exemple : numéro, et/ou, intituléde la question, etc.)* | | | |
| | ... ........<br>*(Identification de la question associée, par exemple : numéro, et/ou, intitulé de la question, etc.)* | | | |
| | | | | |
| ............. | ......... | | | |
| | .......... | | | |
| ............. | .......... | | | |
| | .......... | | | |
| ............ | ...... .... | | | |
| | .......... | | | |
| ............ | ...... .... | | | |
| | .......... | | | |
| ............ | ...... .... | | | |
| | .......... | | | |
| ............ | .......... | | | |
| | .......... | | | |

Signature** (du copropriétaire, de l'associé ou du mandataire commun)

*Cocher la case correspondante

** Si plusieurs pages de vote, parapher les pages intermédiaires et signer la dernière page

*Tournez la page SVP*

# Index


A

Abus de majorité, 179
Action syndicale, 235
Action judiciaire
– procédure accélérée, 246
– procédure au fond par-devant le tribunal, 246
– procédure d'injonction de payer, 244
– procédure de référé-provision, 245
– procédure simplifiée, 244
Administrateur provisoire, 96, 298 et s.
Antenne
– audiovisuelle (droit à), 203
– collective, 202
– individuelle, 203
– réceptrice, 202
Appel de fonds
– avance de trésorerie, 220
– charge générale, 219
– travaux, 220
Archives, 255
– communication, 259
– conservation, 258
– transmission, 260
Assemblée générale
– audioconférence, 165
– bureau, 159
– catastrophe technologique, 143
– computation des délais, 144
– convocation, 135, 172
– délais légaux, 142
– délais conventionnels, 142
– feuille de présence, 157
– mandat, 162
– ordre du jour, 153
– procès-verbal, 172
– représentation, 162
– urgence, 142
– visioconférence, 165
– vote, 161
– vote par correspondance, 164
Ascenseur
contrôle technique, 289
dispositif de sécurité, 288
entretien, 289
sécurité, 288
Association de locataires, 148
Association syndicale libre (ASL)
adhésion, 36
objet, 37
organe, 37
statut, 36
Associé, 148
Assurance
– dommages-ouvrage, 271, 333
– multirisque copropriété, 269
– obligatoires, 269
– responsabilité décennale, 332
Audit énergétique, 279

B-C

Budget prévisionnel, 211
– dépenses courantes, 211
– dépenses hors budget, 212
Bureau de l'assemblée générale, 159
– président de séance, 159
– scrutateurs, 160
– secrétaire de séance, 160
Carence, 310
Carnet d'entretien, 73
Carte professionnelle, 108

Convention collective nationale des gardiens, concierges et employés d'immeubles (CCNG), 226
– calcul des indemnités, 230
– catégorie de personnels, 227
– congés, 229
– contrat de travail, 226
– licenciement, 229
– logement, 228
– rémunération, 228
– temps de travail, 229
Convention d'assurances
– Convention CIDE-COP, 274
– Convention CIDRE, 273
– Convention IRSI, 273
Contrat de syndic, 117
Conseil syndical
– conseillers syndicaux, 105
– désignation, 104
– fonctionnement, 103
– membres, 103
– missions, 99
– pouvoirs du président, 102
– responsabilité, 106
Conseil des résidents, 322
Constat de risque d'exposition au plomb (CREP), 281
Contrat d'assurance
– gestion des sinistres, 276
– prime d'assurance, 275
– souscription, 274
Copropriétaires, 76 et s.
Copropriété avec services (v. *Résidences avec services*)
Copropriété neuve, 327 et s.

## D

Diagnostic de performance énergétique (DPE), 279
Diagnostic technique amiante, 280
Diagnostic technique global (DTG), 282
Diagnostic « termites », 281
Division
– critères matériels, 263
– conditions formelles, 264
Dossier technique amiante (DTA), 280
Droit d'usage et d'habitation, 147

## E-F

Ensemble immobilier, 28
Etat descriptif de division (EDD), 72
Expropriation, 310
Exposition au plomb, 281
Extincteurs, 284
Fiche synthétique de la copropriété, 124, 257

## G-H

Garantie financière, 108
Garanties légales
– garantie biennale de bon fonctionnement, 330
– garantie de parfait achèvement, 329
– garantie décennale, 330
– garantie des vices et défauts de conformité apparents, 331
Gestion comptable
– avances de trésorerie, 208
– budget prévisionnel, 211
– charges comptables, 208
– charges de copropriété, 207
– comptes séparés, 210
– dépenses courantes, 211
– enregistrement comptable, 213
– exercice comptable, 209
– flux financier, 206
– Grand livre, 209
– journal des écritures, 209
– opération d'enregistrement, 213
– produits comptables, 207
– provisions, 208
– registre comptable, 209
Hypothèque légale
– formalités préalables, 250
– principe, 249
– mécanisme, 250

## I-J

Immatriculation des syndicats des copropriétaires, 90
Immeuble bâti, 22 et s.
Immeubles divisés en volume, 33 et s.
Indivision, 39 et s.
Intérêt à agir, 176
Jouissance à temps partagé, 30

## L-M

Livraison, 328
Locaux à usage collectif, 324
Lot de copropriété, 24 et s.
Lotissement, 40 et s.
Mandat, 162
– décès, 116
– démission..., 115

– empêchement, 116
– en blanc, 163
– révocation, 115
Mandataire ad hoc, 294 et s.
Multipropriété, 30

## O-P

Opérateur, 308
Parties
– communes, 50
– mitoyennes, 49
– privatives, 47
Privilège
– immobilier spécial, 251
– mobilier du syndicat, 251
Procès-verbal
– affichage, 175
– contenu, 172
– établissement, 172
– exécution, 175
– notification, 174

## R

Récapitulatif individuel, 221
Réception de l'ouvrage, 328
Recouvrement de charges, 240
– phase amiable, 241
– phase judiciaire, 242
Résidence services, 317
Résidences de tourisme, 322

## S

Saisie immobilière
– assignation à comparaître, 254
– audience d'orientation, 254
– commandement de payer valant..., 253
– préalable, 253
– vente amiable, 254
– vente forcée, 254
Sécurité incendie
– immeubles classiques, 284
– immeubles de moyenne hauteur (IMH), 286
– immeubles de grande hauteur (IGH), 286
– immeubles de très grande hauteur (ITGH), 286
Services à la carte, 321
Société d'attribution, 30 et s.
Sûretés légales, 249
Syndic, 135
– bénévole, 109
– carence de..., 113
– décès, 116
– démission, 115
– empêchement, 116
– mandat, 114, 117
– mission, 110
– non professionnel, 109
– non renouvellement, 115
– professionnel, 108
– révocation, 115
– provisoire, 333
Syndicat coopératif, 93
Syndicat des copropriétaires, 89 et s.
– forme, 89
– immatriculation, 90
Syndicat secondaire, 92
– création, 93
– fonctionnement, 93

## T

Travaux
– autorisation judiciaire, 189
– conservation de l'immeuble, 193
– d'accessibilité, 200
– d'amélioration, 193
– d'entretien, 192
– particuliers, 197
– parties communes, 187
– parties privatives, 185
– rejet abusif, 189
– urgents, 195

## U-V

Union de syndicats, 41
– assemblée générale, 44
– conseil de..., 44
– constitution, 42
– objet, 42
– organisation, 43
– patrimoine, 41
– présidence de..., 44
Usage d'habitation (total ou partiel), 23 et s.
Usufruit, 146
Vente d'immeuble à construire, 327 et s.
Vente en l'état futur d'achèvement (VEFA), 325 et s.
Voies d'exécution, 249
Vote
– dérogation, 171
– double majorité, 169
– majorité absolue, 167

– majorité simple, 166
– par correspondance, 171
– passerelle de l'article 25-1, 168
– passerelle de l'article 26-1, 169
– unanimité, 170

PEFC™
10-31-3532
Certifié PEFC
Ce produit est issu de forêts gérées durablement et de sources contrôlées
www.pefc-france.org

IMPRIM'VERT®

Imprimé en France sur des papiers provenant
majoritairement de l'Union européenne
et issus de forêts gérées durablement
par Sepec numérique
1, rue de Prony - ZA des Bruyères
01960 Peronnas

Imprimeur certifié

Réimpression : décembre 2021
Numéro d'impression : N21275211201
Dépôt légal : août 2021